Como investir

Como investir

POR QUEM MAIS ENTENDE DO ASSUNTO

David M. Rubenstein

Cofundador do Carlyle Group

Tradução de Alexandre Raposo
e Cláudia Mello Belhassof

Copyright © 2022 by David M. Rubenstein. Todos os direitos reservados.
Copyright da tradução © 2023 by Editora Intrínseca
Publicado mediante acordo com a editora Simon & Schuster, Inc.

TÍTULO ORIGINAL
How to Invest: Masters on the Craft

PREPARAÇÃO
Ilana Goldfeld

REVISÃO TÉCNICA
Guido Luiz Percú

REVISÃO
Anna Beatriz Seilhe
Ana Grillo

DIAGRAMAÇÃO
Victor Gerhardt | CALLIOPE

DESIGN DE CAPA
Michael Nagin

CIP-BRASIL. CATALOGAÇÃO NA PUBLICAÇÃO
SINDICATO NACIONAL DOS EDITORES DE LIVROS, RJ

R83c

    Rubenstein, David M., 1949-
        Como investir : por quem mais entende do assunto / David M. Rubenstein ; tradução Alexandre Raposo, Cláudia Mello Belhassof. - 1. ed. - Rio de Janeiro : Intrínseca, 2023.
        432 p. ; 23 cm.

        Tradução de: How to invest: masters on the craft
        Inclui índice
        ISBN 978-65-5560-697-3

        I. Investimentos. 2. Bolsa de valores. 3.Ações (Finanças). I. Raposo, Alexandre. II. Belhassof, Cláudia Mello. III. Título

23-83324   CDD: 332.6
               CDU: 330.322

Gabriela Faray Ferreira Lopes - Bibliotecária - CRB-7/6643

[2023]
Todos os direitos desta edição reservados à
Editora Intrínseca Ltda.
Rua Marquês de São Vicente, 99, 6º andar
22451-041 – Gávea
Rio de Janeiro – RJ
Tel./Fax: (21) 3206-7400
www.intrinseca.com.br

Para Warren Buffett, mestre supremo do ofício de investidor, e para Bill Conway e Dan D'Aniello, que pacientemente me mostraram em primeira mão e por trinta e cinco anos, o ofício de investir e a arte da parceria.

Sumário

Introdução 9
Notas sobre investimentos de David M. Rubenstein 22

PARTE I: Investimentos tradicionais ═══════════

Renda fixa
    Larry Fink 37

Ações
    Ron Baron 53
    John W. Rogers Jr. 71

Imóveis
    Jon Gray 89
    Sam Zell 108

Private wealth/Family offices
    Mary Callahan Erdoes 122
    Dawn Fitzpatrick 139

Fundos patrimoniais
    Paula Volent 151
    Kim Lew 169

PARTE II: Investimentos alternativos ═══════════

Hedge funds
    Seth Klarman 189
    Ray Dalio 200
    Stan Druckenmiller 214
    Jim Simons 227
    John Paulson 240

Private equity e buyouts
    Sandra Horbach 256
    Orlando Bravo 272

Ativo depreciado
    Bruce Karsh 289

Venture capital
    Marc Andreessen 311
    Michael Moritz 330

PARTE III: Investimentos de ponta

Criptomoedas
    Mike Novogratz 349

SPACs
    Betsy Cohen 368

Infraestrutura
    Adebayo Ogunlesi 382

ESG [Ambiental, Social e Governança]
    David Blood 401

Agradecimentos 415
Índice remissivo 419

Introdução

Grande parte da vida gira em torno de prever o futuro e, em seguida, agir conforme nossas visões. Assim como todo mundo, fiz previsões boas e ruins sobre o futuro e tomei decisões — algumas inteligentes, outras nem tanto — com base nelas.

Achei que Jimmy Carter venceria Gerald Ford em 1976 na eleição presidencial dos Estados Unidos e, também acreditando que ele era o melhor candidato, decidi trabalhar em sua campanha eleitoral. Boa previsão.

Eu achava que Ronald Reagan era velho demais (69 anos), conservador demais e carente demais de habilidades políticas para vencer Carter na eleição presidencial de 1980, e não me preparei para uma vida de retorno forçado ao setor privado após 20 de janeiro de 1981. Previsão ruim. (Hoje, sou mais velho que Reagan era naquela época. Agora, ele me parece um adolescente.)

Achei que minhas habilidades como jogador de beisebol na infância tinham grandes chances de não resultar em uma carreira de atleta profissional e decidi me concentrar em aprimorar minhas habilidades acadêmicas em vez das atléticas. Boa previsão.

Achei que não havia a possibilidade de o Baltimore Colts, de minha cidade natal, perder para Joe Namath, do presunçoso New York Jets, no Super Bowl III em 1969, e fiz uma aposta muito alta (para meus padrões) nos Colts. Previsão ruim (e minha última aposta esportiva da vida).

Achei que o mundo da private equity se tornaria mais atrativo e que era possível, com a ajuda dos talentosos profissionais de investimento que consegui recrutar, construir uma empresa internacional focada nisso com sede em Washington. Boa previsão (talvez a melhor de todas).

Achei que a empresa de Mark Zuckerberg, criada enquanto ele estava na faculdade, não cresceria além de suas raízes universitárias e, portanto, não me pareceu um investimento interessante quando meu futuro genro a apresentou para mim. Previsão ruim.

Achei que a empresa de livros pela internet de Jeff Bezos não poderia superar a Barnes & Noble (e disse isso a ele em nossa reunião em seu primeiro e bagunçado escritório em Seattle), motivo pelo qual acabei decidindo vender as minhas ações da Amazon assim que possível. Previsão ruim.

Se uma pessoa fez boas ou más previsões ao longo da vida é algo que pode ser avaliado de maneiras diferentes de acordo com a opinião de pessoas diferentes. Na verdade, não existe um padrão único e universalmente aceito para julgar o sucesso de alguém em prever o futuro e agir com base nisso.

Ao menos quanto a esse aspecto, o mundo dos investimentos é totalmente distinto. A habilidade de prever o futuro e tomar medidas preparatórias é bastante mensurável. No mundo dos investimentos, obter lucro (em menor ou maior grau, dependendo do tipo de investimento) é a essência dessa atividade.

Ao trabalhar para obter lucro, um investidor está, na verdade, fazendo uma previsão sobre o futuro: a conveniência de possuir um determinado ativo (ações, títulos, imóveis, moeda etc.) no futuro, com base no provável desempenho positivo desse ativo. A empresa atrairá novos clientes? Inventará um produto desejado? No momento em que o investimento for liquidado a economia estará forte ou fraca? As taxas de juros estarão mais altas? As mudanças climáticas afetarão o valor dos ativos? A concorrência será menor que o esperado?

Em outras palavras: é possível de que surjam riscos capazes de perturbar a crença do investidor de que um investimento funcionará e, portanto, produzirá o resultado desejado? E quão grandes são esses riscos?

Na vida, sempre há riscos a serem avaliados, mas nem sempre as consequências podem ser medidas com precisão. No entanto, nos investimentos, isso é possível, e com bastante precisão.

Embora investir seja uma atividade com séculos de existência, antigamente o processo não era tão sofisticado quando confrontado com os padrões de hoje. Desde que existe o dinheiro ou algo equivalente, as pessoas tentam dar um jeito de receber mais do que investiram. Os Estados Unidos são um país que basicamente começou como um investimento. Os colonos em Jamestown, Virgínia, chegaram em 1607 porque patrocinadores na Inglaterra esperavam que o acordo lhes rendesse muitas vezes as somas que investiram na ida dos colonos até lá. Mas isso acabou não sendo um bom investimento para esses primeiros patrocinadores.

Introdução

No último meio século, Warren Buffett foi o investidor padrão-ouro e, portanto, quem melhor deu um prognóstico do futuro. Primeiro, ele comprou ações da Berkshire Hathaway a 7,50 dólares por ação e, nos últimos sessenta anos, o preço dessas ações aumentou a uma taxa de 20% ao ano. Outras pessoas ganharam mais dinheiro que isso fora do mundo dos investimentos. Outros tiveram melhores taxas de retorno de investimento em intervalos de tempo mais curtos. E houve ainda quem obteve retornos mais visíveis e espetaculares em investimentos específicos. Porém, nenhum outro investidor conseguiu ganhar mais durante um período mais longo. Em 1º de junho de 2022, a Berkshire Hathaway tinha um valor de mercado de 690 bilhões de dólares. Assim, Warren Buffett pode ser considerado quem melhor deu um prognóstico do futuro em longo prazo. Pois isso é, em suma, o que ele tem feito ao longo de todos esses anos.

Fui um dentre os muitos que o entrevistaram diversas vezes, e sempre aprendi algo novo com ele ao entrevistá-lo ou lendo suas demais entrevistas. Esses textos me fizeram pensar sobre as opiniões de outros grandes investidores: como foram capazes de prever o futuro em sua própria área de investimento e como foram capazes de agir bem ou nem tão bem a partir dessas previsões?

Isso me levou a entrevistar alguns dos melhores investidores dos Estados Unidos a fim de avaliar como eles se prepararam para prever o futuro e em sua área de especialidade. O resultado é este livro, que é uma depuração dessas entrevistas, com algumas das minhas reflexões sobre cada um dos investidores e seus tipos de investimento, bem como perspectivas minhas sobre alguns investimentos. Assim como em meus livros anteriores, as entrevistas foram editadas por motivos de espaço e clareza, com a permissão dos entrevistados.

Como abordarei a seguir, grandes investidores têm uma série de habilidades e atributos em comum. Mas possuem também habilidades e atributos exclusivos pertinentes a sua área específica de atuação. Um grande investidor de risco pode não ter tudo o que é necessário para agir como um grande investidor de distressed assets, ou como um grande investidor imobiliário, ou ainda como um grande investidor de criptomoedas.

Sendo assim, pensei que, para fornecer ao leitor uma noção significativa das diversas habilidades e atributos necessários para diferentes tipos de áreas de investimento, seria útil consultar líderes em muitos dos diferentes setores básicos de investimento. Entrevistei pessoas como Jon Gray, que construiu o maior negócio de investimento imobiliário do mundo com a Blackstone; Seth Klarman, que há muito tempo é, como líder do Baupost, um dos value investors mais respeitados dos Estados Unidos; Michael Moritz, que ajudou a transformar a Sequoia no talvez mais bem-sucedido dentre os grandes fundos de venture capital das últimas cinco décadas; Mary Erdoes, que levou o negócio de gestão de patrimônio do J.P. Morgan a uma posição de liderança mundial; John Paulson, cuja aposta contra as hipotecas subprime entre 2007-09 ficou conhecida como a "maior negociação" da história de Wall Street; John Rogers Jr., cujo compromisso com a análise cuidadosa de ações o levou a construir uma das maiores empresas de investimento cuja liderança e propriedade é de afro-americanos; e Jim Simons, cujo gênio matemático lhe permitiu ser pioneiro no uso de estratégias de investimento "quantitativas".

Todos esses indivíduos, além de outros grandes investidores entrevistados neste livro, têm histórias de vida e abordagens de investimento interessantes, que tentei trazer à tona. Também procurei mostrar, em várias das entrevistas, que o setor de investimentos, há muito um reduto de homens brancos, está mudando, e que há, de maneira muito merecida, maior diversidade entre seus líderes. Contudo, assim como em meus livros anteriores, as entrevistas são apenas aperitivos, neste caso com o objetivo de despertar no leitor a vontade de aprender mais sobre algum investidor, assim como sobre algum tipo de investimento específico.

Para simplificar as coisas, classifiquei todos os investidores com os quais conversei em uma de três categorias de investimento: tradicional, alternativo e de ponta.

Investidores tradicionais incluem indivíduos que se especializaram em áreas relativamente tradicionais, ou seja, que fazem parte do horizonte de investimentos há, pelo menos, cinquenta anos: títulos, ações, imóveis e tipos tradicionais de gestão de patrimônio e fundos patrimoniais.

Investidores alternativos incluem os que buscam investimentos em áreas que já foram consideradas (ao menos algumas décadas atrás) muito novas ou arriscadas, embora hoje não sejam vistas como tão incertas assim. Essas áreas, conhecidas no mundo dos investimentos como "alternativas", incluem hedge funds, buyouts, venture capital e distressed assets.

Investidores de ponta focam em investimentos considerados novos demais até para os padrões do que já foi considerado "alternativo". Isso inclui áreas como criptomoedas, SPACs (companhias com propósito específico de aquisição), infraestrutura e empresas focadas em ESG [fatores ambientais, sociais e de governança].

Introdução

Espero que esta obra sobre grandes investidores forneça ao leitor percepções, perspectivas e inspiração. Porém, verdade seja dita, um livro por si só não fará do leitor um grande investidor, assim como ler sobre os segredos de Tiger Woods não tornará alguém um grande jogador de golfe (como vim a descobrir).

O objetivo deste livro é fornecer um vislumbre de pensamentos e práticas de investimento de muitos dos principais investidores dos Estados Unidos. Com isso, espero ajudar três tipos diferentes de leitores: 1) aqueles interessados em aprender mais sobre investimentos por conta própria; 2) os interessados em aprender mais sobre como investir por meio de fundos administrados por investidores profissionais; e 3) estudantes ou jovens profissionais interessados em explorar uma carreira em investimentos.

É claro que livro algum poderia satisfazer de modo integral os interesses, ou responder a todas as perguntas, de leitores tão diferentes, mas espero que o conteúdo aqui disponível lhes permita, ao menos modestamente, melhorar seus conhecimentos e habilidades de investimento — isso se não vier a seduzi-los a se tornarem investidores profissionais.

Devo acrescentar que é provável que o mundo dos investimentos tenha mudado mais nas últimas três décadas, talvez até nos últimos três anos, do que nos três séculos anteriores.

Tradicionalmente, investir era uma atividade exercida por profissionais, pessoas que faziam isso para viver. Hoje, vem sendo praticada por indivíduos cujas obrigações profissionais estão em áreas muitas vezes não relacionadas.

Antes, o acesso a informações atualizadas sobre ações de empresas de capital aberto não era amplamente disponível. Agora, todos podem ter acesso instantâneo, por celular, a informações sobre preços de ações e títulos, oportunidades de investimento em empresas de capital fechado e atividades de investimento em todo o mundo.

Com algumas exceções óbvias, investir era uma atividade praticada por indivíduos de meia-idade. Hoje, os jovens, seja na adolescência ou na faixa dos 20 anos, parecem muito mais focados em investimentos, de uma maneira jamais testemunhada em sua faixa etária.

Talvez não seja surpreendente o fato de eu ter escrito um livro sobre investimentos, pois passei os últimos trinta e cinco anos nesse mundo, em especial no universo dos investimentos em private equity.

Após deixar a Casa Branca do mandato de Carter em janeiro de 1981, voltei-me para a única profissão que conhecia: a advocacia, embora não em Nova York e, sim, em Washington, onde havia exercido aquela atividade após me formar na faculdade de Direito.

Porém, logo percebi que não gostava de fato da advocacia (em grande parte porque eu não era muito bom naquilo). Decidi tentar algo que parecia mais empolgante, e provavelmente mais lucrativo. (Nunca fui muito motivado por dinheiro, mas senti que a advocacia se tornara mais um negócio que uma profissão. Então, se era para ser um negócio, eu poderia tentar algo que garantisse maiores retornos financeiros, senão também psíquicos.)

Inspirado pela aquisição extraordinariamente lucrativa da Gibson Greeting Cards pelo ex-secretário do Tesouro Bill Simon (em cerca de dezesseis meses, seu investimento de 330 mil dólares se transformou em um lucro de 66 milhões de dólares), decidi que a advocacia poderia sobreviver sem mim e que eu tentaria construir a primeira empresa de buyout em Washington. Como não tinha experiência profissional em investimentos (quando jovem, eu comprara, a preços muitíssimo altos, algumas ações), concentrei-me em recrutar alguns indivíduos na área de Washington que tivessem uma sólida experiência financeira, quando não em investimentos em específico.

Por sorte, embora Washington não fosse Nova York, consegui reunir vários profissionais que sabiam o que estavam fazendo no que dizia respeito a finanças e investimentos. Em 1987, a experiência deles me ajudou a angariar 5 milhões de dólares de quatro investidores institucionais para dar início ao recém-nomeado The Carlyle Group. Pegamos essa quantia e construímos uma empresa que, em 1º de junho de 2022, administrava 375 bilhões de dólares.

Mas isso não aconteceu da noite para o dia. Durante muitos e muitos anos, poucos em Washington (para não mencionar Nova York) nos levaram a sério.

O crescimento contínuo do Carlyle ocorreu porque nosso histórico em algumas áreas era pelo menos tão bom, se não melhor, que o dos concorrentes de Nova York. Mas também desenvolvemos um conceito até então único: construir uma empresa diversificada e de multifundos (ou seja, investindo através de fundos separados em outras áreas de investimento em empresas de capital fechado: fundos imobiliários, growth capital, infraestrutura, crédito, fundos de fundos etc.) e, assim, construir talentos operacionais e de investimento suficientes para criar uma empresa com qualidade institucional. E decidimos, algo também muito inovador na época, globalizar a empresa com equipes de investimento na Europa, Ásia, América Latina, África, no Japão e Oriente Médio, usando a nossa marca e contatos em desenvolvimento para recrutar profissionais de investimento e levantar fundos em todo o mundo.

Em 1º de junho de 2022, o Carlyle já havia investido 133 bilhões de dólares em patrimônio na área de private equity corporativo e gerado 256 bilhões de dólares em ganhos para os investidores. Ao longo de mais de trinta anos, a taxa interna bruta anual de retorno do Carlyle em private equity corporativo foi de cerca de 26%.

Não fui o indivíduo responsável pelo sucesso de muitas décadas do Carlyle na área de investimentos. Na verdade, o crédito por essa conquista é de Bill Conway e Dan D'Aniello, meus principais cofundadores, além dos muitos talentosos profissionais de investimento que recrutamos e treinamos no estilo do Carlyle (ou seja, cauteloso, conservador, sem extravagância). Minha contribuição para a empresa foi mais na área de estratégia, captação de recursos, recrutamento, assuntos governamentais e relações públicas. Assim, ofereço minhas reflexões sobre investimentos com muita modéstia.

Dito isso, participei de milhares de reuniões de comitês de investimento durante esses trinta e cinco anos, compartilhei meus pontos de vista, absorvi o que as equipes de investimento tinham a dizer e aprendi muito. Durante esse intervalo de mais de três décadas, o mundo dos investimentos mudou de forma drástica. O nível de competição (de investidores nacionais e estrangeiros) aumentou muito, a soma de dinheiro a ser aplicada em investimentos pareceu crescer exponencialmente, os preços cresceram a níveis antes considerados inimagináveis, o envolvimento de especialistas e consultores externos proporcionou análises muito mais completas, e o interesse de investidores institucionais e individuais em investimentos privados parecia não ter limites.

Ao longo desse período, passei a admirar muito não apenas o conjunto de habilidades e outras qualidades dos investidores que lideravam os investimentos do Carlyle, como também as competências daqueles que lideravam os esforços de nossos concorrentes. Com o tempo, isso me levou a pensar mais sobre as qualidades que de fato separam os grandes dos médios investidores.

E foi esse processo que me levou a usar as entrevistas que tenho feito nos últimos anos de modo a ouvir em primeira mão alguns dos maiores investidores do mundo.

O que aprendi com essas entrevistas?

Grandes investidores têm uma série de características em comum. Possuir tais características não é garantia de que alguém será um grande investidor, mas, se as histórias de vida e as habilidades deles forem um indicador do que realmente é necessário para ser um grande investidor, possuí-las com certeza aumenta as suas chances. Deixe-me resumir quais parecem ser as características e habilidades gerais dos grandes investidores:

Passado. Em geral, eles foram criados em ambientes proletários ou de classe média. São raros os casos provenientes de famílias fabulosamente ricas ou em que houvesse um histórico de investimento profissional. Dos investidores entrevistados neste livro, nenhum veio de famílias muito ricas, mas muitos vieram de famílias de trabalhadores.

Primeiros empregos. Embora alguns investidores tenham montado pequenos negócios no começo de suas carreiras e outros tenham se interessado um pouco por investimento quando jovens, a maioria veio a investir depois de tentar outros empreendimentos profissionais, nem sempre com o mesmo sucesso extraordinário que mais tarde alcançaram no mundo dos capitais. Dito isso, é preciso observar: Jim Simons era um matemático; Marc Andreessen, um grande empresário; Michael Moritz, um jornalista de muito sucesso; e Paula Volent, um talento da conservação e preservação de obras de arte.

Fracassos. Muitos dos grandes investidores tiveram reveses em suas carreiras ou grandes perdas em investimentos ao longo do caminho. Isso pode lhes ter dado o estímulo para persistir e, por fim, aperfeiçoar o seu ofício.

Inteligência. Os grandes investidores são dotados de um alto grau de inteligência e tendem a se sair bem academicamente. Embora nem todos sejam especialistas em matemática como Jim Simons, não há dúvida de que a facilidade com números e com essa ciência é comum aos grandes investidores, mesmo que estudem ciências sociais ou disciplinas menos orientadas para a matemática.

Responsabilidade final. Parece evidente que os melhores investidores querem ter a decisão final sobre investimentos de qualquer importância. Eles tendem a ser autoconfiantes em relação a sua perspicácia e querem ter a última palavra a respeito de qualquer investimento importante, em vez de delegar a decisão a seus representantes de confiança. E ficam muito satisfeitos ao assumirem a responsabilidade por essa decisão final.

Foco. A capacidade de se concentrar nos fatores mais importantes de uma decisão é algo que os grandes investidores tendem a ter em comum. Eles não se distraem com facilidade por fatores sem importância e têm uma capacidade de foco excepcionalmente alta. A aptidão para descobrir os elementos-chave de um investimento é algo que os grandes da área parecem ser capazes de fazer muito bem.

Leitura. Grandes investidores parecem sentir que não há limite para o conhecimento, e que parte dele pode ajudar com visões sobre quaisquer questões que possam surgir. Grandes investidores tendem a ser leitores incansáveis de livros, revistas, jornais e materiais selecionados que atendam aos seus interesses. Alguns podem ter ou ter tido dislexia, mas são indivíduos que tendem a reunir grandes quantidades de informações por outros meios, em geral ligações telefônicas frequentes ou contatos de vídeo com especialistas do setor ou outros profissionais de investimento. Em outras palavras, os grandes investidores têm uma enorme curiosidade intelectual e querem aprender o máximo que puderem sobre qualquer assunto que possa estar remotamente relacionado com as atividades de seus investimentos. Eles parecem ter a opinião de que, com o tempo, qualquer informação pode ajudar a moldar uma melhor decisão de investimento ou inspirar maior criatividade ou percepção.

Jogo de inteligência. Mesmo quando se tornam extremamente ricos, os grandes investidores ainda gostam do jogo de investir — não porque precisem de mais dinheiro, mas porque veem o investimento como um jogo de inteligência. Gostam de fazer algo que os outros achavam que não poderia ser feito ou correr riscos que poderiam ser considerados grandes demais para serem assumidos. O desafio intelectual de ser mais esperto que os demais, ou ao menos demonstrar a própria inteligência, astúcia e sabedoria, é uma força gravitacional que os mantém ligados às suas atividades de investimento muito acima de qualquer necessidade de ganhar mais dinheiro.

Senso comum. Um dos caminhos mais fáceis na vida, assim como nos investimentos, é aceitar e seguir o senso comum. Por que chamar a atenção para si mesmo indo contra o senso comum? Por que correr o risco de estar errado ao rejeitar o senso comum? Sem dúvida, a vida pode ser mais fácil ao seguir esse caminho. Se a pessoa estiver errada, estará no mesmo barco com muitos outros, e é menos provável que atraia atenção de maneira desfavorável ou seja criticada.

Contudo, os grandes investidores não aceitam o senso comum, eles veem o que os outros não veem e estão dispostos a correr o risco de acabarem errados ao irem contra o senso comum. Nenhuma outra característica dos grandes investidores é tão importante para o seu sucesso quanto sua disposição de ignorar o senso comum e fazer algo que os outros têm medo de tentar.

No mundo dos buyouts, o senso comum nas décadas de 1980 e 1990 era que os buyouts não funcionavam em relação à tecnologia. Acreditava-se que essa indústria mudava tão rapidamente que uma empresa adquirida não conseguiria pagar a própria dívida antes de seu produto tecnológico se tornar obsoleto.

Entretanto, um de meus atuais parceiros de investimentos, um especialista na área que trabalhou na Oracle e na Lotus, David Roux, discordava disso. Em 1999, ele fundou a Silver Lake com a intenção de fazer buyouts de empresas de tecnologia. Embora eu não acreditasse que aquilo daria certo, a Silver Lake obteve retornos extraordinários em pouco tempo. Hoje, quase qualquer buyout sem um foco em melhorias tecnológicas é considerado um provável fracasso.

Atenção aos detalhes. Sem dúvida, muitos excelentes investidores se concentram em uma visão mais panorâmica: para onde está indo a economia? Os juros vão aumentar? A inflação pode aumentar? Contudo, como regra geral, os grandes investidores prestam muita atenção aos detalhes de um investimento. Querem saber tudo o que há para saber e acreditam que a falta de cuidado com os detalhes é uma receita para o fracasso. Assim, são esponjas de informação sobre oportunidades de investimento.

Reconhecimento dos erros. Grandes investidores podem ter grandes egos, mas são capazes de admitir erros, reduzir perdas e partir para a oportunidade seguinte, na maioria das vezes sem ficar olhando para trás. Com certeza, essa é uma característica que eu não tenho. Sempre trago à tona o passado, relembro os erros que cometi ao não visar um determinado investimento ou ao buscar um investimento que não funcionou. Mas estou melhorando, e agora só olho para uma década atrás, em vez de duas ou três.

Dedicação. Grandes investidores parecem ter uma obsessão com o que fazem profissionalmente e, portanto, são, o que não surpreende ninguém, trabalhadores dispostos a dedicar as horas necessárias para dominar o conjunto de habilidades de que precisam para o seu tipo de investimento. Talvez seja possível ser um grande investidor trabalhando algumas horas por dia, contando com outros para fazer o trabalho essencial para identificar uma oportunidade de investimento. Mas isso é raro. Grandes investidores tendem a ser workaholics, embora não considerem o que estão fazendo como trabalho. Isso é fundamental, e o mesmo acontece com ganhadores do Prêmio Nobel. Eles veem o trabalho como algo prazeroso e, portanto, não sentem necessidade de relaxar à medida que envelhecem. Consideram o investimento uma forma de prazer e não veem motivo para diminuí-lo porque já têm muito dinheiro.

Filantropia. Como observado, grandes investidores ganham quantias consideráveis e podem decidir, em idades mais precoces que em décadas passadas, que querem impressionar a sociedade não tanto com o nível de sua riqueza e, sim, com o nível de sua filantropia, e o impacto desta. O instinto filantrópico é, em parte, estimulado pela aprovação social que acompanha esse tipo de prática. Grandes investidores não são diferentes de outros que buscam aprovação social. E, embora nos últimos anos tenha havido críticas sobre a maneira como alguns indivíduos ricos — e, portanto, alguns investidores ricos — fazem escolhas filantrópicas, em geral essa é uma atividade que traz aprovação social, e grandes investidores desfrutam disso (como qualquer ser humano) e tendem a ser bastante filantrópicos. (Claro, eles também acreditam que seu dinheiro ajudará a atender, se não resolver, algumas necessidades sociais, e isso pode ser um grande motivador.)

O fato de que grandes investidores têm muitas características em comum pode não ser uma surpresa. Sem dúvida, é provável que isso ocorra com os expoentes de qualquer outra profissão.

No entanto, afora a profissão de investidor, quase todas as outras parecem possuir um atrativo aparente — além de ganhar dinheiro — que leva as pessoas para determinadas carreiras. Embora arquitetos, advogados, médicos e executivos corporativos sejam bem remunerados, raras são as vezes em que ganhar dinheiro é o objetivo principal dessas profissões (ou o único atrativo para aquele que a escolhe).

Ao contrário, nos investimentos, a razão de ser quase sempre está voltada para aumentar a quantidade de dinheiro investido. Esse é um objetivo socialmente louvável? Por que tantas pessoas talentosas querem essa profissão? O mundo estaria melhor caso os investidores fossem remunerados como professores, supondo-se a partir disso que os muitos indivíduos talentosos, motivados e bem-educados que se tornam investidores teriam optado por outra profissão? O mundo estaria melhor se aqueles com talento para serem grandes investidores escolhessem seguir uma profissão de diplomacia internacional (talvez resultando em menos guerras) ou ambientalismo (quem sabe resultando em ar e água mais limpos)?

Não há uma resposta óbvia e universalmente aceita para essas perguntas. É impossível saber se, caso alguém com os talentos de Warren Buffett escolhesse a diplomacia como profissão, haveria menos guerras ou maior harmonia global. (Warren Buffett modestamente diria que não: ele acredita que suas habilidades são mais bem aplicadas no mundo dos investimentos. Outros podem discordar.)

Minha opinião é que o investimento hábil e, portanto, os investidores hábeis desempenham um papel importante na alocação de capital para empresas ou projetos que visam propósitos sociais valiosos.

Embora o mundo da tecnologia e suas empresas não sejam isentos de falhas, é difícil negar que o mundo está melhor por causa de investidores que forneceram fundos para que a Microsoft, a Apple, o Google, a Amazon e tantas outras grandes empresas capazes de mudar a vida das pessoas (e empregar muita gente) decolassem. Ou pense nos investidores que alocaram dinheiro para a Moderna. É evidente que eles ajudaram uma empresa a desenvolver uma vacina extraordinária contra a Covid-19 em tempo recorde.

O capitalismo tem as suas falhas, sem dúvida. É uma infelicidade que, cada vez mais, esteja deixando gente para trás à medida que avança. Mas a riqueza geral e os empregos gerados pelo capitalismo, incluindo as habilidosas decisões dos investidores sobre onde, quando e como aplicar o capital, não podem ser subestimados. Nos Estados Unidos, as decisões de investidores habilidosos ao longo de muitas gerações (na verdade, ao longo de séculos) desempenharam um papel importante para possibilitar que o país se tornasse uma economia tão grande, dinâmica e vibrante.

É claro que Alfred Nobel não reconheceu que o investimento era uma atividade digna de um de seus prêmios. Talvez ele achasse que os investidores não se importavam com o impacto social de suas decisões.

De fato, até relativamente pouco tempo atrás, os investidores não estavam focados de maneira obsessiva nos impactos sociais de suas atividades. Obter a maior taxa de retorno ou nível de lucro era o objetivo invariável. Mas isso não deve diminuir a realidade de que a prática de investir carrega em si mesma um propósito social valioso: empregos são criados, empresas se tornam mais eficientes, uma economia se torna mais produtiva e, em geral, resulta em benefícios sociais generalizados.

Introdução

O foco atual no mundo dos investimentos de fazer com que os investidores também dediquem a sua atenção ao impacto nas questões ESG de seus investimentos só pode tornar o processo de investimento, e, com isso, os investidores, mais úteis para a sociedade como um todo.

Assim, quando você ler as entrevistas dos grandes investidores neste livro, espero que os veja não apenas como capitalistas talentosos que fazem o que podem para ajudar ou sustentar a si mesmos e suas organizações, mas também como indivíduos cujas decisões de investimento qualificadas foram forças vitais no crescimento social e econômico dos Estados Unidos.

Tão importante quanto isso, espero que perceba que as entrevistas ilustram um tipo de indivíduo: empreendedores e patriotas que, além de servir como modelos, ajudaram a construir o país ao se dedicarem para desenvolver uma habilidade única e complexa (ou seja, investir), para aperfeiçoá-la, transmiti-la a seus colegas e, por fim, retribuir à sociedade com esforços filantrópicos e educacionais.

David M. Rubenstein, junho de 2022

Notas sobre investimentos de David M. Rubenstein

Ao longo de muitos anos, ao participar dos diversos comitês de investimento do Carlyle (cada fundo tem um comitê separado), observei alguns investidores de talento extraordinário apresentarem suas recomendações. (No mundo do investimento em empresas de capital fechado, quase todas as decisões de alocação de capital são tomadas por meio de comitês. É muito raro que um indivíduo tome uma decisão de investimento sem a revisão e aprovação dos demais.)

Mais recentemente, também estive envolvido em várias outras atividades de investimento. Em 2018, criei um family office, o Declaration Capital, para investir parte do meu capital em áreas não visadas pelo Carlyle (com a aprovação deste de modo a evitar conflitos). Nos últimos anos, também participei dos comitês de investimento da Smithsonian Institution, do Memorial Sloan Kettering Cancer Center, do Institute for Advanced Study e da National Gallery of Art. Também atuei nos conselhos administrativos da Duke University e da Universidade de Chicago e no conselho da Harvard Corporation. Nessas funções, pude observar as atividades de fundos patrimoniais dessas organizações (embora eu não estivesse em seus comitês de investimento).

Como resultado de todas essas atividades, desenvolvi minhas próprias regras e opiniões sobre investimentos, e as forneço aqui. Embora ao longo dos anos meu foco tenha sido na área de investimento em empresas de capital fechado, creio que tais perspectivas provavelmente têm aplicabilidade um tanto mais ampla.

Entre as ideias mais notáveis, estão:

Sorte. Todo mundo tem sorte e azar na vida, e investir faz parte disso. Mas contar com a sorte é uma receita para perder dinheiro. Os deuses dos investimentos não recompensam quem espera que o acaso forneça com regularidade grandes retornos de investimento. E, como acontece com jogos de azar, boa sorte no início de um processo de investimento ou carreira pode ser na verdade um revés. Alguém pode pensar que aquilo se deve à sua genialidade (e não à sorte) e que se repetirá, de modo que provavelmente apostará em dobro no investimento seguinte — o que costuma resultar em perdas maiores do que os ganhos iniciais. A dedicação e a análise rigorosa de fato podem fornecer alguma sorte de vez em quando (me surpreende que isso muitas vezes aconteça), mas o simples fato de pensar que alguém tem sorte por natureza é, sem dúvida, uma receita para perdas regulares.

Preço. Não é de surpreender que, na maioria dos investimentos, a melhor maneira de garantir uma transação seja pagar o preço mais alto. O setor de vendas pode dizer que quer um proprietário responsável, alguém que se preocupe com fatores ESG (ambientais, sociais e de governança); alguém que tratará bem seus funcionários; alguém que possa se dar bem com a administração etc. Mas, em 99% dos casos, o preço mais alto (e a certeza de fechar a esse preço) é o que importa de fato a quem vende toda a sua participação em uma empresa. Invariavelmente, ouvi dizer que a equipe de gestão (em vez do proprietário) preferiria que a minha empresa fosse a investidora, mas, de acordo com a minha experiência, se o controle total está sendo vendido por um proprietário, são raras as vezes em que a preferência da equipe de gestão é um fator determinante.

Quando uma participação minoritária está sendo vendida, a situação é um pouco diferente, e um investidor descobrirá que outros fatores (em geral a adição de serviços ou benefícios de valor agregado) podem mesmo desempenhar um papel. Porém, ainda assim, tais fatores costumam não ser suficientes para superar um preço muito mais elevado. Perto das margens, com o preço sendo relativamente igual, esses outros fatores podem muito bem fazer a diferença para o vendedor, e devem ser enfatizados pelo comprador/investidor.

Mas como saber qual é o preço certo a pagar para garantir uma transação e, mais adiante, obter lucro? Os setores de buyout, de venture capital e de growth capital possuem normas a respeito de qual múltiplo de fluxo de caixa, ou múltiplo de receita no caso de alguns negócios de venture capital e de growth capital, é o preço certo a ser pago. Mas um "preço certo" depende, na verdade, de fatores futuros: como a administração se sairá, o que os concorrentes farão, como a economia se desenvolverá, como a política do governo afetará o negócio... Todos fatores dos quais não se há total ciência no início de um investimento. Mas é essencial que o investidor chegue a uma avaliação do valor certo de um ativo e faça o máximo possível para ficar dentro desse intervalo, em vez de deixar que o valor do vendedor dite o preço final. Pagar demais por um ativo ou empresa raramente resulta em algo positivo para o comprador.

Diligência prévia. Em relação à maioria das coisas na vida, preparar-se é uma vantagem. O pai de meu ex-sócio no Carlyle, o outrora secretário de Estado James A. Baker III, incutiu no filho a máxima que prega que "a preparação previne contra um desempenho ruim". No contexto de investimentos, essa preparação é em geral chamada de "diligência prévia", ou seja, a análise detalhada de um investimento potencial. Com buyouts, esse esforço pode levar cerca de seis meses, pois há uma empresa existente e uma enorme quantidade de dados financeiros e indicadores de desempenho a serem analisados. Com o venture capital, há menos dados a serem analisados, e, em geral, a diligência prévia se concentra na qualidade do empreendedor que lidera a empresa, na singularidade do produto ou serviço subjacente à empresa e no tamanho da oportunidade de mercado.

Para qualquer tipo de investimento em empresas de capital fechado, o processo de diligência prévia é projetado a fim de permitir que o investidor tome uma decisão embasada sobre o provável retorno que será alcançado pelo preço pago. Uma boa diligência prévia também pode ajudar um investidor a se preparar melhor para prováveis riscos futuros (ou fornecer motivos para não fazer o investimento).

Minha observação, porém, é que a análise mais detalhada, embora útil, nem sempre leva aos melhores investimentos. A diligência prévia nem sempre pode prever adequadamente futuros erros ou afastamentos de gestão, recessões econômicas, nova concorrência, desenvolvimentos tecnológicos, mudanças regulatórias ou mudanças sociais emergentes. Dito isso, esses esforços são e devem ser abrangentes, embora eu tenha descoberto que um memorando aprofundado e abrangente de um comitê de investimento (que hoje pode ter de 200 a 300 páginas) não garante o melhor resultado de investimento. Quem prepara esses memorandos muitas vezes parece pensar que o peso do documento pressagia um bom investimento.

Instinto. Os melhores investidores invariavelmente confiam em seus instintos ou intuição, que em geral são a soma das experiências e dos sentimentos "instintivos" de um investidor, e não nos memorandos exaustivos do comitê de investimentos. Raras vezes, ou mesmo nunca, Warren

Buffett se baseia nos extensos memorandos de seu comitê de investimentos para tomar decisões. É óbvio que alguns investidores superestimam ou supervalorizam a própria "intuição", e isso também pode ser um problema. Mas não há dúvida de que colocar muita fé em taxas de retorno para dali a sete anos projetadas até a décima casa decimal é um problema. Em minha empresa, e suspeito que em outras semelhantes, as projeções detalhadas das taxas de retorno para sete anos depois (e esse tipo de análise costuma ocorrer em um memorando do comitê de investimentos) quase sempre estão erradas, e muitas vezes de forma significativa, tanto para mais quanto para menos. Ninguém pode prever bem com um prazo tão longe no futuro. Pode ser autoengano confiar indevidamente em tais projeções de modelos de computador (muitas vezes elaboradas por analistas bem-intencionados, mas jovens demais e recém-formados em seus MBAs).

Gestão. Na diligência prévia, a qualidade da equipe de gestão, em especial do CEO, costuma ser uma consideração primordial. Para que uma empresa de private equity invista em uma empresa, o CEO dela precisa não apenas ter os atributos normais de um bom CEO (inteligência, empenho, concentração, boa comunicação, habilidades para formar uma boa equipe, possuir uma visão para a empresa, estar disposto a admitir erros e estar equipado para compartilhar o crédito quando merecido). No mundo do investimento em empresas de capital fechado, bons CEOs também precisam lidar com seus investidores de private equity, que em geral são bastante práticos e obstinados. (A private equity não atrai gente acanhada nem com papas na língua.)

Um CEO de destaque pode fazer uma diferença gigantesca em uma compra, mas mesmo ele não é milagreiro. E, embora no início possa parecer notável, é provável que ele em algum momento seja substituído. Em mais de 50% das aquisições, haverá uma mudança de CEO antes de a aquisição ser realizada. Essa rotatividade em transações de risco pode ser ainda maior. Porém, é nelas que um grande CEO pode ser ainda mais valioso, embora também muito mais difícil de encontrar. Os CEOs de empreendimentos têm a difícil tarefa de desenvolver uma organização jovem e, muitas vezes, frágil. Mais negócios de risco falham do que são bem-sucedidos, o oposto do que ocorre nas transações de buyouts.

Expectativas realistas. Um memorando do comitê de investimento sempre aborda as mudanças que precisam ser feitas no investimento-alvo e, embora em geral precisem ser feitas para aumentar o valor dele, às vezes o nível e a amplitude das mudanças sugeridas podem ser irreais, ao menos no prazo e com os recursos financeiros e humanos disponíveis. Uma consideração fundamental para um resultado de investimento aceitável é ter objetivos realistas e, portanto, taxas de retorno realistas. Alguns investimentos no mundo dos buyouts produzirão de cinco a dez vezes o capital investido. Porém, isso é raro, por mais que nos últimos dois ou três anos alguns grandes investimentos de venture capital e de growth capital feitos pelas principais empresas nessas áreas tenham excedido e muito esses múltiplos em seus melhores negócios. Para a Union Square, uma das principais empresas de venture fund, um investimento inicial na Coinbase passou a valer quase duas mil vezes o seu custo quando a empresa abriu o capital em 2021. (Os retornos pós-IPO caíram de forma considerável em 2022, pois o mercado de criptomoedas baixou diante de muitos investidores.) Mas essa avaliação pré-IPO foi uma taxa de retorno inusitada, presumir que retornos dessa monta possam ser alcançados rápida ou regularmente é um grande erro (embora a esperança pareça brotar *ad aeternum* no mundo dos investimentos de risco).

Em outras palavras: com poucas exceções, quando os retornos projetados parecem bons demais para serem verdade, em geral são. Se um investimento proposto for tão atraente assim, outras pessoas também irão atrás dele, o preço subirá e os retornos devem cair.

Taxa de retorno. Em um buyout típico, o investidor busca uma taxa de retorno, descontadas todas as despesas e demais taxas, de cerca de 15 a 20% ao ano, sendo o buyout médio um investimento de cinco anos. Algumas empresas menores e especializadas com frequência buscam, e às vezes obtêm, retornos líquidos de 20 a 25% ao ano em seus buyouts menores. Cerca de 75% dos buyouts geram receitas antecipadas superiores ao que foi investido. No venture capital, os investidores muitas vezes procuram obter taxas líquidas de retorno de 30% ou mais. As transações de risco, contudo, têm uma taxa de insucesso mais alta que os investimentos dos buyouts, e apenas 40% dos investimentos geram receitas antecipadas além daquilo que foi investido.

Nos últimos anos, devido ao aumento geral dos valores, em especial na área de tecnologia, os investimentos de risco têm sido mais lucrativos que a norma histórica, mas, como acabamos de observar, há mais investimentos de risco não lucrativos que o contrário. Os casos que se destacam nas manchetes por seu alto retorno são poucos e dispersos no longo prazo para empresas que fazem investimentos de risco. Dito isso, os últimos anos foram um período histórico de criação de riqueza para um pequeno punhado de empresas de risco líderes de mercado.

Investidores com expectativas de taxas de retorno realistas tendem a ser mais bem-sucedidos. Uma análise histórica revela que investidores que buscam taxas de retorno não realistas em geral acabam frustrados. Isso ficou mais evidente com o declínio do mercado de tecnologia em 2022. A grande queda nos valores nessa área imprimiu maior realidade às expectativas de retornos em grande parte do mundo do venture capital e do growth capital.

Compromisso. Não há dúvida de que quem trabalha em um investimento potencial e se empolga com ele pode perder a objetividade e insistir no projeto para não ter de reconhecer que o esforço por trás da diligência prévia foi desperdiçado. Isso pode ser um problema. No entanto, o forte compromisso de um profissional de investimentos com determinada transação (alguém muito empolgado com um investimento e que está batendo na mesa para aprová-lo) pode ser um fator importante para decidir se o investimento deve ser levado adiante. Um investimento precisa de um forte defensor, alguém que sinta a obrigação pessoal de fazê-lo dar certo. Alguém cuja reputação e futuro estejam em jogo desempenhará um papel determinante para que um investimento seja bem-sucedido.

Valor agregado. As empresas que recebem investimentos de investidores profissionais estão buscando seus serviços de valor agregado: apresentações a clientes em potencial, assistência com possíveis aquisições, ajuda para conseguir pessoas influentes para trabalhar como membros do conselho da empresa que está recebendo investimento, acesso a serviços operacionais etc. Na medida em que uma empresa de investimentos possa fornecer tais serviços, o valor do investimento pode ser melhorado. Mas é importante não prometer demais a uma empresa na qual está sendo feito um investimento; fazer isso muitas vezes leva a decepções na prática.

Momento da venda. Nos últimos anos, alguns investidores que não precisam de retorno de capital em curto prazo têm se contentado em manter um investimento por oito, dez anos ou mais. (Warren Buffett detém alguns de seus ativos para sempre.) Em geral, porém, a retirada de um investimento de private equity ocorre após cerca de cinco anos. A essa altura, o aumento de valor já deve ter ocorrido, de modo que os investidores gostam de recuperar o capital investido nesse período. As aplicações que duram mais tempo são muitas vezes aquelas que tiveram dificuldades para obter os retornos nos níveis desejados, e, muitas vezes, há a inevitável esperança de que as coisas melhorem em caso de mais esforço nos dois ou três anos seguintes. Em alguns casos, as vendas atrasam porque os vendedores têm expectativas grandiosas de retorno e se tornam gananciosos quando não vendem em níveis considerados aceitáveis. Como regra geral, bons investidores sabem quando comprar e quando vender, não se apaixonam por seus investimentos e reconhecem não apenas o valor de comprar pelo preço certo, como também, e mais importante, de vender na hora certa.

Tais conclusões, vindas de alguém que passou grande parte da vida profissional trabalhando com investimentos privados, podem não fornecer o tipo de aconselhamento genérico de investimento que novos ou potenciais investidores estão procurando. Então, pensei que também poderia ser útil fornecer os meus conselhos básicos para tais indivíduos. E fiz isso a partir de dois pontos de vista: investimentos feitos diretamente por um indivíduo e investimentos feitos indiretamente por um indivíduo (ou seja, através de um fundo administrado por terceiros).

Investir diretamente

Para investidores não profissionais que desejam o prazer e a emoção (embora às vezes o risco e a dor) de investir o seu capital diretamente, ou seja, escolher ações ou títulos ou fazer buyouts, ou investir diretamente em empreendimentos ou imóveis, ofereço as seguintes ponderações:

1. Não arrisque mais do que você pode perder. Em outras palavras, para investimentos nos quais há uma chance real de se perder todo o capital investido ou parte dele, certifique-se de ter calculado esse risco em seu processo de decisão e verifique se sua situação financeira pode de fato arcar com essa perda.
2. Diversifique os investimentos. Esse é um dos princípios-chave quando se trata de investir: não coloque todos os ovos na mesma cesta. E, ainda nesse espírito, tente fazer aplicações que não sejam completamente correlatas, ou seja: com tendência a subir ou descer ao mesmo tempo.
3. Não pense que você é um especialista ou um gênio dos investimentos por ser um especialista ou um gênio em alguma outra

área. Fazer fortuna como industrial, artista ou atleta não o tornará um especialista ou gênio em investimentos, como muitos especialistas ou gênios em outras áreas percebem com relativa rapidez ao tentar investir.
4. Tenha expectativas de retorno realistas. Ter expectativas irrealistas inevitavelmente levará a investimentos demasiado arriscados e a verdadeiras decepções. Para retornos gerais de investimento (presumindo uma combinação de diferentes tipos de investimentos públicos e privados), tentar obter retornos anuais contínuos acima de 10% é muito difícil, ainda mais para um não profissional.
5. Leia tudo disponível sobre o investimento que está sendo feito. Certifique-se de que os riscos potenciais sejam compreendidos e considerados na íntegra, tanto quanto as vantagens potenciais. Aprender, ler ou fazer muitas perguntas sobre o investimento nunca é demais.
6. Converse com outras pessoas que conhecem a área de investimentos ou um investimento específico. Mais de um par de olhos e ouvidos pode ser de extrema utilidade. Também consulte aqueles que perderam ou ganharam dinheiro na área.
7. Compreenda os riscos na esfera pública do investimento e tente reduzir ao máximo, senão eliminar, muitos deles. Por exemplo, investir em um fabricante de armas ou em uma empresa que é grande emissora de carbono pode trazer consequências públicas adversas para uma reputação pessoal ou profissional caso o investimento venha a público (e considere que virá).
8. Conheça bem os seus parceiros. Se o investimento envolver outros, certifique-se de que tudo o que é relevante sobre eles seja de seu conhecimento. Um bom investimento pode ser arruinado caso o histórico de um parceiro de investimento não seja de competência, firmeza, honestidade e confiabilidade. Parceiros não confiáveis, desonestos ou pouco competentes raras vezes melhoram. Cuidado também com a parceria com "mestres do universo" que parecem egocêntricos em demasia ou não propensos a ouvir conselhos nem a aceitar a realidade.
9. Compreenda as consequências fiscais e as restrições regulamentais. Alguns investimentos, de outra forma atraentes, podem perder muito de seu apelo caso os impactos fiscais ou desafios regulatórios sejam desfavoráveis. Certifique-se de que uma boa consultoria e

planejamento tributário e regulatório façam parte do processo de decisão de investimento.
10. Certifique-se de que informações frequentes, confiáveis e compreensíveis sobre o investimento sejam fornecidas, ao menos uma vez por trimestre, e que haja um mecanismo regular para perguntas a serem feitas e respondidas.
11. Não tenha medo de admitir um erro quando um investimento der errado (e, portanto, esteja pronto para diminuir suas perdas) nem de lucrar (devido a uma crença de que os lucros só podem vir a aumentar).

Investir indiretamente ou por meio de fundos

Atualmente, muitos dos investimentos são realizados indiretamente, em fundos nos quais outras pessoas tomam as decisões de aplicações. Esse é o caso de fundos de índices de títulos e ações, ETFs, fundos mútuos, fundos de previdência privada e toda a variedade de fundos relacionados a investimentos privados.

Com esse tipo de investimento, no qual outra pessoa investe o dinheiro (uma vez que a aplicação básica tenha sido feita), meus conselhos são os seguintes:

1. Certifique-se de compreender na íntegra o histórico desse fundo (supondo que não seja um fundo novo) e, de preferência, que esteja entre os quatro maiores fundos da área de acordo com dados disponíveis para o intervalo de tempo mais recente.
2. Certifique-se de que os principais indivíduos do fundo responsáveis por esse histórico ainda estejam na instituição e que tenham uma probabilidade razoável de permanecer ali (ou seja, que estejam profissionalmente satisfeitos e sejam bem recompensados por seus esforços). Além disso, determine se eles, caso possam fazê-lo por meios legais, também estão investindo de maneira significativa no fundo.
3. Verifique se os profissionais mais jovens da organização, aqueles que costumam fazer o trabalho do dia a dia, também são incentivados a permanecer ao serem remunerados de forma adequada.
4. Determine se o histórico do fundo foi alcançado em uma área com probabilidades de continuar crescendo e de ser atraente durante o período do investimento.

5. Determine se os termos do fundo são justos e razoáveis para os padrões da área, em especial as taxas (e certifique-se de que as taxas cobradas sejam compreensíveis com facilidade).
6. Determine se a organização patrocinadora do fundo tem alta rotatividade de funcionários ou fama de ser processada com frequência por investidores devido a mau desempenho ou práticas antiéticas.
7. Descubra quem foram ou provavelmente serão os demais investidores do fundo. Em geral, investidores bem-sucedidos sabem como encontrar os melhores fundos.
8. Certifique-se de que os profissionais de investimento relevantes estejam disponíveis com frequência, se necessário, para responder a perguntas, e também de que as informações sobre o desempenho do investimento do fundo sejam fornecidas com regularidade, precisas e compreensíveis e, quando apropriado, verificadas por terceiros independentes.
9. Se o fundo for novo e, portanto, não tiver histórico relevante, certifique-se de que os líderes de investimento tenham um histórico atraente em qualquer fundo com qualquer empregador pregresso (e que os líderes de investimento tenham algum histórico de trabalho em conjunto e estejam também comprometendo uma quantidade significativa do próprio capital naquele fundo). Certifique-se também de que a área na qual o novo fundo está investindo tenha uma chance realista de sucesso.
10. Certifique-se da existência de oportunidades realistas, justas e atraentes para sair do fundo (talvez através de uma venda "secundária" do investimento), caso haja uma necessidade pessoal de liquidez antes que o fundo conclua por completo a sua missão de investimento.

As regras acima não são garantia para um ótimo histórico de investimentos, mas devem servir como um breve guia de como alguém pode tomar decisões razoáveis sem precisar alcançar o status de "grande investidor".

Investir como uma futura carreira

Alguns leitores deste livro podem ainda não estar prontos para ser investidores, seja direta ou indiretamente. Podem ser estudantes ou jovens profissionais ainda tentando se decidir quanto a uma carreira.

Fora das finanças, há um enorme número de carreiras atraentes; dentro, de forma similar, há um enorme número de carreiras atraentes sem relação com os investimentos. Mas, para quem está interessado e deseja se preparar para uma carreira nos investimentos, com este livro pretendo demonstrar que, embora grandes investidores tenham várias características em comum, elas não são necessariamente um pré-requisito para o sucesso como investidor. Além disso, não é preciso ser um grande investidor, tornar-se uma figura lendária, para desfrutar do mundo dos investimentos. Ao longo dos anos, conheci inúmeros investidores que não seriam considerados grandes, mas que são bem-sucedidos e levam vidas plenas e gratificantes.

E, talvez o mais importante: estar no topo de qualquer profissão, incluindo aquela que provavelmente renderá recompensas financeiras consideráveis, não garante a felicidade, que, na teoria, é um dos principais objetivos da vida. Alguns dos indivíduos mais ricos que conheci não são pessoas felizes de verdade. E alguns indivíduos com sucesso profissional e financeiro comparativamente modesto estão muitíssimo satisfeitos com suas vidas. Portanto, não é necessário ser um investidor excelente para levar uma vida excelente.

Também é preciso ressaltar que, para quem está de fato interessado na carreira de investidor, não existe um plano de dez passos para o sucesso garantido. Eu gostaria de ter compreendido essa realidade quando entrei para o mundo dos investimentos em 1987. Poderia ter evitado muitos erros. Mas há alguns fortes princípios que desde então reconheço como dignos de serem lembrados, e os transmito a seguir:

1. Leia o máximo que puder sobre a sua área de investimento e outros assuntos relevantes. Leia mais do que newsletters ou matérias. Opte por livros, pois sua atenção fica mais concentrada durante a leitura, e eles podem ter um impacto mais duradouro. Não há limite para o que se pode ler ou saber a respeito do mundo, e não apenas sobre a sua área de investimento.
2. Encontre uma área que seja de seu real interesse (não necessariamente uma área onde você possa ganhar mais dinheiro no início) e aprenda tudo o que for possível sobre ela. O ideal seria que fosse uma área nova, emergente, onde a concorrência ainda não seria tão forte. Uma área na qual você, em última análise, e espero que em um futuro próximo, desenvolveria uma paixão para seguir. Se

deseja mesmo ter sucesso, trabalhar nessa área deve ser um verdadeiro prazer e não apenas um trabalho.
3. Procure mentores, indivíduos que o guiarão através dos desafios de reunir conhecimento especializado. Invariavelmente, o caminho para o sucesso é facilitado com a orientação e o apoio de mentores, indivíduos que estão na sua área de atuação ou mesmo fora dela. Conselhos sábios e apresentações úteis a outras pessoas nunca fazem mal. (Com o tempo, adquirir o hábito de orientar a geração seguinte também pode ser muito recompensador e útil para a própria carreira.)
4. Procure uma ou duas pessoas com quem possa fazer parceria à medida que você ganha experiência e se desenvolve. Às vezes, investir pode ser um negócio solitário, mas investidores talentosos costumam ter parceiros para preencher lacunas em suas próprias áreas de especialização e conhecimento. Não acredite que você é um gênio do investimento que não precisa de ninguém para ajudá-lo com frequência.
5. Busque construir uma rede de contatos em sua área geral de interesse, mas também fora dela. Uma rede pode ajudá-lo a obter informações melhores quando você precisar, além de fornecer oportunidades, ideias, investidores, colegas e exposição a um mundo mais abrangente. Os melhores investidores têm ao seu alcance uma ampla e variada rede de contatos.
6. Esteja preparado quando tiver reuniões (pessoais ou virtuais) com colegas, parceiros e, de fato, com todo mundo. Às vezes, improvisar pode parecer divertido ou revigorante, mas a verdade é que os melhores investidores — e profissionais — se preparam para as muitas reuniões e conversas que realizam inevitável e regularmente. Eles sabem o que querem de uma reunião e invariavelmente o conseguem.
7. Mantenha seus compromissos e promessas. Fazer isso melhorará a sua reputação, além de aumentar a probabilidade de seus investidores, colegas e mentores quererem trabalhar com você mais de perto. Faltar com seus compromissos é um dos pecados mais comuns no mundo profissional, inclusive no mundo dos investimentos.
8. Concentre-se em construir uma reputação de humildade, cooperação e comportamento ético. É fácil se tornar arrogante com

o sucesso profissional, e isso pode ser ainda mais verdadeiro no mundo dos investimentos. Mas ter a reputação de estar disposto a ouvir os demais, aceitar conselhos, não se vangloriar e apoiar o próximo ajudará muito a desenvolver uma carreira admirável e bem-sucedida. E não fique tentado a cruzar os limites éticos: sua reputação é a coisa mais importante que você tem e pode ser destruída para sempre caso os desrespeite.
9. Aprenda a admitir um erro e corrigi-lo o mais rápido possível, com o menor dano possível. Os investidores sempre cometerão erros, mas, para os que são realmente bons, a chave é aprender quando admiti-los, cessar as perdas e seguir para a oportunidade seguinte. E aceite a culpa, em vez de culpar os outros (em especial os colegas).
10. Encontre áreas fora do setor de investimentos que lhe permitam ampliar seu escopo como ser humano e experimente outras coisas além da busca por dinheiro e sucesso profissional. Sinceramente, no mundo dos investimentos, trabalhar sem parar apenas nisso não é uma receita de sucesso a longo prazo.

Talvez todos os itens acima sejam óbvios. Mas, às vezes, o óbvio pode passar despercebido. Penso muitas vezes que gostaria de ter dado todos esses passos quando estava me preparando, no início da carreira de investidor. Eu teria evitado muitos erros.

Repito: realizar todas as etapas acima não garantirá o sucesso de um jovem ou potencial investidor, mas isso não lhe trará problemas nem prejudicará a sua carreira. É quase certo que o ajudará.

Uma última observação: sua carreira como investidor será muito mais recompensadora se acreditar que esse tipo de atividade é benéfico não apenas para você, como também para a sua sociedade, a sua economia e o seu país. Se você vê o investimento apenas como uma maneira de ganhar mais dinheiro do que é possível ganhar em outra profissão, nunca terá a intensidade, a motivação e a alegria necessárias para ter sucesso nessa linha de trabalho. E perderá muito da alegria de investir (e de viver). No fim das contas, dinheiro não é tudo.

PARTE I
Investimentos tradicionais

Talvez o investimento mais comum da história tenha sido o dinheiro: somente guardar o dinheiro que se possui, convencido de que a inflação não corroerá seu valor e que ele estará prontamente disponível a seu proprietário.

É claro que, à medida que as pessoas descobriram que guardar dinheiro (enfiado sob o proverbial colchão) nem sempre é a decisão mais segura, os bancos surgiram para cuidar do dinheiro dos outros, às vezes pagando modestas taxas de juros como incentivo para que a quantia seja ali depositada (ou em uma instituição equivalente, como uma organização de poupança e empréstimo ou cooperativa de crédito).

Hoje, manter dinheiro em um banco ou em uma organização equivalente ainda é uma opção de investimento, e, com certeza, há competição entre as instituições para administrar o dinheiro alheio.

Existem, é evidente, indivíduos hábeis em obter o retorno máximo sobre seu dinheiro, e fazê-lo de modo que — nos Estados Unidos — o governo federal garanta o capital até certos níveis. Não incluí tais indivíduos neste livro e decidi focar naqueles capazes de obter retornos extraordinários em comparação com os investidores médios. Tais disparidades nos retornos não costumam ocorrer quando alguém gerencia o dinheiro de outra pessoa.

Portanto, concentrei esta seção naqueles que investem em três outros tipos de investimentos tradicionais: renda fixa, ações e imóveis, bem como naqueles que tradicionalmente investiram nessas áreas (como fundos patrimoniais ou family offices).

Quando, em 1700, os americanos começaram a buscar retornos melhores que os oferecidos pelo dinheiro vivo, investiram em instrumentos de renda fixa, como títulos governamentais e corporativos. Esses, por sua vez, foram concebidos para proporcionar ao investidor um rendimento anual atrativo e previsível, com o capital sendo reembolsado a prazo.

Esse tipo de investimento foi projetado para não apresentar risco excessivo. Acreditava-se que os títulos do governo eram de pouco ou nenhum risco, embora os governos dessem calotes de tempos em tempos e a alta inflação pudesse reduzir o valor efetivo do investimento de capital quando este fosse restituído.

Investir em ações, ou em parte do patrimônio de uma empresa (de capital aberto ou fechado) era considerado algo um pouco mais arriscado. Não havia garantia de reembolso do capital, mas o retorno final para o investidor era considerado maior (embora menos garantido que o de um título). Títulos e ações (além de algum dinheiro) eram considerados a espinha dorsal de uma carteira de investimentos, pois na maioria das vezes as pessoas confiavam a administração de seu dinheiro a profissionais. (Por muitos anos, um padrão comum para investidores era de 60-40: 60% em ações e 40% em renda fixa.)

O setor imobiliário era a terceira parte da tríade de investimentos que bem poderiam ser chamados de tradicionais. Ao longo da história, para a maioria das pessoas o imóvel (normalmente uma casa) era o seu bem mais valioso. No final do século XVIII, os investidores americanos começaram a comprar ou investir em imóveis que não eram necessários para a sua vida particular nem para fins comerciais básicos. Imóveis, assim como títulos, eram considerados por muitos como um investimento razoavelmente seguro caso não fossem comprados (ou investidos) com quantias de dívida irresponsáveis.

Nas últimas décadas, à medida que as oportunidades imobiliárias se tornaram mais complicadas e variadas, e os retornos muito mais atraentes que os imóveis básicos e tradicionais, alguns investidores passaram a considerar muitos dos investimentos em imóveis mais "alternativos" que "tradicionais". Para os propósitos deste livro, uma vez que a grande maioria dos investimentos imobiliários não é o que é chamado de "oportunista" nem de "valor agregado", eu os incluí na categoria "tradicional".

Esses três pilares do investimento tradicional (títulos, ações e imóveis) eram as áreas nas quais os gestores de patrimônio buscavam oportunidades para seus clientes. O mesmo se aplicava a outros grandes grupos de capital, como fundos patrimoniais de universidades ou fundos de pensão.

Renda fixa

LARRY FINK

Presidente e CEO da BlackRock

> *"Se você se concentrar nas necessidades de seus clientes e puder criar algo melhor do que o oferecido pelo ecossistema, terá uma enorme oportunidade de crescer vertiginosamente."*

De muitas maneiras, o investidor mais importante e influente do mundo nos últimos anos foi Larry Fink, que cofundou e ainda lidera a BlackRock. A princípio, ele era um investidor de renda fixa, mas, agora, é o maior gestor de ativos do mundo. A empresa administra 9,6 trilhões de dólares[*] de ativos de seus clientes, investindo no nome deles em todas as principais categorias de ativos: renda fixa (ou seja, dívida de um tipo ou de outro, como títulos), ações, ETFs (fundos negociados na bolsa), private equity e imobiliário, entre outras áreas. Sob outra perspectiva, a BlackRock não é apenas a maior empresa de investimentos do mundo; também está entre as mais importantes.

Mas a influência de Larry não se deve apenas ao tamanho da empresa que ele ajudou a construir do zero em 1988. Ela deriva tanto de seu conhecimento completo, de fato enciclopédico, do movimento dos ativos ao redor do mundo e do que os investidores estão fazendo com o seu dinheiro.

Nas últimas décadas, ele também se tornou um conselheiro confiável — às vezes formalmente, outras informalmente — para muitos chefes de

---

[*] Em 31 de março de 2022.

Estado, banqueiros centrais e ministros das Finanças. Na verdade, ele é tão versado e respeitado no mundo do setor financeiro que já foi aventado que ele deveria se tornar secretário do Tesouro ou presidente do Federal Reserve Board.

Talvez Larry não tenha previsto esse resultado enquanto crescia em uma família de classe média em Los Angeles, ou após a faculdade de administração na Universidade da Califórnia, quando se tornou um corretor de títulos do First Boston e se especializou em imóveis. Ou mesmo quando se tornou o diretor administrativo mais jovem do First Boston e o membro mais jovem de seu comitê administrativo. Há muitos prodígios de Wall Street que nunca chegaram a construir uma empresa como a BlackRock.

Confesso não ter acreditado que a BlackRock ou Larry realizariam grandes coisas quando li que a empresa levantara o seu primeiro fundo de títulos em 1988. Eu não teria prestado muita atenção em mais uma nova empresa levantando um fundo de títulos, porém, um de meus colegas da Casa Branca, Ralph Schlosstein, era cofundador, e lembro-me de ter pensado como era irônico que jovens assessores da Casa Branca de Carter (como eu), que sabiam tão pouco sobre o misterioso mundo das finanças em nossos tempos de governo, estivessem naquele momento envolvidos com Wall Street. Dito isso, pensei — sem dúvida como muitos em Wall Street — que se trataria apenas de mais uma firma de títulos buscando o seu lugar ao sol. Não cogitei que, com o tempo, acabaria se tornando o próprio sol.

Entrevistei Larry em muitas ocasiões e trabalhei com ele por muitos anos na diretoria do Conselho de Relações Exteriores, onde vejo como os nomes mais proeminentes em finanças e política externa ouvem com atenção o que ele diz a respeito de qualquer assunto. Entrevistei Larry virtualmente em 30 de junho de 2021.

DAVID M. RUBENSTEIN (DR): A empresa que você fundou em 1988 e que ainda administra é a maior gestora de ativos de investimento do mundo e, portanto, também a maior investidora do mundo, atualmente com 9,6 trilhões de dólares, e crescendo. Quando você começou a empresa depois de deixar o First Boston, chegou a sonhar que esse resultado era possível? Ou mesmo concebível?

LARRY FINK (LF): Quando comecei a empresa, nem sabia o que significavam 9 trilhões de dólares. Não sabia o que significavam 100 bilhões de dólares. A ideia era fazer algo que fosse único, enfatizando a gestão de riscos [ou seja, avaliando os possíveis riscos negativos e preparando medidas para reduzi-los ao máximo, quando não os evitar por completo]. Essa prática nem sempre foi seguida por empresas de Wall Street, ansiosas por fechar um negócio ou fazer um investimento. Oito amigos se juntaram e trabalharam juntos, mas o objetivo era construir uma boa empresa. Fui um construtor no First Boston, e sou um construtor aqui. A intenção era construir uma empresa da qual se orgulhar, livrar-se da política de uma grande empresa e focar nas necessidades dos clientes. Os resultados seriam os resultados.

O que nos diferenciou de tantas outras empresas de serviços financeiros é que nenhum de seus fundadores tinha ambições financeiras. Acho que não havia ninguém que acreditasse que o caminho da BlackRock era enriquecer. A riqueza é resultado do sucesso, mas nenhum de nós era motivado pelos bens materiais e pela aquisição de grandes riquezas. Tratava-se de construir algo de que nos orgulhássemos.

DR: Você cresceu em Los Angeles em uma família de classe média que não estava envolvida no ramo financeiro ou de investimentos. Depois de obter diplomas de graduação e pós-graduação na UCLA, foi para Nova York e para o First Boston. O que o levou a fazer isso? O que sua família achou da sua mudança para o outro lado do país?

LF: Sempre planejei entrar no ramo imobiliário em Los Angeles. Por acaso, conheci vários sócios da Goldman Sachs no último ano de faculdade e fiquei intrigado com Wall Street. Comecei um processo seletivo e me ofereceram um emprego no First Boston, no setor de trading. Naquele momento, eu não tinha ideia do que era trading. Só me pareceu o caminho certo, acima de qualquer outra coisa. Aquela foi a primeira vez que estive em Nova York. A primeira vez que vi neve caindo do céu, e só me pareceu o caminho certo. Meus pais ficaram muito entusiasmados. Quando contei ao meu pai que meu salário inicial era de 20 mil dólares, ele disse: "Você não merece tanto. Você ainda é um fedelho." É assim que me lembro do meu pai.

DR: Qual era a sua especialidade no First Boston? Você considera que a comercialização de títulos é um tipo de investimento, ou apenas a busca de um comprador e de um vendedor?

LF: Meu primeiro emprego foi em títulos lastreados em hipotecas devido à minha experiência em finanças imobiliárias. O negócio de Wall Street não é investimento e, sim, a velocidade do dinheiro. Essa é uma das coisas corruptoras a respeito daquele lugar porque não se trata de longo prazo, trata-se apenas de facilitar o comércio.

Meu primeiro dia em uma mesa de negociação de títulos lastreados em hipotecas foi educativo, porque ninguém conhecia esse tipo de título. Fannie Mae e Freddie Mac só começaram a emitir títulos lastreados em hipotecas por volta de 1981, 1982 e 1983. A base de minha carreira foi educar os clientes sobre esse novo tipo de ativo e, à medida que essa classe de ativos crescia, pudemos expandir. A base do meu crescimento no First Boston tornou-se a base do nosso crescimento na BlackRock.

DR: Você ajudou a inventar o negócio de securitização de hipotecas e outros ativos que antes não estavam disponíveis para venda aos investidores. Foi essa a inovação que mudou Wall Street em vários aspectos? Ela foi feita em excesso e levou à securitização de ativos a preços inflacionados?*

LF: Em geral, coisas boas se transformam em coisas ruins. É isso que os mercados fazem.

Esta história não está sendo contada direito. No fim dos anos 1970, o spread [ou diferença nas taxas de juros] entre as hipotecas no nível do consumidor e os títulos de dez anos do Tesouro dos Estados Unidos era de cerca de 450 pontos-base, ou 4,5%. Por meio da securitização, reduzimos esse spread para cerca de 150 pontos-base, ou 1,5%. Quando você pensa nas economias dos Estados Unidos e no mecanismo de aquisição de imóveis, a securitização foi uma razão fundamental pela qual mais americanos puderam comprar casas.**

---

* A securitização começou nos Estados Unidos na década de 1850, mas terminou com o Pânico de 1857 (quando muitas hipotecas associadas a financiamentos ferroviários entraram em colapso). A securitização foi revivida no início da década de 1970, quando entidades afiliadas ao governo começaram a embutir hipotecas residenciais em títulos que ofereciam taxas de juros previsíveis e pagamento das datas principais.

** Um ponto-base é uma medida usada com frequência em mercados financeiros, mais comumente ao medir taxas de juros. Cem pontos-base equivalem a 1%, 25 pontos-base seriam 0,25%.

As mudanças nas características de subscrição, que ocorreram pela primeira vez em 2004 influenciadas pelo governo, concentraram-se em ter mais pessoas com casa própria e na redução de pagamentos de entrada. O resultado foi que os indivíduos com crédito de qualidade inferior poderiam obter hipotecas que, antes, não lhes eram disponíveis. Essas eram as normalmente chamadas "hipotecas subprime". Isso levou à crise financeira. A estrutura de títulos lastreados em hipotecas permaneceu forte, boa e útil para a sociedade. Todas as coisas boas, se não forem governadas de maneira adequada, podem levar a resultados ruins. Isso foi o que aconteceu na realidade. Mas, no fim das contas, mesmo com a crise financeira, as economias para os americanos em termos de desfrutar de uma hipoteca unifamiliar aumentaram cerca de 150 pontos-base sobre a taxa de títulos de dez anos do Tesouro, e isso é uma incrível conquista de securitização.*

DR: Você era uma grande estrela no First Boston. Por que decidiu sair e começar uma nova empresa chamada BlackRock? Quando você saiu, seus colegas de Wall Street ficaram na dúvida quanto ao que você estava fazendo?

LF: Tornei-me o membro mais jovem do comitê executivo quando tinha 31 anos e, aos 34, me tornei um pária no First Boston devido a uma grande perda que meu grupo sofreu. Essa é uma das razões fundamentais de minha saída. Não tínhamos gerenciamento de risco lá. Eu culpo mais a mim do que à empresa. Estávamos negociando grandes quadros de ativos. Fomos a divisão mais lucrativa da empresa por vários anos, até deixarmos de ser. Um quarto do nosso grupo perdeu 100 milhões de dólares, e eu fui culpado por essa perda. Nunca perdoei a empresa pela falta de parceria. Em um breve momento, todo esse conceito de parceria e amizade se revelou falso.

Isso foi em 1986. Levei um ano e meio para decidir o que desejava fazer. Um ano e meio depois, saí para fundar a BlackRock em parceria com a Blackstone.

---

* *O título de dez anos do Tesouro é a referência tradicional para o investimento de renda fixa mais seguro e, portanto, o Tesouro dos Estados Unidos pode confortavelmente vender esses títulos à taxa de juros mais baixa de qualquer instrumento de renda fixa. O título de dez anos é, de fato, um padrão-ouro de securitização de renda fixa. Uma taxa de juros de apenas 150 pontos-base, ou 1,5%, sobre a taxa do Tesouro de dez anos é uma taxa muito baixa para um instrumento não garantido pelo governo dos Estados Unidos.*

DR: Quais eram as suas ambições quando começou a BlackRock? Por que você fez isso com uma linha de crédito de 5 milhões de dólares da Blackstone em troca de cerca de 40% de sua empresa? Alguma vez chegou a usar a linha de crédito, e qual era o seu foco inicial?

LF: Todo aquele episódio no First Boston destruiu a minha autoconfiança. Eu tinha alguns amigos dispostos a me financiar para começar a minha própria empresa. Fiquei intrigado com Steve e Pete [cofundadores Stephen A. Schwarzman e Peter G. Peterson] na Blackstone e como eles falavam sobre parceria. Tornei-me o quarto sócio do Grupo Blackstone. Senti que ali encontraria a forte parceria e amizade que estava procurando.

Eles forneceram uma linha de crédito de 5 milhões de dólares por, como você mencionou, 40%. Acho que sacamos 100 mil dólares, daí começamos a ganhar dinheiro e, no fim do ano, rompemos essa linha de crédito e a Blackstone conseguiu seus 40% por poucos trocados. Depois disso, crescemos rapidamente. Tivemos muito sucesso, mesmo nos primeiros seis meses. É aqui que dou muito crédito a Steve Schwarzman. Ele tinha mais confiança em mim do que eu mesmo. Nosso crescimento acelerado foi a gênese de nossa separação da Blackstone alguns anos mais tarde.

DR: Você mostrou a sua experiência como investidor quando, ao longo de sua trajetória, comprou o negócio de gestão de ativos da Merrill Lynch e o Barclays Global Investors. Tais investimentos foram úteis para que a BlackRock crescesse de um negócio de investimento em títulos para um negócio de ações e ETF?

LF: Éramos, em essência, uma empresa de títulos [uma empresa que levantava fundos para investir em títulos corporativos e governamentais]. Quando fizemos o IPO em 1999, tínhamos cerca de 300 bilhões de dólares em ativos. Isso tudo foi crescendo organicamente. Fomos o lanterna dos IPOs naquele ano. Era a época das pontocom. Na verdade, o IPO foi tão malsucedido que tivemos que reduzir a escala, e fomos precificados em quatro pontos múltiplos abaixo do setor [ou seja, as empresas de gestão de ativos estavam negociando a um preço lucro, ou PL, múltiplo de 20x, enquanto a BlackRock era avaliada a 16x]. O IPO foi muito mal recebido.

As pessoas não queriam gestores de títulos nem gestores institucionais. Tivemos então a crise das pontocom, e os fundos mútuos e de ações foram esmagados. É importante ressaltar que fizemos tudo o que prometemos em termos de nossas taxas de crescimento. Dentro de três anos, passamos de um desconto de quatro pontos múltiplos para um prêmio de quatro pontos múltiplos [ou seja, nosso PL passou para 22x, enquanto nossos concorrentes estavam em 18x]. Enquanto o restante do setor de gerenciamento de ativos tinha um desempenho ruim, estávamos nos saindo bem.

No início dos anos 2000, começamos a conversar com diferentes empresas. Os clientes buscavam um relacionamento mais expressivo com a BlackRock. Conversamos com cinco ou seis empresas diferentes e nos aproximamos de diversos gestores de ativos.

A primeira grande transação foi adquirir a State Street Research, da MetLife, em 2005, que foi a base do nosso padrão de crescimento. Foi pela State Street Research que vimos que poderíamos fazer uma aquisição. Que podíamos assimilá-la. Poderíamos colocá-la em nossa plataforma. Menos de um ano mais tarde, foi a vez da Merrill Lynch, e a Merrill Lynch nos forneceu ações globais e uma presença internacional, coisa que a BlackRock não tinha. Não foi apenas uma aquisição acrescida ao nosso preço de compra. Aquilo nos deu a base para o crescimento internacional e para nos tornarmos gestores de capital.

Então, tivemos a crise financeira. Naquela época, havia uma visão de que o índice ou investimento passivo é uma cultura diferente do investimento ativo. Sempre me perguntei: "Por que é diferente?" Se os seus clientes estão usando todos esses tipos diferentes de produtos, sejam estratégias indexadas passivas ou ativas, por que não podemos ter uma conversa holística com eles? Cada transação foi motivada por: "Podemos expandir a nossa presença? Podemos fornecer uma gama mais completa de opções de investimento para os nossos clientes?"

Em 2009, quando o Barclays colocou à venda a sua principal unidade iShares ETF, negociamos não apenas a compra da iShares, mas todo o seu negócio de gestão de ativos, o Barclays Global Investors (BGI). Embora tenhamos pagado um grande prêmio por isso, ainda foi um acréscimo ao nosso PL. Uma das diferenças mais importantes entre as nossas aquisições e o que outros vinham fazendo é que, um ano depois de adquirirmos a Merrill Lynch e um ano após adquirirmos a BGI, tínhamos mais mil funcionários.

Em ambos os casos, fizemos essas aquisições para crescimento e produto, não para redução de despesas. Tratava-se de estabelecer globalmente nossa área de atividade e a nossa plataforma.

Esse é o maior diferencial. Ainda hoje, com todas as aquisições sendo feitas no negócio de gestão de ativos, a maioria delas são apenas manobras de consolidação. Nossas aquisições foram baseadas no crescimento e na construção de relacionamentos mais profundos com os clientes.

Tivemos uma tremenda convicção em nossa aquisição da BGI, incluindo a iShares, e isso foi justificado. Em 2009, a iShares tinha 340 bilhões de dólares em ativos de clientes. Agora, enquanto estamos conversando, estamos perto de 3,1 trilhões de dólares.

DR: Afora as aquisições, há alguma coisa que possamos chamar de seu ingrediente secreto? Foi a cultura única de sua organização, diferente da cultura de Wall Street (a forma como seus funcionários se relacionam uns com os outros e com seus investidores e acionistas), ou uma visão que permitiu que você se tornasse o maior gestor de ativos do mundo?

LF: A cultura é o que une uma organização. A cultura é o que torna uma organização diferenciada e única. Passo ao menos 30% do meu tempo, talvez mais, focado em nossa cultura.

Uma das principais bases culturais é ter uma plataforma de tecnologia. Quando se observam os serviços financeiros, todas as fusões de bancos e seguradoras, uma das consequências delas foi uma crise financeira, uma vez que muitas empresas de serviços financeiros nunca se consolidaram em uma plataforma comum. Sempre tivemos essa crença fundamental de que teríamos uma plataforma global. Uma grande razão por que conseguimos fazer essas aquisições gigantes é termos essa plataforma de tecnologia.

A outra coisa é que eu tinha uma visão de que os mercados de capital globais seriam o motor do crescimento econômico mundial. Ainda tenho essa opinião, apesar de alguns receios de que a globalização que experimentamos nas últimas três décadas esteja mudando.

Essa crença básica foi a razão fundamental por que fizemos tais aquisições. Quando fizemos a transação da BGI, todos disseram que nos tornaríamos grandes demais. Naquela época, tínhamos 2,7 trilhões de dólares em ativos. Isso representava 1,6% dos mercados de capital global. Hoje temos 9,6 trilhões de dólares e somos cerca de 1,9% dos mercados de capital global.

A realidade é que não poderíamos ter a escala que temos hoje caso os mercados de capital global não crescessem. Muitos bancos possuem 10 ou 12% dos depósitos em todos os estados. Muitas empresas de serviços financeiros controlam 30 ou 40% de seu ecossistema. Mesmo sendo tão grandes, controlamos ativos que compreendem apenas 1,9% do ecossistema.

DR: Por ser global, você tem percepções sobre o que está acontecendo ao redor do mundo que sejam úteis para os investimentos que faz?

LF: Com certeza. Com escritórios e gestão de ativos de clientes em várias partes do mundo, mantendo diálogos mais profundos e mais extensos com mais clientes e ouvindo as suas necessidades, temos percepções únicas, e são elas que se traduzem em nosso alfa [o retorno do investimento acima da média de retorno do mercado para um determinado tipo de investimento durante um período de tempo específico].

DR: O uso precoce da tecnologia mais avançada lhe deu alguma vantagem? O que é a Aladdin, e quão difícil foi desenvolvê-la?

LF: A base da Aladdin [plataforma de software patenteada pela BlackRock para gerenciamento de risco] foi o meu fracasso no First Boston. Com a nossa própria plataforma de gerenciamento de risco, podemos entender melhor o risco que estamos assumindo. A Aladdin evoluiu para além de uma plataforma de gerenciamento de risco, tornou-se o coração da empresa. Ela bombeia o sangue por toda a organização. É realmente uma plataforma de tecnologia de back-office, middle-office e front-office. É muito mais abrangente que a análise de risco. Isso gera enorme eficiência e um melhor diálogo. Enriquece a nossa cultura. Ela é fruto da nossa crença fundamental de que a tecnologia moldaria quem e o que somos.

No novo mundo de trabalho criado pela pandemia, ter uma plataforma de tecnologia como a Aladdin no centro de tudo o que fazemos é um importante diferencial. Isso nos deu a flexibilidade de dinamizar o modelo de negócios, permitindo uma transição suave para que nossos funcionários trabalhassem remotamente, facilitando a conexão com clientes em qualquer lugar do mundo, dando-nos a capacidade de entrar em contato com todos os consultores financeiros para que possamos ajudá-los a aprimorar os negócios deles. Ter tecnologia para criar carteiras modelo, democratizar investimentos e criar passivos ou índices personalizados nos dá uma vantagem única. Podemos trabalhar com cada cliente e tentar transformar os seus desejos em carteiras de investimentos.

DR: Quando as pessoas confiam dinheiro a você, elas estão mais interessadas em taxas de retorno, taxas de retorno ajustadas ao risco, bons registros fiscais que possam usar, ou apenas mais apoio e aconselhamento?

O que os investidores de fato querem quando confiam a você mais de 9 trilhões de dólares?

LF: Alguns clientes buscam retorno total. Outros, retorno com ajuste fiscal. Há ainda os que estão à procura de alguém que transmita segurança. Acima de tudo, os clientes estão em busca de alguém em quem possam confiar e que possa ajudá-los em seus futuros financeiros.

Dois terços dos ativos que administramos são de aposentadoria. Não se trata de comércio. Não se trata de ações "meme". Não se trata de criptomoedas. Trata-se de ajudar nossos clientes a se aposentarem com dignidade. Falamos constantemente sobre o longo prazo. Não entramos no debate sobre o tique-taque e os altos e baixos do mercado. Não nos envolvemos com a ação do momento ou com o IPO do momento. Nosso diálogo com os clientes visa moldar uma carteira de investimentos que atenda suas necessidades de médio e longo prazo.

DR: Existe uma grande diferença entre os desejos dos investidores institucionais e os dos investidores individuais?

LF: Anos atrás eu teria dito que sim. Responderia que os investidores individuais e a educação financeira estão crescendo. Investidores institucionais buscam desempenho relativo *versus* responsabilidade. Cada vez mais, porém, os investidores institucionais procuram retornos de longo prazo. Também estão interessados em retornos absolutos. O investidor individual está mais focado em retornos absolutos ajustados ao risco. Agora, por meio de nossa tecnologia, podemos mostrar isso a eles. Podemos modelar como sua carteira de investimentos se comportará em diferentes cenários de taxas de juros, diferentes cenários econômicos, para que possam tomar uma decisão: eles podem conviver com esse tipo de volatilidade ou risco? Há uma mistura de desejos em um estilo comum em todo o mundo e em todos os investidores.

DR: Você tem sido um líder no mundo ESG, chegando a afirmar que as empresas em que investe devem ter boas práticas ESG, o que inclui boas práticas de diversidade e boas práticas ambientais. Por que tem feito isso? Ajudou ou prejudicou o seu negócio, ou não teve impacto?

LF: Não creio ter sido excepcionalmente presciente quanto a isso. Em 2019, vi uma mudança significativa no formato de nossas conversas com os clientes. Em 2019, 30% de todo o diálogo foi sobre sustentabilidade e governança. Como alguém que está no setor financeiro há mais de quarenta anos, ficou evidente para mim que, quando o setor financeiro reconhece um problema, nós o apresentamos. Ficou evidente para mim que isso seria tão grande quanto os títulos lastreados em hipotecas foram nos anos 1970 e 1980, que isso iria se distinguir como tantas outras tendências a que estamos acostumados. Reiniciamos toda a empresa em 2019 e isso acelerou consideravelmente o nosso crescimento.

Atualmente, estimulados pela Covid-19, mais e mais clientes veem a sustentabilidade como uma base importante de como querem moldar a sua carteira de investimentos. Estamos indo nessa direção. Acho que a sustentabilidade não será diferente de outra medida de gestão de risco.

É por isso que, na BlackRock, temos investido mais em tecnologia que qualquer outra empresa de gestão de investimentos no mundo a fim de analisar o risco climático em nível de carteira de investimentos, risco climático em nível de ativo individual, risco climático em nível corporativo individual. Nos Estados Unidos, todos temos que viver sob a regra fiduciária padrão. Você precisa documentar e justificar todos os investimentos. Temos investido pesado para ter as melhores análises visando entender o risco climático e o risco de transição em todas as classes de ativos. E o fazemos porque consideramos isso um risco de investimento. Mais e mais clientes estão em busca disso, o que tem sido um verdadeiro acelerador para o nosso crescimento.

DR: Warren Buffett popularizou a ideia de enviar uma carta para seus acionistas dizendo a todos o que ele pensa. Junto com ele, você se tornou uma das pessoas mais proeminentes que escrevem cartas para os acionistas. Quanto tempo leva para escrever essa carta e quanto tempo e reflexão você dedica a isso?

LF: São centenas de horas. Em geral, só começo a escrever em setembro, mas é um elemento predominante da minha vida de setembro a janeiro.

A conversa predominante na mídia financeira é sobre os mercados, o que está acontecendo no dia a dia. Perdemos a narrativa do longo prazo. Perdemos a narrativa do que é importante para todos os homens e mulheres que estão trabalhando para viver a sua aposentadoria com dignidade. A primeira carta, em 2012, foi sobre longo prazo. Em 2018, escrevi sobre o capitalismo de stakeholders, e por que isso é importante para o longo prazo. Recebo muitas mensagens de ódio, tanto da extrema esquerda quanto da extrema direita. No entanto, minhas cartas são bem recebidas por nossos clientes e acredito que isso ajude a impulsionar o sucesso da empresa.

DR: Você se considera agora mais um CEO, um gestor corporativo ou um investidor? Você ainda se envolve em decisões estratégicas de investimento?

LF: Eu não dirijo a empresa no dia a dia. E isso já faz anos. Tenho ótimos gestores. Não sou operador de escala. Esse não é o meu ponto forte. Estratégia e cultura são as duas coisas fundamentais que faço bem, e ainda as faço bem. Sou muito bom em relacionamento com clientes. A estratégia geral (para onde vamos, o que estamos fazendo em ESG, todas as nossas aquisições) é nisso que me concentro.

Minha esperança agora, nestes últimos anos de BlackRock, é que outras pessoas possam assumir essas responsabilidades por mim. Passo muito tempo com o conselho, concentrado na organização. Esta é a parte mais importante da espiritualidade de um líder: como garantir que a organização vá bem sem o seu fundador. Uma das principais razões pelas quais a empresa tem sido tão bem-sucedida é que conheço as minhas fraquezas, e tenho muitas. Montei um time reserva com jogadores talentosos.

DR: Você tem sido um consultor informal de bancos centrais, diretores financeiros e chefes de Estado em finanças e assuntos relacionados a investimentos. É muito complicado para você? Foi preciso fazer isso de maneira virtual quando surgiu a Covid-19? As conversas com esses ministros é uma parte importante dos insights que você tem em nível global?

LF: Meus insights mais importantes acontecem quando vou a um país, tenho dez reuniões por dia, pego um avião depois do jantar e voo para outro país, tenho dez reuniões e converso com nossos clientes, reguladores, formuladores de políticas ou com chefes de Estado. Quando você está em um avião, quando tem algum tempo livre, tenta somar todas as conversas que teve. Haverá uma ideia comum que esteja sendo traduzida de país para país, de cliente para cliente, de formulador de políticas para chefe de Estado? Esse é o tipo de percepção que só é possível obter através de conversas ou refeições presenciais, e senti muita falta disso durante a Covid-19. Tivemos muitas reuniões por Zoom, como estamos tendo agora.

Acabei de voltar da Arábia Saudita, e os dois dias em que lá estive talvez tenham sido meus dias preferidos do ano, devido ao que aprendi naquele meio-tempo sobre política do Oriente Médio e energia. Passarei a semana que vem toda na Europa. Isso é o que me dá energia e criatividade para determinar estratégia política, ter insights. Isso aprofunda meus debates com líderes governamentais e clientes. É tudo cumulativo. É como uma rocha sedimentar: uma camada aqui, outra ali, e logo você terá algum material.

DR: As pessoas lhe confiam uma grande quantidade de informações. Qual é o truque para gerar tamanha confiança? Como você lida com todas essas informações? É difícil fazer isso?

LF: De modo algum. É a confiança que nos permite ter tanta participação na carteira e que nos permite ter esse tipo de conversa com chefes de Estado, reguladores e formuladores de políticas. Nosso histórico prova que somos fiduciários em todos os sentidos.

Temos muitos opositores. Como para todas as empresas, nossa reputação é muito importante. O que tento dizer a todos é que ganhamos pontos básicos ao administrar o dinheiro das pessoas. Não temos balancete, não investimos para nosso próprio benefício. Todas as informações que recebemos como agentes fiduciários são diretamente para os nossos clientes. Sou beneficiário de conversas importantes em todo o mundo, e isso tem a ver com confiança. Se você quebrar a confiança uma vez, depois não a tem mais. Quero dar mais do que recebo. Quando me pedem opiniões, trata-se de dar informação, não de receber.

DR: Como CEO da maior empresa de investimentos do mundo, você deve ter algumas ideias bastante desenvolvidas sobre investimentos. Existem certas regras ou máximas gerais que você desenvolveu ou que aplica às atividades de investimento da BlackRock?

LF: Existem, mas não me sento em uma mesa de operações há anos. Tem mais a ver com cultura do que com qualquer outra coisa. Tentamos desenvolver e cultivar os melhores investidores. Construímos uma organização em torno do compartilhamento de informações que são públicas e do compartilhamento de insights. Acredito que essa seja a base do nosso sucesso, termos alguns dos melhores de nossa história em retornos de ativos. Isso levou muito tempo porque, historicamente, os investidores queriam criar os próprios silos. Não queríamos ninguém que criasse um silo. A chave para o nosso sucesso é essa comunidade de informações.

DR: A seu ver, quais erros os investidores cometem com mais frequência? Eles investem demais em uma coisa só ou confiam nas manchetes dos jornais?

LF: Eles podem estar cometendo esse erro agora mesmo. Nós nos acostumamos a um ambiente econômico e presumimos que ele durará para sempre.

Agora, o desafio será a inflação. Por trinta anos, tivemos um ambiente deflacionário, e isso acabou. Também tivemos uma época de enorme liquidez e juros baixos. Isso também pode ter acabado.

Os investidores não devem presumir que o que percebemos hoje será o mesmo daqui a sete anos. Senti isso em 2004 e 2005. Em geral, tudo se resume a falhas geradas pela liquidez e alavancagem. Além disso, é óbvio que temos problemas políticos. Temos problemas ambientais.

DR: Suponho que haja alguém na BlackRock que administre o seu dinheiro. É um trabalho fácil? As pessoas querem ser responsáveis por administrar o dinheiro do chefe?

LF: Sou muito bom em administrar meu dinheiro.

DR: Você administra o seu dinheiro?

LF: Sim, administro.

DR: Há algum novo produto sendo lançado que será equivalente aos ETFs? Quando apareceram pela primeira vez no fim dos anos 1980 e início dos anos 1990, esses fundos mudaram o mundo dos investimentos de várias formas. Você prevê algo assim no horizonte?

LF: A razão pela qual os ETFs se tornaram transformacionais é porque são um produto melhor que os fundos mútuos. Vimos isso em 2007. Você pode gerenciar a sua base tributária com ETFs. Com fundos mútuos, não é possível fazer isso. Os ETFs têm spreads de compra/venda [a diferença entre o que um comprador pagará e o que um vendedor aceitará por um determinado ETF] ao longo do dia; os fundos mútuos acumulam as retiradas e os depósitos ao fim do dia. Essa é uma das muitas razões pelas quais um ETF é melhor que um fundo mútuo.

Estamos trabalhando agora em algo chamado "LifePath Paycheck". Acreditamos que a maior crise silenciosa do mundo é a aposentadoria. Trabalhamos em uma nova maneira de reorientar as contribuições definidas para criar algo que seja um pouco mais parecido com um plano de benefício definido para quando o participante se aposentar. Acreditamos que o que estamos fazendo reformará a aposentadoria e reformará o negócio de contribuição definida. De novo, estamos focando nas necessidades do cliente.

Poucas pessoas estão prestando atenção à crise da aposentadoria. Se você se concentrar nas necessidades de seus clientes e puder criar algo melhor do que o oferecido pelo ecossistema, terá uma enorme oportunidade de crescer vertiginosamente.

DR: O que há de tão empolgante em uma carreira em finanças ou investimentos? Por que uma pessoa jovem e talentosa deveria querer trabalhar com isso?

LF: Não é algo que seja para todo mundo. Se você quiser ter sucesso em finanças e investimentos, e se quiser ter uma carreira longa, terá que estudar a vida inteira. Você precisa se reeducar todos os dias sobre o que está acontecendo no ecossistema. Amo os mercados porque eles mudam. Posso não parecer, mas me sinto jovem. Eu me desafio todos os dias. É por isso que falei que não é algo para todos.

Muitas pessoas não querem continuar a crescer, querem apenas desfrutar. Já para quem ama o desafio da mudança, para aqueles que amam o fato de os mercados de capital global serem o motor da atividade econômica mundial, é uma carreira notável. A alegria vem do desejo de aprender, reeducar-se e manter-se relevante e atualizado.

Quando reunimos os jovens estagiários que ingressam na empresa todo verão, quando estou no palco conversando com eles, digo: "Se acham que não precisam mais estudar, a BlackRock não é o lugar certo para vocês. Se quiserem ter uma carreira brilhante em finanças e investimentos, terão que se desafiar todos os dias, crescer e aprender. No momento em que pararem de crescer e aprender, alguém os ultrapassará."

DR: O que você acha que faria se não tivesse entrado para o mundo das finanças?

LF: Isso é algo intangível em que nem quero pensar. É provável que estivesse no mercado imobiliário.

DR: Você seria o maior incorporador imobiliário do mundo?

LF: Acho que não.

Ações

RON BARON

Fundador e CEO da Baron Capital

> *"Não considero investir um jogo de azar, mas uma maneira de tentar cuidar de você e de sua família no longo prazo."*

Nos últimos anos, muitos indivíduos e instituições interessados em participar do aumento do valor das ações públicas se afastaram dos tradicionais fundos mútuos de ações e passaram a investir em fundos de índice de mercado e fundos negociados na bolsa (ETFs). Esses são fundos que apenas acompanham o desempenho do mercado; não procuram escolher as melhores ações ou títulos; confiam fortemente em modelos controlados por computador em vez de avaliação humana; e podem ser comprados e vendidos por meio de uma bolsa pública com taxas muito baixas. A opinião de muitos é que os mercados públicos são eficientes e que, em geral, é difícil vencê-los de forma contínua. Então, em vez de tentar fazê-lo através dos recursos de seleção de ações de um fundo mútuo de ações, muitos investidores passaram a acreditar que é um pouco mais seguro e muito mais barato capturar a alta do mercado para sua carteira de investimentos comprando fundos de índice de mercado ou ETFs.

Contudo, apesar dessa visão, existem alguns fundos mútuos de ações (que não podem ser negociados prontamente ao longo do dia) que, de maneira consistente, conseguiram superar as médias do mercado e prosperaram apesar do surgimento dos ETFs e outros fundos de índice de taxas muito baixas. Uma dessas famílias de fundos é a Baron Capital, liderada por Ron Baron. Desde a sua fundação em, 1982, seus fundos superaram seus índices em uma média de cerca de 500 pontos-base anuais. O resultado é que a Baron Capital administra mais de 50 bilhões de dólares, com seguidores dedicados entre seus investidores, muitos dos quais investem com a organização quase desde a sua fundação.

Como Ron Baron, com formação em Direito e análise de ações, consegue criar retornos tão atraentes (e seguidores tão leais)? Sua técnica segue o padrão de Warren Buffett: encontre empresas com franquias fortes e gestão sólida (de preferência com uma participação significativa nas ações), compre as ações delas e as mantenha mais ou menos para sempre, evitando assim custos de transação e impactos tributários. Ron e os analistas de sua empresa gostam de se concentrar em tendências de longo prazo em tecnologia, em preferências do consumidor e demografia. Ele, com certeza, não é um trader de mercado de curto prazo.

Claro que a sua técnica é um pouco mais complicada que isso, ou todos estariam fazendo o mesmo. Baron faz uma quantidade extraordinária de pesquisas sobre as empresas em que investe e tende a apoiá-las nos bons e nos maus momentos, vendendo com pouca frequência, em geral apenas quando, devido à valorização das ações, os retornos futuros provavelmente serão "médios", ou quando houver um grande problema imprevisto na empresa.

Há pouco tempo, essa abordagem funcionou muito bem para Ron quando decidiu seguir um empreendedor, Elon Musk, e se tornou um grande investidor da Tesla no início da empresa. Também foi um grande investidor da SpaceX, embora essa empresa ainda não seja pública; mas esse investimento faz parte da carteira de fundos mútuos de private equity da Baron, que Ron também oferece a seus investidores.

Eu o conheci quando o Carlyle estava indo a público em 2012, e eu o vi em nosso road show. Fiquei surpreso que o chefe da organização estivesse fazendo a diligência prévia detalhada. Na ocasião, ele tomou notas copiosas e fez perguntas muito bem-informadas. Comprou as ações e se tornou um grande acionista. A ação não aumentou de preço de forma sustentada por muitos anos (embora os dividendos fossem atraentes). Mas Ron aguentou, e, quando o preço das ações do Carlyle, incluindo os dividendos, aumentou mais de 16% ao ano desde o IPO até o momento desta entrevista, os investidores de Baron foram os felizes beneficiários.

Há outra maneira como Ron trata bem os investidores de sua empresa. Em sua reunião anual, realizada no Metropolitan Opera House de Manhattan, no Lincoln Center, ele paga do próprio bolso para que grandes artistas se apresentem para os investidores. É raro que um fundo mútuo ofereça reuniões anuais com apresentações de Barbra Streisand, Bette Midler, Paul McCartney, Billy Joel ou Elton John. A Baron Capital oferece.

Contudo, são os retornos que Ron oferece aos investidores que os mantêm tão leais e satisfeitos. Entrevistei-o em sua casa em East Hampton, Nova York, para o programa *Bloomberg Wealth*, em 26 de agosto de 2021.

DAVID M. RUBENSTEIN (DR): Você acreditou com veemência na Tesla e na SpaceX antes de todo mundo ir atrás dessas empresas. O que você viu na Tesla no início? E o que vê na SpaceX agora?

RON BARON (RB): No caso da Tesla, desde o início acreditei na oportunidade de converter os carros que fabricamos nos Estados Unidos e no mundo de gasolina para elétricos. Apostei em Elon Musk. A maioria das pessoas apostava contra ele. Para que a Tesla fosse bem-sucedida, Musk precisava ser um engenheiro espetacular, um grande líder e ter uma compreensão inigualável de tecnologia. Então ele teve que lutar contra interesses arraigados, revendedoras de automóveis, empresas automobilísticas, petrolíferas e de energia. Para ter sucesso contra essas probabilidades, você pode entender por que as pessoas venderiam suas ações a descoberto. Investimos 380 milhões de dólares entre 2014 e 2016, depois de achar que não deveríamos investir naquilo, o que representava 1,5% de nossos ativos na época. Até o momento, tivemos um lucro de 6 bilhões de dólares e acho que vamos triplicar, talvez quadruplicar esse montante nos próximos dez anos.

DR: E a SpaceX?

RB: É a mesma ideia. Você está revolucionando um setor que depende de contratos de custo adicional com lucros garantidos. A indústria espacial não queria inovar. Eles tinham um negócio que produzia foguetes e achavam que, se os foguetes pudessem ser usados repetidas vezes, não haveria uma forte demanda por novos.

Como resultado, não houve inovação. O trabalho feito nesses foguetes era subcontratado, o que elevava cada vez mais o custo, e o governo apenas pagava por isso. Sendo assim, eles exerciam o poder de monopólio. A Lockheed e a Martin formaram a ULA, United Launch Alliance. Então, embora a Lockheed e a Martin tivessem prometido ao governo que os custos dos lançamentos diminuiriam, acabaram aumentando.

Elon apareceu e disse: "Eu tenho uma forma barata de chegar ao espaço, e a forma mais barata é usar os foguetes diversas vezes." Todo mundo dizia que isso era impossível. Como resultado, ninguém mais tentou realizar esse feito notável.

Mas Musk tentou. Ele agora consegue chegar ao espaço gastando menos. E agora, como o lançamento é barato, há uma oportunidade para um trilhão de dólares em receitas de comunicação via satélite de banda larga para a sua casa. Metade das pessoas no mundo não tem banda larga. Esse será um negócio de fluxo de caixa realmente grande. Ele tem cerca de dois mil satélites agora, satélites baratos, e terá uma constelação de trinta mil satélites. Quando você pode usar o foguete repetidas vezes, o lançamento fica barato. Isso lhe dá a chance de instalar muitos satélites e atender a uma necessidade da humanidade.

DR: E você tem um Tesla?

RB: Sim, três. Quatro.

DR: E quando você dirige e pensa: "Talvez dê para melhorar", você liga para o Elon e diz: "Você pode consertar isso?"?

RB: Na verdade, sim. Quando compramos nosso primeiro Tesla, minha esposa reclamou do espelho de maquiagem no guarda-sol. "Não há espelho de maquiagem aqui." Falei: "Como é possível não haver um?" Tínhamos acabado de visitar a montadora com o sujeito que projeta os carros. Liguei para ele e disse: "Minha esposa está reclamando que não há espelho de maquiagem." Ele respondeu: "Sim, precisamos fazer uma edição especial do Tesla." E então eles colocaram lá aquele espelho extra. Foi ideia da minha esposa.

DR: Vamos falar sobre como você começou no negócio. Você cresceu em Nova York?

RB: Nova Jersey. Asbury Park.

DR: E você dizia: "Eu quero entrar para o ramo de investimentos" quando era criança? Ou queria ser jogador de beisebol profissional como os outros garotos?

RB: Meus pais queriam que eu fosse médico.

DR: E o que você disse para eles?

RB: Certo verão, trabalhei como salva-vidas durante o dia, das nove às cinco. Depois, das onze às sete, trabalhava na sala de emergência de um hospital local. As pessoas chegavam baleadas ou esfaqueadas. Eu era um garoto magrelo e tinha que segurá-las em uma maca até que o parente mais próximo desse permissão para operar. Os pacientes morriam enquanto eu os segurava. Essa era minha principal responsabilidade. A segunda era limpar as comadres sujas pelos bêbados. E a terceira era cobrir as pessoas que morriam e colocá-las nas geladeiras. Essa foi a minha experiência. Eu a odiei.

DR: Então você decidiu não cursar a faculdade de medicina.

RB: Isso. Não entrei para a faculdade de medicina. Daí, falei: "Eu não quero fazer isso de jeito nenhum."

DR: Então, onde você estudou?

RB: Fui para a Universidade Bucknell e me formei em química. Então, consegui uma bolsa em bioquímica por um ano em Georgetown, porque eu não queria ir para o Vietnã. Trabalhei como garçom, barman. Ganhava 1.600 dólares por ano com uma bolsa e morava em um porão no Rock Creek Park.

Então, naquele verão, vendi vassouras Fuller Brushes de porta em porta para ganhar um dinheiro extra. Bati em uma porta e um cara atendeu. Aquilo mudou a minha vida. Ele atendeu a porta e estava vestindo roupas de verdade. Terno, calça e camisa social. A esposa estava preparando o jantar na cozinha e a casa tinha janelas com vista. Eu disse: "O que você faz? Por que não está no Vietnã?" E ele respondeu: "Sou um examinador de patentes. É um trabalho isento de alistamento. Meu salário é de 11 mil dólares por ano!" Perguntei: "Como se faz para se tornar um examinador de patentes?" Ele disse: "Você faz a prova da ordem dos advogados e, se tirar uma boa nota, se inscreve no Escritório de Patentes dos Estados Unidos e pode conseguir um emprego lá. Recebemos suspensão do alistamento porque é uma atividade crítica."

Eu era formado em química, então fiz a prova da ordem. Tirei uma boa nota. Entrei para a George Washington Law School. Eu estudava à noite e trabalhava no escritório de patentes durante o dia. Aquele cara mudou a minha vida.

DR: Como você saiu da George Washington Law School e do trabalho como examinador de patentes para a área de investimentos?

RB: Após o meu bar-mitzvá, eu me interessei pelo mercado de ações porque tinha amigos que receberam ações de seus avós, que eram bem-sucedidos, da Eastman Kodak e da Polaroid. A ação da Polaroid custava 250 dólares, e da Eastman Kodak, 40 ou 50 dólares. Eram as blue chips mais valiosas. E aquilo era para pagar a faculdade deles. Eu disse: "Quero fazer isso." Meu pai falou: "Não podemos investir em ações. Nunca fizemos isso." Na verdade, uma das ideias por trás do meu negócio é que eu queria que pessoas como meus pais pudessem investir no mercado de ações.

Eu tinha mil dólares na época e meu pai disse: "Se você me mostrar por que quer investir em uma empresa, eu abro uma conta para você." Eu ia até uma corretora chamada McDonald & Company, bem perto da escola de ensino médio de Asbury Park. Eu ia até lá depois da aula, e todos aqueles caras, sujeitos velhos de 40 ou 50 anos, ficavam sentados naquelas cadeiras verdes, olhando para uma fita que mal se mexia. Acho que a New York Stock Exchange negociava 25 milhões de ações por dia e a American Stock Exchange, 1 ou 2 milhões de ações por dia. Consegui um relatório sobre o Banco Nacional do Condado de Monmouth. Ficava na esquina de onde eu morava em Allenhurst, na periferia de Asbury Park. Falei para meu pai por que queria investir naquilo, e ele me deixou investir. Cada ação custava 10 dólares, de modo que comprei cem ações. Nos seis, sete meses seguintes, a cotação ou permaneceu na mesma ou subiu um oitavo de dólar. Então, a empresa foi adquirida a 17 dólares por ação e meus mil dólares se tornaram 1.700 dólares. Eu disse: "Cara, não há nada igual a isso. Eu quero fazer esse negócio."

DR: Em que ano você começou a sua empresa?

RB: Em 1982. Vim para Nova York em 1969. Estava endividado, morando no porão de um amigo em Nova Jersey, desempregado havia três ou quatro meses. Achei que nunca conseguiria um emprego. Eu estava pensando em abrir uma loja de bicicletas perto do Central Park.

Falei para o meu pai: "Com todos esses analistas desempregados, nunca conseguirei um emprego." E ele retrucou: "Você sempre quis fazer isso. Não pode parar. Tem que tentar." Por fim, consegui um emprego como analista.

DR: Em uma corretora?

RB: Na Janney Montgomery Scott, em Princeton, Nova Jersey. Trabalhei para um homem chamado Tony Tabell. Ele escolhia as ações para mim, e eu visitava aquelas empresas toda semana e escrevia uma carta que era entregue aos seus vendedores. Eles tinham 250 corretores. Eu era todo o departamento de pesquisa.

DR: Você trabalhou nisso por quanto tempo?

RB: Um ano.

DR: E então você disse: "Vou montar a minha própria empresa"?

RB: Não. Eu fui demitido!

DR: Você foi demitido? Por quê?

RB: Porque Tony estava escolhendo ações e eu tive a ideia de investir na General Development, uma incorporadora da Flórida. Achei que, por causa da inflação, eles não tinham o suficiente para desenvolver as suas propriedades. Escrevi um relatório expressando essa opinião, que foi publicado no *Wall Street Transcript*. As ações da General Development estavam em 32 ou 33 dólares e começaram a cair. Então, o presidente da empresa me ligou e disse: "O que está fazendo? Você está errado." Naquela tarde, fui demitido. A General Development acabou abrindo falência.

Alan Abelson recebia minhas cartas semanais. Ele era um editor da revista *Barron's*. Liguei para ele para saber se ele poderia me recomendar para outro cargo de analista. Não sei por que liguei para ele. Mas foi o que fiz, e ele me convidou para visitá-lo. Então, me ofereceu um emprego como repórter. Ele gostava de como eu escrevia e como eu pensava. Eu respondi: "Muito obrigado, mas sempre quis ser analista." Ele disse: "Ponha o meu nome em seu currículo como referência e eu o recomendarei." Isso me ajudou a conseguir meu emprego seguinte.

De repente, tornei-me um analista institucional. Aí, me juntei a um amigo da faculdade de Direito e trabalhamos juntos de 1973 a 1982, vendendo pesquisas para hedge funds. Tínhamos cem clientes. Recomendávamos ações, e eles as compravam ou não. Minha renda era baseada em comissões de corretagem. Meu patrimônio líquido, que era negativo em 1970, aumentou de maneira significativa em 1980, quando passou a valer 1 milhão de dólares. Em 1982, comecei a Baron Capital.

DR: Você começou com quanto capital?

RB: Na verdade, a Baron Capital era a Baron sem capital. Minha empresa tinha um valor contábil de 100 mil dólares e três funcionários, incluindo eu. Em nosso primeiro mês de negócios, fizemos 30 mil dólares.

DR: Hoje, em 2021, você está gerenciando quanto em ativos na Baron?

RB: Gerenciamos 55,3 bilhões de dólares. E, ao longo dos anos, fizemos 51,5 bilhões em lucros para os nossos clientes. Minha família e eu somos os maiores investidores. Mais de 6,5% dos ativos que gerenciamos são nossos.

DR: De 100 mil a 55 bilhões de dólares... nada mal.

RB: Agora, meu sonho é ver se nos próximos dez anos podemos chegar a 200 bilhões.

DR: É um fundo mútuo?

RB: Sim, na maior parte. De nossos 55 bilhões de dólares, eu diria que talvez 48 ou 49 bilhões sejam de fundos mútuos. Uns 17 ou 18 fundos. O resto está em contas separadas.

DR: Isso é investido na maior parte em ações negociadas publicamente?

RB: Sim, exceto uns 900 milhões de dólares.

DR: Nós nos conhecemos quando a minha empresa, o Carlyle, estava abrindo o capital. Eles disseram: "Você precisa falar com Ron Baron porque ele compra ações negociadas publicamente quando as empresas abrem o capital." Então nos encontramos e fiquei surpreso ao vê-lo com uma caneta, fazendo anotações detalhadas. Pensei: "Ele é o chefe da empresa. Ele não tem alguém para fazer isso?" Mas você estava anotando. E suponho que depois tenha avaliado o que escreveu. Você nos fez perguntas muito detalhadas. Faz isso com todas as IPOs que acha que podem ser interessantes?

RB: Sim. Com todas que acho interessantes. É o que eu faço, mas não uso mais caneta ou lápis. Agora, é no computador. Os quarenta analistas com quem trabalho fazem a mesma coisa.

DR: Ao fazer isso, o que procura? Você é conhecido por ter uma posição de retenção de longo prazo. Me disse isso quando estávamos nos preparando para abrir o capital: que, se comprasse as nossas ações, o que acabou fazendo, você as manteria por muito tempo, e foi o que fez. Qual é a sua teoria sobre reter por muito tempo? Por que não apenas vender e lucrar?

RB: Em primeiro lugar, você me prometeu que eu ganharia dinheiro. Isso foi uma promessa. Você disse: "Compre as minhas ações. Wall Street não entende o valor desse negócio." A ação era de 22 dólares na época em que você abriu o capital. Hoje está em 49. Se juntarmos tudo isso, incluindo dividendos, investindo em você teríamos feito 16,1% quando você abriu o capital. Por que não compramos e vendemos?

Primeiro, porque, se você compra e vende, paga impostos a cada transação. Segundo, o que me faz pensar que sou inteligente a ponto de conseguir descobrir a alta e a baixa exatas, comprar aqui, vender ali? Isso não faz sentido. Além do mais, eu não acreditava que alguém conseguiria prever como se comportaria o mercado de ações. Perdi a confiança nas previsões de mercado em 1996, ao ver Alan Greenspan descrever a "exuberância irracional" que fez com que o mercado ficasse "muito alto". Então, o mercado subiu 80% nos três anos seguintes.

DR: Para qualquer comissário da SEC [Securities and Exchange Commission] que esteja lendo isso: eu não prometi que as ações subiriam. O que eu disse foi que tinha a esperança de que subissem, ou o que quer que eu pudesse ter dito dentro dos limites legais. Que isso fique bem evidente.

RB: Você estava dentro daquilo que é considerado legal, com certeza.

DR: Bom. Agora, falando sério: quando você tem tanto dinheiro sob a sua gestão, 55 bilhões de dólares, há muita responsabilidade. À noite você se preocupa que o mercado de ações caia e seus ativos também? As pessoas ligam para reclamar? Ou basicamente dizem: "Estou feliz"?

RB: Em geral, elas dizem que estão felizes. Minha foto é publicada em nossa carta trimestral. Sou parado na rua quase todos os dias. As pessoas se aproximam de mim e dizem: "Obrigado." Ontem à noite estávamos jantando em um restaurante. Ao sairmos, um homem veio e falou: "Muito obrigado. Você pagou a faculdade de minha filha." Escuto isso o tempo todo. É a coisa mais inacreditável. Esse é o meu trabalho.

DR: Nos últimos cem anos, o mercado de ações de capital aberto deu um retorno de cerca de 6% ao ano, mais ou menos. Se alguém investir em um de seus fundos, cujas ações são negociadas publicamente, eles provavelmente se sairão melhor do que 6 ou 7%?

RB: Se não fosse o caso, não investiriam conosco.

DR: Então, o que acha dos fundos indexados? Tem gente que diz: "Basta comprar um fundo indexado." As pessoas estão comprando os seus fundos porque você se sai melhor que os índices?

RB: Sim.

DR: Como você tenta superar um índice em 200 ou 300 pontos-base?

RB: Desde o início, superamos os índices em cerca de 500 pontos-base a cada ano. Ganhamos retornos anuais de 10 a 15%. Por exemplo: dos 2.200 ou 2.300 fundos que comparamos, o Baron Partners Fund tem um histórico de desempenho melhor que qualquer fundo mútuo desde 1992. Contudo, isso foi de 1992 a 2003, quando éramos uma sociedade e cobrávamos taxas mais altas. Desde que deixamos de ser uma sociedade e nos convertemos em um fundo mútuo, em 2003, somos o fundo mútuo com melhor desempenho. O Baron Growth Fund está entre os 2% melhores fundos desde 1996.

É muito raro que os fundos mútuos superem o seu índice. O índice é o referencial passivo e, portanto, é bem raro que ocorra um desempenho superior. Isso porque todos pensam que sabem mais e que podem prever quando o mercado vai subir ou descer porque sabem como as taxas de juros se comportarão.

Eles sabem se vamos entrar em guerra. Sabem quem será o presidente. Sabem qual será a política monetária. E por saberem das coisas e serem são tão brilhantes, acreditam que podem se sair melhor que o mercado. No entanto, eles não conseguem, porque compram e vendem e não têm nenhuma informação diferente daquela que todo mundo tem.

Mas é raro conseguirem tirar vantagem de qualquer informação de modo a se saírem melhor que o mercado. Dificilmente alguém tem um desempenho superior.

DR: Suponha que o dono de uma empresa que pretenda ir a público entre em seu escritório. Ele quer conhecê-lo porque você é famoso por ser um investidor de longo prazo. O que você procura quando está olhando para um CEO que lhe apresenta seu IPO?

RB: Quero alguém que seja muito inteligente, trabalhe com afinco, tenha integridade. Confio em gente assim. Eles têm uma visão para sua empresa. São bons líderes.

DR: Vamos supor que alguém tenha essas qualidades e você goste da pessoa. Mas você compra as ações da empresa e elas têm um desempenho muito ruim. Você já desistiu e disse apenas: "Preciso sair dessa"?

RB: Em geral, desisto porque cometemos um erro quanto ao negócio ou quanto à pessoa, não porque uma ação não funciona. O desempenho de uma ação não é uma medida do sucesso ou do fracasso de uma empresa. É apenas a medida do desempenho de uma ação durante um determinado período.

Do meu ponto de vista, a razão pela qual superamos o desempenho é que temos o mesmo tipo de perspectiva e a mesma maneira de ver os negócios que você. Por que a private equity supera o desempenho? Porque o que eles fazem é pegar a lucratividade de uma empresa e investir nesse negócio para que este possa crescer.

DR: Um CEO chega e faz uma apresentação que o impressiona. Quais são as qualidades que você procura de fato?

RB: Investimos em negócios que acreditamos terem vantagens competitivas. Há algo a respeito deles que torna muito difícil para outras empresas entrar na competição, como eu descrevi para você ao falar sobre a Tesla e a SpaceX.
Então, no fundo, a empresa deve ser vantajosa do ponto de vista competitivo, ter ótimas pessoas e grandes oportunidades de crescimento. É isso o que nos faz investir. Quando erramos, vendemos. O mais rápido possível. E cometer um erro não significa que a ação não está funcionando. Significa que nos enganamos sobre as pessoas ou sobre os negócios. O preço das ações reflete o que as pessoas pensam a respeito delas naquele momento, não qual é o valor do negócio naquele momento.

DR: Mas, em geral, quando compra uma ação você decide mantê-la. Se não ficar feliz, aguenta por um, dois ou três anos? Qual é o tempo médio que você leva para dizer: "Cometi um erro e quero sair"?

RB: Não é o tempo o que importa. São os fundamentos do negócio. Posso possuir uma ação por vários anos e não obter retorno sobre ela, e isso não me incomodaria a ponto de me fazer pensar que cometi um erro. Fomos investidores da Tesla por quatro, cinco ou seis anos e não obtivemos retorno. Então, de repente, fizemos vinte vezes o nosso investimento em um ano. Então não é o tempo o que importa. São os fundamentos.

DR: Seus investidores são mais indivíduos que instituições?

RB: Meio a meio.

DR: Você é famoso por sua reunião anual de acionistas em Nova York.

RB: As pessoas chamam aquilo de meu bar-mitzvá anual.

DR: Você já levou pessoas muito famosas para essas reuniões. Grandes artistas.

RB: Paul McCartney, Barbra Streisand, Billy Joel, Elton John, Jerry Seinfeld. Eu pago por isso. Se os investidores tiverem ao menos 25 mil dólares investidos em fundos na Baron, podem comparecer à reunião.

DR: O que é mais fácil: negociar com um CEO ou com Paul McCartney ou Barbra Streisand?

RB: Você não faz ideia de como é negociar com artistas.

DR: Vamos falar sobre o que os investidores de fato querem. Quando eles investem com você, o que eles desejam é um retorno melhor que o de um fundo indexado. Creio que também queiram as taxas mais baixas possíveis. Após todos esses anos fazendo isso, o que você aprendeu sobre o que os investidores mais querem e como lidar com eles?

RB: A maioria das pessoas quer que o seu dinheiro cresça de maneira consistente todos os dias e obtenha altos retornos e taxas baixas, sem volatilidade. Isso é o que elas querem. É óbvio que não é o que obtêm com investimentos de capital.

DR: Você tem investidores que ficam por dez, vinte anos?

RB: Algumas pessoas permanecem em nossos fundos durante décadas. Quanto mais tempo ficam, mais tempo ficarão, porque olham para os retornos e seus contadores lhes dizem que nunca viram retornos plurianuais tão altos de fundos mútuos de ações. Nossa retenção de ações em longo prazo e nosso profundo nível de pesquisa de fato nos ajudam a obter retornos atraentes.

Estamos lidando com indivíduos. Temos planejadores financeiros. Temos vendedores em todo o país. Vendemos indiretamente através de RIAs [consultores de investimentos registrados que representam investidores individuais] e através de corretoras, bem como diretamente para famílias ricas e fundações.

DR: Qual é o prazer que sente ao investir? Do que você gosta quando o assunto é investir?

RB: Eu amo o que faço. É muito divertido quando me encontro com pessoas que administram negócios que estão mudando o mundo e elas me explicam como estão fazendo isso. Minha esposa diz: "Os maridos de todas as minhas amigas não trabalham mais. Por que você ainda está trabalhando? Por que você faz isso?" Todos jogam golfe ou cartas. Acho que, se alguém tivesse a chance de fazer o que estou fazendo em vez de jogar golfe, faria a mesma escolha que eu.

Mas é preciso muito esforço para chegar a este ponto. Você não diz apenas: "Certo, vou fazer isso." O trabalho deles era ganhar dinheiro suficiente para poder se aposentar e viver com conforto. O meu trabalho é diferente. Estou tentando construir uma instituição que dure cem anos.

DR: Se alguém quiser investir com você, quanto dinheiro precisa ter para entrar em um de seus fundos?

RB: O mínimo normal é 2 mil dólares. Mas você pode investir apenas 500 ou 50 ao mês. Sem taxas para comprar ou vender. Mas se você vender dentro de três meses após a compra, nós o consideramos um trader e você não poderá mais comprar conosco.

DR: Soa mais como T-R-A-I-D-O-R.

RB: É o que eu penso.

DR: Está disposto a fazer isso enquanto estiver em condições? Você não está desacelerando. Não pretende jogar golfe em tempo integral?

RB: Enquanto eu estiver saudável.

DR: Seus pais viveram para ver o seu sucesso?

RB: Meu pai viveu até 95 e minha mãe, até 93 anos. Quando comecei, meu pai me deu 5 mil dólares para investir para ele, que se tornaram vários milhões.

DR: Quando seu pai investiu com você, ganhou um desconto nas taxas?

RB: Não. As taxas são as mesmas para todos, inclusive para mim.

DR: No momento, muita gente acha que o mercado de ações está muito alto. Valorizado demais, diriam. Você está nervoso com isso? Não está no negócio de vendas a descoberto, o que significa se precaver contra a queda do mercado. Como você protege os investidores contra uma desaceleração? E está preocupado com uma?

RB: Eu não me preocupo com isso. De dezembro de 1999 a 2008 foram oito ou nove anos muito difíceis para o mercado de ações, que caiu 30 ou 40%, 3 ou 4% ao ano durante oito ou nove anos. Não ganhamos muito dinheiro naquele período, mas também não perdemos. Nós subimos 25% durante os oito ou nove anos que foram realmente terríveis para o mercado. Desde então, é claro, nós nos saímos muito bem. No geral, as únicas coisas das quais tenho certeza são que a nossa economia vai crescer. De que o nosso país sobreviverá. E de que a inflação vai continuar.

Acho que o valor do meu dinheiro cairá pela metade a cada 14 ou 15 anos. Tudo o que quero comprar dobrará de preço a cada 14 ou 15 anos. Considero as ações como uma proteção contra a depreciação de minha moeda. Quero possuir ações, ações de empresas que possam superar a inflação.

Ninguém pode prever o que o mercado fará. Ninguém pode dizer quando estará muito alto ou muito baixo. Estou apenas assimilando o que está vindo na nossa direção. Por exemplo, quando o mercado cai, como foi o caso agora, há uma rotação do tipo de empresa nas quais investimos, daquelas que se saíram muito bem nos últimos dois anos para ações "de valor" mais baratas. Não mudamos a forma como investimos quando isso ocorre. Apenas tentamos seguir em frente.

DR: O que você acha das criptomoedas?

RB: Criptomoedas são commodities. Não investimos em commodities. Não possuímos ouro. Não possuímos criptomoedas.

Eu me preocupo com o fato de você possuir criptomoedas e elas ficarem realmente valiosas. Por que o governo permitiria que empresas privadas tivessem o controle de sua própria moeda e economia? Em 1932 ou 1933, as pessoas ficaram com medo de deixar dinheiro nos bancos. Tiraram seu dinheiro dessas instituições e compraram ouro. Então o presidente Franklin D. Roosevelt tornou a posse de ouro ilegal. Elas foram obrigadas a entregar tudo. Por que a mesma coisa não pode acontecer com as criptomoedas? O governo pode proibir a posse de criptomoedas, o que pode ocorrer mesmo se o *blockchain* não revelar segredos... A maioria dos cidadãos não vai querer infringir a lei. Não estou dizendo que isso vai acontecer, mas creio que há um risco.

DR: Você teve grandes investidores como modelos ao longo dos anos?

RB: Todo mundo tem Buffett como modelo, mas ele não é tão orientado para o crescimento quanto eu. Mas gosto de ler as cartas dele.

DR: Ele escreve as próprias cartas. Você também escreve as suas?

RB: Escrevo.

DR: Quais os principais conselhos que você daria para estudantes universitários que desejem se tornar investidores profissionais? Ler muito? Ser esperto? Trabalhar com afinco? Quais são as habilidades mais importantes?

RB: Todas essas coisas. Há uns três ou quatro anos, no Rosh Hashaná, o rabino fez um sermão que me tocou. Ele disse: "Seu eu mais jovem ficaria orgulhoso de você pelo que realizou em sua vida? Seu eu mais jovem ficaria orgulhoso daquilo que você fez?" Essa é uma boa orientação. Olhando para trás, para tudo o que você fez, seu eu mais jovem ficaria orgulhoso em algum momento futuro?

O que os estudantes devem fazer é aquilo que sentem que deixaria a sua família orgulhosa.

DR: Para os estudantes que dizem: "Eu quero ser o próximo Ron Baron, se não o próximo Warren Buffett", como você recomenda que se prepararem para se tornarem bons investidores?

RB: Antes de mais nada, devem estudar os negócios em que estão investindo ou nos quais desejam investir e por que vão investir naquilo. E devem entender que haverá mudanças na economia. Mudança é o que acontece em toda parte. Todo o crescimento do mundo ocorreu nos últimos dois séculos. E esse processo está acelerando. Você tem que entender o que está acontecendo no mundo, o que está acontecendo em nosso país. Não que você vá tomar decisões em curto prazo. Para os jovens que trabalham comigo, sempre digo que eles devem pensar da seguinte maneira: se o bem-estar de seus familiares dependesse de que eles investissem em um negócio recomendado por você, o que o levaria a fazer tal recomendação?

Se tudo o que você tem depende de estar certo sobre aquela empresa e seus executivos, isso não significa que você precisa estar certo o tempo todo. Mas, para o bem-estar de sua família, o que precisa saber? Essa é a pergunta que precisa ser feita. Não sobre como será o próximo trimestre.

DR: Qual é o melhor conselho de investimento que você já recebeu de alguém?

RB: Eu aprendo observando as pessoas em vez de ouvir alguém dizer: "Faça isso. Faça isso. Faça isso." Estou sempre tentando aprender. Como aquilo funciona? O que tem de bom ou ruim? E o que torna o que você está fazendo diferente daquilo que as outras pessoas fazem?

Ninguém nunca me falou: "Você deve fazer isso para melhorar." Quando cheguei em Nova York, uma pessoa me disse algo que achei muito interessante: "Não se preocupe com o lucro por ação. Eles inventam esses números. Preocupe-se com as vendas." Isso fez sentido para mim. Nesse caso, a única maneira de você ser enganado é através de uma fraude. São pequenas coisas que você aprende ao longo do tempo.

DR: Qual é o erro de investimento mais comum?

RB: As pessoas pensam que, por poderem abrir uma conta em uma corretora, podem comprar e vender ações e se saírem tão bem quanto os outros. Eu não gostaria de pilotar um avião, ser dentista ou até cortar o meu próprio cabelo... ou o que resta dele. As pessoas acham que podem ser bem-sucedidas nisso apenas porque podem pegar um telefone e comprar e vender ações, mas não é o caso.

DR: Se eu dissesse: "Ron, tenho 100 mil dólares. Eu gostaria de investir em alguma coisa", onde me aconselharia investir esses 100 mil dólares?

RB: No Baron WealthBuilder, um fundo da Baron Capital com apenas cinco pontos-base de despesa.

DR: E, se tivesse de aconselhar alguém sobre oportunidades de investimento, você diria que atualmente as ações listadas na bolsa são boas opções?

RB: No longo prazo. Mas invista a mesma quantia todos os anos. Não pense nisso como "este é um investimento que farei". Você deve pensar: "Para a minha segurança e de minha família, devo investir. Devo descobrir quanto investir e fazer isso todos os anos."

DR: Você aconselharia alguém a não investir em alguma coisa? Como criptomoedas, por exemplo.

RB: Não invisto em criptomoedas. Mas isso não significa que não sejam uma boa ideia. Há pessoas muito inteligentes que têm grandes investimentos em criptomoedas. Eu acompanho o seu desempenho com frequência e só não invisto nisso porque é uma commodity. Não estou interessado em investir em commodities. Estou interessado em investir em negócios que crescem. Negócios que crescem, com ótimas pessoas, vantagens competitivas e de longo prazo.

Não considero investir um jogo de azar, mas uma maneira de tentar cuidar de você e de sua família no longo prazo. E você faz isso investindo quantias semelhantes todos os anos por um longo período de tempo e vivendo até a velhice. Então você fica rico.

DR: Entre tudo o que você fez na vida, do que mais se orgulha?

RB: Tenho muito orgulho daquilo que conquistamos. Meus negócios, é evidente. E meus filhos. Todos nós moramos juntos e tenho orgulho de que eles desejem morar em nossa casa de fim de semana aqui em Long Island. E também de como eles se dedicam em suas profissões. Eu me orgulho dos valores de minha família.

JOHN W. ROGERS JR.

Fundador e co-CEO da Ariel Investments

"Você precisa ter coragem e comprar quando todo mundo está em pânico ou parado."

Pouco depois de se formar na Universidade de Princeton (onde foi capitão do time de basquete), John Rogers teve uma ideia audaciosa: com apenas dois anos de experiência no setor de serviços financeiros, ele iniciaria um fundo mútuo de ações em sua cidade natal, Chicago, e, ao fazê-lo, estabeleceria a primeira empresa de gestão financeira nos Estados Unidos cuja liderança e propriedade são de afro-americanos. Isso foi em 1983. Hoje, essa empresa, a Ariel Investments, administra mais de 17 bilhões de dólares. Uma das maiores empresas de gestão de investimentos no país. A empresa alcançou esse status insistindo de maneira implacável em sua abordagem de value investing, ou investimentos de "valor", e não seguindo a última moda de investimento ou visando investimentos caros ("sem valor").

Chegar a esse nível não foi fácil. Tampouco levantar o capital inicial. Mas o maior desafio talvez tenha sido sobreviver à grave crise financeira da Grande Recessão de 2008, quando os ativos da empresa sob sua gestão caíram mais da metade. No entanto, sob a liderança de John, e com o apoio da carismática e muitíssimo talentosa Mellody Hobson (também formada em Princeton e agora co-CEO da Ariel), a empresa prosperou. E isso apesar de estar sendo mais difícil executar bem sua abordagem de investimento (o value investing) nos últimos anos, uma vez que os preços das ações têm estado tão altos que há cada vez menos "values" (ações de baixo preço) a serem encontrados no mercado.

Para muitos afro-americanos no mundo dos investimentos, John tem sido um modelo e mentor há mais de três décadas. Atravessando fases boas e difíceis, ele tem sido um investidor estável, discreto e focado em ações que acredita estarem subvalorizadas. Ele ainda faz pessoalmente a detalhada diligência prévia das ações, reunindo-se com CEOs de empresas com potencial de investimentos.

Seu amor por investir começou quando era menino. Seu pai lhe dava ações como presentes de aniversário e de Natal, e John aprendia tudo o que podia sobre as empresas subjacentes. Seria preciso algo extraordinário para afastá-lo do mundo de investimentos. Quando seu bom amigo e companheiro de basquete Barack Obama se tornou presidente, John sequer cogitou integrar o governo. Ele é um investidor e nada lhe dá maior prazer... além de talvez visitar seu McDonald's preferido quase diariamente. (Ele é membro do conselho e talvez seu cliente mais fiel.)

Conheço John há muitos anos e, mais recentemente, passei muito tempo com ele no conselho administrativo da Universidade de Chicago, onde seus pais se formaram pela faculdade de Direito (assim como eu), e ele entrou para a renomada Lab School da universidade antes de ingressar na faculdade. Entrevistei John virtualmente em 3 de setembro de 2021.

DAVID M. RUBENSTEIN (DR): Você construiu uma das maiores empresas de investimento cujo dono é afro-americano. Começou a empresa em 1983, aos 24 anos. Havia muitos afro-americanos liderando empresas de investimento em 1983? O que lhe fez pensar que poderia construir uma empresa como a Ariel?

JOHN W. ROGERS JR. (JR): Quando começamos, em 1983, fomos a primeira empresa de fundos mútuos e gestão financeira cuja propriedade era de afro-americanos.

O que me deu confiança foram duas coisas. A primeira foi ter crescido em uma cidade como Chicago, onde tantos grandes empresários afro-americanos começaram suas empresas ainda jovens. John Johnson fundara as revistas *Ebony* e *Jet* através da Johnson Publishing. Ele foi uma inspiração fantástica, um modelo a seguir. Outro cavalheiro chamado George Johnson, sem parentesco com John, construiu e criou a Johnson

Products, que vendia produtos para cabelo, o Afro Sheen e o Ultra Sheen. Essa foi a primeira empresa de propriedade de negros na American Stock Exchange. Ele foi um sucesso extraordinário. Em seu tempo livre, George Johnson fundou a *Soul Train* com Don Cornelius e também o Independence Bank, o maior banco negro do país. Essas referências me fizeram confiar que era possível começar um negócio sendo jovem desde que você contasse com um produto no qual acreditasse profundamente.

Em segundo lugar, fomos uma das primeiras administradoras a fazer value investing, ou investimento de valor, em ações de pequena e média capitalização quando começamos em 1983. Achávamos importante ter um produto e uma estratégia diferentes dos de muitas pessoas naquela época.

DR: Você estava no mundo financeiro havia muito tempo antes de fundar a sua empresa? Não achou que seria útil adquirir mais experiência?

JR: Meu pai achava importante adquirir mais experiência. Mas eu estava confiante em minha estratégia e filosofia de investimento. Achei que tínhamos uma abordagem original para o value investing de pequena e média capitalização e, portanto, era a hora certa de começar. Os mercados estavam começando a sair da crise econômica naquele período. O vento estava a nosso favor. Eu me senti mesmo confortável e confiante.

A outra razão pela qual me sentia confortável e confiante, é óbvio, eram as ações que eu vinha escolhendo em meu trabalho no banco de investimento e empresa de serviços financeiros William Blair, quando saía e fazia a minha própria pesquisa. Elas tiveram um desempenho muito bom. Essas primeiras vitórias fizeram a diferença.

Então, por fim, meu pai tinha começado a comprar ações para mim a cada Natal e aniversário depois que eu fiz 12 anos. Quando tinha 24 anos, eu já tinha 12 anos de experiência e já tinha cometido muitos erros antes de começar a Ariel.

DR: Onde você aprendeu a arte de investir? Foi quando era menino, ganhando ações de seu pai? Foi assim que aprendeu?

JR: Você aprende com muitas pessoas diferentes. Meu pai era muito conservador e só comprava para mim ações *blue chips* que pagavam um dividendo pesado. Aquilo aguçou o meu apetite. Ele me apresentou para a sua corretora da bolsa, Stacy Adams, que foi a primeira corretora afro-americana na

South Street aqui em Chicago. Acima de tudo, ele acreditava no ouro como investimento, e me ensinou muito sobre investimento em commodities.

O que mais me influenciou foi que, quando eu estava em Princeton, Burton Malkiel era o diretor do departamento de Economia, e tivemos que ler o seu livro *Um passeio aleatório por Wall Street: Um guia clássico e abrangente para investir com sucesso*. Esse livro é sobre mercados eficientes, mas, ao mesmo tempo, faz um trabalho extraordinário falando sobre algumas das grandes bolhas que aconteceram na história: a Bolha dos Mares do Sul e os Loucos Anos Vinte e o que aconteceu nos anos 1970. Ele discorre sobre todas essas bolhas e, então, sobre o momento em que elas estouraram.

Comecei a perceber que a melhor maneira de ser um investidor de sucesso era ser do contra, não seguir a multidão. Lendo aquele livro, entendi como a loucura das multidões pode dominar os mercados e forçar ineficiências em alguns deles, mesmo que muito eficientes. Lembro-me de quando fui vê-lo em 1979-80. Os mercados não estavam muito bons na época, e ele me disse: "É hora de comprar." O professor Malkiel me influenciou muito.

DR: Desde o início você se considerou um value investor?

JR: Foi o professor Malkiel que me fez começar a pensar em value investing, ou investimento de valor. Então John Train lançou um livro chamado *The Money Masters*, e comecei a aprender sobre grandes investidores como John Templeton, que notoriamente comprou ações quando a Segunda Guerra Mundial estava estourando. Ele foi o meu primeiro modelo. Aí, à medida que aprendi mais sobre Warren Buffett, ele se tornou meu segundo modelo. Ele sempre foi muito atencioso e eloquente ao descrever o value investing.

Eu queria me concentrar em investimentos em valor de pequena e média capitalização, investindo igual a John Templeton, quando as coisas estavam desfavoráveis, ou como Warren Buffett, que falou sobre comprar grandes empresas enquanto elas estão passando por dificuldades. Ser ganancioso quando os outros estão com medo era um dos temas-chave dele. Sir John Templeton sempre dizia: "Você deve comprar quando o pessimismo está nas alturas." Essas duas observações mexeram comigo. Eu me sentia à vontade pensando diferente da multidão. Eu me sentia à vontade me dispondo a confiar quando os outros estavam com medo. Esse foi o ponto de partida.

Para mim, value investing significava comprar não apenas ações que estavam sendo vendidas a preços baixos em relação aos seus ganhos e fluxo de caixa. Os múltiplos do EBITDA [lucro antes de juros, impostos, depreciação e amortização] precisavam ser baratos. Queríamos fazer a nossa própria análise independente para determinar qual seria o valor do negócio caso fosse vendido.

DR: Você acha estranho que ainda não existam mais empresas de investimento cuja propriedade é de afro-americanos?

JR: Acho. Quando comecei, há 38 anos, Harold Washington acabava de ser eleito prefeito aqui em Chicago. Maynard Jackson, o prefeito de Atlanta, foi um de meus heróis. Achei que as portas começariam a se abrir nas grandes cidades para empreendedores afro-americanos, em especial os que atuavam em gestão financeira. Eu achava que não apenas os fundos públicos, como também as próprias empresas esclarecidas se abririam. Acreditava que, em particular, universidades, hospitais, museus e fundações estariam abertos para que empresas lideradas por empreendedores pertencentes a minorias administrassem seus fundos patrimoniais. Essas instituições falam sobre diversidade e inclusão. Mencionavam isso há quarenta anos. E estão falando sobre isso hoje. Eu apenas parti do pressuposto de que haveria essa enorme maré a favor. Todas aquelas instituições que nunca tiveram um momento Jackie Robinson por fim contratariam a sua primeira empresa minoritária, sua primeira empresa afro-americana. Pensei: "Este será um ótimo modelo de negócios." Mas isso não ocorreu. As portas demoravam muito para se abrir. E ainda se abrem com muita lentidão no mundo das organizações sem fins lucrativos.

Havia também dois problemas de terminologia que surgiam quando alguém queria contratar uma empresa minoritária. O primeiro era que eles queriam contratar uma empresa "emergente". A definição de empresa minoritária era empresa emergente. Mas quem quer um médico emergente quando vai ao hospital para uma cirurgia cardíaca? Você quer alguém que seja bom no que faz, não alguém que está emergindo. Se "minoria" e "emergente" são sinônimos (e "emergente" significa dois bilhões ou menos em ativos sob a sua gestão), quando qualquer empresa obtém algum sucesso, é considerada grande demais e as pessoas param de trabalhar com ela.

Em segundo lugar, muitas universidades e hospitais fazem o que chamam de "diversidade de fornecedores". Eles estavam acostumados a contratar afro-americanos para a construção, catering, que são oportunidades de cadeia de suprimentos de baixa margem de lucro. Davam as oportunidades financeiras, os negócios de alta margem, para a private equity estabelecido, hedge funds, capitalistas de risco. As pessoas não imaginavam afro-americanos nesses mundos. O viés implícito ou inconsciente foi outro grande motivo pelo qual não tivemos o crescimento que previ há quarenta anos.

DR: A Ariel está configurada em uma estrutura de fundos mútuos. Por que você escolheu essa estrutura? Todos os seus fundos estão nesse formato?

JR: É aproximadamente meio a meio. Chegaremos a 18 bilhões de dólares em breve. Estamos obtendo um bom crescimento, e esperamos alcançar os 20 bilhões até o fim do ano. Cerca de metade desses ativos estão em fundos mútuos. Nosso carro-chefe, o Ariel Fund, é de longe o nosso maior fundo. São pouco mais de 3 bilhões de dólares. Somos o único value fund de média capitalização nos universos Morningstar e Lipper que remonta a 1986. É raro ter o mesmo gestor de carteira de investimentos durante todo esse longo período.

Adoramos ter fundos mútuos, porque investidores individuais podem nos usar. Investidores individuais minoritários podem nos usar. É fácil nos adicionar a um plano 401(k) ou a um plano 403(b) ou a um plano 529. Os fundos mútuos nos dão muita flexibilidade para acompanhar o nosso gerenciamento de dinheiro de contas separadas, onde gerenciamos contas separadas para instituições.

DR: Tem sido difícil ser value investor nos últimos anos? E atualmente?

JR: Nossas performances recentes foram extremamente fortes. É um momento maravilhoso para aplicar conosco. Este é um negócio que ensina a ter humildade, mas até o momento estamos tendo um desempenho fantástico este ano. Na verdade, estamos à frente por três anos, cinco anos, dez anos e trinta e cinco anos após as taxas serem pagas em nosso carro-chefe, o Ariel Fund. O desempenho tem sido bastante forte em relação aos nossos parâmetros. É raro ter esse histórico em longo prazo.

Nosso desempenho neste último ano foi melhorado por termos feito aquilo que começamos a fazer como empresa: ser gananciosos quando os outros estão com medo. Há um ano e meio, o mercado estava em colapso por causa da Covid-19. E lá estávamos nós, comprando nomes de empresas favoritas que haviam sido massacradas e encontrando novas ideias sobre ações para comprar pela primeira vez que atendiam às nossas disciplinas de avaliação. Nomes que visávamos possuir por dez, quinze anos finalmente entraram em nossos parâmetros de avaliação no auge da crise da Covid-19.

Quando olho para o nosso desempenho ao longo desses 38 anos (35 anos com o Ariel Fund), vejo que foi construído em períodos em que ocorreram ineficiências devido a algum tipo de pânico no mercado. Em 1987, quando o mercado caiu 22% em um único dia, estávamos ligando para os clientes, dizendo-lhes para nos enviarem mais dinheiro. Aquela era uma chance única na vida para se adquirir pechinchas.

Então, 2008-9 foi uma segunda chance na vida para se adquirir pechinchas extraordinárias quando veio a crise financeira, que se estendeu até a primavera de 2009. Continuamos comprando os nossos nomes favoritos à medida que ficavam mais baratos. Somos o número um em nossa categoria nos universos Morningstar desde as baixas de 9 de março de 2009, porque estávamos comprando. Então, a terceira vez que nos deparamos com uma oportunidade única veio na primavera passada.

Tudo isso teve um grande impacto em nossos números anuais e em nossos números de longo prazo. É essa capacidade de executar o value investing no que chamamos de "tempos de crise", quando há uma quantidade enorme de estresse. Você precisa ter coragem e comprar quando todo mundo está em pânico ou parado.

DR: Como tem sido o seu desempenho geral desde o início?

JR: Tem sido fantástico. Somos o número um em nossa categoria, dependendo de qual mês você analisar. Desde novembro de 1986 até fins de julho de 2021, a Ariel Fund compôs 11,67% após taxas. Portanto, em um período de quase 35 anos, teve um desempenho de 11,67% à frente de todos os índices relevantes, do S&P 500 ao Russell 2500 Value Index. Temos orgulho desse desempenho de longo prazo, mas não foi contínuo. Tivemos alguns períodos ruins. O ano civil de 2008 foi, sem exceção, o momento em que mais desapontamos as pessoas. Aprendemos lições durante esse período e esperamos melhorar, porque foi um ano muito difícil.

DR: Durante a Grande Recessão, seus ativos sob gestão caíram pela metade. Você se preocupou com a capacidade de sobrevivência da empresa?

JR: Estávamos confiantes de que sobreviveríamos. Tenho essa extraordinária parceira de negócios, Mellody Hobson, que está conosco há 31 dos nossos 38 anos. Ambos somos conservadores e, portanto, sempre economizamos para casos de necessidade. Meu pai incutiu isso em mim. A mãe de Mellody incutiu isso nela. Tínhamos um pé de meia muito bom para sobreviver por vários anos, mesmo que tivéssemos pouquíssima receita. Não estávamos preocupados com a sobrevivência da empresa, mas foi algo extremamente desconfortável. Ter de fazer a primeira onda de demissões na história da empresa foi doloroso e brutal. Foi de partir o coração perder clientes que você achava que acreditavam em você. Quando os tempos difíceis começaram, eles apenas foram embora.

Vimos todas aquelas pechinchas. A razão pela qual eu estava tão confiante foi porque estava me sentindo como uma criança em uma loja de doces. Ali estavam aquelas grandes empresas vendendo com descontos extraordinários, algumas delas com descontos de 70 a 80% em relação ao que pensávamos serem os valores do mercado privado. Era muito divertido ser investidor naquela época, mesmo quando estávamos sofrendo do ponto de vista financeiro. No fundo, sabíamos que o mercado voltaria e que nossas pechinchas favoritas voltariam. Continuamos a comprá-las à medida que ficavam cada vez mais baratas. Estávamos reduzindo substancialmente nosso custo médio, o que significava que o desempenho seria fantástico.

DR: Você ainda se envolve profundamente no processo de investimento?

JR: Todos os dias, como tenho feito nos últimos 38 anos. Passo o dia conversando com as equipes de gestão, visitando-as a cada trimestre e depois conversando com os concorrentes para ouvir o que pensam sobre os setores e empresas em que investimos, conversando com os analistas do lado da venda para obter seus pontos de vista. Este é o trabalho de minha vida. É isso o que eu faço.

DR: Vamos voltar aos seus dias em Princeton. Por que você estudou lá? Queria se tornar treinador de basquete? O que aconteceu?

JR: Eu queria jogar em uma universidade que fizesse parte da primeira divisão nacional de basquete. Era o meu sonho. A ideia de jogar em lugares como Princeton e Penn era intrigante para quem não era bom o suficiente para jogar na Carolina do Norte ou em sua *alma mater*, Duke. Eu não seria convidado para lugares assim.

Mas o legal de jogar basquete em Princeton é que você tem que jogar contra alguns desses times. Fui para aquela universidade porque a instituição tinha um ótimo programa. Na época, eles sempre se classificavam entre os vinte melhores do país. O basquete da Ivy League estava no auge no fim dos anos 1970. Muitos jogadores foram para a NBA.

Digo que aquilo foi como passar da matemática da terceira série para o cálculo. Muitas pessoas são boas em matemática no ensino médio e na faculdade, mas percebem que não têm chance de conseguir um doutorado em matemática, porque é muito difícil. A coisa se torna muito complexa à medida que você avança para a casa seguinte. Felizmente, eu tinha esse outro hobby, era apaixonado pelo mercado de ações, porque não tinha as habilidades para ser treinador de basquete (minha verdadeira ambição). Meus pais ficaram decepcionados por eu não seguir os seus passos e cursar a faculdade de Direito. Mas eles entendiam que eu amava o basquete. Tenho certeza de que acharam que eu acabaria abandonando aquilo.

DR: O que você fez depois de se formar?

JR: Fui trabalhar na William Blair. Era a trajetória clássica de um formando em Princeton. Minha mãe era amiga de um ex-aluno da faculdade chamado Tilden Cummings, do Continental Bank. Tilly ligou para Ned Jannotta, um famoso ex-aluno de Princeton. Ele era o sócio-gestor da William Blair. Ele me apresentou ao pessoal da divisão de gestão de patrimônio. Naquela época, éramos chamados de corretores. Eles me contrataram. Fui o primeiro afro-americano contratado pela William Blair em um cargo profissional. Era raro que contratassem alguém recém-formado da faculdade. Acho que viram algo em mim. Reconheceram a minha paixão pelos mercados, o quanto eu adorava aquilo, o quanto eu adorava ler a respeito, como eu estava desenvolvendo uma abordagem para investir. Viam que eu não era como todo mundo. Cresci como filho único em uma comunidade de pensadores independentes, então aprendi a pensar por conta própria.

DR: Você deixou a William Blair aos 24 anos para começar a Ariel. De onde você tirou o nome Ariel?

JR: É uma história boba, mas eu gostava de assistir *Os Waltons*. John-Boy, a estrela daquele programa, se apaixona por uma mulher chamada Ariel em um dos episódios da série. Eu escrevi: "Se algum dia eu tiver uma filha, vou chamá-la de Ariel." A empresa foi fundada sete anos antes de minha filha nascer, de modo que Victoria se tornou o nome de minha filha e Ariel o nome da empresa. Eu adorava o jeito que soava, e não era um nome popular naquela época. Foi bem antes de *A pequena sereia*.

DR: Onde você conseguiu o capital para começar a Ariel?

JR: Recorri a todos os meus amigos do ensino médio e pedi que me dessem cheques de 10 a 20 mil dólares. Eu tinha clientes de meus tempos como corretor. Procurei aqueles que acreditavam em mim. Falei com vizinhos, como os pais de Valerie Jarrett, que moravam no quarteirão da Greenwood Avenue no Hyde Park, onde cresci. Por fim, apelei para meus pais. Sempre digo que minha mãe me deu todo o dinheiro que tinha em espécie e que meu pai deixou claro que estava me dando só o que ele poderia perder. Esse foi meu capital inicial original.

DR: E funcionou. Como foi o seu desempenho nos primeiros anos?

JR: Foi muito bom. Era importante que nossas ações tivessem um bom desempenho naqueles primeiros anos. Tivemos a ideia de criar um boletim informativo chamado *The Patient Investor* [O investidor paciente], para lembrar que éramos investidores prudentes e de longo prazo e não iríamos correr riscos indevidos com o dinheiro das pessoas. Nesse boletim mensal, falávamos sobre as nossas ações favoritas e então listávamos o seu desempenho na última página. Isso aumentou a nossa credibilidade, porque as pessoas viam os argumentos que usávamos para justificar um sistema de seleção de ações e depois viam se essas seleções de fato funcionavam ou não. Após os primeiros seis meses da empresa, recebemos 100 mil dólares da Howard University, nosso primeiro cliente institucional, e crescemos a partir dali.

DR: De lá para cá, como a empresa mudou?

JR: Mudou drasticamente. No início, foi preciso contratar quem estivesse disponível. Eu tinha uma ótima colega de ensino médio que largou o emprego e veio ser meu braço direito. A terceira pessoa foi um cara que conheci e que vendia dicionários de porta em porta. Pensei, se ele é um bom vendedor de dicionários, talvez seja um bom vendedor da Ariel.

De nós três naquele primeiro ano a empresa cresceu e agora tem mais de 110 pessoas, com escritórios em San Francisco, Nova York, Chicago e Sydney, na Austrália. Temos uma enorme profundidade multigeracional e muito talento.

Antes, eu tinha que tomar todas as decisões. Agora, tenho uma equipe de grandes líderes que nos ajudam nisso e a administrar a empresa. É muito divertido. Para ser sincero, posso ser uma espécie de treinador do pessoal.

DR: Como sua abordagem de investimento mudou de lá para cá?

JR: Os valores fundamentais ainda persistem: comprar ações de empresas maravilhosas que estão subvalorizadas e têm grandes equipes de gestão e balanços sólidos. Entre as coisas que evoluíram com o tempo, uma delas foi a criação de nossas próprias classificações de crédito ao longo dos anos. Meu colega Charlie Bobrinskoy liderou esse esforço para melhorar nossa capacidade de ver qual era a margem de segurança nos balanços das empresas em que investimos. Isso tem sido importante para nós. A segunda coisa é que temos feito um esforço enorme para aprender sobre finanças comportamentais. Conheci Daniel Kahneman no Comitê de Investimentos de Princeton. Conheci Dick Thaler, porque ele vive aqui, em nossa cidade natal, e ambos amamos a Universidade de Chicago e temos um compromisso com a instituição. [Tanto Kahneman quanto Thaler ganharam o Prêmio Nobel de Economia.]

Esses líderes de finanças comportamentais transformaram a maneira como pensamos o trabalho no dia a dia: tentando entender nossos vieses comportamentais, identificar quais de nós têm viés de confirmação, quais de nós estão ancorados em estimativas antigas, quais de nós têm efeitos de recência [ou seja, uma preferência por eventos recentes]. Esse tremendo impulso nas finanças comportamentais é importante para nós. Acho que compreender os nossos vieses comportamentais nos ajudou a melhorar.

A outra área-chave de melhoria está em nosso questionamento. Usamos uma empresa externa chamada BIA [Business Intelligence Advisors].

Eles são ex-agentes da CIA e funcionários do governo que ajudam os clientes a serem melhores questionadores e melhores ouvintes e a discernirem se as pessoas estão sendo sinceras nas respostas às suas perguntas. Eles têm nos ajudado a treinarmos uns aos outros quanto à utilização do tempo de gestão de maneira mais eficiente.

DR: Quais foram as lições mais importantes que você aprendeu como investidor ao longo desses anos?

JR: Uma delas é trabalhar essa ideia de viés de confirmação. É muito fácil procurar pessoas que concordam com a sua opinião em uma tese. Você precisa estar disposto a ouvir todos os lados, falar com concorrentes, fornecedores, outros gestores financeiros que não gostem daquele setor, forçar-se a ter informações contrárias para ajudá-lo a tomar decisões. É algo muito difícil de seguir. Estou sempre me esforçando para fazer perguntas de uma maneira que não induzam às respostas que quero ouvir. Quero propor as perguntas certas que forcem as pessoas a dizerem o que de fato pensam segundo o julgamento delas mesmas.

A segunda lição é que a capacidade de ficar sozinho e não se sentir pressionado a agir como todo mundo é fundamental. Sou filho único. Cresci no Hyde Park. Acho que sou meio como você, um tipo peculiar de pessoa.

DR: Também sou filho único. Talvez ser filho único seja uma característica de um grande investidor?

JR: Você não sente que precisa seguir as regras tradicionais. Isso é extremamente importante para o investimento bem-sucedido. Cada vez aprendo a aceitar a minha peculiaridade e não me sentir pressionado a ser como os outros. Não uso e-mails. Há muitas coisas que eu não faço como todo mundo.

DR: Por que você não usa e-mail?

JR: Eu não uso e-mails porque consome muito tempo e permite que as pessoas controlem o meu tempo. Se a cada instante algo está apitando, em vez de conseguir ler, se concentrar e pensar nos valores de longo prazo das empresas, você se distrai pelo ruído reinante. Tenho amigos que todas as noites passam horas respondendo a e-mails. Esse tempo poderia ser mais bem aplicado na leitura e em reflexões sobre os mercados.

A lição final que eu gostaria de destacar não é novidade alguma. É aquela que foi reforçada nesses últimos trinta e oito anos. Warren Buffett fala sobre como, no século passado, o Dow Jones começou em 66 e terminou em mais de 11 mil. Ele repete com veemência que tivemos uma Grande Depressão, várias recessões, uma pandemia, mortes surpreendentes de presidentes, chocantes e de partir o coração. Tivemos a Primeira Guerra Mundial, a Segunda Guerra Mundial, a Guerra do Vietnã etc., e sempre nos recuperamos. Nosso país é a melhor democracia capitalista já criada. Essa capacidade de me lembrar, de pensar em longo prazo sobre o que acontecerá no horizonte e não ser arrastado pelas manchetes do noticiário diário é uma lição que foi reforçada repetidas vezes e que se encaixa perfeitamente com o nosso tema do investidor paciente, que se move como uma tartaruga.

DR: Quando compra uma ação, por quanto tempo em geral você a mantém?

JR: Normalmente são cinco anos, mas temos muitos nomes que estão em nossa carteira de investimentos há dez, quinze ou vinte anos. Nós pegamos leve quando estão caros e compramos mais quando estão baratos. As equipes de gestão adoram nos ter como acionistas, porque dizem que somos uma raridade por mantermos suas ações por tanto tempo.

DR: Além da paciência, quais são os atributos mais importantes para um bom value investor?

JR: A capacidade de agir sozinho é fundamental devido à pressão para seguir a multidão, ainda mais em momentos de crise. Em 2008 e 2009, todos pensavam que seria o fim do mundo. No ano passado, com a pandemia, achamos que seria o fim do mundo, e ninguém sabia por quanto tempo aquele vírus destruiria a nossa economia. Foi a recessão mais rápida de todos os tempos. Esses são os momentos em que achamos que você pode ganhar mais dinheiro, quando tem coragem de comprar quando todo mundo está em pânico ou parado. Igualzinho a como aprendi com o professor Malkiel há quarenta anos: os mercados são extraordinariamente eficientes. Mas há momentos em que as portas e as janelas de oportunidades se abrem, e você precisa estar pronto para agir e comprar de maneira agressiva. Para ser um grande investidor, não há nada mais importante que essa capacidade de pensar de maneira independente.

A última coisa é a capacidade de olhar para o horizonte para tentar imaginar o futuro daqui a três ou cinco anos. A maioria das pessoas apenas não consegue se conter. Ficam fixadas nas manchetes, sem entender que aquilo também vai passar. Se eu conseguir olhar mais para além, posso ter a oportunidade de ver coisas que os outros não conseguem.

DR: Quando acha que cometeu um erro ao comprar uma ação, você a vende ou tenta mudar a gestão? O que faz se achar que cometeu um erro? Ou não comete tantos erros?

JR: Cometemos muitos erros ao longo dos anos, e sempre vendemos. Não tentamos mudar a gestão ou entrar nesse jogo. Não é assim que agimos.

DR: Você acha que alguém que queira investir em ações por conta própria pode se dar bem? Não é muito mais seguro entregar esse dinheiro a investidores profissionais?

JR: Com certeza, é muito mais seguro confiar em investidores profissionais, haverá um retorno médio. Acho que a única maneira de ganhar dinheiro como investidor individual é permanecer dentro do seu círculo de competência. Invista em setores que você conhece muito bem, porque talvez tenha construído a sua carreira ali. Você trabalhou na indústria farmacêutica ou trabalhou em uma parte específica da indústria de tecnologia por trinta anos. Então talvez tenha essa habilidade de ver coisas que os outros não veem. Mas você precisa ser especializado em seus investimentos para ter sucesso como investidor individual. Caso contrário, sempre estará em desvantagem em relação aos profissionais, que são verdadeiros especialistas em muitos setores.

DR: Quem administra o seu dinheiro?

JR: A maior parte do meu dinheiro está em minhas ações da Ariel Investments, minhas ações em nosso fundo principal. Tenho participação significativa nas empresas das quais faço parte do conselho. Então acho que administro o meu próprio dinheiro. Não o confio a mais ninguém.

DR: Nos últimos anos, os fundos indexados se saíram muito bem. Com certeza é difícil vencê-los em termos de preço. Qual é a sua visão dos fundos indexados? Você só oferece fundos mútuos tradicionais?

JR: Só oferecemos fundos mútuos que administramos aqui na Ariel. Trabalhamos com o que criamos. Tudo se resume aos conjuntos de habilidades dos gestores de carteiras de investimento.

DR: Você acha que os fundos indexados são boas compras? Na verdade, está dizendo que pode superá-los.

JR: Achamos que há um punhado de fundos por aí que podem superar o desempenho. Acreditamos em nós mesmos e achamos que somos um desses fundos, mas, para a maioria, seria melhor colocar o seu dinheiro em fundos indexados. Não os oferecemos aqui na Ariel. Oferecemos fundos que nós mesmos administramos. Mas acreditamos que a grande maioria das pessoas, assim como a grande maioria das instituições, se sairia melhor investindo em fundos indexados. Muito dinheiro tem sido gasto com taxas de alto custo quando bastaria comprar o índice.

DR: Atualmente vocês estão oferecendo fundos de private equity. Por que investir nessa área?

JR: No ano passado decidimos que, se você não pode vencê-los, junte-se a eles. Algumas das maiores posições dos fundos da Ariel foram em fundos de ações abertos/fechados. Acreditamos no setor e decidimos que investiríamos o dinheiro dos clientes não apenas em fundos de private equity negociados publicamente, como também começaríamos nossos próprios fundos. Achamos que podíamos fazer alguma coisa nesses tempos em que há tanto interesse em diversidade e inclusão, ajudando a sanar essa enorme lacuna de riqueza entre a comunidade afro-americana e a comunidade branca. Se pudéssemos criar um fundo para investir em empreendedores afro-americanos e latinos que estejam construindo negócios de escala, isto seria não apenas um grande veículo de desempenho como também um grande movimento de diversificação para nós, uma vez que também estaríamos ajudando a criar oportunidades para a construção de riqueza real em diversas comunidades.

DR: Qual é o prazer que você tira do ato de investir?

JR: Sou extraordinariamente competitivo, e este tem sido um jogo muito divertido. Quando acordo pela manhã, mal posso esperar para ligar na CNBC e checar a abertura do mercado. Recebo as primeiras indicações de meu vice-gestor de carteira de investimento sobre o que está movimentando os mercados. Ele me envia todos os novos relatórios de pesquisa sobre as várias empresas e setores da indústria que acompanhamos. Adoro ler esse material. Adoro estudá-lo. Adoro pôr a mão na massa e competir com todos os outros gestores de fundos mútuos e de carteira de investimento. É muito divertido.

Claro que é muito mais divertido quando você está tendo um desempenho superior, mas adoro o jogo. É como procurar aquela agulha no palheiro. É como ser um caçador de tesouros enterrados, procurando empresas maravilhosas que foram mal compreendidas, mal colocadas e mal alocadas. Não há nada mais gratificante que ter uma visão contrária a respeito de uma dessas ações negligenciadas e vê-la dar certo e melhorar o desempenho de seus fundos para você e seus clientes.

DR: Você recomendaria essa área das finanças para jovens que procurem dicas de carreira?

JR: Digo aos jovens que a melhor maneira de se expor aos mercados é trabalhar nos escritórios de investimento da universidade da qual fazem parte. Eu gostaria de ter feito um estágio na Princeton Investment Company quando estava em Princeton. Na época, eu vendia Coca-Cola, cerveja, pipoca e cachorros-quentes no Wrigley Field. Nunca soube que havia um escritório de fundo patrimonial onde eu poderia aprender sobre todos os diferentes tipos de ativos disponíveis.

Toda vez que falo com os jovens, digo: procure seu escritório local de fundo patrimonial. Ofereça-se para trabalhar durante o ano letivo. Consiga um estágio no verão. Será o melhor lugar para aprender em qual parte do setor de gerenciamento financeiro você deseja estar.

DR: Como você se informa sobre tendências de investimento, novas ações, tendências de mercado? O que faz para se manter informado?

JR: Costumo dizer que tudo o que faço o dia inteiro é ler. Começo com os cinco jornais [*The New York Times*, *The Wall Street Journal*, *Financial Times*,

Chicago Tribune e *Chicago Sun-Times*]. Começo a assistir a CNBC pela manhã para ver as últimas tendências e as últimas notícias. Leio tantos livros sobre o mercado quanto possível. Cada vez mais tenho me concentrado em livros de finanças comportamentais. Recentemente, Annie Duke, que é uma jogadora de pôquer muitíssimo bem-sucedida, lançou um livro e um podcast. Estamos estudando o trabalho dela. O livro *Pense de novo*, de Adam Grant, é muito importante porque ensina que você precisa aprender a ser flexível e mudar a sua visão sobre os mercados ou mudar uma decisão individual. Muitas pessoas ficam presas a uma decisão e não conseguem se ajustar.

Tentei construir uma grande rede de investidores pelos quais tenho muito respeito. Construo relacionamentos para saber o ponto de vista deles sobre o que está acontecendo nos mercados, com o que estão preocupados, o que estão vendo que nós estamos deixando passar. Isso é algo que também digo aos jovens: construam relacionamentos com seus colegas na faculdade de administração e afins para que possam conversar com eles daqui a trinta, quarenta anos, quando precisarem de conselhos independentes sobre uma decisão difícil que estejam tomando, seja dentro ou fora dos mercados.

DR: O que você faz para descansar e relaxar? Ainda joga basquete?

JR: Não. Depois que botei uma prótese no quadril, não posso mais correr. Comecei a ter aulas de piano há uns três anos e meio.

DR: Sempre me perguntei se alguém conseguiria começar a aprender a tocar piano na meia-idade e realmente dominar o instrumento. Você conseguiu?

JR: Tenho uma professora extraordinária da People's Music School aqui de Chicago. Ela é a CEO de lá, e acho que estou melhorando.

DR: Se eu pedisse para você tocar, de repente, "Rhapsody in Blue", você conseguiria?

JR: Eu precisaria da partitura na minha frente. Acho que conseguiria aprender a tocar. Estou tocando "What a Wonderful World" agora. Estou muito bem em "Twist and Shout", uma música antiga dos Beatles, "I Want to Hold Your Hand" e "Imagine", de John Lennon.

DR: Isso é muito bom. Você ainda come uma vez ao dia no McDonald's?

JR: Estou com minha Coca Diet do McDonald's bem aqui. Mas nem sempre como uma refeição completa. Às vezes é um biscoito e uma Coca Diet. Às vezes, batata frita e uma Coca Diet. Às vezes, um McFlurry.

DR: Você faz isso porque pertence ao conselho da empresa?

JR: É uma tradição que sempre mantive. Depois da faculdade, adorava sair e ler os jornais no McDonald's. Também encontro alguns amigos que estão lá todos os dias. É uma espécie de minha casa fora de casa. Sempre adorei.

DR: Você usa computadores?

JR: Aprendi a usar um iPad para este novo mundo em que vivemos com Zoom e afins. Mas, não, nunca usei um computador.

DR: Quando as pessoas querem entrar em contato, como elas enviam mensagens para você?

JR: Tenho um celular. As pessoas podem me ligar diretamente nele, para minha casa ou para o escritório. Aviso às pessoas que meu número está na lista telefônica: John Rogers, East Delaware Street, em Chicago. Você liga, pede o ramal 411 e será transferido para mim.

Imóveis

JON GRAY

Presidente e COO da Blackstone

> *"O melhor é ser um investidor com muita convicção. Quando você se arrisca e coloca um monte de dinheiro em coisas que não conhece ou não entende, tende a dar errado."*

Desde o início dos tempos, os imóveis têm sido o principal ativo de investimento para a maioria das pessoas no mundo. Sua casa, terra, fazenda ou sítio muitas vezes é seu principal, se não único, patrimônio.

Tradicionalmente, os indivíduos sentem alguma segurança quando podem ver e tocar esse ativo e entender o seu valor. Para a maioria das pessoas, folhas de papel (como ações ou títulos) não carregam a mesma conexão emocional que um ativo físico que elas podem usar, ver e usufruir com frequência.

Alguns indivíduos que acumularam riqueza na Europa e nos Estados Unidos nos anos 1800 e 1900 sentiram que havia valor em comprar imóveis (terrenos ou prédios) ocupados ou usados por outras pessoas. Tais ativos eram compreendidos com facilidade. E o rendimento corrente (de aluguéis) obtido com eles, e os lucros em geral obtidos com a venda deles tendiam a produzir retornos sólidos e relativamente previsíveis.

À medida que as populações e os negócios cresciam, aumentava a demanda por vários tipos de imóveis, e os investidores começaram a ver cada vez mais os imóveis como um tipo importante de investimento, não de alto rendimento como uma grande transação de venture capital, mas também não tão sujeita a fracassos.

Durante a maior parte do século XX, os imóveis "core" ou os tradicionais eram vistos na Europa e nos Estados Unidos como um tipo de investimento relativamente seguro, com retornos de um dígito, ou seja, de menos de 10%.

No fim da década de 1980, quando ocorreu a crise da poupança e empréstimo (S&L) nos Estados Unidos, o governo federal acabou assumindo o controle dos imóveis das S&Ls que faliram. Em curto prazo, ele vendeu esses ativos imobiliários para investidores a preços muito baixos em relação ao valor final de revenda.

O resultado foi que os compradores desses ativos imobiliários obtiveram retornos atrativos de dois dígitos. Isso gerou um novo tipo de investimento imobiliário, o investimento "oportunista". Trata-se de comprar a preços baixos, agregar valor considerável a um ativo que precisa de alguma reforma ou serviço de valor agregado e obter retornos de aquisição ou de empreendimento para os investidores.

Em geral, o investimento imobiliário oportunista (que tem os retornos mais altos) permite que as empresas que buscam esse tipo de atividade cobrem de seus investidores um carried interest. O resultado foi a entrada no mundo imobiliário de grandes empresas de private equity, que têm um longo histórico de prestação de serviços de valor agregado, "carried interest", para seus investimentos.

Isso é ilustrado pela ascensão de Jon Gray e da Blackstone no mundo dos investimentos imobiliários oportunistas (embora mais tarde a Blackstone também viesse a se expandir para imóveis mais básicos ou "core").

Em 1992, quando, recém-formado pela Universidade da Pensilvânia, Jon ingressou na Blackstone, a empresa não tinha de fato um negócio de investimento imobiliário. Hoje, como resultado da liderança dele, a Blackstone opera um dos maiores e mais rentáveis negócios de investimento em imóveis do mundo, com mais de 290 bilhões de dólares em ativos sob sua gestão.

Como isso ocorreu? E como Jon levou adiante dois dos negócios mais lendários da história do investimento imobiliário, negócios que consolidaram a sua reputação e permitiram que ele construísse o negócio imobiliário extraordinariamente grande e bem-sucedido da Blackstone? A primeira, a compra da Sam Zell's Equity Office Properties, foi a maior transação imobiliária de todos os tempos: uma aquisição de 39 bilhões de dólares. Embora ela tenha sido feita no auge do mercado em 2007, Jon foi muito inteligente ao vender os ativos menos desejáveis de antemão e criou um lucro multibilionário para a Blackstone a partir daqueles que manteve.

JON GRAY

O segundo desses acordos, a compra da cadeia de hotéis Hilton, foi um negócio que combinou imóveis e private equity, mas foi ideia de Jon, e foi a sua habilidade que ajudou a salvá-lo durante a fase difícil pela qual passaram os hotéis durante a Grande Recessão. O resultado foi um lucro de 14 bilhões de dólares: a aquisição mais lucrativa da história.

Em minha conversa com Jon na sede da Blackstone em Nova York, ele foi modesto demais para dizer que o seu sucesso se deve à sua notável inteligência, incrível ética profissional e envolvente personalidade, ou ao seu primoroso senso de oportunidade. Mas Jon não apenas antecipou o provável colapso no ramo de escritórios comerciais durante a Grande Recessão, como também previu o valor aprimorado que provavelmente se acumulará em anos recentes para residências unifamiliares, aluguel de apartamentos, armazéns logísticos e espaços comerciais na Índia.

Porém, esses são os atributos que muitos dos colegas de Jon e seus concorrentes no mundo imobiliário citariam como o motivo de sua ascensão de um jovem recém-formado, realizando tarefas monótonas enquanto funcionário do banco de investimento da Blackstone, para a sua posição atual como presidente e diretor operacional da empresa.

Conheço-o há vários anos graças a nossos interesses comuns comerciais e sem fins lucrativos, que às vezes se entrelaçam, e sempre admirei as qualidades pessoais que acabei de descrever. Mas também admiro a sua modéstia desarmante, uma qualidade que não é associada, em geral e de maneira imediata, a alguém que construiu e liderou por muitos anos um dos maiores negócios do mundo em todas as áreas.

Embora as responsabilidades atuais de Jon envolvam a supervisão de todas as inúmeras atividades de investimento da Blackstone, foquei nossa conversa na área na qual ele se tornou o líder mundial: o ramo imobiliário. Entrevistei Jon pessoalmente nos escritórios da Blackstone em Nova York em 7 de junho de 2021, para a série *Bloomberg Wealth*.

DAVID M. RUBENSTEIN (DR): Você construiu sua reputação no mundo dos investimentos como investidor imobiliário e criou o maior negócio imobiliário do mundo. Você sempre quis ser um investidor imobiliário?

JON GRAY (JG): Não comecei pensando que seria um investidor imobiliário. Cresci no subúrbio de Chicago. Nunca tinha estado na Costa

Leste dos Estados Unidos antes de ir para a faculdade na Universidade da Pensilvânia.

Quando ingressei lá, decidi que queria mesmo me formar em Língua Inglesa. Queria ser jornalista. Escrevi para o *Daily Pennsylvanian*. E, após cerca de um ano na faculdade, percebi que muitos de meus amigos, irmãos de fraternidade, gostavam de negócios. Eles estavam na Wharton [a escola de negócios da Universidade da Pensilvânia], e eu tinha algumas ações na Bolsa. Eu gostava de números, então decidi me formar nos dois cursos. Em meu último ano, conheci uma jovem que também estudava inglês. Poucas semanas mais tarde, consegui um emprego em uma pequena empresa de consultoria de investimentos.

Isso aconteceu há cerca de trinta anos. A empresa era a Blackstone e a jovem que também estudava inglês era a minha esposa, Mindy. Comecei na Blackstone nas áreas de private equity e de M&A [fusões e aquisições]. Meu trabalho era mais focado em números, fazendo pastas de apresentação para clientes e pedindo comida para ser entregue no escritório. Eu tinha que assegurar que o jantar dos sócios chegasse antes das sete da noite.

Cerca de um ano depois, o mercado imobiliário entrou em colapso e os visionários fundadores da Blackstone, Steve Schwarzman e Pete Peterson, disseram: "Devemos migrar para o setor imobiliário." Eles formaram um negócio imobiliário praticamente sem pessoal. Eu os ajudei a redigir o memorando de colocação privada de seu primeiro fundo imobiliário. E eles comentaram: "Você parece ser uma pessoa sensata. Quer se juntar a este grupo?" Conversei com Mindy, depois com meus pais, voltei e respondi: "Sim". Foi assim que acabei no ramo imobiliário.

DR: Você conversou com seus pais sobre se deveria passar da private equity para o ramo imobiliário? Você deve ser muito próximo dos seus pais. E sua esposa disse: "Não sei se é uma boa ideia entrar nessa área"?

JG: Minha esposa e meus pais perguntaram: "O que você acha?" Falei: "Eu gosto muito da possibilidade de fazer investimentos independentes." Adorei a ideia de podermos controlar a decisão de investir. Também pensei: "Eles podem querer que eu volte à faculdade caso eu continue na área de private equity." Com o setor imobiliário, achei que não precisaria voltar a estudar, de modo que aceitei. Vivo dizendo aos meus filhos que a sorte é uma competência essencial, e esse foi o caso, sem dúvida.

DR: O que vocês fizeram no começo? Tinham dinheiro para investir? Presumo que não tinham um fundo em imóveis. Então, o que fizeram para conseguir dinheiro?

JG: Usamos um pouco do capital da empresa. Fizemos uma transação usando o fundo de private equity, mas os investidores eram companhias de seguros e investidores japoneses que foram prejudicados pelo mercado imobiliário dos Estados Unidos. Então tivemos que angariar fundos. No começo, só fizemos transações pequenas.

A primeira na qual trabalhei foi um shopping center em Chesapeake, Virgínia, o Great Bridge Shopping Center. Foi uma transação de 6 milhões de dólares. Pegamos 4 milhões em empréstimo, de modo que o equity era de 2 milhões. Parecia que eu estava comprando a ilha de Manhattan. Fiquei lá por três semanas. Conheci cada inquilino, observei o fluxo de veículos, estava aprendendo sobre o negócio.

Foi uma experiência incrível porque eu era o copeiro, o garçom e o maître. Éramos um negócio pequeno e eu estava aprendendo em primeira mão.

Fizemos um negócio de 11 milhões de dólares em Colorado Springs, um hotel Marriott. Olhando em retrospectiva, penso: "Eu não deveria ter tido todo aquele trabalho", porque foi durante um período de grande dificuldade. Estávamos comprando aquele Marriott, que fora construído apenas alguns anos antes, por um terço do custo de construção. Eu deveria apenas ter perguntado: "Onde assino?"

Mas foi um aprendizado incrível. Adorei o negócio imobiliário. Deixei de ficar atrás de uma mesa, peguei um avião, conheci pessoas, aprendi sobre lugares diferentes e, por ser um negócio tão pequeno, pude lidar com todos os diferentes aspectos do processo. Funcionou muito bem para mim.

DR: Hoje ninguém pergunta o que é a Blackstone. Naquela época, quando você aparecia para comprar coisas, as pessoas perguntavam: "O que é a Blackstone?"

JG: Elas perguntavam e eu respondia: "É uma empresa fundada por Steve Schwarzman, diretor de M&A do Lehman Brothers, e Pete Peterson, ex-secretário de Comércio."

DR: Vamos falar sobre dois negócios que você fez que se tornaram duas das transações mais conhecidas da história do setor imobiliário dos Estados Unidos. A primeira é o EOP, Equity Office Properties, construído por Sam Zell. Você pode explicar o que foi isso, por que era tão arriscado e por que acabou sendo um bom negócio para você?

JG: Crescemos muito para ir de acordos de 6 milhões de dólares para o EOP, que foi uma transação de 39 bilhões fechada no início de 2007. Como chegamos àquele ponto? Esse setor mudou no início dos anos 2000. Após a bolha das pontocom e o 11 de Setembro, entramos em recessão. Foi uma recessão bastante superficial, mas Alan Greenspan [então presidente do Federal Reserve] cortou as taxas de maneira drástica.

O setor imobiliário resistiu bem a essa recessão e à redução das taxas, então houve a entrada de muito dinheiro. Fomos investidores oportunistas procurando onde poderíamos encontrar valor. Porque investir em prédios parecia muito caro.

Deparei com os mercados imobiliários públicos, onde havia empresas que detinham a comercialização de imóveis bem abaixo do patamar em que esses prédios eram negociados individualmente. Então havia essa nova dívida de títulos lastreados em hipotecas comerciais [CMBS], que tem um custo muito mais baixo que os empréstimos alavancados e os empréstimos de alto rendimento que em geral são usados em uma compra.

Convencemos os bancos a nos deixarem usar aquilo para comprar empresas imobiliárias. Começando no final de 2003 até 2007, acho que fizemos doze desses negócios e começamos a comprar essas grandes empresas imobiliárias de capital aberto. Usávamos a dívida pública do CMBS e, em muitos casos, vendíamos algumas partes.

Pense nisso como uma cesta de frutas: você vende as uvas para um, as bananas para outro. Era disso que se tratava o negócio do Equity Office. Compramos a maior coleção de prédios de escritórios dos Estados Unidos. Quando começamos, o acordo era de 36 bilhões de dólares.

A Vornado, dirigida por um investidor imobiliário muito inteligente, Steve Roth, decidiu competir conosco. O problema era que nosso plano era vender um terço dos imóveis, mas, à medida que o preço começou a subir, não queríamos correr tanto risco de estoque.

Então procurei Sam Zell, que todos sabem ser uma pessoa muito sagaz, e falei: "Sam, se você quer que eu concorra nisso, precisa me deixar falar com alguns dos compradores downstream." E ele nos deixou fazer isso. Era como administrar uma loja onde você recebe a mercadoria na frente e a vende nos fundos.

No fim das contas, vencemos o leilão. Vendemos quase dois terços dos imóveis. Pagamos a nossa dívida e acabamos ficando com a posse de ótimos imóveis. Mantivemos ativos na Califórnia, em Nova York e Boston. Se tivéssemos mantido os subúrbios de Chicago, e Stamford, em Connecticut, não teria sido tão bom. No fim, foi uma arbitragem do atacado para o varejo, porém, o importante foi o que mantivemos. Em última análise, triplicamos o capital do investidor.

DR: Basicamente, você vendeu cerca de dois terços do que comprou. Como você explica a um comitê de investimentos: "Vou comprar uma empresa e vender dois terços de imediato"? Foi difícil explicar para as pessoas?

JG: Não, porque esse era o nosso plano de negócios. Em geral, venderíamos um terço, mas, neste caso, sabíamos o que estávamos fazendo. Como o preço estava subindo, fizemos uma pré-venda, então sabíamos que vários desses negócios aconteceriam no momento do fechamento, ou logo depois. Falávamos: "Ainda terminaremos com 13 bilhões de dólares em imóveis de alta qualidade em uma base bem abaixo do mercado, porque teremos vendido os ativos mais fracos". Então as pessoas ficaram tranquilas.

DR: No final, acabou sendo um ótimo negócio para você. Mas não foi tão bom para as pessoas para quem você vendeu os imóveis, porque o mercado imobiliário entrou em colapso mais ou menos quando o negócio foi concluído. Você comprou algum desses imóveis de volta?

JG: Acabamos comprando alguns de volta. Muitas dessas pessoas são meus amigos. Na época ninguém sabia que as coisas tomariam aquele rumo.

DR: Vamos falar sobre outro negócio que você fez que acabou sendo a compra mais lucrativa de todos os tempos. Pouco antes do colapso do mercado em 2007-08, você comprou toda a Hilton Hotel Company. Foi um jogo imobiliário ou um jogo corporativo?

JG: Foi um pouco dos dois. Fizemos a transação com nossos fundos de private equity imobiliário e nosso fundo de private equity corporativo. A rede Hilton possuía ótimos imóveis, como o Waldorf-Astoria e o Hilton Hawaiian Village, mas também tinha aquele incrível negócio de franquias de administração: Hilton, Embassy Suites, Hilton Garden, Doubletree e assim por diante.

Foi semelhante à operação do Equity Office, pois pensamos que poderíamos comprar algo por causa da escala e, por ocorrer nos mercados públicos, mais barato do que poderíamos comprar esses ativos individualmente. Também acreditávamos que o múltiplo era razoável. Estávamos pagando 13 ou 14 vezes o fluxo de caixa pelo que pensávamos ser um ótimo negócio.

O problema é que nosso senso de oportunidade foi péssimo. Fechamos a transação no final de 2007. Em menos de um ano, o Lehman Brothers entraria em colapso, a economia mundial entraria em colapso e as viagens internacionais diminuiriam de maneira drástica. A receita da empresa cairia 20%, o fluxo de caixa, 40%, e tivemos uma queda de 71% em nosso maior investimento como empresa. Não foi uma boa sensação.

Mas acreditávamos no negócio. Ainda víamos uma tremenda oportunidade de fazer a empresa crescer em todo o mundo: China, Oriente Médio, Europa e até nos Estados Unidos. E acreditávamos que o declínio era de natureza cíclica. Então, investimos mais 800 milhões de dólares no fundo, mantivemos a empresa e esta começou a crescer. Houve uma recuperação cíclica. Por fim, nós abrimos o capital. Nós a dividimos em três empresas diferentes: uma franquia de administração, time-share e negócios imobiliários, e ganhamos 14 bilhões de dólares para os nossos investidores. Então, tudo acabou bem.

DR: Quando não parecia estar tão bem, você foi para casa e disse para a sua esposa: "Você me disse para entrar no setor imobiliário, e talvez isso não tenha sido assim tão bom"?

JG: Em épocas muito estressantes, ter pessoas em quem você pode confiar e conversar, e que ainda acreditam em você, é muito importante. E foi difícil. Porque nos sentimos muito mal por nossos colegas, por nossos investidores. Mas nunca perdemos a fé.

Para mim, essa difícil experiência com a cadeia Hilton deve ter sido a coisa mais importante que aconteceu comigo como investidor.

Compramos no pior momento possível e acabamos com o negócio mais bem-sucedido de todos os tempos. Ou seja, compramos um ótimo negócio no que chamamos de "um ótimo bairro". Tivemos muitos ventos a nosso favor. As viagens internacionais são uma indústria em crescimento. Aquelas marcas eram muito valiosas.

Quando investimos capital, muitas vezes focamos no que chamarei de casa individual, não em "estou no setor certo?" ou "os ventos são favoráveis?". O Hilton era um negócio ótimo em essência, e podíamos nos dar ao luxo de pagar muito caro e fazer aquilo na hora errada. Mas, no fim das contas, com a equipe de gerenciamento certa e o suporte financeiro certo, ganhamos muito dinheiro. Isso afetou tudo o que fiz desde então.

DR: Após a transação com o Hilton, o mercado imobiliário nos Estados Unidos melhorou, mas, embora não estivesse assim tão bom, você decidiu comprar muitas casas em inadimplência, de modo que custavam muito barato. Essa foi uma boa decisão?

JG: Foi uma ótima decisão. O núcleo do nosso negócio imobiliário era comprar ativos tangíveis com desconto em relação ao seu custo de reposição. Se construir um prédio de escritórios custa 3 mil dólares por metro quadrado, posso comprar algo a 1,5 ou 2 mil por metro quadrado? Essa tende a ser uma boa abordagem como value investor em imóveis.

Após a crise imobiliária, a maior classe de ativos privados do mundo, as residências unifamiliares nos Estados Unidos, caíram 30%. Após sessenta anos subindo de preço todos os anos, em alguns mercados como Phoenix e Las Vegas, os valores desses imóveis caíram cerca de 50%. A questão era: como poderíamos tirar proveito daquilo?

Percebemos que havia 13 milhões de casas unifamiliares nos Estados Unidos disponíveis para aluguel. Na maioria dos casos, um médico ou advogado é proprietário de sua casa e possui outra no fim da rua, que aluga. Eles não prestam muito serviço, não investem muito.

Pensamos: "E se começarmos a comprar imóveis domiciliares em larga escala? E se criássemos uma empresa que prestasse um serviço profissional de verdade, investindo nos ativos?" Ocorreu-nos comprar grandes quantidades de imóveis dos bancos. Isso nunca foi posto em prática. O que acabamos fazendo foi comprar imóveis individualmente. Nós os comprávamos já desocupados, após a execução hipotecária. Não queríamos expulsar as pessoas dali.

Acabamos comprando 50 mil imóveis e abrimos uma empresa. O mercado imobiliário voltou a crescer, abrimos o capital da empresa, por fim vendemos as nossas ações e construímos algo do qual estamos incrivelmente orgulhosos.

DR: Que tipos de imóveis? Pelo que entendi, vocês têm imóveis "core", core-plus, de valor agregado e oportunista. O que são essas quatro diferentes categorias?

JG: Se você considera títulos com graus de investimento como os da Procter & Gamble e da IBM, os percebe como muito seguros. Os retornos são menores. Então, há títulos de alto rendimento em empresas alavancadas, empresas menos maduras, nos quais você recebe mais.

Ocorre algo parecido no mercado imobiliário. No caso dos imóveis "core", temos um ativo alugado em longo prazo para um inquilino com crédito na praça. Não há muito risco. No outro extremo do espectro, o dos imóveis oportunistas, falamos sobre "compre, reforme, venda". É um prédio vazio, está em ruínas, precisa de capital, então você o reforma e vende. Os imóveis "core-plus" e de valor agregado são o meio-termo entre esses dois extremos. As taxas de retorno diferem com base nos riscos.

DR: Quais taxas de retorno você tenta obter no mundo imobiliário oportunista?

JG: Você tenta obter 20% brutos, 15% líquidos para o cliente. É isso que fazemos há trinta anos em nosso negócio imobiliário.

DR: Vamos falar sobre dois tipos diferentes de imóveis: residenciais e comerciais. O residencial é menos arriscado que o comercial?

JG: Se está falando de habitação unifamiliar para venda, é provável que haja mais risco, uma vez que você está construindo algo e vendendo, e é uma função do mercado. Se está se referindo a aluguel de imóveis (pense em um condomínio de apartamentos), isso tende a ser menos arriscado, porque é menos cíclico. As pessoas não abrem mão de seus apartamentos. Há alguma volatilidade, mas nada como, digamos, prédios de escritórios ou hotéis.

Eu diria que os imóveis residenciais são mais seguros, menos voláteis. Os imóveis comerciais envolvem edifícios de escritórios; armazéns (que têm sido o maior tema para nós nos últimos dez anos), hotéis, shopping centers, casa de repouso para idosos. Todos têm retornos de risco diferentes, dependendo da geografia.

DR: Outra maneira de analisar imóveis é "coisas que já existem" e "coisas a serem construídas". É mais arriscado e gratificante construir alguma coisa, ou você tenta comprar coisas que já existem?

JG: Em geral, tentamos comprar imóveis existentes com desconto. Por exemplo, compramos o hotel e cassino Cosmopolitan em Las Vegas por menos da metade do valor de construção, porque foi construído durante a crise financeira. Isso, para mim, é o ideal. Às vezes, construímos. Mas, em geral, gostamos de tentar entrar no setor imobiliário quando já está gerando renda. O problema com o empreendimento imobiliário é que é um pouco parecido com dizer: "Vou fazer o meu IPO daqui a três anos." Quando você enfim puder alugar o seu prédio, isso pode ocorrer em um ambiente econômico diferente, daí pode não haver inquilinos, pode não haver receitas. Portanto, nossa tendência é focar nos imóveis existentes.

DR: Como regra, os preços dos imóveis em geral sobem. Os valores aumentam. Por que às vezes lemos sobre falência de incorporadores imobiliários?

JG: O pecado clássico no setor imobiliário é ter ativos de longa duração e pessoas que os financiam no curto prazo. Para os empreendedores, que em geral dependem de muita alavancagem, isso pode causar problemas. A outra coisa que pode impactar o setor imobiliário, em especial hoje, são as mudanças na tecnologia, na forma como vivemos e trabalhamos.
Considere os shoppings centers em ambientes fechados: eles foram, desde o pós-guerra até uma década atrás, os melhores ativos. Um grande shopping center, ancorado por lojas de departamento, muitos varejistas, uma praça de alimentação: esses cresceram 5% ao ano em valor, desalavancados por quarenta, cinquenta anos, porque eram resistentes. Eram fortalezas. O que aconteceu é que, com a internet, apareceu o comércio eletrônico. Isso afetou os shoppings centers e vimos quedas acentuadas.

Mas isso aconteceu durante um longo intervalo de tempo. O principal problema, em geral, tem sido a alavancagem.

DR: Por que as taxas de juros são tão importantes para o setor imobiliário? Será porque as pessoas pegam emprestado muito dinheiro quando investem em imóveis?

JG: Parte disso é porque os imóveis, por serem um tipo de ativos, são percebidos como mais seguros. E são mesmo, se você for um credor. Você pode obter mais alavancagem contra um ativo imobiliário e, portanto, uma grande parcela da estrutura de capital é através de dívida. Então, se as taxas subirem, isso com certeza terá um impacto no valor.

A outra razão é que alguns imóveis se parecem mais com títulos. Se você possui um prédio e ele é alugado por vinte anos para o governo com um aluguel fixo e as taxas sobem, o prédio passa a valer menos. Isso é diferente de, digamos, hotéis, onde você os aluga, em essência, todas as noites. Mas isso torna as taxas de juros do setor imobiliário um pouco mais altas.

DR: Percebi que algumas pessoas "assinam" a dívida. Elas garantem a dívida pessoalmente. Eu suponho que você não garante nada pessoalmente.

JG: Nada de recursos pessoais. Essa foi a lição que a maioria dos empreendedores aprenderam em fins dos anos 1980.

DR: Um dos ditos mais famosos do mundo imobiliário é: "Localização, localização, localização." Você também pode dizer que é "local, local, local", porque a maioria das pessoas faz investimentos imobiliários na área que conhece. Você fez investimentos em todo o mundo. Como você, sentado em Nova York, pode saber o valor dos imóveis na Europa ou na Ásia?

JG: A chave para isso é ter uma presença global. Temos uma grande presença comercial nos Estados Unidos, em Londres, em oito escritórios diferentes na Ásia e dezenas de milhares de pessoas em empresas de portfólio. Levamos muito tempo para conseguir isso. Estamos nessa há trinta anos e você precisa de fato de pessoas talentosas em campo. É necessário ter gente local que conheça os mercados.

A única vantagem do setor imobiliário é que muitas das tendências que estamos testemunhando, impulsionadas em especial pela tecnologia, são as mesmas em todo o mundo. Quando começamos a comprar armazéns em 2010, percebemos que esses inquilinos de comércio eletrônico estavam aparecendo e começamos a comprar mais nos Estados Unidos. Não foi preciso dar um salto muito grande para dizer: "A mesma coisa vai acontecer no Canadá, no Reino Unido, na Europa continental e em toda a Ásia."

Se você tiver as habilidades necessárias, consegue avaliar. Além disso, é preciso viajar muito. Passo muito tempo em aviões. Já não dirijo o dia a dia do negócio imobiliário. Meus colegas fazem um trabalho incrível. Eles têm equipes de campo em todo o mundo, e somos locais nesses mercados. Você não pode comprar imóveis em Mumbai do modo como compramos se estiver indo e voltando de Nova York de avião.

DR: Suponha que alguém da sua equipe lhe apresente uma transação, você a aprova e depois a coisa não funciona tão bem. Você diz: "Vamos nos livrar da pessoa que sugeriu isso"? Como você salva um negócio que não parece ser tão bom quanto se esperava?

JG: Consideramos que investir é um esporte de equipe. Alguém pode defender uma transação, mas muitos de nós a revisam antes de assinarmos. Não acho que seja boa prática culpar um indivíduo. Tentamos construir um verdadeiro ambiente de equipe.

Quando as coisas dão errado, não ficamos presos ao fato de termos colocado muito dinheiro naquilo. Em vez disso, analisamos a situação no momento e fazemos uma escolha difícil. Você comprou alguma coisa, investiu dinheiro naquilo e acha que o investimento está perdido. A pergunta é: você acredita que haverá valorização daqui para a frente ou que acabará investindo ainda mais dinheiro em um barco furado? Um investidor disciplinado deixará a escolha inicial no passado e encarará o investimento com austeridade.

DR: Qual é o prazer de ser um investidor imobiliário? O que há nesse mercado que o manteve no ramo?

JG: Adoro as pessoas. Adoro conhecer lugares diferentes. Conheci os Estados Unidos por inteiro, virtualmente todo o mundo desenvolvido.

Há algo muito tangível nisso, quando você pode ir até o lugar e perguntar: "Como é esse bairro?"

Quando se está investindo em negócios farmacêuticos ou outras empresas, é mais difícil dizer: "Tenho experiência real sobre a eficácia deste medicamento *versus* aquele." Mas, como indivíduo, você pode dizer: "Hoje estou em Oakland. Estive em um bairro aqui na cidade. Parece muito com o Brooklyn quando começou a ser revitalizado. Vou levar isso adiante e fechar o negócio." A natureza tangível disso, a experiência... Se você gosta de viajar, se gosta de ver lugares, o mercado imobiliário é difícil de ser superado.

DR: De onde vêm os acordos? As pessoas ligam para você o tempo todo? Ou você mesmo surge com as ideias?

JG: Em muitos casos, somos a primeira opção de quem está procurando, porque compramos e vendemos mais imóveis que qualquer outra empresa. Quando estávamos montando o negócio foi um desafio: estávamos sempre viajando, distribuindo cartões de visita, garantindo que tínhamos capital. Uma vez que se está nisso há muito tempo e as pessoas o conhecem, você passa a ser o primeiro da lista.

DR: Para o investidor pessoa física, qual a melhor forma de investir em imóveis?

JG: Há algumas maneiras. Há um mercado público de REIT [real estate investment trust] onde você pode investir em algumas excelentes empresas aqui nos Estados Unidos. Há REITs em todo o mundo.

Outra maneira de fazer isso hoje é através dos chamados REITs privados. Nós da Blackstone temos um veículo chamado BREIT, que possui em especial imóveis logísticos e apartamentos de aluguel nas regiões Sudeste e Sudoeste dos Estados Unidos. Historicamente, as pessoas não faziam um bom trabalho na oferta de imóveis privados para investidores individuais. Nós nos concentramos em tentar entregar um produto de primeira linha. Há outros que oferecem produtos semelhantes.

Já os investidores mais aventureiros podem fazer parceria com empreendedores locais. O desafio que me preocupa com isso é o desalinhamento entre os juros e a liquidez. Em geral não se obtém muita diversidade com essa abordagem.

DR: Você está preocupado com a economia atual? A situação tem sido muito boa, mas deve cair em algum momento. As economias sempre se ajustam. Se eu quiser investir em imóveis, agora é um bom momento?

JG: Acho que ainda é um bom momento para o setor imobiliário, por algumas razões. Há dois sinais de alerta para o ramo imobiliário. Um é o excesso de alavancagem, o excesso de capital. Nós não vemos de verdade isso no sistema imobiliário atual. O outro é o excesso de guindastes, muita construção. Na verdade, em termos de novas ofertas, estamos abaixo dos níveis históricos.

Mais uma coisa que eu destacaria é que, se você consultar o S&P 500, o setor entregou algo em torno de quatro vezes o retorno dos REITs públicos desde o início de 2020, antes da Covid-19. Portanto, o setor imobiliário está ficando para trás na recuperação, porque é óbvio que as pessoas estão preocupadas com o mundo físico.

Acho que, à medida que a economia reabrir, à medida que as pessoas voltarem aos espaços, o setor imobiliário verá um pouco de recuperação. Uma coisa positiva sobre esse setor é que a inflação aumenta o custo de reposição dos edifícios. Isso lhe dá um pouco de amortecimento nos imóveis existentes.

DR: A sua expectativa é que as pessoas voltem, trabalhem cinco dias por semana e usem todo o espaço comercial para escritórios em Nova York e outras grandes cidades como faziam antes? Ou haverá uma necessidade menor para espaços comerciais do gênero?

JG: Acho que haverá menor necessidade para espaços de escritório. Haverá alguns arranjos híbridos, algumas pessoas que podem trabalhar remotamente de modo integral. Mas há uma tendência, uma espécie de "viés de recência", de supor que, porque estivemos em casa, é assim que será daqui para a frente.

Quando pensamos em nossa empresa, sabemos que somos melhores juntos: em criatividade, em resolver problemas, em treinar os nossos jovens. É uma área de aprendizagem, aprender a investir.

Então, acho que estarmos juntos no mesmo lugar é importante. Algumas empresas concluirão que não precisam de tanto espaço e isso criará alguma desocupação adicional. As pessoas estarão preocupadas por possuírem prédios de escritórios, e isso pode criar uma oportunidade.

Porque soprarão alguns ventos contrários durante vários anos e, com o tempo, as coisas vão se recuperar.

Ressalto, porém, que fora dos Estados Unidos, por exemplo, na China, os prédios voltaram à plena capacidade. Já na Europa, as pessoas não têm tanto espaço em casa para trabalhar. Fica mais difícil fazer um sistema híbrido. Portanto, nem todas as geografias são iguais. Mesmo aqui nos Estados Unidos, acho que haverá uma tendência de retorno ao escritório, embora não de maneira integral como antes.

DR: Muitas pessoas se mudaram para a Flórida e para o Texas, talvez por causa do clima quente, talvez porque esses estados não cobrem imposto de renda. Você acha que essa tendência vai continuar? Esses são bons lugares onde investir em imóveis, uma vez que mais pessoas estão se mudando para lá?

JG: Eu diria que é um pouco dos dois: o clima, o custo de vida mais baixo, impostos mais baixos, em especial em um mundo pós-SALT [dedução de impostos estaduais e locais, em português], preocupações com qualidade de vida, criminalidade. O Texas é um dos estados que mais crescem no país. Isso foi acelerado pela pandemia.

Por outro lado, Nova York e São Francisco são lugares incríveis. Quando você pensa em tecnologia e inovação, empreendedorismo, imigrantes... as pessoas virão para essas cidades. Querem morar ali. Com as políticas certas, essas cidades podem realmente prosperar.

DR: Assim como outras grandes empresas de private equity, a Blackstone se preocupa com ESG [fatores ambientais, sociais e de governança]. Como você lida com as preocupações ambientais ao comprar edifícios existentes?

JG: Como dissemos para os nossos investidores, daqui para a frente queremos reduzir as emissões de hidrocarbonetos em pelo menos 15% em cada ativo que compramos. Estabelecemos isso como uma meta. Há um monte de coisas que você pode fazer com sistemas de gerenciamento de edifícios, janelas, para controlar a temperatura.

Também fizemos grandes mudanças em projetos específicos. No Stuyvesant Town, o maior condomínio de apartamentos dos Estados Unidos, construímos o maior projeto de energia solar urbana do país. Estamos fazendo um monte de coisas do nosso lado de investimento em termos de crédito e investimento em energia nessas áreas. O setor imobiliário consome muita energia e, em muitos casos, edifícios como esse podem ser ineficientes. Estamos tentando fazer a nossa parte sendo uma força do bem, ajudando o planeta.

DR: Quando você estava crescendo (e, com certeza, quando eu estava crescendo, pois sou mais velho do que você), as pessoas queriam muito possuir a casa própria. Fazia parte do sonho americano. Mas hoje você está comprando muitos imóveis residenciais para alugar. Isso é porque você acha que os jovens adultos de hoje preferem isso?

JG: Pode ser um pouco o caso. As taxas de propriedade de imóveis caíram de leve. Há essa economia compartilhada, o mundo Airbnb/Uber em que vivemos. Mas, nos últimos doze meses, durante a Covid-19, houve um aumento no número de pessoas que queriam ter uma casa própria.

Nosso investimento em moradias para aluguel é baseado no fato de que não construímos muitas moradias desde 2008-09. Temos uma média de menos de um milhão de casas construídas nos Estados Unidos durante esse período, contra provavelmente o milhão e meio de que precisaríamos para acompanhar a obsolescência e o crescimento populacional. Isso criou suporte para valores de residências unifamiliares, mas também para valores de aluguel. À medida que a nossa economia reaquecer, a escassez de moradias se tornará mais aguda. Por isso, continuamos a gostar desse setor para investir.

DR: Qual é o melhor conselho de investimento que você já recebeu?

JG: Não sei se é um conselho ou algo que aprendi ao longo do caminho, mas com certeza o melhor é ser um investidor com muita convicção. Quando você se arrisca e coloca um monte de dinheiro em coisas que não conhece ou entende, isso tende a dar errado. Mas quando vê algo (seja habitação unifamiliar, logística global, o movimento de tudo on-line) e mergulha nessa direção, é aí que você obtém os melhores resultados.

DR: Qual foi o pior investimento que você já fez em imóveis?

JG: Em 1999, quando eu era jovem e entusiasmado, compramos alguns prédios de escritórios na North First Street, em San Jose. Havia, na época, uma bolha pontocom. Eu não a reconheci. Havia um prédio no qual o inquilino principal se chamava "Gobosh.com", GoBigOrStayHome.com [CresçaOuFiqueEmCasa.com]. Eu é quem deveria ter ficado em casa. Compramos o prédio provavelmente pelo dobro de seus custos de reposição física. O inquilino faliu três meses depois de fecharmos o negócio. Era um pequeno investimento, mas foi muito doloroso.

DR: Se eu dissesse: "Tenho 100 mil dólares e quero investir em imóveis ou em outra coisa", onde devo colocar esse dinheiro hoje?

JG: No setor imobiliário, nós adoramos o que estamos fazendo no espaço privado dos REIT. Você também pode investir em uma boa cesta de REITs públicos. De maneira mais geral, penso no S&P 500. Embora os valores tenham se movimentado muito, o mercado está negociando na casa dos 20 [múltiplos de PL médio], e, ao comparar isso com a taxa do Tesouro de dez anos, creio que você continuará se dando bem durante um longo período. Além disso, há muita exposição a empresas de tecnologia de rápido crescimento.

DR: Onde não devo investir meu dinheiro?

JG: Você deve ficar longe de empresas retrógradas, como de telefonia fixa e de alguns varejistas e negócios de mídia obsoletos. Deve se concentrar no futuro.

Em especial se tratando do setor imobiliário, meu conselho do ponto de vista geográfico seria procurar lugares onde estão os centros criativos e tecnológicos, porque esses são os mercados onde haverá maior atividade econômica. Assim, a Costa Oeste dos Estados Unidos; Austin, no Texas; Cambridge; Shenzhen; Londres; Amsterdã; Tel Aviv; Bangalore. A tecnologia está impulsionando tanto o crescimento nesta economia global que esses são os lugares mais interessantes para se investir.

DR: As pessoas procuram você para pedir conselhos sobre investimentos?

JG: Muitas vezes me perguntam sobre preços de imóveis residenciais, o que não é a minha área de especialização. O que digo é: "Concentrem-se no longo prazo." É perigoso investir nesse mundo insta em que vivemos: Snapchat, TikTok, ações meme.

O que você quer saber é: "Isso é fundamentalmente um bom negócio? Está em um bom setor? Este é um bom imóvel, onde a oferta é limitada e a demanda é favorável?" Já se você possui um bom, mantenha por um longo intervalo de tempo. Encontre os bairros certos onde investir, mobilize o seu capital e seja paciente.

SAM ZELL

Fundador e presidente do Equity Group Investments (EGI)

> *"Saber o que está em risco é, em última análise, a coisa mais importante que se pode fazer."*

Antes que o mundo dos investimentos se tornasse tão organizado, informatizado e almofadinha, havia figuras grandiosas que eram extrovertidas, confiavam em seus instintos em vez de em memorandos de investimento e não tinham medo de desafios. De fato, quanto mais difícil o desafio e mais impossível a missão, mais elas prosperavam.

Uma dessas figuras que ainda permanece no mundo dos investimentos é Sam Zell, há muito considerado o investidor mais inteligente e mais durão no setor de imóveis, assim como em muitas outras áreas. Sam sempre esteve disposto a correr riscos que os outros achavam melhor evitar, e isso parecia funcionar, muitas vezes como um toque de Midas. De fato, em 2017, ele foi reconhecido pela *Forbes* como uma das cem maiores mentes empresariais vivas.

Sam certa vez se rotulou como "The Grave Dancer" ["Dançarino de Túmulos"] por seu talento único em encontrar e ressuscitar oportunidades de investimento onde outros falharam (e, figurativamente, essas pessoas foram para o túmulo tentando alcançar aquilo).

Apesar de formado em Direito, Sam exerceu a advocacia apenas por quatro dias, preferindo administrar e depois comprar imóveis. Saiu-se tão bem nessa empreitada que acabou construindo a maior coleção de prédios de escritórios de capital aberto nos Estados Unidos (o Equity Office Properties) e a vendeu no topo absoluto do mercado em 2007, depois de realizar um leilão que garantiu um preço que nem mesmo ele pensou ser possível alcançar. (A Blackstone foi a licitante vencedora, mas, como observado na entrevista de Jon Gray, sabiamente vendeu dois terços do que comprara poucos meses após o fechamento, mantendo as melhores propriedades e, por fim, se saindo muito bem; aqueles que compraram da Blackstone não tiveram a mesma sorte.)

Sam é lendário não apenas por sua perspicácia e senso de oportunidade de investimento, como também por sua linguagem direta e "exuberante". Sua autobiografia é apropriadamente intitulada *Am I Being Too Subtle?* [Estou sendo sutil demais?]. Mas seu jeito franco de falar parece não ter afastado admiradores ou amigos. Ele conta com amigos próximos lendários e parceiros de investimento em todo o mundo e, com frequência, faz longas viagens de moto com alguns deles, onde seu destemor é ainda mais aparente.

Conheço e admiro Sam há muitas décadas, embora nunca tenhamos investido juntos. Estivemos lado a lado em painéis de conferências sobre investimento e temos em comum uma visão importante: a profissão jurídica fica melhor quando certos advogados passam o tempo exercendo outra coisa que não a advocacia.

Os Sam Zells do mundo podem ser uma raça em extinção, mas que sorte que ainda resta ao menos um, o original. E ele está se fortalecendo em uma idade em que outros têm se dedicado a atividades menos exaustivas que dançar sobre túmulos. Entrevistei Sam virtualmente em 20 de maio de 2021.

DAVID M. RUBENSTEIN (DR): Você é famoso por comprar coisas em momentos desfavoráveis. O que está comprando agora? O que acha que está num momento desfavorável, embora tudo pareça tão caro atualmente?

SAM ZELL (SZ): A resposta para essa pergunta é que os preços refletem a realidade, e imagino que coisas baratas sejam baratas porque não são muito boas. O que descobrimos é que há mais que apenas preço. Passamos bastante tempo nos últimos três ou quatro anos fazendo o que chamo de investimento geracional, onde há um negócio em funcionamento até então gerido por uma geração, um indivíduo, e então vem uma tia, uma irmã ou outras pessoas querendo liquidez. Na verdade, estamos investindo 75% do dinheiro e permitindo ao operador que desempenhe um papel enquanto participamos do crescimento da empresa.

DR: Em 1976, você escreveu uma matéria famosa chamada "O dançarino de túmulos". Falava basicamente que você estava dançando sobre túmulos de ativos em situação desfavorável. Quando você aparece para comprar algo, as pessoas dizem: "Se Sam está comprando, deve ser porque estamos vendendo muito barato"? Essa reputação de Dançarino de Túmulos ajuda ou prejudica?

SZ: Deve ser meio a meio. Algumas pessoas ficam intimidadas. Mas a maioria tem autoconfiança suficiente para se sentir à vontade ao lidar com essa abordagem. Sim, escrevi a matéria com esse título, mas o que eu estava de fato tentando dizer era que comprar ativos em dificuldades exige que você ande muito perto dos túmulos e que, se não for cuidadoso, pode cair lá dentro.

DR: Você cresceu em Chicago, filho de imigrantes poloneses. sua família não era rica. Quando criança, você dizia: "Quero ser o Dançarino de Túmulos quando crescer e ser um investidor famoso"? O que você queria ser?

SZ: Tinha certeza de que seria bombeiro, aí pensei melhor e decidi ser advogado.

DR: Você foi para a Universidade de Michigan. Por que deixou o estado de Illinois?

SZ: Michigan era mesmo uma escola extraordinária. Achei que poderia ter uma exposição mais ampla em uma escola de melhor qualidade.

DR: Em seguida você foi para a Faculdade de Direito da Universidade de Michigan. Deve ter pensado que se tornaria advogado. Imagino que seus pais disseram "Meu filho será um bom advogado judeu", e ficaram felizes, certo?

SZ: O conselho dos meus pais era muito simples: você precisa ter uma profissão que permita trabalhar de forma independente e poder ganhar a vida. Eles me incentivaram a ir para a faculdade de Direito. Sou o clichê da piada: "O que é um advogado? Um menino judeu que não suporta ver sangue." A faculdade de medicina não era uma opção. Eu não estava interessado naquilo. Mas o mundo jurídico tinha certo apelo.

DR: Quando você foi para a faculdade de Direito, você gostou ou disse: "Isso é muito chato"?

SZ: Achei terrivelmente chato. Os três anos que passei lá foram, sem dúvida, o ponto mais baixo que minha frequência cardíaca chegou naquela época.

DR: No meu caso, minha mãe queria que eu fosse para a faculdade de Direito. Mais tarde, quando me tornei advogado e comecei o Carlyle, ela disse: "Mantenha a sua licença de advogado porque você precisa de algo como plano B."

SZ: Isso mesmo.

DR: Ainda sou um membro da Ordem em Washington, DC.

SZ: Sua mãe e a minha poderiam ter se conhecido.

DR: Enquanto estava na faculdade de Direito, você teve a oportunidade de comprar um prédio residencial, certo?

SZ: Comecei quando era calouro. Visitei um amigo meu que estava morando em uma casa. Ele disse que o dono do imóvel estivera lá na noite anterior e comprara a casa ao lado para construir um prédio de quinze apartamentos. Eu disse: "Por que não falamos com ele? Podemos administrar isso e cada um de nós terá um apartamento grátis." Foi o que fizemos, e com muito sucesso. Então conseguimos um segundo prédio, um terceiro, um quarto. Daí, comecei a comprar alguns prédios. Passei um ano comprando um quarteirão inteiro e estava me divertindo muito.

DR: Você chegou a passar no exame da Ordem dos Advogados? Fez o exame ou não?

SZ: Sim, claro.

DR: Alguma vez a sua mãe lhe disse: "Você deveria trabalhar como advogado, não comprar prédios"?

SZ: Não, ela não disse isso. Fiz todas aquelas coisas antes de terminar a faculdade de Direito. Então, teoricamente eu estava frequentando a faculdade de Direito ao mesmo tempo, o que de fato eu estava, e me formei.

DR: Você tinha um parceiro, Robert Lurie, que conheceu nesses anos de faculdade, certo?

SZ: Certo, durante o curso de graduação.

DR: Quando o conheceu, você disse: "Vamos entrar juntos nesse negócio."?

SZ: Não. Ele foi meu primeiro funcionário quando eu ainda era estudante e estava montando a empresa de gestão. Quando deixei Ann Arbor, ele já administrava uma parte significativa da empresa, e a vendi para ele. Falei que, quando ele cansasse de se ocupar com coisa pequena e quisesse vir trabalhar com gente grande, deveria me ligar. Três anos depois, ele me ligou e eu disse: "Óbvio." E desenvolvemos uma relação espetacular.

DR: O que o atraiu no setor imobiliário? Investir em imóveis é diferente de comprar títulos ou empresas. Você também já fez isso, e em breve falaremos a respeito. Mas o que no setor imobiliário o torna atraente como uma área para investir?

SZ: Em primeiro lugar, duvido que exista qualquer outra área de comércio onde haja maior alavancagem (ou dívida) que o setor imobiliário. E a maior parte dessa alavancagem é sem recurso [o que significa que o credor, em caso de inadimplência, não pode obter a recuperação dos ativos pessoais ou corporativos do devedor; a recuperação só pode ocorrer a partir do valor dos bens contra os quais o empréstimo foi feito]. Para alguém que pretendia construir um patrimônio líquido em vez de uma renda, o papel da alavancagem no setor imobiliário era extremamente atraente. Não me lembro se me sentei para analisar os números em específico, mas senti que nessa área havia uma melhor oportunidade para multiplicar o capital investido.

DR: Para trabalhar com imóveis, é preciso pegar emprestado muito dinheiro. Isso deixa algumas pessoas do setor imobiliário em apuros de tempos em tempos. Mas é necessário ter algum patrimônio. De onde você tirou o seu patrimônio? Dos mercados públicos, de amigos ou do próprio dinheiro?

SZ: Primeiro, ganhei um pouco de dinheiro. Comprei o primeiro prédio por 19.500 dólares. Foi 1,5 mil de entrada, mais 18 mil financiados. Na época, havia um monte de negócios do gênero.

DR: No setor imobiliário, você teve muitos veículos diferentes ao mesmo tempo. Foi difícil ter tantos simultaneamente, mantê-los em ordem e deixar todo mundo feliz?

SZ: Foi surpreendentemente livre de conflitos. Comprar um prédio de escritórios não era algo com que qualquer pessoa da Equity Residential [EQR], nossa empresa residencial, ou da Equity LifeStyle Properties [ELS], nossa empresa de parques de trailers, pudesse vir a se preocupar. Comprar um parque de trailers não poderia criar um conflito com a EQR. Então, de fato, ter três grandes visões sobre classes de ativos tão próximas uma da outra foi algo muito positivo. Acho que criou mais oportunidades para encontrarmos novos negócios e melhores oportunidades para operar.

DR: Minha experiência no Carlyle é que, muitas vezes, os jovens preparam memorandos de investimento profundos, com cem páginas, para me convencer a fazer algo ou convencer o nosso comitê de investimentos a fazer algo. Mas, com frequência, penso que os melhores investidores do mundo usam a própria intuição, o próprio instinto e não confiam em memorandos de investimento de cem páginas. Quando você decide comprar imóveis, faz a diligência prévia pessoalmente? O que o leva a decidir comprar ou não comprar?

SZ: Com certeza não peço memorandos de cem páginas porque, primeiro, eu suspeitaria de qualquer pessoa que escrevesse um memorando de cem páginas, e, em segundo lugar, não sei se conseguiria ler um memorando desse tamanho sem cair no sono. Fazemos a diligência prévia em tudo o que compramos, mas isso dura dois dias, algumas pessoas inteligentes vão até Tucson verificar um projeto de apartamento que estejamos pretendendo adquirir, verificar a ocupação, conversar com os corretores, ter uma noção do que está sendo trazido de novo ao mercado. Essa é uma quantidade adequada de diligência prévia. Agora, com a internet, há tanta informação disponível que qualquer jovem analista pode fazer a diligência prévia a respeito de uma cidade ou propriedade com relativa rapidez. Então eles vêm, fazem a sua proposta, eu a analiso e os desafio. Se eles tiverem sucesso no desafio, então compramos o imóvel.

DR: Você fez uma das transações imobiliárias mais famosas dos Estados Unidos. Construiu uma empresa chamada Equity Office Properties, conhecida como EOP, que é um REIT de capital aberto. Então, algumas pessoas decidiram que queriam comprá-lo de você (a princípio, CalPERS) e houve um leilão. A empresa acabou no topo do mercado. Por que você quis vender e como administrou esse leilão?

SZ: Gosto muito de levar o crédito de estar no topo do mercado. Mas lhe asseguro que foi acidental. Nunca pensei naquilo sob esse ponto de vista. Mas, com todos os nossos REITs, a cada noventa dias fazemos a nossa própria análise interna de quanto valem, apenas para ficarmos sabendo. Fizemos a mesma coisa com o Equity Office. Quando recebemos a primeira solicitação, ficamos um tanto surpresos, porque achávamos que éramos grandes demais para sermos comprados. Então, nunca pensamos nisso até alguém de fato nos procurar.

Felizmente, na época, o preço oferecido estava materialmente abaixo de nossa própria análise, então apenas rejeitamos a proposta, voltamos aos negócios e esquecemos o assunto. Em seguida, houve aquela famosa ocasião em que alguém ligou de uma das corretoras e me disse: "O que seria necessário para isso acontecer?" Minha resposta foi: "Seria necessário uma oferta à la 'Poderoso Chefão'." Isso levou à primeira oferta da Blackstone e, no fim das contas, com outra empresa competindo, o negócio total passou de 36 para 39 bilhões de dólares.

DR: A oferta inicial que você recebeu foi uns 20 ou 30% abaixo daquilo que você conseguiu no leilão?

SZ: Sim, isso mesmo.

DR: No fim das contas, as pessoas que compraram, fizeram-no no auge do mercado. E, felizmente, do ponto de vista deles, a Blackstone revendeu uma grande parte. Mas, se não tivessem vendido, com certeza teriam cometido alguns erros.

SZ: A Blackstone vendeu mais de dois terços do portfólio, e todos os compradores da Blackstone se deram mal.

DR: Nos últimos anos, você adquiriu diversas coisas não imobiliárias. Sentiu-se à vontade ao fazer isso?

SZ: Em 1981, meu sócio, Bob Lurie, e eu estávamos ali sentados, ruminando sobre o fato de não gostarmos do grande mercado imobiliário comercial. Começamos ponderando que, desde que você não esteja projetando motores de foguete, biotecnologia ou algo parecido, as regras do jogo eram basicamente um a um em relação à oferta, demanda, participação de mercado. Era tudo lógico. Comentamos: "Se fomos tão bem-sucedidos no setor imobiliário, devemos ser capazes de aplicar esse sucesso ao mundo dos negócios e sermos igualmente bem-sucedidos." Em 1981, fizemos uma espécie de pacto e dissemos que, dali a dez anos, passaríamos de 100 para 50% de negócios no ramo imobiliário. Fomos além disso, e continuamos a aumentar a diferença. Hoje, a proporção é de cerca de 70% não-imobiliário e 30% imobiliário, com grande diversidade, incluindo logística, saúde, manufatura, energia e agronegócio.

DR: Você também foi um dançarino de túmulos em ativos não imobiliários?

SZ: Sempre que possível, dancei sobre túmulos. Em 1990, levantamos um fundo de 1 bilhão de dólares. Naquele ano, 1 bilhão de dólares era o que de fato deveria ser. Levantamos essa quantia e nosso alvo de investimento era "empresa boa, balanço ruim". Nos oito anos seguintes, investimos e colhemos esse dinheiro, e tiramos muito proveito da oportunidade.

DR: Ao longo dos anos, você procurou alguns grandes investidores institucionais, os mesmos que eu procurava. Como foi isso? "O Grande Sam Zell, o sr. Dançarino de Túmulos" pedindo dinheiro para jovens profissionais de investimento que administravam grandes fundos de pensão... Foi difícil pedir dinheiro para essas pessoas?

SZ: Provavelmente tão difícil quanto foi para você.

DR: Mas você é mais famoso.

SZ: Ambos tivemos sucesso devido a uma combinação de ego e humildade. Temos sucesso porque somos capazes dessas duas características de modo a alcançar os nossos objetivos.

DR: Qual de suas habilidades você considera mais útil? Encontrar os negócios, negociar os negócios, financiar os negócios, agregar valor aos negócios ou tudo isso junto?

SZ: Gostaria de dizer que todas essas coisas são relevantes e, até certo ponto, provavelmente são. Mas, se tivesse que escolher uma em especial, diria que começa com algum tipo de reconhecimento inato do tipo de negócio que vale a pena buscar. Tive um banqueiro nos anos 1980 que tinha uma placa laranja em cima de sua mesa que dizia: "O 'não' mais rápido do Oeste". Nunca me esqueci disso porque, acima de tudo, aquilo em que sou mesmo bom é em não perder tempo com algo que não dará frutos.

DR: Ninguém no mundo dos investimentos consegue fazer todos os seus negócios funcionarem perfeitamente, e você teve alguns negócios que não deram certo.

SZ: Sem dúvida.

DR: Você pergunta: "O que eu fiz de errado?" Culpa outra pessoa? Como lida com o fato de ter perdido dinheiro?

SZ: Estou perdendo dinheiro desde que comecei. Tudo o que posso fazer é lembrar que no beisebol eles pagam 25 milhões de dólares por ano para um cara acertar uma a cada três bolas lançadas. O que quero fazer é acertar 60 ou 70% das vezes, mas errar de maneira controlada. Saber o que está em risco é, em última análise, a coisa mais importante que se pode fazer.

DR: Um de seus negócios mais famosos que não deram certo foi o do *Chicago Tribune*. O que aconteceu?

SZ: Em poucas palavras, o que aconteceu foi que assinamos o contrato supondo que haveria uma diminuição de 6% ao ano nas receitas dos jornais. Em vez de 6, foram 30%. Tudo mais foi irrelevante.

DR: Vamos falar sobre o apelo do investimento. É evidente que, no mundo dos investimentos, outras pessoas como nós acham inebriante fazer isso. Encontre um negócio, faça um bom negócio. Você sente algum tipo de viagem ao fazer um negócio? É por isso que você gosta disso?

SZ: Não é uma má descrição. Há muito tempo, uma transação não mudaria quem pagava o combustível do meu jato. O que me motivou foi descobrir como fazer as coisas e como fazer 1+1= 6. A realidade é que nós dois trabalhamos para caridade, porque, no fim das contas, estou doando tudo o que faço.

DR: Entendo como você se sente. Algum leitor pode pensar: "Quero ser o próximo Sam Zell." Que conjunto de habilidades você acha que os jovens profissionais deveriam reunir para serem os próximos Sam Zell?

SZ: Respondo a essa pergunta com: "Sam Zell é um oportunista profissional. Ele é um empreendedor. Como empreendedor, tem muita autoconfiança, justificada ou não, não sei dizer ao certo, mas o fato é que ele tem muita autoconfiança. O fracasso não faz parte de seu vocabulário. Às vezes a coisa não funciona, mas nunca falha. Sam vê problemas e soluções da mesma forma. Sam é um grande observador, seja observando com os próprios olhos ou lendo ou as duas coisas, mas um grande observador de um enorme volume de fatos e que tem a capacidade de classificá-los e encontrar pontos relevantes para sua tomada de decisões."

DR: Vamos supor que alguém diga: "Acho que não posso ser Sam Zell, mas tenho muito dinheiro e quero investir em imóveis." O que você recomenda que essa pessoa faça com o dinheiro? Talvez entregá-lo para pessoas experientes como você?

SZ: Com certeza, supondo que adquiriram todo esse dinheiro fazendo outra coisa. O que mais tem é gente que morreu na praia por pensar: "Sou um empresário e posso investir em imóveis tão bem quanto qualquer um." Atualmente, invisto com outras pessoas no setor imobiliário porque elas fazem as coisas muito melhor do que eu faria, ou estão em uma escala diferente. Em se tratando de alguém com muito dinheiro e que esteja procurando diversificar para o setor imobiliário, há muitos gestores financeiros especializados em imóveis no mercado e acho que fazem um trabalho muito bom.

DR: Se alguém quiser investir em imóveis em vez de buyouts ou venture capital, qual é a taxa de retorno que você considera respeitável? Seria algo em torno de 8, 9, 10%?

SZ: Hoje, esse seria um retorno generoso. As taxas de capitalização para propriedades imobiliárias estão mais próximas de 5%, e chegar a 10% de retorno geral pode não ser fácil.*

DR: Quando você procura funcionários para contratar, qual é a habilidade que busca? Um QI alto, um grande quociente de trabalho, uma ótima educação? Qual é a habilidade que faz você dizer: "Quero contratar essa pessoa"?

SZ: Começarei pelo último item que você mencionou. Não me lembro de já ter me preocupado em saber onde alguém estudou, seja como vantagem ou desvantagem. Tive muitos graduados de Harvard que não eram muito bons. E tive jovens locais que se saíram muito bem. E, no tocante ao QI, se procuro pessoas para trabalharem para mim, quero que tenham um quociente de inteligência acima da média, mas que não sejam muito inteligentes. Estou muito mais interessado em nível de energia e motivação. As pessoas mais bem-sucedidas que trabalharam para mim tinham um alto grau de motivação.

---

* No setor imobiliário, o cap rate, ou taxa de capitalização, é o retorno anual do investimento total em uma propriedade das suas fontes de renda após o pagamento de todos os custos. Se um prédio de escritórios foi comprado por 1 milhão de dólares e o caixa disponível a cada ano após o pagamento de todas as despesas para operar e assegurar o prédio é de 50 mil, o cap rate seria de 5%. Após a venda da propriedade, se as condições de mercado melhorarem, um comprador pode estar disposto a pagar um preço superior a 1 milhão de dólares. Esse valor mais alto aumentaria o retorno do investimento acima do cap rate de 5%.

DR: Há algum investidor que ao longo dos anos você tenha admirado em especial? Pessoas que não estão no mercado imobiliário ou que talvez estejam?

SZ: O maior modelo para o mundo de negócios que tive foi Jay Pritzker. Jay era o empresário mais inteligente que já conheci. Trabalhei com ele por vinte anos e foi, de fato, um prazer.

DR: Acho justo dizer que seu estilo pessoal não é almofadinha. Você não é o típico cara de Wall Street. Não é o tipo de sujeito que veste terno e gravata. Você é um iconoclasta. Isso lhe tem sido útil? Você sempre foi assim ou isso surgiu nos últimos anos?

SZ: Sempre fui assim. Meu escritório tornou-se casual em 1969. Temos investidores que tinham o hábito de vir até o nosso escritório apenas porque não conseguiam acreditar que fosse possível alguém ocupar um papel de destaque na área e, ao mesmo tempo, vestir-se de maneira atípica. Porém, acima de tudo, sempre quisemos provar que era possível. Sentimos que, caso criássemos um ambiente único, poderíamos nos destacar. E conseguimos.

DR: Você tem alguma gravata?

SZ: Tenho. Na verdade, no fundo do meu armário eu tenho um cabide com gravatas. Todo mês eu as mudo de lugar. É como pop art.

DR: Você tem um senso de humor muito desenvolvido. Você o adquiriu na juventude ou mais tarde na vida? Às vezes faz uma piada e alguém não gosta?

SZ: Ah, claro. Mas estou melhorando. Sempre compartilho o que me vem à cabeça com quem está do meu lado, e às vezes me arrependo. Mas nunca com a intenção de ofender as pessoas. E, ao longo dos anos, acho que consegui que isso desse certo porque sempre fui intenso e observador. Se cometer um erro, eu o assumo em vez de deixar para lá, piorando as coisas.

DR: Você escreveu uma autobiografia chamada *Am I Being Too Subtle?* [Estou sendo muito sutil?]. O título é um reflexo do fato de você ter o hábito de dizer às pessoas o que lhe vem à mente. Não faz rodeios. Isso tem dado certo para você?

SZ: Sim, acho que sim.

DR: Se tivesse de começar do zero a sua carreira como investidor, há algo que teria feito diferente, ou você está muito feliz com a forma como as coisas aconteceram? Nem todo negócio deu certo. Algum arrependimento?

SZ: Não. Isso provavelmente tem mais a ver com o fato de minha personalidade não comportar arrependimentos. Nunca fui o tipo de pessoa que olha para trás e diz: "gostaria de ter feito isso" ou "gostaria de ter feito aquilo". Sempre tive confiança no que faço. Tenho certeza de que às vezes gostaria de ter feito melhor. Às vezes, gostaria de ter esquiado colina abaixo melhor que da vez anterior. Mas nunca penso: "gostaria de ter feito isso" ou "gostaria de ter feito aquilo".

DR: Há muitas pessoas que dependem de você. Os investidores lhe entregam dinheiro. Os bancos lhe emprestam dinheiro. Mas, pelo que sei, você é um grande motociclista e anda ao redor do mundo em sua motocicleta em alta velocidade. Fazer isso não é um pouco perigoso?

SZ: Tenho muita confiança em minha habilidade. Ando de motocicleta desde os 18 anos. Me considero um ótimo motociclista. Se analisarmos as estatísticas, a maioria dos acidentes de moto ocorrem nos primeiros seis meses após a pessoa pegar o veículo. Os fatos revelam que, quanto mais se anda de moto, mais seguro é para o motorista.

No fim das contas, dou muito à vida. Dou muita coisa à sociedade. Trabalho para a sociedade. Sou um filantropo. Tenho que fazer o que me dá liberdade, e sempre farei. O motociclismo é apenas um exemplo disso.

DR: Algumas pessoas no mundo dos investimentos ficam o tempo todo ligadas às telas de computador. Quando você está pilotando a sua moto ao redor do mundo é difícil acompanhar os últimos acontecimentos. Você se preocupa que algo possa vir a acontecer quando estiver andando de moto pelo mundo afora?

SZ: Não, mas mantenho contato. Antigamente, nos ausentávamos por duas semanas e ligávamos para o escritório a cada dois dias. Era um mundo muito diferente naquela época.

DR: Se você tivesse que resumir o que diria a alguém que quer se tornar um investidor de sucesso, qual seria o seu conselho, em algumas frases?

SZ: Bons investidores focam no risco. O risco é a desvantagem. Bernard Baruch estava certo ao dizer que ninguém nunca quebrou tendo lucro. Em última análise, aqueles que se concentram na contenção têm uma porcentagem maior de sucesso. Minha própria orientação é a de que, se eu quisesse ser um investidor hoje, seria um observador. Eu estudaria. Pensaria. Veria. Mas, em especial, olharia para o mundo e perguntaria: "O que pode dar errado?" E lidaria com isso em vez de ter uma atitude positiva e ficar desapontado ou ser pego despreparado.

Private wealth/Family offices

MARY CALLAHAN ERDOES

CEO do J.P Morgan Asset & Wealth Management

> *"Os melhores gestores de patrimônio do mundo ouvem muito mais que falam."*

Ao longo dos séculos, bancos e instituições financeiras ajudaram os muito ricos a administrar o seu dinheiro e outros ativos e ajudaram a facilitar a transferência e a administração contínua dessa riqueza para as gerações seguintes.

Mas o número de indivíduos e famílias que necessitavam desses serviços era pequeno se comparado à população geral. Nos últimos anos, porém, à medida que a riqueza nos mercados desenvolvidos e em tantos emergentes cresceu de forma exponencial, também aumentou a demanda por esse tipo de serviço, muitas vezes chamado de "gestão de patrimônio".

Os serviços que os gestores de patrimônio oferecem a seus clientes se expandiram nos últimos anos, à medida que os desafios de ter um patrimônio aumentaram. Tradicionalmente, os gestores de patrimônio administravam o patrimônio de seus clientes recomendando os investimentos a serem feitos (ou, com a devida autorização do cliente, fazendo-os diretamente).

Porém, os gestores de patrimônio agora vão muito além. Seus serviços incluem consultoria sobre impostos, em especial os sobre *trusts* e heranças; pagamento de contas; filantropia; divórcio; e desafios intrafamiliares. Esses profissionais em geral se concentram em permitir que uma família nuclear (ou uma família extensa) mantenha, proteja e, esperançosamente, também aumente esse patrimônio.

Não é de se surpreender que muitas empresas especializadas em gestão de patrimônio tenham surgido em todo o mundo para atender a essa demanda, embora os bancos ainda sejam o fornecedor mais significativo desse tipo de serviço. Para muitos, o padrão-ouro é a divisão J.P. Morgan Asset & Wealth Management, hoje responsável por mais de 4 trilhões de dólares em ativos de clientes em todo o mundo.

O nome J.P. Morgan vem atraindo dinheiro há mais de um século. Porém, muitos outros nomes conhecidos caíram no esquecimento no competitivo negócio de gestão de patrimônio, em parte porque não ofereciam as oportunidades de investimento e os retornos procurados por clientes cada vez mais sofisticados. O J.P. Morgan foi bem-sucedido em grande parte por causa da líder da área de gestão de patrimônio: Mary Callahan Erdoes.

Ela ingressou no J.P. Morgan há mais de vinte e cinco anos, depois de se graduar na Georgetown University (onde foi a única mulher formada em Matemática em sua turma) e na Harvard Business School. No J.P. Morgan, Mary logo foi reconhecida pelas habilidades financeiras e perspicácia em investimentos. Galgou rapidamente ao topo do braço de gestão de ativos e patrimônio da empresa, apesar do fato de que, como em muitas partes do mundo dos serviços financeiros, tanto a gestão de ativos quanto os setores de gestão de patrimônio eram muito dominados pelos homens.

Além de seu papel na supervisão do negócio de gestão de patrimônio, ela é membro do Comitê Operacional do J.P. Morgan e tem sido uma conselheira de confiança por mais de uma década do lendário CEO da empresa, Jamie Dimon.

Conheço-a há muitos anos, como uma cliente muito satisfeita de sua divisão de gestão de patrimônio e como colega no Comitê Consultivo de Investidores do Fed de Nova York. Há rumores de que ela pode um dia vir a suceder Jamie Dimon. De um ponto de vista egoísta, espero que isso não ocorra, pois, como cliente, gosto muito de tê-la supervisionando a área de gestão de patrimônio. Para a comemoração de seu vigésimo quinto aniversário no J.P. Morgan, encaminhei um bilhete que eu recebera dos céus, enviado pelo próprio sr. J. P. Morgan, dizendo que ela era sua funcionária preferida de todos os tempos, mas pedindo que ela não contasse isso para Jamie. Entrevistei Mary pessoalmente em 7 de junho de 2021.

DAVID M. RUBENSTEIN (DR): Quando criança, você dizia: "Quero administrar 4 trilhões de dólares quando for adulta"?

MARY CALLAHAN ERDOES (ME): Gostaria de ter tido essa clarividência naquela época, mas não foi o caso. Minha primeira incursão no negócio de gerenciamento financeiro foi fazer o balanço do talão de cheques da minha avó. Na verdade, ela me pagava alguns dólares todo mês para fazer isso.

Um dia, ela falou: "Acho que você precisa arrumar um emprego de verdade", e me mandou procurar no centro de Chicago. Encontrei um no que seria equivalente à sala de correspondência da Stein Roe & Farnham, que era uma empresa de administração de investimentos. O equivalente da sala de correspondência era a sala de informática, onde você arrancava pedaços de papel para as grandes carteiras de investimento e depois percorria os diferentes andares para entregá-los às pessoas. Com o tempo, alguns deles se interessaram em me explicar o que eu estava lhes entregando todos os dias.

Foi aí que me apaixonei pelos mercados, e entendi que todo dia era diferente, que os corretores administravam carteiras de forma diferente. Da mesma forma, aprendi o conceito de horas extras, o que também foi muito legal.

DR: Você foi para a faculdade na Georgetown University em Washington, DC, instituição da qual agora faz parte do conselho. Em qual curso você se formou?

ME: Sou formada em Matemática e Francês.

DR: Havia muitas mulheres no curso de Matemática?

ME: Não. Eu era a única na época. Isso está mudando, com todo o grande trabalho que as pessoas estão fazendo para promover a educação STEM [ciência, tecnologia, engenharia e matemática, em português] nas universidades de todo o país. Mas eu era a única e não sabia aonde aquilo me levaria.

Acabei em Wall Street e passei pelo programa de analistas do Bankers Trust. Aqueles programas de treinamento intensivo eram ótimos para acelerar o aprendizado.

DR: Depois de fazer isso por alguns anos você foi para a Harvard Business School. Havia muitas mulheres em sua turma?

ME: Éramos um número menor naquela época. Mas foi uma experiência maravilhosa. Abriu o mundo para os diferentes tipos de coisas que eu poderia fazer e o treinamento do qual precisava, não apenas para ser uma analista financeira, mas para gerenciar pessoas. Acho que o curso de comportamento organizacional foi o mais importante que já fiz.

DR: Você está no J.P. Morgan há cerca de vinte e cinco anos e administra uma das partes mais importantes de lá, o negócio de Ativos e Gestão de Patrimônio. O que é gestão de patrimônio e como isso é diferente da gestão de ativos?

ME: Os dois com frequência são aplicados como se fossem a mesma coisa, mas há diferenças entre eles. O negócio de gestão de ativos é onde administramos dinheiro em nome de indivíduos, instituições, fundos soberanos, fundos de pensão. Nós os administramos em fundos mútuos, em ETFs, em ações simples, títulos únicos, hedge funds, private equity e similares. Esse é o coração do negócio fiduciário que administramos aqui no J.P. Morgan. A gestão de patrimônio é isso, além de entender todo o balanço patrimonial de alguém.

Aos indivíduos que ajudamos nessa área, oferecemos assistência com as hipotecas. Caso precisem de empréstimos, ajudamos com isso. A mesma coisa com cartões de crédito básicos. A gestão de patrimônio pretende ajudar alguém em todos os aspectos da vida, tanto com seus ativos quanto com seus passivos, seu planejamento, seus fundos patrimoniais, o legado que querem deixar para suas famílias, os 529 planos que precisam ter para pagar a faculdade dos filhos no futuro. É uma grande imersão em toda a jornada das pessoas.

DR: Muitas organizações como o J.P. Morgan têm negócios de gestão de patrimônio. Alguns são maiores, outros menores, mas basicamente vocês administram dinheiro de gente rica?

ME: Sim, embora hoje muitas das empresas bem-sucedidas de gestão de patrimônio tenham descoberto como usar todas essas ferramentas que dedicam às pessoas muito ricas e oferecê-las para pessoas que receberam o seu primeiro salário e querem economizar um pouco de dinheiro. Conseguimos disponibilizar os mesmos serviços ofertados a uma família super rica em uma versão mais acessível, na qual você pode entrar em uma filial do Chase e obter os mesmos conselhos.

O mais importante é conseguir começar a economizar cedo. Olhe para um investimento médio nos últimos vinte anos. Pegue uma carteira de investimentos equilibrada. Trata-se de um retorno médio anual de 6,5%. O problema é que o retorno real da maioria dos indivíduos é inferior a 3%, ou seja: menos da metade. Por quê? Porque essas pessoas tomam decisões emocionais quando os mercados estão de uma maneira ou de outra. Elas são pegas na empolgação das coisas. É muito importante contar com esse conselho o mais cedo possível.

Esta é a parte gratificante do negócio: estar em posição de tentar ajudar as pessoas em suas diferentes jornadas e ajudá-las a fazer isso de uma maneira melhor do que se o fizessem por conta própria.

DR: Então, de acordo com o que você está dizendo, se uma pessoa comum disser: "Eu mesmo administro o meu dinheiro", em geral ela estará vendendo na hora errada ou comprando na hora errada? Ou, pelo menos, não obterá os retornos que poderia caso tivesse um gestor profissional para ajudá-la?

ME: Algumas pessoas têm muito sucesso como investidores por mérito próprio. O que tenho visto ao longo dos meus vinte e cinco anos fazendo esse trabalho é que a maioria das pessoas ganha grandes somas de dinheiro fazendo uma coisa muito bem-feita. Quando dominam esse campo, como, talvez, administrar uma das maiores e mais bem-sucedidas empresas de private equity do mundo, ninguém pode vencê-las naquilo. É assim que elas ganham dinheiro. Então, para manter o seu dinheiro e continuar crescendo, o truque é diversificar. A diversificação vem com a necessidade de dominar muitas coisas diferentes. Em geral, as pessoas acham difícil dominar muitas classes de ativos, diversas áreas de investimento, porque não têm tempo para isso. Portanto, conseguir que outros as ajudem com esses componentes é a maneira como as pessoas mais bem-sucedidas lidam com a situação.

Contudo, isso não significa que estão só relaxando e dizendo: "Ligue para mim daqui a um ano e me diga como foi." Há muita gente ativamente envolvida. Mas algumas pessoas dão total liberdade para uma empresa de gestão de patrimônio. Em minha experiência, nunca dois clientes entraram pela porta com a mesma quantia de dinheiro, no mesmo ponto de suas vidas, e decidiram fazer a mesma coisa com o seu patrimônio.

DR: Seu argumento é o de que há quem seja um gênio na construção de uma empresa de tecnologia ou qualquer outra coisa, mas essa pessoa em geral não será genial ao investir, porque é algo que exige um conjunto de habilidades diferente?

ME: Leva muito tempo para se dominar uma área. A meu ver, isso é como ser um médico especialista. Se alguém é um cirurgião cardíaco, esforça-se para se tornar o melhor no ramo, mas isso não significa que poderia ser médico em todas as demais áreas da medicina. É isso o que encontramos ao se tratar de administração de dinheiro. É incrivelmente complexo. Nosso trabalho na gestão de patrimônio não é apenas ajudar um cliente a descobrir de quais peças ele precisa, mas também acessar esses grandes administradores em todo o mundo e obter informações de diferentes lugares do mundo e de diferentes especialistas.

DR: Ao ler isso, alguém poderia dizer: "Eu não tenho 25 ou 100 milhões de dólares, de modo que o J.P. Morgan não vai me querer como cliente. O Citicorp não vai me querer." O que é preciso para ser cliente do grupo de gestão de patrimônio desses grandes bancos?

ME: Antes, os grandes bancos diziam que se a pessoa não tivesse uma certa quantia de dinheiro, não poderia ser coberta por eles. Isso mudou por completo por conta do fracionamento e da digitalização de tudo o que fazemos. Assim, alguém pode ganhar os seus primeiros 100 dólares e obter o serviço de alguns dos melhores gestores financeiros que tenham fundos mútuos balanceados. Trata-se de começar cedo, ter acesso a conselhos e encontrar o seu caminho nessa jornada. Quanto mais cedo começar a economizar, quanto mais cedo aprender, quanto mais cedo der os seus tropeços, melhor será. As empresas de gestão de patrimônio muito bem-sucedidas podem ajudá-lo nesse sentido.

DR: Vamos supor que alguém faça fortuna e, de repente, se torne um bilionário. Essas pessoas apenas procuram você, do nada? Como você consegue que pessoas muito ricas se tornem seus clientes?

ME: Esta área é baseada em confiança. Você não acorda um belo dia, fica rico e apenas confia em alguém que não conhece.
 É um longo processo para conhecer as pessoas, conhecer suas famílias, ajudá-las em alguma coisa ao longo de sua jornada. Quanto mais

a pessoa fizer isso, mais encontrará o seu caminho e conseguirá dar os conselhos adequados.

O conselho pode ser: mantenha o seu patrimônio em espécie. Ou monetize. Ou não faça nada. Não se trata tanto de gerenciar, mas de estruturar o dinheiro. Vamos descobrir onde aplicá-lo. Vamos descobrir quanto o cliente vai doar, quanto vai guardar para sua família, quais os impostos envolvidos.

DR: Vou lhe contar as minhas três regras de gerenciamento financeiro e ver se correspondem às suas. Número um: não perca o que você já tem. Muitas vezes percebo que pessoas que fizeram uma fortuna acham que conseguirão dobrá-la ou triplicá-la, e se dispõem a correr riscos que podem levá-las a perder tudo.

ME: "Não perca o que você já tem" é uma boa maneira de pensar a esse respeito. Sempre dizemos aos nossos clientes: "Tente descobrir quanto dinheiro você precisa para garantir o seu estilo de vida. Há espaço para ser mais agressivo com o que sobrar." Seria lamentável ver-se em meio a uma crise, incapaz de ter o padrão de vida que você se esforçou tanto para conquistar.

DR: Minha segunda regra de gerenciamento de dinheiro é: diversifique. Não coloque todos os ovos na mesma cesta.

ME: Com certeza. Vemos isso o tempo todo. É algo reconhecível no ambiente de mercado atual. Algumas coisas parecem muito rentáveis, porque há muitas bolhas nos mercados. Há muita liquidez abastecida por governos de todo o mundo. E o que aparenta ser fácil pode não ser. Um dos trabalhos do bom gestor de patrimônio é sempre fazer um teste de estresse em uma carteira de investimentos e dizer: "Temos certeza de que queremos manter essa posição desproporcional?"

DR: Minha terceira e última regra é: a pessoa precisa ter expectativas realistas sobre a taxa de retorno que está procurando. Seja realista sobre o que deseja obter. Você diz às pessoas que há diferentes classes de ativos com diferentes taxas de retorno e que elas devem ser realistas a respeito daquilo que vão conseguir? Ou todas pensam que dobrarão o seu capital caso o entreguem para você?

ME: Essa é uma pergunta muito importante, em especial com as taxas de juros no patamar em que estão hoje em dia. Se você usar o título do Tesouro de dez anos como marcador a 1,5%, tudo acima disso é aditivo. Se você for a um cliente e disser: "Posso lhe dar 1% sobre títulos do Tesouro", não é muito empolgante, ainda mais quando os mercados estão dando retornos de 10, 20, 30, 40, 50% em algumas dessas classes de ativos durante um curto período.

Se analisarmos os últimos vinte anos, a carteira de investimentos equilibrada média teve um retorno de 6,5%. Mas um retorno anual de 6,5% durante vinte anos é um valor bem considerável. Ao longo do ano passado, muitas pessoas tiveram carteiras de investimentos equilibradas acima de 30% e se acostumaram com tais retornos. Elas querem ouvir alguém garantir: "Posso lhe dar outros 30%." Mas, se algo parece bom demais para ser verdade, há uma grande probabilidade de que realmente seja.

DR: Vamos falar sobre como alguém se torna gestor de patrimônio. Não sei se há um curso especial para gestores de patrimônio na Harvard Business School ou em outros lugares. Que tipo de pessoas você contrata e como as treina?

ME: O treinamento em Wall Street, sobretudo em gestão de patrimônio, é um processo muito longo. Começa com um programa de treinamento de dois a três anos. No entanto, é uma educação constante, diária. Todas as manhãs começamos com uma reunião às oito horas. Eu chamo isso de miniuniversidade. Não se trata apenas daquilo que você leu nos jornais sobre o que aconteceu da noite para o dia, trata-se de entender como todos esses componentes se encaixam na carteira de investimentos de um cliente. É sintetizar toda aquela informação a cada manhã e descobrir como aplicá-la individualmente.

DR: Quando faz reuniões com famílias ricas com a presença dos filhos, talvez dos netos, você percebe que eles não conversam muito sobre dinheiro? Ou que têm opiniões diferentes?

ME: Nunca conheci uma família que tivesse as mesmas opiniões a respeito de tudo. É isso que torna esse negócio tão interessante. A cada dia é algo novo. Cada família tem um novo conjunto de perguntas. A dinâmica é diferente. Algumas pessoas querem se envolver. Outras não. Algumas pessoas querem doar todo o seu dinheiro. Outras não. Algumas pessoas passam muito tempo pensando em retribuir ao país.

DR: Filantropia patriótica.

ME: A filantropia é, em si, ensinar as famílias a pensar a respeito da missão delas. Fazer com que todos aceitem e estejam a bordo da mesma ideia não é uma tarefa fácil.

DR: Os clientes chegam e apenas pedem o seu conselho? Eles dizem o que querem? Ou falam: "Eu não sei o que quero. Diga-me o que devo fazer"?

ME: É raro que os mais bem-sucedidos digam: "Não sei o que eu quero." Mas é uma longa jornada entre o que pensam que querem e onde eles podem chegar. A maioria dos clientes tem uma forma de pensar sobre risco e recompensa. "Não quero perder dinheiro." "Preciso de uma renda x." "Só quero investir nesses países." "Só quero investir nesses setores." "Estou muito interessado em questões ambientais e quero dobrar meus investimentos nessa área." Cada um tem um caminho diferente. Os melhores gestores de patrimônio do mundo ouvem muito mais que falam.

DR: Quando alguém estabelece um family office? Qual o patrimônio líquido de uma pessoa que decide montar um?

ME: Um family office pode ser relevante e importante para famílias de qualquer tamanho. Trata-se de ter pessoas ao seu redor. O family office pode trabalhar diretamente para você ou pode trabalhar em uma empresa externa. Gosto de pensar no J.P. Morgan como um family office terceirizado.

Não há um número preciso de quando isso começa a fazer sentido. É uma questão de preferência pessoal. Temos algumas pessoas com vários bilhões de dólares que não têm family office, e temos pessoas com 10 milhões que têm o próprio family office. Tudo depende de onde você quer empregar seus esforços.

DR: Quem administra o seu dinheiro? Eu odiaria ser a pessoa que precisa procurar você e avisar: "Bem, não funcionou tão bem quanto esperávamos." Como você seleciona a pessoa que administra o seu dinheiro? Presumo que você use o J.P. Morgan.

ME: O J.P. Morgan sempre administrou o patrimônio de minha família. É muito importante que eu não perca muito tempo fazendo isso por conta própria. Não creio que nossos clientes gostariam que eu passasse muito tempo pensando em minha própria carteira de investimentos.

Também acho muito importante poder investir em tudo aquilo que você pensa que seus clientes deveriam investir. Em geral, sou a primeira compradora de quase tudo o que oferecemos no J.P. Morgan.

DR: Vamos abordar a grande transferência de riqueza. Minha geração, a geração baby boomer, está envelhecendo. Acredita-se que seja a geração mais rica da história do nosso país, mas ela acabará deixando grande parte de sua riqueza para os filhos.

É difícil para uma família lidar com isso? Os clientes chegam e declaram: "Não quero que meus filhos tenham muito dinheiro", e dizem isso na frente dos filhos? Ou decidem: "Meus filhos não sabem nada sobre dinheiro. Não deixe que eles tomem nenhuma decisão"? Como você lida com essas questões intergeracionais?

ME: É provável que as questões intergeracionais sejam um dos maiores desafios. Elas se transformam e mudam com o tempo. Se você mora nos Estados Unidos, há basicamente quatro formas de destinar seu dinheiro. Você pode gastá-lo sozinho. Pode deixá-lo para os seus filhos. Doá-lo para alguma caridade. Ou entregá-lo para o governo. E tem que decidir qual das quatro opções você quer escolher, e de que maneira.

Não há resposta certa. Não há resposta errada. Você trabalhou muito para ganhar o seu dinheiro, e será decisão sua descobrir como transmitir os seus bens para a próxima geração ou para a filantropia, ou como você viverá a sua vida.

Não cabe ao gestor de patrimônio determinar isso. Nosso papel é procurar as respostas para essas perguntas e, então, sermos capazes de elaborar um plano e trabalhar com ele ao longo do tempo.

DR: Descobri que uma das coisas mais difíceis para as pessoas ricas é decidir quanto dinheiro dar aos filhos e como lidar com os próprios bens. É estranho ter de perguntar para as pessoas o que desejam e o que pretendem fazer? Já aconteceu de você descobrir que um dos cônjuges não contou para o outro para onde estava indo o dinheiro?

ME: Isso acontece muito. Não é uma questão de não contar e, sim, de não entender muito a mecânica do que está acontecendo. Dedicamos muito tempo colocando em um pedaço de papel uma bela imagem do que de fato vai acontecer.

A conversa mais difícil é quando um cliente diz: "Se eu morrer." Primeiro precisamos trabalhar com esse pensamento. É horrível falar sobre isso e pensar a respeito. Mas, se você pensar nisso cedo o bastante, torna-se muito menos emocional.

DR: Não vou mencionar o nome dele, mas um dos investidores mais ricos e mais famosos do mundo me disse que refaz o seu testamento 17 ou 18 vezes por ano. Então ele o mostra para os filhos para saber a opinião deles. As pessoas em geral mostram o próprio testamento para os filhos? Ou é uma espécie de jogo de adivinhação?

ME: Mudar todos os anos resultaria em uma interessante reunião anual com a família.

A coisa mais importante é conversar e lidar com essas questões, e entender a responsabilidade que acompanha a riqueza. Porque riqueza não se trata apenas de herdar dinheiro, como parte dessa grande transferência intergeracional que você mencionou. Trata de preservar essa riqueza. Trata de fazer as coisas certas para a sua comunidade e para as coisas com as quais você se importa profundamente.

Às vezes, somos o catalisador dessas conversas, porque não é algo que você queira falar todas as noites no jantar. Pode ser um pouco estranho.

DR: Você às vezes se sente como uma psiquiatra quando está ouvindo essas questões familiares?

ME: Um pouco. Como gestor de patrimônio, precisamos atender muitas famílias, não apenas nos Estados Unidos, mas no Brasil, na Europa, na Ásia. Nosso trabalho é levar ao cliente todas as experiências coletivas que tivemos e dizer: "Veja como pode funcionar se você fizer isso." Muitas vezes colocamos as famílias em contato com outras e dizemos: "Vou ligar e perguntar se eles estariam interessados em conversar." Esses são provavelmente os melhores conselhos que podemos dar.

DR: Howard Hughes morreu sem deixar um testamento. A maioria das pessoas com quem você fala têm um testamento quando a procuram?

ME: Nem todos vêm com um testamento. Achamos que uma parte muito importante do nosso papel é verificar a lista de coisas que você deveria fazer em sua vida, e essa é uma delas, sem dúvida.

DR: Vamos falar sobre como é administrar o dinheiro de alguém no ambiente em que estamos agora. As taxas de juros estão baixas há muito tempo. O governo estimulou muito a economia, e os preços estão bastante altos. Você está instruindo as pessoas a serem cuidadosas porque a economia pode desacelerar? Você lhes dá conselhos geopolíticos além dos financeiros?

ME: Sim. Todo dia é uma conversa diferente. Como você mencionou, os mercados estão muito saudáveis agora, dada a liquidez que lhes foi infundida. Tivemos uma recessão cinco vezes maior que a recessão média. Aconteceu muito rápido. No entanto, nossa resposta a isso foi adicionar déficits ao governo dos Estados Unidos que foram maiores que as últimas cinco recessões e os déficits que surgiram então. Tivemos respostas políticas sem precedentes aqui, e agora estamos vendo isso acontecer no mercado. Quando você tem algo como a Dogecoin, que foi criada como uma piada e no momento vale 30, 40 bilhões de dólares [em 1º de junho de 2022 valia 11 bilhões], você deve se perguntar: isso ocorre devido à liquidez que está circulando no sistema ou devido a coisas novas e reais que estão acontecendo?

Apenas o tempo dirá. Mas isso remete a um dos pontos mais importantes que você destacou, que é a diversificação. Simplesmente não há como saber tudo o que vai acontecer no futuro em cada classe de ativos. Portanto, a resposta mais importante é a diversificação adequada das carteiras.

DR: Se alguém lhe dissesse: "Eu quero investir em criptomoeda", você diria para não fazê-lo ou facilitaria?

ME: A tecnologia Blockchain, que é a peça subjacente de tudo isso, é muito real e está mudando todas as maneiras pelas quais interagimos digitalmente com os diferentes mercados financeiros. As moedas digitais são novas. Em geral, está sendo debatido se são uma classe de ativos ou não.

Muitos de nossos clientes dizem: "Essa é uma classe de ativos e eu quero investir." Nosso trabalho é ajudá-los a colocar seu dinheiro onde querem investir. É uma coisa muito pessoal. Não temos o Bitcoin como uma classe de ativos *per se*. O tempo revelará se isso tem reserva de valor. A volatilidade que você encontra hoje na criptomoeda se dissipará com o tempo.

DR: Você e eu estávamos no mundo dos serviços financeiros durante a Grande Recessão de 2008-09. Os clientes da divisão de gestão de patrimônio do J.P. Morgan ligavam dizendo: "Vou me jogar pela janela. Estou perdendo todo o meu dinheiro"? Houve pânico? Como você acalmou as pessoas? Foi um período bem difícil.

ME: Foi um período muito difícil, cujas sementes também se desenvolveram durante a pandemia que ainda hoje atravessamos. A Grande Recessão que atravessamos em 2008 foi um rápido e rude despertar para a segurança e para a seguridade dos ativos.

Foi a primeira vez em muito tempo que as pessoas não apenas disseram: "Ah, meu Deus, os mercados podem cair e posso perder dinheiro." Também começaram a se perguntar: "Onde está o meu dinheiro? O que está misturado com outros ativos? Como devo pensar a respeito disso?"

Lembro-me de que, no outono de 2008, com todo aquele frenesi, havia bilhões de dólares sendo movimentados todos os dias. Houve uma corrida mental a respeito de "onde quero colocar o meu dinheiro?". A certa altura, cerca de 1 bilhão de dólares entrava no banco todos os dias.

Tentar ajudar as pessoas a entender a segurança de seus ativos e entender a diversificação é fundamental. Você precisa atravessar esses períodos. Não pode usar a emoção, porque, no fim das contas, muitas pessoas ricas não precisam de seu dinheiro amanhã. Está guardado para ser usado muitas décadas no futuro. Tentar manter esse foco de longo prazo é provavelmente a coisa mais importante que fazemos.

Durante a pandemia, aconteceram muitas dessas mesmas coisas. Em março de 2020, com toda aquela volatilidade, muitas pessoas pensaram: "Vou vender todos os meus ativos. O mundo inteiro vai mudar." Outras pensaram: "Uau, posso aproveitar essas oportunidades e pensar em todo esse dinheiro do qual não preciso de liquidez diária."

Mais uma vez, a segurança e a seguridade dos ativos também entraram em pauta. Agora, vemos um fluxo constante de dinheiro fluindo para empresas que oferecem bons conselhos, que ajudam a pensar como gerenciar ativos em longo, não em curto prazo.

DR: Durante a Grande Recessão, muitas pessoas pensaram que os grandes bancos faliriam. De modo geral, o J.P. Morgan era visto como o banco mais seguro, então as pessoas apenas tiraram o próprio dinheiro de onde quer que estivesse investido e o entregaram ao J.P. Morgan. Foi fácil gerenciar todo esse dinheiro? Você ficou surpresa com a quantidade que estava entrando com tamanha velocidade?

ME: Fiquei muito surpresa com quantas pessoas se sentiam desconfortáveis com seu dinheiro sendo mantido e administrado em outros lugares. As lições aprendidas durante aquela Grande Recessão e a liderança que Jamie Dimon demonstrou para todos nós que trabalhávamos no JPMorgan Chase foram lições que jamais esqueceremos.

Houve aqueles estremecimentos no verão de 2007. Tivemos o ocorrido com o Bear Stearns em 2008, quando ajudamos a empresa e a absorvemos no JPMorgan Chase. Quando chegamos ao outono de 2008, já sabíamos como lidar com aquilo. Você se reúne, como uma equipe de gerenciamento, três vezes ao dia, às nove horas, meio-dia e cinco da tarde. Você dá a volta ao mundo, entende quais problemas estão no horizonte. Tenta fazer as perguntas relevantes.

Há um velho ditado que diz: "Para tentar descobrir por que algo está ocorrendo, faça cinco perguntas." Chegamos a cerca de cinquenta perguntas a respeito das diferentes mecânicas de partes do mercado. Ajudou-nos a ter uma compreensão mais rápida e melhor do que estava acontecendo nos mercados, e a sermos capazes de reproduzir isso para os nossos clientes a fim de garantir que suas carteiras fossem adequadamente diversificadas.

Usamos esse mesmo procedimento quando entramos na pandemia global. Você precisa descobrir: "O que está mudando? O que eu sei? O que aprendi em diferentes partes do mundo?" Conseguir usar o poder de uma grande empresa global para levar esse conselho até os clientes é uma das coisas que fazemos muito bem.

DR: Você precisa acompanhar tudo o que está acontecendo na economia e em Washington, DC? Sua equipe lhe informa várias vezes ao dia sobre o que está acontecendo para você estar em condições de responder a possíveis perguntas?

ME: O trabalho de qualquer gestor financeiro, ou de qualquer pessoa que atue em qualquer campo no qual seja responsável como fiduciário pelo dinheiro de outras pessoas, é a sua jornada de vida. A todo tempo, você está tentando entender todos os componentes do que está acontecendo.

Ninguém no J.P. Morgan precisa fazer isso para todas as classes de ativos. Temos especialistas em todos os campos. Temos pessoas a quem recorremos para entender as nuances das diferentes coisas que mudaram no ano anterior. Sintetizamos tudo isso a cada dia e tentamos levar essa informação para os nossos clientes. É um processo que dura vinte e quatro horas por dia, sete dias por semana.

DR: Logo que você entrou nesse negócio, topou com algum ricaço que pediu que seu gestor de patrimônio fosse homem? Suponho que isso não aconteça hoje. Há discriminação contra gestores de patrimônio do sexo feminino?

ME: Felizmente, isso nunca ocorreu. Não creio que o J.P. Morgan defenderia esse tipo de comportamento, mesmo naquela época. Isso não significa que os clientes não tenham preferências quanto a quem desejam que gerencie o seu dinheiro. Se você e eu nos encontrarmos e eu disser: "É assim que nossa empresa administra o dinheiro", você pode até gostar do que falei quanto à empresa, mas talvez não estabeleçamos uma conexão pessoal.

O trabalho de uma grande empresa de gestão de patrimônio é garantir que você encontre a pessoa certa para você. Porque é uma longa jornada e é necessário confiar em alguém. Precisa haver flexibilidade. Esta também precisa estar presente para diferentes membros da mesma família. Nem todos os membros da família querem a mesma pessoa ajudando-as com o seu patrimônio. A verdadeira força de uma empresa é poder ser muito flexível na maneira como atende o cliente.

DR: Vou fazer algumas perguntas para você responder sem pensar duas vezes. Qual é o melhor conselho de investimento que você já recebeu?

ME: Se parece bom demais para ser verdade, provavelmente é mesmo.

DR: Qual é o maior conselho de investimento que você daria quanto àquilo que as pessoas não deveriam fazer?

ME: Nunca invista em algo que não possa ser explicado de forma simples. Um dos problemas de Wall Street é que as pessoas usam muitas siglas, o que torna muito complicado explicar qualquer coisa. Os bons consultores de investimentos conseguem pegar assuntos complexos e torná-los simples.

DR: Imagine que alguém ligue para você amanhã e diga: "Não sou tão rico como todos os seus clientes, mas tenho 100 mil dólares e quero investi-los em algum lugar." Onde você diria para essa pessoa investir?

ME: Em uma carteira de investimentos equilibrada, bem diversificada, que ela possa manter por um longo intervalo de tempo e que capitalize de maneira saudável.

DR: Qual é a coisa mais importante que alguém *não* deve fazer com o próprio dinheiro?

ME: Não deve colocar todos os ovos na mesma cesta.

DR: Minha produtora quer se aposentar aos 40 anos. Você tem algum bom conselho de investimento para ela?

ME: Invista cada centavo que você tiver o mais cedo e com a maior frequência possível. Pergunte: "Prefiro ter um dólar dobrado todos os dias ou receber um milhão de dólares?" Um dólar dobrado a cada dia durante um mês lhe daria mais de um milhão de dólares. Investir e capitalizar: essa é a resposta para todas as perguntas.

DR: Você administra uma das maiores operações de gestão de patrimônio do mundo. Qual é o prazer e quais as frustrações desse trabalho?

ME: O verdadeiro prazer é ajudar os grandes fundos de pensão que administramos. Cada pequena decisão tomada agora quanto à aposentadoria de alguém pode significar mais algumas centenas de dólares por mês para cada ano de aposentadoria daqui a trinta ou quarenta anos. Isso pode mudar fundamentalmente a vida de uma pessoa.

DR: Você recomendaria aos jovens seguirem a carreira de gestão de patrimônio?

ME: A gestão de patrimônio é um componente importante da vida de todos, porque, quanto mais responsável você for ao entender como investir o dinheiro, mais isso pode ajudá-lo, ajudar a sua família e as outras pessoas a quem está aconselhando. Você não precisa de grandes somas de dinheiro para ter condições de fazer isso e de maneira bem-feita.

DR: Eu já disse muitas vezes que a private equity é a maior vocação da humanidade. Mas você provavelmente diria que a gestão de patrimônio é a maior vocação da humanidade, certo? Porque você está preservando o dinheiro das pessoas e aumentando-o.

ME: Isso mesmo. O valor do trabalho que fazemos para ajudar as pessoas a terem uma aposentadoria melhor no futuro me dá muita alegria.

DAWN FITZPATRICK

CEO e diretor de investimentos do Soros Fund Management

> *"Neste negócio, todos erramos de vez em quando. Você só precisa acertar pouco mais de 50% das vezes para se sair muito bem."*

Por quase um século, as famílias americanas mais ricas (os Rockefeller, Mellon, Phippse, Vanderbilt, Kennedy) tiveram family offices para administrar o seu dinheiro, bem como para lidar com filantropia, imóveis, pagamento de contas, seguros, questões jurídicas e imobiliárias. Esses escritórios costumam fornecer os mesmos serviços de um gestor de patrimônio como o J.P. Morgan. Mas as famílias muito ricas parecem preferir criar um gestor de patrimônio interno, para garantir maior controle, privacidade e foco em suas necessidades particulares. Em um family office, o habitual é que todos os profissionais do escritório se concentrem nos interesses e nas necessidades de uma família nuclear, embora esta se torne uma família estendida com o passar dos anos.

De modo geral, o foco era a preservação da riqueza, e os braços de investimento dos family offices eram muito conservadores. Com frequência, eram criados muito tempo depois de o criador inicial da riqueza, se ainda vivo, começar sua carreira no mundo financeiro ou empresarial.

Nos últimos anos, criadores de riqueza considerável, em idades relativamente jovens, montaram family offices para administrar os próprios negócios e as necessidades de seus herdeiros. E, quando o criador de riqueza ainda está ativo no mundo financeiro, esses family offices transcendem o papel de recolhedores de dividendos. Em vez disso, criam grandes novos conjuntos de riqueza para a família, investindo em private equity, venture capital e veículos de growth capital, muitas vezes sendo os principais investidores desses fundos. Mais recentemente, alguns deles, como os family offices da família Dell e Pritzker, também levantaram grandes somas de outros investidores para complementar o capital que estão aplicando em investimentos novos e potencialmente muito lucrativos.

Como resultado dessas tendências, o family office se tornou uma parte cada vez mais importante do mundo dos investimentos. Em geral, ele pode ser dinâmico, ter agilidade, não ter restrições regulamentares ou burocráticas, e agregar valor real a um investimento a partir de seus insights, contatos e reputação.

Depois de deixar o cargo de co-CEO do Carlyle e me tornar copresidente executivo da empresa, fui na direção de muitos de meus companheiros no mundo de private equity e também criei um family office, o Declaration Capital, para diversificar meus ativos, entrar em áreas onde o Carlyle não atua e envolver meus três filhos em algumas de minhas atividades de investimento.

Porém, meu esforço é modesto em comparação com alguns outros que me precederam há muito nessa área, que têm muito mais para investir e que podem ser considerados líderes de investimentos mais habilidosos do que eu.

Um desses indivíduos que colocaram os próprios ativos em um veículo de investimento de family office (embora a maioria dos ativos agora também esteja em uma fundação) é George Soros, investidor pioneiro em hedge funds e bem-sucedido criador de riqueza para seus investidores durante muitas décadas. Em 1969-70, Soros criou hedge funds e durante décadas foi um líder muito envolvido e ativo neles, que se tornaram tão conhecidos ou uma presença constante e importante no mundo dos investimentos.

Os resultados foram tão espetaculares que Soros se tornou um dos investidores profissionais mais ricos do mundo. Ele investiu em ações e títulos, mas sua capacidade de identificar macrotendências de mercado e investir de maneira pesada nelas era seu diferencial. Nos últimos anos, à medida que passa as rédeas do negócio para outras pessoas, seu próprio dinheiro vem sendo administrado através de um family office, já que Soros se concentra mais em atividades filantrópicas e políticas.

Hoje, ele confiou o investimento dos ativos familiares e de sua fundação a uma investidora extraordinariamente respeitada, Dawn Fitzpatrick, que tem sido uma pioneira entre as mulheres profissionais de investimentos.

E, embora Soros não administre mais sua considerável riqueza, sua famosa sagacidade e seu excelente timing de mercado garante que seu family office de investimentos ainda atraia considerável atenção do mercado. Isso impõe enorme vigilância sobre as decisões de investimento de Dawn.

Dawn se formou na Wharton School e começou a carreira em uma empresa de prop trading, a O'Connor & Associates, e lá permaneceu quando a UBS a adquiriu. Com o tempo, ela se tornou a diretora de investimentos da O'Connor e, por fim, chefe de investimentos da UBS Asset Management, posição na qual supervisionou o investimento de mais de 500 bilhões de dólares. Sua forte atuação ali atraiu muitos pretendentes para novas vagas, inclusive minha própria empresa, mas o vencedor foi George Soros, que se dispôs a entregar as rédeas da administração de sua considerável fortuna pessoal e dos ativos de sua fundação pessoal, uma das maiores do país, a uma extraordinária investidora.

Trabalhei com Dawn em um Comitê Consultivo de Investidores do Fed de Nova York, e, pela maneira como os demais membros do comitê e os funcionários do comitê a ouvem, é evidente que ela desfruta de enorme respeito dentro da comunidade financeira.

Seus segredos de investimento não são complicados: sensibilidade ao legado de Soros, alto nível de inteligência, ética profissional com grande motivação, não se intimidar com as grandes somas que recebe para investir, disposição para ouvir os colegas e talvez, também, seu compromisso de correr todos os dias (um legado de seu tempo como aluna na Penn, quando ela integrava a equipe de corrida e de cross country). Se eu achasse que correr também desanuviaria a minha mente e, assim, melhoraria as minhas habilidades de investimento, eu pensaria a respeito. Mas acho que a chave para o sucesso de seus investimentos são suas outras qualidades. Entrevistei Dawn virtualmente em 22 de junho de 2021.

DAVID M. RUBENSTEIN (DR): Você é a diretora de investimentos do family office da família Soros e das fundações para as quais George Soros doou uma quantidade significativa de seus ativos. Você presta contas a ele, à família dele, ao conselho das fundações ou a um comitê de investimento?

DAWN FITZPATRICK (DF): Eu me reporto a um comitê de investimento para as fundações. Ele é composto por cinco pessoas, um seleto grupo de sofisticados investidores de diversas classes de ativos.

DR: George Soros teve vários excelentes profissionais de investimentos trabalhando para ele ao longo dos anos, mas entre os mais antigos, seus diretores de investimentos, você é a primeira mulher. O que a levou a assumir uma posição que alguns no mundo dos investimentos dizem ter uma alta rotatividade?

DF: Sem dúvida houve muita rotatividade na cadeira que ocupo. Eu estava confiante de que tinha as habilidades para administrar tanto o dinheiro quanto a equipe. Ao entrar, pedi uma estrutura na qual eu pudesse estabelecer os alicerces para ter sucesso em longo prazo. Sou a primeira CIO da Soros Fund Management (SFM) que também é CEO. Nesse tipo de investimento, não são apenas os seus gestores de carteiras de investimentos de linha de frente que afetam os retornos que se pode oferecer. Mesmo com um bom desempenho de investimento, o sucesso está longe de ser garantido. Portanto, não era certo que eu sobreviveria. Mas nós, investidores, estamos no negócio de assumir riscos calculados, e achei que esse era um risco que valia a pena correr.

DR: Você trabalhou antes para uma empresa de capital aberto na qual os lucros de curto prazo e os números trimestrais eram a moeda corrente. Como é supervisionar o investimento de fundos para um grande family office? A perspectiva se torna de longo prazo. Isso é muito diferente daquilo que você fazia antes? E isso é um problema, ou não?

DF: É uma vantagem significativa. Grande parte do setor de gestão de ativos que se concentra em mercados públicos, sejam hedge funds ou fundos de ações long-only, precisa gerenciar retornos semanais ou mensais. Por isso, é possível observar alguns comportamentos que são contraproducentes. Para nós, ter um único investidor ou cliente único realmente sofisticado nas fundações, com horizonte de investimento de médio e longo prazo, é uma vantagem monumental. Pressiono a equipe de investimentos para pensar em como capitalizar essa vantagem. Podemos nos apoiar em deslocamentos de uma maneira que acho que alguns gestores de ativos mais tradicionais têm dificuldade de fazer.

DR: Você se concentra em muitos tipos diferentes de categorias de ativos, desde renda fixa a moedas, private equity e growth capital? Há algo que você expressamente não procure nas categorias mais conhecidas de investimento?

DF: Não. Nosso mandato de investimento é abrangente e podemos investir em qualquer classe de ativos em qualquer lugar do mundo. Tentamos ser honestos sobre onde temos vantagens ou margens e onde não temos. Um exemplo disso são as commodities. Os investidores e comerciantes integrados verticalmente nesse espaço estão em grande vantagem. Assim, podemos fazer um investimento direcional em commodities, mas não vamos negociar valor relativo ou de maneiras complexas. É importante para nós evitar investimentos incompatíveis com os valores das fundações. Não financiamos prisões da iniciativa privada, por exemplo.

DR: Você faz o investimento diretamente, como George Soros em geral fazia, ou tende a terceirizar os investimentos para gestores e os gerencia?

DF: A beleza da plataforma da SFM é que podemos gerenciar o dinheiro internamente e podemos alocá-lo externamente. Na verdade, desde que entrei na SFM, estamos nos movendo mais para o gerenciamento direto, porque podemos usar nossos pontos fortes. Quando se investe ativos com um hedge fund externo de mercado público ou um fundo de ações long-only, eles precisam gerenciar a curva de utilidade de cem ou mil investidores *versus* um único investidor. Para nós, existem lacunas entre como os produtos de gerenciamento de ativos de terceiros são construídos. A oportunidade definida nessas lacunas é descomunal. Tentamos identificá-las e capitalizá-las, dada a nossa singularidade. Sermos capazes de fornecer soluções para empresas e projetos que abrangem dívida e patrimônio com um único parceiro também cria oportunidades.

Hoje, cerca de 70% de nossa exposição pública no mercado é gerenciada internamente de forma direta. E 95 % de nossa exposição ao crédito privado é gerenciado internamente, e isso porque podemos influenciar os resultados. Se algo der errado, podemos segurar e gerenciar isso. O único lugar onde temos a maioria de nossos ativos alocados externamente é em private equity e venture capital.

DR: Há uma taxa de retorno específica que você busque alcançar a cada ano?

DF: Gerenciar um retorno específico a cada ano é perigoso porque pode levá-lo a assumir riscos enormes no momento errado. Dito isso, somos comparados ou julgados com base em alguns parâmetros diferentes. Nós nos equiparamos aos grandes fundos patrimoniais de faculdades e aos retornos que estão produzindo. Contemplamos uma carteira simples e passiva de 60/40 [60% de ações públicas, 40% de dívida pública], e, então, temos um plano próprio de carteira, que é definido por nosso comitê de investimentos. Esse plano de carteira tem a sua própria capitalização padrão e parcela de crescimento [ações large caps e de growth], parcela de preservação de capital e parcela de ativos reais. Nós nos medimos em relação a esses três grupos (entidades da mesma área, passivos e um ponto de referência personalizado) e é assim que decidimos se estamos ou não fazendo um bom trabalho.

DR: Como você entrou no negócio de investimentos? O que a levou a querer ser investidora?

DF: É da minha natureza ser curiosa e competitiva. Quando era criança nos anos 1970, morávamos em um bairro de casas de dois andares, e todas as portas das casas ficavam abertas. Ainda muito jovem, eu ia até a casa do meu vizinho, Marty Atlas, e ele me ensinava a ler as páginas de ações e acompanhar as empresas. Quando eu tinha 12 ou 13 anos, ele me deu o livro *Reminiscências de um operador da bolsa* [clássico de Wall Street escrito por Edwin Lefèvre], e, a partir de então, fiquei viciada e determinada a me tornar uma investidora.

DR: Sua família também estava no ramo de investimentos?

DF: Não, de jeito nenhum. Meus avós imigraram da Irlanda e meu pai trabalhava no ramo de consultoria em informática.

DR: Você foi para a Wharton com a expectativa de um dia se tornar investidora?

DF: Sim, com certeza. A Wharton era a faculdade onde eu mais queria estudar quando estava no ensino médio e, assim que cheguei lá, meu foco foi Finanças. Entrei para a Pennsylvania Investment Alliance e aprendi o máximo que pude com professores e colegas.

DR: O que você fez logo depois da Wharton? Como foram os seus dias no pregão de Chicago? Havia muitas mulheres lá?

DF: Recém-formada da Wharton, fui para uma empresa de prop trading chamada O'Connor & Associates. Eles eram especializados em derivativos em todas as classes de ativos, e foram a primeira empresa a usar muita computação para elaborar estratégias de negociação de valor relativo. Era uma empresa meritocrática com muito potencial intelectual, então era um ótimo lugar para se trabalhar. Eu era operadora na American Stock Exchange e depois fui operar na CBOE [Chicago Board Options Exchange], lá embaixo, nos pregões, e foi um ótimo aprendizado. Não havia muitas mulheres por lá.

Entretanto, quando eu era criança, as equipes esportivas femininas não eram tão onipresentes quanto hoje em dia. Venho de uma família atlética onde a maioria das pessoas é corpulenta, mas sou muito pequena, sempre fui a menor de minha turma. Na ausência de um time de meninas, meus pais me colocavam em um time de meninos e eu tinha que competir. Sem lágrimas, sem desculpas. Essa mentalidade me ajudou, de modo que, quando entrava no pregão ou em qualquer sala em minha carreira, nunca senti que não pertencia àquele lugar.

DR: Você foi para aquela firma porque O'Connor era um bom nome irlandês?

DF: Por coincidência, é o nome de solteira de minha mãe.

DR: O que é necessário para ser um excelente investidor? Há certas qualidades que você considera essenciais para isso?

DF: Falei sobre ser curiosa. Você não pode aceitar uma resposta como um fato. Sempre precisa perguntar o porquê e continuar perguntando o porquê e entrar em espirais de perguntas. Também acho que é preciso ser consciente de si mesmo para saber no que você é bom e no que não é, e estar disposto a se cercar e desenvolver equipes e talentos que possam compensar as suas deficiências. Nesse setor, ganha-se dinheiro tendo uma visão que não é consensual e que, com o tempo, acaba se tornando a visão consensual. É necessário ter confiança para ter opiniões, pensar de maneira independente e, então, estar disposto a apostar em suas convicções.

A última coisa que eu diria é que, neste negócio, todos erramos de vez em quando. Você só precisa acertar pouco mais de 50% das vezes para se sair muito bem. É preciso ter disciplina e humildade para reconhecer quando está errado, eliminar aquela posição e seguir em frente.

DR: Em seu cargo atual, você supervisiona gestores em muitas áreas diferentes. Como decide qual porcentagem dos ativos vai para determinada classe de ativos? Quais são as qualidades que você procura nos gestores que contrata?

DF: Isso tem a ver com conjuntos de oportunidades. Você pensa no potencial de fluxo de retorno e quais são os riscos associados a ele e, então, pensa em outros fluxos de retorno semelhantes. Se você pode ter dois fluxos de retorno atraentes, mas que parecem muito diferentes (em outras palavras, que rendem em períodos diferentes), é claro que isso é muito mais atraente.

Como já falamos, quando alocamos dinheiro ou contratamos um gestor de investimentos, o que buscamos é o conhecimento que essa pessoa tem de si mesmo. Quando me sento com um gestor, quero que ele me explique qual é a vantagem que ele possui e por que ela existe. Não gosto de gestores que sempre me dizem que seu conjunto de oportunidades é de 10 em 10, porque esse nunca é o caso. Você quer gestores que desejem muito ganhar, mas que sejam capazes de perder e aprender com as perdas, uma vez que é algo inevitável neste setor.

Quando contratamos um gestor de investimentos, esperamos que ele fique conosco pelo resto da carreira. Dito isso, às vezes as oportunidades apenas desaparecem por motivos regulatórios ou de outra natureza. O que também vemos com muita frequência é bons gestores se concentrando demais na coleta de ativos em vez de na geração de retornos de valor agregado. As estratégias de investimento são quase invariavelmente limitadas pela capacidade: a incorporação de ativos além de um certo ponto apenas corrói a qualidade dos retornos. Às vezes, pior que isso, os gestores começam a investir além de sua competência e de maneiras nas quais não têm habilidade.

É importante que quem quer que você contrate, seja diretamente ou um fundo externo, coloque o interesse do cliente em primeiro lugar. Isso deveria ser elementar, mas acho que nós dois sabemos que não é.

DR: Se um gestor não está dando certo, quanto tempo você lhe dá antes de dispensá-lo? Um ano, cinco anos? Quanto tempo você espera?

DF: O fato de um gestor não estar ganhando dinheiro pode não ser necessariamente um motivo para seu afastamento e, na verdade, pode ser um momento em que desejaremos dobrar ou triplicar a nossa alocação de capital. O que avaliamos é se os retornos, dado o cenário do mercado, se parecem com o que esperávamos. Às vezes, há um gestor que está ganhando significativamente mais dinheiro do que seria de se esperar, e isso na realidade é um sinal de alerta. Outras vezes, você tem gestores que perdem dinheiro pelos motivos certos e isso na verdade é uma oportunidade. O importante é conseguir identificar isso, e quanto mais tempo você investe com um gestor, mais confiança tem para ser flexível com ele. Existem gestores que perdem dinheiro pelos motivos errados. Esses são demitidos e merecem ser demitidos.

DR: Em sua experiência, quais os atributos dos melhores gestores financeiros?

DF: Considerando a experiência, o conhecimento ou ponto de vista, eu diria que eles entendem a vantagem que podem ter sobre o investidor médio. Têm um respeito saudável pelos mercados. São calmos sob pressão e intelectualmente curiosos. São grandes agregadores e assimiladores de informação. Todos nós temos um viés de confirmação, então eles investem sabendo disso e com a compreensão de onde reside esse viés. Eles têm a mente aberta. Não se apegam a uma opinião na ausência de fatos que a sustentem.

DR: Para aqueles que não são tão ricos quanto George Soros, mas têm ativos suficientes para organizar um family office, quais são os requisitos mais importantes para um family office de investimento funcionar bem? Ao longo dos anos, houve algum family office que você admirou?

DF: Antes de tudo, é preciso entender os objetivos do family office. Quanto dinheiro do patrimônio familiar pretende-se gastar a cada ano? Eles querem algum tipo de fundo de reserva para gastos extraordinários? É importante entender o plano de transição geracional. Muitas vezes, as pessoas se concentram nos retornos que desejam obter. Mas, por outro lado, é preciso entender a tolerância à queda porque, caso contrário, pode chegar a isso e vender no pior momento possível. Tenha essas conversas com antecedência, assim, quando chegar a um momento em que uma carteira de investimentos esteja perdendo dinheiro, o que invariavelmente acontecerá, será muito mais fácil conversar. Também acho que hoje em dia você precisa ter uma conversa sobre ESG. O que acham a respeito disso? Quais são os limites em termos de setor e as áreas que eles não querem de modo algum incluir em suas carteiras de investimento?

DR: Você se concentra em ESG tanto para a sua própria organização quanto para os gestores com quem investe?

DF: Nós nos concentramos em ambos. Muito disso tem a ver com transparência e responsabilidade. Muitas das medidas em torno da ESG são incipientes. Estão se desenvolvendo. Então, precisa haver uma conversa. Em geral, o que encontramos tanto no nível gerencial quanto nas empresas com as quais investimos é que todos querem fazer isso da melhor forma. Às vezes, eles só não têm as ferramentas ou não sabem por onde começar.

De fato, tentamos ser parte da solução. Achamos que essa é uma jornada e queremos estar nela com as empresas e com os gestores. Você precisa reportar os seus números de DEI [diversidade, equidade, inclusão], reportar os dados climáticos e mostrar progresso.

DR: Quando está administrando dinheiro como fiduciária, você acha apropriado fazer o tipo de aposta ousada que George Soros fez, como a famosa aposta dele contra a libra esterlina em 1992, ou isso é muito arriscado ou uma aposta desproporcional para fazer quando se está administrando o dinheiro do family office de outra pessoa?

DF: Há uma ótima história sobre George quando ele apostou contra a libra esterlina. Um de seus principais corretores comentou: "Você sabe que podemos perder tudo com isso?" George respondeu: "Tudo bem. Eu posso ganhar tudo de novo."

Para ser sincera, acho que é verdade. Ele é uma força da natureza. Ele tem 91 anos. É incansável. Em termos de agregação e assimilação de informações, ninguém faz melhor que ele. Ao administrar os ativos da fundação, não creio ter a liberdade de perder e recuperar tudo. É por isso que, quando converso com o comitê de investimentos ao qual me reporto, falamos sobre tolerância de saque e necessidades de liquidez, e gerenciamos a carteira de investimentos nesse contexto. Dito isso, uma das coisas interessantes é que, quando entrei na SFM, a carteira de investimentos era superdiversificada. Quando isso acontece, a mediocridade é garantida, então, desde que cheguei aqui, concentramos mais a carteira.

DR: O que te dá mais prazer ao administrar o dinheiro dessa maneira? É a variedade de classes de ativos, o acesso a gestores de ponta, a capacidade de investir em novas áreas?

DF: O que eu mais gosto nesse setor é que todo dia os desafios são diferentes e há algo a se aprender. Quando se trata da plataforma da SFM, em termos de resolução desses desafios, temos mais graus de liberdade que qualquer outro conjunto de ativos, em especial em relação ao nosso tamanho. Isso é muito divertido e temos uma equipe empenhada que trabalha como um time. Com as ferramentas que temos e as fundações que servimos, é o melhor emprego do mundo.

DR: George Soros cunhou a palavra "reflexividade". O que ele queria dizer com isso é que, quando as coisas seguem em uma direção, elas seguirão naquela direção mais tempo do que você imagina antes de se recuperarem e, portanto, deve-se fazer grandes apostas em áreas onde acha que identificou uma tendência. Isso é algo que você também seguiu, ou você não assume posições tão ousadas quanto ele quando administrava o dinheiro por conta própria?

DF: Estamos atentos a isso. É difícil não incluir as criptomoedas nesse contexto, e posso dizer que George inclui. Isso está chamando a atenção dele no exato contexto que você acabou de mencionar, mas o jogo e os mercados naquele contexto mudaram um pouco. Era mais fácil para os ativos serem deslocados dessa maneira, porque havia mais assimetria de informação. Havia um número maior de moedas. Os bancos centrais eram menos sofisticados. Essa é uma forma prolixa de dizer que não fazemos muito isso. Ganhamos dinheiro de maneiras diferentes, mas a oportunidade estabelecida nos mercados é muito diferente de quando George ganhou os seus bilhões. Acho que, se estivesse investindo hoje, ele ganharia os seus bilhões de maneira diferente da que ganhou em seu apogeu.

DR: Como você mede o seu sucesso? É a partir de uma determinada taxa de retorno, múltiplos do capital investido, agradando ao comitê de investimentos? Como você mede sucesso quando está administrando um family office?

DF: Obviamente, quero agradar a George e ao comitê de investimentos ao qual me reporto. Mencionei que somos avaliados em relação aos padrões dos grandes fundos patrimoniais de faculdades, 60/40, e em relação ao nosso plano de carteira de investimentos. Mas, no fim das contas, trata-se de garantir que a fundação tenha mais de 1 bilhão por ano para gastar em todo o belo trabalho que faz. Eles são o maior financiador privado de iniciativas de direitos humanos.

Quando se trata de sucesso, os retornos produzidos enquanto estou aqui são importantes, mas também quero criar e construir uma SFM que seja duradoura. Em outras palavras, quero me certificar de que haja talento, um processo e equipes que produzam bons retornos enquanto eu estiver aqui e durante décadas após a minha partida. Às vezes as pessoas torcem para que as coisas desmoronem ao irem embora, por acreditarem que isso mostra o seu valor, mas eu discordo.

DR: Algum arrependimento por não ter seguido outra carreira?

DF: Não. Acho que tenho muita sorte por estar nesse setor. Acordo entusiasmada todos os dias. Quando estiver aposentada ou semiaposentada, tenho o sonho de dar aulas. Isso é algo que posso fazer no futuro, mas estou exatamente onde quero estar.

DR: O que faz para relaxar e desanuviar a mente fora do escritório? Esportes? Sei que você era uma grande estrela do atletismo quando era mais jovem. Lazer, interesses filantrópicos... O que faz fora do escritório?

DF: O trabalho me mantém ocupada. Também tenho três filhos em idade escolar e participo de dois conselhos. Integro um conselho escolar e estou no conselho do Barclays. Acredito muito no lema "faça bem tudo o que fizer", o que exige muito tempo. Dito isso, ainda adoro correr. É a minha versão de meditação. Corro quase todos os dias, e ainda consigo correr 1,5km com bastante rapidez. Também gosto de ler. Tenho uma biblioteca que herdei de meus avós, e gosto disso.

DR: Eu penso em correr. Tenho pensado nisso há cerca de cinquenta anos, mas ainda não comecei porque não quero me machucar. Seus filhos entrarão para a private equity ou para o mundo dos investimentos?

DF: Todos eles parecem intrigados com o meu trabalho, e no ano passado as ações memes e as criptomoedas chamaram a atenção de nossa juventude. Acho que ao menos um de meus filhos vai negociar e investir.

DR: Não sei se falhei ou tive sucesso como pai. Todos os meus três filhos estão na private equity.

DF: Acho que é um bom sinal. Eles gostam do que o pai faz.

Fundos patrimoniais

PAULA VOLENT

Vice-presidente e diretora de investimentos da The Rockefeller University; ex-diretora de investimentos da Bowdoin College

> *"Não acredito em protelar lidar com erros. Uma vez que concluir que cometeu um erro ou perdeu a convicção, você precisa agir."*

No fim do século XIX e início do século XX, os fundos patrimoniais de faculdades e universidades americanas eram comparativamente modestos, em especial quando comparados aos fundos patrimoniais das principais universidades britânicas. Em 1900, o fundo patrimonial de Harvard era de 13 milhões de dólares. O de Yale, de 5 milhões.

Naquela época, o custo de operação relativo de uma faculdade ou universidade era muito menor: menos prédios, alunos, corpo docente e bolsas de estudo, e muito menos custos administrativos e regulatórios. Assim, a maioria das faculdades e universidades não se concentrava particularmente no tamanho de seus fundos patrimoniais ou na necessidade de fluxos de renda significativos e constantes neles.

Isso mudou nas décadas de 1930 e 1940. Essas instituições perceberam que grandes fundos patrimoniais lhes davam uma vantagem competitiva na busca por distinção acadêmica. E os custos que tinham aumentaram com tantos soldados retornando e usando a GI Bill para obter diplomas de ensino superior.

Na segunda metade da década de 1940 e início da década de 1950, Paul Cabot, tesoureiro de Harvard, começou a investir o fundo patrimonial da instituição em ações negociadas publicamente, produzindo uma taxa de retorno muito mais alta que o padrão. (Os fundos patrimoniais de faculdades e universidades dos Estados Unidos eram, em grande parte, investidos em dívida ou renda fixa.) Outras universidades e faculdades seguiram o exemplo, e as ações tornaram-se uma parte cada vez mais importante para esse tipo de investimento.

Contudo, a partir de 1985, o investimento de fundos patrimoniais universitários mudou para sempre quando David Swensen, um doutor em economia de Yale de 31 anos, foi encarregado de investir os fundos patrimoniais daquela universidade. Ao longo das três décadas seguintes, ele se tornou o padrão-ouro nesse mundo rarefeito, obtendo taxas de retorno consistentemente acima da média enquanto transformava a maneira como as universidades e faculdades investiam seus fundos patrimoniais.

Desde que David começou a liderar o fundo patrimonial em 1985 até sua morte prematura em 2021, ele alcançou uma taxa de retorno anual de 13,7% (até 30 de junho de 2021), gerando 50 bilhões de dólares em valor em relação ao retorno médio dos fundos patrimoniais de faculdades e universidades, conforme monitorado pela consultoria Cambridge Associates.

A inovação singular de David Swensen, a princípio considerada muito arriscada, foi investir pesado em ativos ilíquidos (private equity, venture capital, imóveis, hedge funds, entre outros ativos) e fazê-lo utilizando gestores financeiros externos que haviam acabado de montar seus próprios fundos. Como resultado, Yale poderia ser um investidor significativo para o fundo recém-formado e, assim, talvez obter taxas mais baixas que as normais. Conforme observado, os resultados durante um longo intervalo de tempo foram excelentes. Mais uma vez, outras universidades, bem como outros fundos patrimoniais sem fins lucrativos, seguiram seu exemplo, e a consequência foi a abordagem de investimento de "fundo patrimonial", ou seja, carregando em ativos ilíquidos mas geralmente com melhor desempenho. No ano fiscal de 2021, essa abordagem rendeu retornos espetaculares para a Washington University in St. Louis (65%), Bowdoin (57%), Duke (56%), Massachusetts Institute of Technology (56%), Princeton (47%), Yale (40%) e Harvard (34%).

Na opinião de muitos, o feito igualmente transformador de David Swensen foi treinar uma geração de profissionais de investimento em universidades, faculdades e fundos patrimoniais que acabaram liderando outros importantes fundos patrimoniais. Entre os mais bem-sucedidos está Paula Volent, que liderou o fundo patrimonial da Bowdoin College de 2000 a 2021. Ela agora administra o fundo patrimonial da Rockefeller University. Durante seus anos liderando o fundo patrimonial da Bowdoin, seus retornos excederam os de todos os fundos patrimoniais das universidades da Ivy League, incluindo os de seu mentor.

Paula não chegou ao mundo dos investimentos de maneira tradicional. Ela se formou e pós-graduou em história da arte e restauração e achou que, com o tempo, sua carreira a levaria a liderar um museu de arte. Porém, um inesperado interesse pelas finanças a levou à Yale School of Management, a um estágio com David Swensen e, então, passou algum tempo ajudando-o em seu livro clássico, *Desbravando a gestão de portfólios: Uma abordagem não convencional para o investimento institucional*.

Quando Paula começou a administrá-lo, o fundo patrimonial da Bowdoin era relativamente modesto em tamanho: 465 milhões de dólares. Foi um desafio convencer os melhores gestores de investimentos a desejarem desenvolver um relacionamento com a instituição. Talvez um desafio maior fosse o fato de que pouquíssimas mulheres administrassem fundos patrimoniais de faculdades ou universidades no início do mandato de Paula, e não era fácil ser levada a sério no mundo dos investimentos, então dominado pelos homens.

Mas a determinação dela em ser bem-sucedida, o afiado intelecto e a disposição de assumir riscos com novos gestores de investimentos demonstraram ser uma fórmula vencedora. E ela teria se contentado em continuar aplicando essa fórmula por muitos anos em nome de uma faculdade que amava. Mas a tentação de ajudar uma universidade a fazer pesquisas biomédicas de ponta se mostrou irresistível, e, em 2021, Paula aceitou administrar o fundo patrimonial da Rockefeller University.

Conheci-a quando eu procurava profissionais de investimentos talentosos para atuar no comitê de investimentos da National Gallery of Art. Devido ao seu interesse pela arte e pelo breve tempo que passou trabalhando na National Gallery antes de entrar para o mundo dos investimentos, Paula parecia a escolha ideal. O único problema de seu trabalho naquele comitê é que o diretor precisa perder tempo imaginando quanto tempo levará até que todos na galeria percebam que ela e os demais membros do comitê, incluindo Kim Lew (também entrevistada neste livro), sabem muito mais que ele a respeito de investimentos. Muito mais. Entrevistei Paula virtualmente em 11 de junho de 2021.

DAVID M. RUBENSTEIN (DR): A maioria dos excelentes profissionais de investimentos que conheci ao longo dos anos parece sentir amor por investimentos praticamente desde a infância. Passaram muitos de seus anos de faculdade e pós-faculdade aprendendo a ser investidores. Você começou a carreira nas artes, o que é incomum para alguém que mais tarde acabou se tornando uma investidora profissional. Como você deixou de ser uma pessoa relacionada à arte e se tornou alguém no mundo dos investimentos? Seu interesse pela arte a ajudou a se tornar uma boa investidora?

PAULA VOLENT (PV): Sou a primeira geração da minha família a ir para a universidade. Meu pai tinha dislexia grave e não chegou à terceira série. Foi expulso da escola. Ele era muito criativo e muito artístico. Pintava, era inventor, se interessava por muitos assuntos. Minha mãe era dona de casa, não cursou faculdade. Quando muito jovem, eu era curiosa e lia muito. Lia todos os livros da biblioteca itinerante. Ao longo de minha carreira, fui muito curiosa e li muito.

Tenho fortes opiniões sobre a importância da educação, em especial no tocante à assistência financeira, que é uma das razões pelas quais tenho tanto orgulho do que fiz na Bowdoin. Comecei na Emerson College, em Boston, pensando que seria fonoaudióloga porque poderia trabalhar, me casar e dar conta do recado. Enquanto eu estava lá, precisei cursar uma aula de história da arte. Tive que escrever uma redação, e, por acaso, acabei no Fogg Art Museum [em Harvard], observando da porta enquanto Marjorie B. "Jerry" Cohn, que era a conservadora de papel na época, estava prestes a mergulhar um desenho em uma bacia com água. Ela olhou para mim e falou: "Não fique aí parada. Se você quiser entrar, entre e veja o que estou fazendo."

Sempre digo aos alunos que a gente nunca sabe quando está no lugar certo e algo maravilhoso e inesperado vai acontecer. O encontro com Jerry Cohn despertou em mim a curiosidade pela restauração de obras de arte. Eu adorava arte. Passava muito tempo em museus, então acabei deixando a Emerson College. Trabalhei por um tempo e depois consegui uma bolsa de estudos com desconto por ser uma universidade local, porque estava pagando a faculdade por conta própria, e fui para a New Hampshire University. Eu me formei em química e história da arte porque estava muito interessada em conservação. Quando saí da New Hampshire University com especialização principal em história da arte e especialização extra em química, fui abordada pela Brown University e pela Bowdoin College para trabalhar em seus museus. Logo após a formatura, trabalhei na Bowdoin como assistente de curadoria.

DR: Você acabou indo para a Yale School of Management. Como passou da conservação para a administração?

PV: Depois da Bowdoin, trabalhei por um tempo no laboratório de conservação do Clark Art Institute e, então, fui para o Institute of Fine Arts da NYU, onde fiz um mestrado em história da arte, que adorei. Na história da arte, concentrei-me no estudo de desenhos barrocos do norte europeu e em arte contemporânea. Também me formei em conservação de obras de arte no Centro de Conservação da NYU. Estagiei na New-York Historical Society, depois estagiei no estúdio de conservação de papel do Palace of Fine Arts em San Francisco, seguido por meu último estágio no laboratório de conservação de papel no Museu do Condado de Los Angeles. Após a conclusão dos estágios, comecei a trabalhar com alguns conservadores particulares em Los Angeles. Trabalhei para muitas galerias, artistas e colecionadores.

Em seguida, comecei a administrar um escritório particular trabalhando com artistas e colecionadores na restauração de suas obras de arte. Uma vez que estava responsável por gerir um negócio, percebi que precisava saber um pouco de finanças. Eu tinha funcionários, uma folha de pagamento. Tinha que pagar um seguro.

Comecei a ter aulas de administração à noite na UCLA e meu professor disse: "Você é muito boa nisso. Já pensou em trabalhar na área?" Eu vinha pensando no problema de como eu havia restaurado todas aquelas obras de arte e de como, com algumas delas, as pessoas não tinham como pagar pelo trabalho. Também via aqueles pequenos museus com artefatos caindo aos pedaços. Fiquei interessada em fazer algo além de apenas consertar obras de arte. Pensei em ser uma diretora de museu com um grande foco em preservação.

Meu professor da escola noturna da UCLA conhecia um dos recrutadores da Yale School of Management. Naquela época, a Yale SOM tinha um MPPM, um mestrado em gestão pública e privada. Tom Krens, o diretor do Guggenheim, cursara a Yale School of Management. Então havia uma conexão arte-mercado profissional ali.

Candidatei-me para a Yale. Entrei na admissão antecipada e eles disseram: "É melhor vir agora porque você está ficando velha." Naquela mesma época, recebi uma oferta da National Gallery of Art para a William R. Leisher Fellowship. Bill Leisher era um conservador de pinturas que morreu de câncer no cérebro, e a galeria criou uma bolsa em sua homenagem.

Recusei Yale e fui para a National Gallery, onde, além de trabalhar na conservação de obras de arte, com foco em arte contemporânea, trabalhei coletando materiais de artistas históricos de todo o mundo, documentando-os e analisando-os. Foi fabuloso, mas conversei com Tom Krens de novo e ele insistiu: "Você tem essa opção de ir para Yale. Você deveria aceitá-la."

Decidi ir para Yale. Meu marido e eu estávamos tentando ter um filho e decidimos: "Certo, não vai ser agora." É claro, fiquei grávida na mesma hora. Cheguei em Yale e minha filha nasceu em fevereiro. Eles disseram: "Você não pode tirar alguns dias de folga e voltar?" Respondi: "Não."

Quando minha filha tinha cerca de um mês, eu estava inquieta. Queria continuar aprendendo a ser diretora de museu. Eu sabia que os museus dependiam de fundos patrimoniais. Fui e bati à porta de David Swensen, e ele foi ótimo. Conversamos. Ele olhou para o meu currículo e disse: "Você sabe que não tem nada de relevante aqui que tenha a ver com investimento, mas por que você não entra, começa a trabalhar no arquivo e vamos ver o que podemos fazer?"

Assim, trabalhei com David. Comecei arquivando livros de lançamento, documentos legais e memorandos de investimento. Comecei a organizar seu processo de diligência prévia e, aos poucos, David passou a me dar projetos. Como me formei como historiadora da arte, sou uma boa escritora. Na pesquisa de história da arte, você precisa juntar todas essas informações díspares. Na conservação de obras de arte, faz-se muita pesquisa. Você estuda e testa antes de fazer um tratamento invasivo em uma obra de arte, porque é preciso entender o que pode dar errado.

Há um paralelo direto com o que eu trago para a diligência prévia em investimentos. Tento juntar todas essas partes diferentes e, em seguida, tomar uma decisão sobre fazer um investimento, além de pensar sobre o que pode dar errado. Há uma coisa de lado esquerdo, lado direito do cérebro nisso.

Voltei e terminei o meu curso na Yale School of Management. Trabalhei no escritório de investimentos e fui professora assistente de David. Ele trouxe Seth Klarman, Michael Price, todos esses investidores para a sua turma na Yale College. Também fiz um estágio de verão no Getty Conservation Institute, trabalhando no escritório de investimentos. David queria que eu visse o que era uma carteira de investimentos tradicional *versus* a maneira como ele gerenciava a carteira de investimentos do fundo patrimonial de Yale. Meu trabalho no Getty era ajudá-los na diligência prévia de seus primeiros investimentos em private equity, bem como na realização de um grande projeto de gestão de caixa.

Peguei meu diploma da Yale School of Management segurando minha filhinha no colo. O livro de Seth Klarman sobre investimentos, *Margin of Safety*, era alvo de muita atenção e foi um grande sucesso. David era um pouco competitivo, também queria escrever um livro e sabia que eu era boa escritora. Eu tinha aceitado um emprego na Disney no qual eu teria que voltar para Los Angeles para trabalhar no escritório de investimentos deles. David me pediu para ficar mais alguns meses para escrever um livro, o *Desbravando a gestão de portfólios*.

É óbvio que aquilo levou mais de três meses. Recusei o emprego na Disney e David me ofereceu um cargo de assistente sênior no escritório de investimentos de Yale. Trabalhamos lado a lado por cerca de um ano nesse livro. Sempre achei o título do livro maluco, mas agora acho que é perfeito para o que David estava fazendo.

Quando eu estava no escritório de investimentos de Yale, David estava investindo em private equity, venture capital e em todas essas novas classes de ativos. Ele veio com a expressão "retorno absoluto", pensando no que os hedge funds deveriam de fato fazer. Sob a liderança dele, o escritório de investimentos de Yale estava fazendo todas essas coisas inovadoras.

Comecei na Yale sem experiência em finanças. Não sabia o que era um ponto-base e precisei aprender matemática básica quando vim para a Yale School of Management. Eu tinha uma filha pequena e foi desafiador. Mas tudo o que estava fazendo era muito empolgante, e David adorava ensinar e orientar. Nenhuma pergunta era simples demais para ele.

DR: David dizia no que as pessoas deveriam investir ou ele meio que esperava que tivessem ideias e ele as aprovava ou não? Como isso funcionava?

PV: Sempre havia alguém passando pelo escritório de investimentos em New Haven. Os gestores de fundos viajavam até lá. Professores de Yale, como Bob Shiller e Steve Ross, vinham almoçar com a equipe. Era algo colaborativo, mas era David quem de fato via as oportunidades.

Uma das coisas que ele ensinou à equipe de lá foi procurar por ineficiências, olhar para onde outras pessoas não estavam olhando e também apoiar pessoas inteligentes e inovadoras que "se abasteciam do que estavam fazendo". Ele não gostava de grandes coletores de ativos que ficavam ricos cobrando taxas de gerenciamento. Queria gestores menores, em especial na classe de ativos imobiliários.

A decisão final era dele, mas também precisávamos apresentar recomendações de investimento ao comitê de investimentos de Yale. Trazíamos materiais para discussões e grandes memorandos para o comitê, e eles discutiam e votavam neles. Eu trouxe essa disciplina e processo para Bowdoin. Embora nos empenhássemos muito na elaboração de memorandos de diligência prévia e isso fosse uma parte crítica da tomada de decisão de investimento, muitas vezes trabalhávamos em um grande memorando e em uma recomendação e então, no último minuto, eu dizia: "Agora que fizemos todo o trabalho, isso não me parece tão atraente quanto antes."

DR: Quantos anos você ficou em Yale?

PV: De 1996 a 2000.

DR: Depois de quatro anos você disse: "Agora estou pronta para seguir por conta própria"? Como conseguiu o cargo na Bowdoin?

PV: Ellen Shuman era uma de minhas colegas em Yale. Ela era uma ex-aluna da Bowdoin e disse: "Sabe, a Bowdoin nunca teve uma pessoa dedicada a investimentos." Eles tinham um tesoureiro e a empresa de investimentos Cambridge Associates como consultores, mas não tinham ninguém internamente que supervisionasse os investimentos. Na época em que cheguei, Stan Druckenmiller era o diretor do comitê de investimentos. Ele foi um dos precursores na inclusão de hedge funds na carteira de investimentos, mas não havia um processo interno. Os gestores de fundos eram convidados para uma reunião e, em seguida, o comitê votava, sem muita análise.

Ellen me pediu para falar com algumas pessoas na Bowdoin. Minha família é do Maine, e achei que aquela era uma grande oportunidade. Fui para a Bowdoin, me entrevistaram e achei inovador. Foi realmente empreendedor.

Em junho daquele ano, o fundo patrimonial era de 465 milhões de dólares. Entrei em julho de 2000, bem quando a bolha das pontocom estava começando a estourar, e assim, durante meu primeiro ano, o fundo patrimonial caiu para cerca de 400 milhões de dólares. No primeiro ano, tudo o que fiz foi escutar e estudar a carteira de investimentos. Uma das chaves de meu sucesso foi descobrir: "Qual é o perfil de risco do comitê de investimentos? Qual é o perfil de risco da Bowdoin? Era diferente de Yale. Menos zeros e um perfil de risco completamente diferente."

DR: Você teve a vantagem de trabalhar com dois dos mais famosos profissionais de investimentos de nossos tempos, Stan Druckenmiller e David Swensen. No que eles se assemelhavam e no que diferiam?

PV: Em primeiro lugar, ambos eram mentores incríveis. David tinha um coração muito grande. Ele incutiu em mim o amor por fazer algo por uma universidade. Ele poderia ter administrado um hedge fund. Poderia ter ganhado muito mais dinheiro, mas amava Yale. Adorava trabalhar com os alunos. Adorava que estivéssemos fazendo dinheiro para fornecer ajuda financeira. E ele incutiu curiosidade em nós. Era muito severo quanto à redação e ao pensamento crítico. Fazíamos os memorandos e ele os corrigia com caneta vermelha. Ele fazia de você um ótimo escritor.

Stan tem um grande coração, e é uma pessoa incrível. Um homem de poucas palavras que na maior parte do tempo só diz sim ou não. Com frequência, mal-humorado. Brilhante no que dizia respeito às transições de mercado. O que aprendi com ele foi gerenciamento de risco. Se você não sabe alguma coisa, precisa dizer: "Eu não sei, ligo para você de volta", em vez de tentar suavizar. É preciso entrar na sala do comitê de investimentos com tudo preparado para fazer a sua recomendação.

David era do mesmo jeito. Você precisava fazer o seu trabalho. Aquele dinheiro era importante para a instituição, e você não podia apenas espalhá-lo por aí. Era necessário pensar bem quanto a onde investi-lo.

Quando cheguei, ninguém na comunidade de investimentos conhecia Bowdoin. Eles pensavam que vivíamos no Ártico ou algo parecido, porque temos um urso-polar como mascote. Ninguém conhecia a Bowdoin, então meu trabalho nos primeiros cinco anos foi procurar os principais gestores e contar a história da Bowdoin e o que o dinheiro representaria em termos de assistência financeira.

Ainda hoje, a Bowdoin não considera a condição financeira dos alunos e não trabalha com empréstimos estudantis (é uma das poucas faculdades a fazer isso). A faculdade tem ex-alunos ilustres e uma longa história de compromisso com o "bem comum".

Nos meus primeiros anos lá, precisei sair do escritório e vender a marca Bowdoin, tentar ter acesso às principais empresas de investimento. Não tínhamos venture capital. Nenhum. Então descobri quais eram as melhores empresas de venture capital e comecei a visitá-las. Por fim, na Sequoia, eles estavam tão cansados de me ver que disseram: "Certo. Você pode ter 500 mil dólares em nossa nova estratégia, o fundo da China." Fui ao comitê de investimentos, batalhei por aquilo, e agora a Sequoia é um dos maiores e mais bem-sucedidos relacionamentos da faculdade. Hoje, a Bowdoin é uma grande marca na comunidade de investimentos.

DR: Quando você começou em 2000, havia 465 milhões de dólares no fundo patrimonial. Quando você saiu em 2021, em quanto estava?

PV: Cerca de 2,72 bilhões de dólares.

DR: Durante esse tempo a Bowdoin superou as principais universidades da Ivy League em uma base anual? Li que você teve uma taxa interna de retorno mais alta do que aquelas instituições.

PV: Sim, é verdade. David me enviou uma linda carta com uma citação de Leonardo da Vinci: "Grande é o aluno que supera o mestre." Uma vez ele veio ao meu escritório para ver o que eu estava fazendo. David era competitivo mesmo. Ele disse: "Ah, meu Deus, você está superando Yale."

O perfil de risco e a seleção de gestores na Bowdoin eram muito diferentes das demais instituições como a nossa. Por exemplo, nos últimos dez anos, mantive muito pouco em renda fixa. Em geral, eu administrava a carteira totalmente investida. Não retinha muito dinheiro. Eu me concentrava mesmo na liquidez com olhos de águia. Até 30 de junho de 2021, o fundo patrimonial da Bowdoin estava no quartil superior de retornos para os períodos de um, três, cinco, dez e vinte anos. Bate na madeira!

DR: Para as pessoas que não estão familiarizadas com isso, você poderia explicar para que servem os fundos patrimoniais universitários? Pessoas no governo em Washington, DC, às vezes criticam as faculdades e universidades por terem grandes fundos patrimoniais. Qual é o objetivo principal desses fundos?

PV: Servem como auxílio perpétuo. David gostava de citar Benjamin Franklin: "Você não pode fugir da morte e dos impostos, mas os fundos patrimoniais podem." Embora alguns fundos patrimoniais de faculdades estejam pagando impostos agora porque contam com mais de 500 mil dólares por aluno. [Em 2017, o Congresso decretou a cobrança de um imposto sobre os fundos patrimoniais de algumas faculdades e universidades.]

Um fundo patrimonial é um auxílio perpétuo. Na Bowdoin, eles ainda têm a doação de James Bowdoin III. Ele doou um pedaço de terra, alguns livros da biblioteca e algo em torno de mil dólares. Nós protegemos o valor original da doação, de modo que é possível gastar os retornos.

Cerca de 40% do orçamento operacional da Bowdoin vem do fundo patrimonial e 81% do apoio financeiro vem dos dividendos desse fundo. Concordo que alguns fundos patrimoniais são mesmo grandes. Mas há flutuações no mercado e, portanto, um fundo patrimonial, como o livro de David lhe dirá, protege a instituição de depender das mensalidades estudantis. [Em muitas faculdades e universidades, as mensalidades cobrem menos da metade do custo da educação de um aluno. Se não houvesse a renda de um fundo patrimonial, apoio filantrópico ou do governo sob a forma de bolsas de estudo, as faculdades e universidades teriam que definir os preços das mensalidades em níveis que a grande maioria dos alunos não conseguiria pagar.]

Observamos muitas instituições falindo em períodos como os de uma pandemia, quando as mensalidades caem e elas não têm o apoio de um fundo patrimonial. Ele também oferece apoio para que a instituição faça um trabalho inovador sem depender de subsídios do governo.

DR: A maneira como funciona é que você tem o fundo patrimonial e tenta obter uma certa taxa de retorno a cada ano. Retorno ajustado ao risco. Há um número que você tente obter a cada ano? Quanto dinheiro é necessário dar à faculdade para pagar despesas anuais?

PV: A Bowdoin tem uma regra de gastos que usa uma média de 12 trimestres, pegando o valor do fundo patrimonial para 12 trimestres e então calculando a média. Esse é o número que usamos. Tiramos 5% disso. Estamos tentando tirar esses 5% mais a inflação. Na Rockefeller University, usamos uma regra de gastos diferente, que leva em conta os gastos do ano anterior, ajustados pela inflação, bem como um pequeno componente da média móvel de 12 trimestres.

DR: Se bem me lembro, foi no fim da década de 1940 que Paul Cabot se tornou o tesoureiro de Harvard e, como tesoureiro (pelo que sei era um trabalho de meio-expediente), ele decidiu gerenciar de forma mais ativa o fundo patrimonial que, na época, era de uns 200 milhões de dólares. Isso deu início ao processo do envolvimento mais ativo dos fundos patrimoniais nos investimentos. Foi assim que aconteceu?

PV: Com certeza. Bowdoin tinha um relacionamento com Cabot porque, quando foi formada, a Cambridge Associates incluía Bowdoin, Harvard e algumas outras faculdades, mas Cabot foi fundamental para começar a usar gerenciamento ativo antes disso. Antes de Cabot, os fundos patrimoniais da maioria das faculdades e universidades eram investidos principalmente em ativos geradores de renda: financiamento estudantil com imóvel como garantia, ações de ferrovias. Também havia muitos títulos, porque só podia gastar o rendimento corrente. Então, nos anos 1970, a Fundação Ford fez um grande relatório sobre ações e o conceito de uma política de retorno total na qual era possível gastar tanto os ganhos quanto a renda, e as pessoas começaram a praticar gestões mais ativas e a gastar tanto dos ganhos quanto da renda, de modo que isso mudou o foco da renda fixa para a aquisição de mais ações.

DR: Continuando a história, a inovação de David Swensen foi aplicar em investimentos "alternativos" (private equity, venture capital, growth capital, distressed assets etc.) em uma porcentagem muito maior que as pessoas tradicionalmente aplicavam. Foi isso que impulsionou os altos retornos dele?

PV: David buscou alternativas porque entendeu que dá para tirar vantagem de ineficiências e receber um prêmio de liquidez [o que significa que os ativos "ineficientes" ou não prontamente negociáveis são, em geral, avaliados a um preço mais baixo que os ativos pelos quais os investidores estão pagando um "prêmio" pela liquidez ou eficiência de poder vendê--los prontamente]. David também era um ótimo cronômetro de mercado. Ele foi corajoso. Durante as crises de mercado, aplicava. Era muito bom em reequilibrar. Muitas vezes reequilibrava com seu BlackBerry enquanto viajava. Ele era apaixonado por mercados. Percebeu a ascensão da China muito cedo. Essa é uma das coisas que acho que me atraiu em David: sua curiosidade, sua vontade, sua coragem de fazer coisas novas.

O economista John Maynard Keynes era um de seus heróis, e uma das citações preferidas de David da obra de Keynes era: "A sabedoria mundana ensina que é melhor a reputação falhar convencionalmente que ter sucesso de forma não convencional."

"Alternativos" é um guarda-chuva gigante. Pode ser crédito privado, hedge funds, fundos de aquisições. Pode ser um cara em uma garagem fazendo uma invenção. David estava disposto a percorrer todo aquele leque. Ele era um investidor não convencional.

DR: Há duas grandes decisões que as pessoas precisam tomar em um fundo patrimonial: qual é a alocação entre, digamos, renda fixa, ações, alternativos e daí por diante, e quem serão os gestores de dinheiro externos selecionados para investir o fundo patrimonial. O que é mais difícil para você e o que é mais importante? É a alocação entre as classes ou é a seleção do gestor financeiro?

PV: Na faculdade de administração, aprende-se que a alocação de ativos é responsável pela maioria dos retornos. Porém, à medida que o mundo dos fundos patrimoniais se tornou mais sofisticado, a diferença entre as classes de ativos ficou confusa. Por exemplo, muitas carteiras de venture capital estão mantendo ações, pós-IPO. Então você vê esses fundos híbridos administrados por gestores como a Viking ou a Lone Pine, que mantêm posições em empresas de capital fechado em suas carteiras de investimentos negociáveis. As separações estão ficando muito indistintas.

Eu diria que o sucesso da Bowdoin se deu na seleção de gestores. Realizamos um estudo de alocação de ativos todos os anos e usamos métricas que nos ajudam a analisar se deveríamos ajustar com regularidade os nossos compromissos para uma classe de ativos ilíquidos como venture capital ou imóveis privados. Não dá para reequilibrar investimentos alternativos ilíquidos anualmente, porque é o gestor quem decide quando devolver o dinheiro. Quanto mais procura-se alternativos, mais é necessário pensar na capacidade de gerar liquidez para custear as chamadas de capital e as retiradas de gastos da instituição.

Você precisa investir em ações. Por que precisa de renda fixa? Seria por liquidez? É um seguro contra deflação? É um seguro contra inflação? Há razões para diferentes classes de ativos. Para a Bowdoin, e provavelmente também para Yale, a seleção de gestores está lá no topo, junto à alocação de ativos, talvez seja até um pouco mais importante.

DR: O que você procura em um gestor que pretende apoiar?

PV: Muito do que fazemos é prestar atenção em temas diferentes. Leio o *The Wall Street Journal* e o *Financial Times* todas as manhãs. Seth Klarman sempre dizia que as melhores ideias que tinha estavam impressas no verso do *The Wall Street Journal*. Você comenta: "Ah, isso é interessante." Então pensa sobre onde estariam as oportunidades de retorno, onde há ineficiências.

Gosto de me reunir com o máximo possível de gestores. Muitas vezes você ouve gestores dizerem a mesma coisa a respeito de algo específico, e, então, ouve alguém que tem uma visão diferente, uma percepção diferente dos mercados. Observo como a equipe está montada. Muitas vezes encontram-se gestores que precisam de analistas para alimentá-los com as informações que você está pedindo. Procuro um gestor que conheça muito bem as suas ações, de cabo a rabo, e tenha bons processos de diligência prévia.

Ultimamente, questionamos os gestores de fundos quanto à diversidade de sua equipe. Isso se tornará uma tendência crescente. Na Bowdoin, realizei uma longa diligência prévia a respeito de um fundo e, quando entrávamos, entrávamos para ser investidores leais, a menos que houvesse uma grande mudança.

Gosto de gestores que devolvem dinheiro quando a oportunidade não se mostra atraente. Também gosto de gestores que me ligam quando estão pondo a mão no fogo por uma oportunidade, declarando: "Quero capital novo para tirar vantagem de uma ineficiência." Alguns dos investimentos mais bem-sucedidos que fiz foram quando os gestores tiveram o seu pior período de desempenho e adicionei capital porque eu entendia a carteira de investimentos e tinha uma boa linha de comunicação com eles.

DR: Você acha que tem melhores retornos de gestores que já estão com excesso de demanda? Ou é melhor encontrar pessoas que estão tentando convencê-la a entrar porque precisam do dinheiro? Onde você obtém os melhores retornos?

PV: Há vinte anos administro a carteira de investimentos de uma escolinha de beisebol. Stan Druckenmiller me ligava o tempo todo e dizia: "Conheci um rapaz incrível que pode ser um grande acréscimo à carteira de investimentos do fundo patrimonial", mas seria difícil fazer a diligência prévia. Sem histórico. Não há como saber como a pessoa vai conseguir administrar o negócio. Então começamos a escolinha de beisebol. A coisa deu mesmo certo e se tornou uma fonte de bons retornos.

É também uma espécie de reconhecimento de padrões. Muitas pessoas podem ser boas gestoras de carteira de investimentos, mas não têm a menor ideia de como administrar um negócio e, portanto, a empresa de investimento se desfaz por divergências ou algo parecido. Muito do meu sucesso foi pegar um gestor novato, observá-lo e ir acrescentando com o passar do tempo, ou pegar um gestor realmente bom porque contamos a história da Bowdoin e a missão da instituição e ele deseja esse tipo de investidor.

DR: Vamos falar sobre ESG e diversidade. Quando você começou, não havia muitas mulheres administrando fundos patrimoniais de faculdades e universidades. Você enfrentou algum tipo de preconceito enquanto tentava fazer o seu trabalho? As pessoas falavam coisas do gênero: "Mulheres não podem fazer isso", ou isso não foi um problema? Ainda é um problema hoje, ou não é mais?

PV: Com certeza, foi um problema com o qual tive que lidar. Eu ia às reuniões e só havia algumas mulheres. Não que a coisa esteja resolvida. Sou ativa no empoderamento de mulheres jovens e adultas no setor de gerenciamento de ativos. Seema Hingorani fundou o Girls Who Invest [Meninas que investem], e estou lá desde o começo, trabalhando com elas. Também trabalho com a 100 Women in Finance [100 mulheres em finanças]. Estou treinando e orientando várias mulheres e empresas de venture capital administradas por mulheres. Estou tentando trazer visibilidade para o assunto.

A coisa melhorou um pouco, mas não foi resolvida. Por exemplo, as mulheres capitalistas de risco estão tendo muita dificuldade para levantar dinheiro. Vou para a Yale School of Management ou para a Bowdoin e digo às mulheres: "Você pode seguir carreira em gestão de ativos. Esta é uma carreira viável para você." A única coisa que eu não quero é que as instituições peguem alguém do Girls Who Invest ou uma estagiária, e achem que o requisito diversidade foi preenchido. As jovens precisam ter um caminho que as leve até a sala da diretoria.

DR: Se um gestor vier até você hoje e tiver um histórico incrível, mas for misógino e racista você diria: "Vou entrar, mas você pode contratar outra pessoa?" ou apenas responderia: "Nós apenas não vamos considerar a sua proposta"?

PV: Eu teria um diálogo. É o que eu faria. Abriria uma linha de diálogo.

No ano passado, tivemos uma estagiária do Girls Who Invest que verificou em quais posições estavam as mulheres nos organogramas de nossos gestores. Muitas dessas posições estavam nos setores de compliance, contabilidade e administração, mas não no de gestão de carteiras de investimento. Nós compartilhamos isso com os nossos gestores e tivemos uma conversa sobre o assunto.

DR: Algumas pessoas dizem: "Ter diversidade étnica e de gênero é uma boa política social." Outras defendem: "Também é provável que leve a melhores retornos." Como você responde à ideia de que isso levará a melhores retornos?

PV: A diversidade é importante, do ponto de vista cultural. Depende das pessoas, de seus pontos fortes. Eu não contrataria uma mulher sem experiência em demonstrativos de lucros e perdas para administrar uma carteira de investimentos. Ela precisa ter alguma experiência. Quero investir em empresas que estejam dispostas a dar às mulheres a chance de se tornarem grandes investidoras. Em certos setores, como em alguns setores de consumo e venture capital, as mulheres levam algo de consumidor que um homem não seria conseguiria trazer.

Creio que, à medida que a nossa sociedade se torne mais diversificada e essa diversidade apareça na maneira como as empresas operam e mudam, um gestor que se importe com diversidade social estará mais sintonizado com as empresas mais capazes de prosperar nesse ambiente.

DR: Alguns investidores, como eu, olham em retrospectiva para boas transações que lhe escapuliram. Também passam muito tempo pensando nas que fizeram e não deram certo. Você pensa naquelas que lhe escapuliram? E se culpa pelas que não deram certo?

PV: Faço as duas coisas. Assim se começa a reconhecer padrões e às vezes ver as próprias propensões, coisas que lhe passaram despercebidas. Aprender com os próprios erros e sucessos é uma parte muito importante para se ir mais longe. Entramos em um fundo imobiliário e pensei: "Certo, vou dar mais uma chance para esse gestor", porque gostei dele. Não gostei do fato de o fundo estar se desfazendo e da oportunidade não ser atraente. Eu, com certeza, dou uma olhada pós-parto em todos os nossos investimentos.

DR: Quando você faz um investimento e percebe, talvez um ano depois, que cometeu um erro, decide: "Vou sair dessa amanhã"? Ou diz: "Vou permanecer por mais algum tempo"? Como você se livra dos erros?

PV: Primeiro, faço muitas reuniões com o gestor e tento entender se aquilo foi um erro ou é apenas uma flutuação do mercado. Não acredito em protelar lidar com erros. Uma vez que concluir que cometeu um erro ou perdeu a convicção, você precisa agir. São raras as vezes que se recupera dinheiro ao permanecer. Essa é uma estratégia ruim.

DR: Quando você administra um fundo patrimonial universitário, sua remuneração é geralmente conhecida do público, e o valor é modesto comparado com aquilo que você poderia ganhar fazendo o mesmo em um formato de hedge fund. Por que essa é uma carreira atraente?

PV: Como já disse, fui a primeira geração da minha família a ir para a universidade. Contei com ajuda financeira o tempo todo, até na pós-graduação. Sempre trabalhei para instituições sem fins lucrativos. Há essa sensação incrível de estar fazendo algo pela sociedade ao administrar um fundo patrimonial ou uma fundação onde o dinheiro vai tornar o mundo um lugar melhor, admitindo alunos que jamais pensaram em estudar em lugares como a Bowdoin ou a Rockefeller University.

Administrar um fundo patrimonial é empreendedor porque todos os dias você está lidando com diferentes classes de ativos. É necessário pensar no equilíbrio entre gerar dinheiro para futuros fundos ou futuros alunos *versus* os alunos de hoje. É intelectualmente interessante. Sei que é possível fazer isso em um hedge fund, mas acho que a missão aqui faz a diferença.

DR: Suponha que alguém esteja lendo esta entrevista e diga: "Eu quero ser como a Paula. Como faço para me preparar? Devo ir para a escola de arte e aprender conservação de obras de arte? O que devo fazer para me preparar para conseguir um emprego na área de fundos patrimoniais de faculdades e universidades?"

PV: Serendipidade e estar aberta às experiências, às oportunidades. Acho que uma educação em artes liberais é muito importante: aprender a escrever, pensamento crítico, curiosidade. Muitas pessoas no setor de gestão de fundos patrimoniais têm um diploma de história, história da arte, ou inglês.

Na graduação, é preciso ser curioso e explorar todas as áreas. Não creio que todo mundo precise ter um MBA, mas o meu mudou a minha vida.

DR: Vamos falar sobre os próximos cinco anos, mais ou menos. Como os fundos patrimoniais de faculdades e universidades mudarão seu modo de investir?

PV: A pandemia vai causar muitas mudanças no modo como as faculdades pensam a educação. Haverá aprendizado híbrido e mais tecnologia.

O mercado está muito agitado. O ritmo e as avaliações dos negócios de risco estão enormes, e é de se perguntar quanto tempo isso vai durar. Kevin Warsh [ex-membro do Conselho do Federal Reserve] me escreveu um e-mail dizendo: "O fim da era de ouro está chegando." Muita gente que está entrando agora no mundo do investimento nunca, exceto durante alguns dias logo no início da pandemia, experimentou um mercado em baixa ou uma inflação em alta.

Agora, precisamos ter uma carteira de investimentos diversificada. Precisamos perceber que a globalização está dando um passo para trás e que algumas das estratégias e temas que tínhamos no passado potencialmente não funcionarão. Também precisamos perceber que as inovações, sejam a blockchain ou avanços nas descobertas de biotecnologia, estão aqui para ficar, e que é preciso caminhar em direção a isso e começar a aprender a respeito.

Penso na indefinição das classes de ativos, onde há empresas de capital aberto e fechado juntos e coisas multiestratégicas. Daqui para a frente, será difícil termos os retornos que tivemos nos últimos cinco anos.

DR: O que é um mercado em baixa? Não me lembro de um mercado em baixa. [Lembro-me agora, após maio de 2022.]

Uma última pergunta: você se arrepende de não ser a primeira mulher diretora da National Gallery of Art? Poderia ter sido você caso tivesse permanecido no mundo da arte. Arrepende-se de não ter ficado?

PV: Não, eu amo o que faço. É tão interessante. Sou voluntária em muitos comitês de investimento para pequenas instituições e adoro fazer isso. Ainda coleciono arte, meus amigos são artistas e tudo mais. Mas adoro descobrir, todos os dias, onde há uma oportunidade ou onde há um desafio. Não me arrependo, mas digo aos alunos que se, há trinta anos, você tivesse me falado que eu estaria aqui sentada, tendo essa conversa, eu não acreditaria.

KIM LEW

Presidente e CEO da Columbia Investment Management Company; ex-diretora de investimentos da Carnegie Corporation

> *"Estamos construindo para o longo prazo."*

Durante décadas, as grandes fundações investiram os seus fundos patrimoniais como faziam as universidades: a princípio, em títulos conservadores e, depois, em ações relativamente seguras (ou seja, investimentos "tradicionais"). Algumas décadas atrás, entretanto, as principais universidades decidiram buscar retornos mais altos e começaram a investir em "investimentos alternativos" (ou seja, investimentos que são mais arriscados, mas com o potencial de fornecer retornos mais altos). O mesmo aconteceu com as grandes fundações. Com a crescente pressão para aumentar os retornos, elas também se voltaram para a construção de carteiras de investimento alternativos que alavancaram a natureza de longo prazo de seus ativos subjacentes. Dada a complexidade da gestão desses investimentos, as maiores universidades e fundos patrimoniais com maiores equipes de investimento são as precursoras, e as instituições menores as têm acompanhado.

Faculdades e universidades têm fundos patrimoniais para fornecer renda anual relativamente previsível de modo a patrocinar bolsas de estudo, pesquisas, projetos de capital, corpo docente e atividades estudantis. Em geral, uma porcentagem da renda anual do fundo patrimonial é destinada a atender esses tipos de necessidade. Embora as mensalidades dos alunos sejam consideradas altas e cresçam de 2 a 4% ao ano, o valor delas em si pagam apenas uma fração modesta do custo real da educação de um aluno. Na verdade, os fundos patrimoniais das fundações têm uma necessidade muito maior de retornos constantes e previsíveis para honrar os compromissos de subsídios de longo prazo (e não podem contar com o fluxo constante de mensalidades para fornecer essa renda).

Uma das líderes de sua geração em investimentos em fundos patrimoniais, em particular na área de alternativos, foi Kim Lew, que encabeçou esse setor na Fundação Ford e depois se tornou diretora de investimentos da Carnegie Corporation. Em 2020, ela assumiu o cargo de presidente e CEO da Columbia Investment Management Company, que administra o fundo patrimonial da Columbia University.

Embora fundações e fundos patrimoniais universitários tenham muitas semelhanças em sua abordagem de investimento, as universidades têm contribuições de ex-alunos e subsídios do governo para ajudar a lidar com suas necessidades financeiras. As fundações normalmente dependem somente de seu fundo patrimonial para obter o financiamento necessário e, portanto, devem ser ainda mais sensíveis às necessidades de caixa. Achei que Kim poderia abordar a distinção entre fundação e universidade, além de outros assuntos.

Logo após se formar na Wharton School e na Harvard Business School, ela não via a área de investimentos sem fins lucrativos como parte de sua trajetória profissional. Uma carreira em Wall Street, que lhe garantiria uma remuneração muito maior, prestígio e melhores oportunidades profissionais, parecia o mais provável. Porém, uma reunião inesperada com um funcionário da Fundação Ford a levou a ver essa área como uma carreira melhor... embora naquela época qualquer carreira no mundo dos investimentos impusesse desafios para uma mulher racializada.

O pai de Kim era chinês e sua mãe afro-americana. Ambos tinham 17 anos quando ela nasceu, e as famílias dos dois não ficaram nada satisfeitas com o casamento e o nascimento do bebê. Mas seus pais permaneceram juntos e criaram uma mulher muito brilhante e motivada que obteve sucesso em todos os desafios acadêmicos e profissionais que enfrentou. E o desafio de ser uma investidora profissional do sexo feminino foi, sem dúvida, enfrentado no início de sua carreira de investidora. No ano passado, quando eu estava procurando acrescentar um profissional experiente ao comitê de investimentos da National Gallery of Art, Kim (assim como Paula Volent) me foi recomendada por todos que consultei.

Esta entrevista fez parte de minha série de TV *Bloomberg Wealth*, e foi realizada ao ar livre na Columbia University, com as sirenes, sobrevoo de aeronaves e construções próximas nos lembrando sem parar que estávamos em Nova York. Entrevistei Kim pessoalmente em 30 de julho de 2021.

DAVID M. RUBENSTEIN (DR): Qual é a estimativa do tamanho do fundo patrimonial da Columbia?

KIM LEW (KL): Cerca de 14,3 bilhões de dólares.

DR: Por que as universidades têm fundos patrimoniais tão grandes? Todos parecem maiores do que eram há uns vinte ou trinta anos.

KL: Os fundos patrimoniais das universidades são usados tanto para financiar as necessidades dos alunos, como bolsas de estudo, quanto para necessidades maiores da universidade, como pesquisas do corpo docente, e projetos de investimento, como construção de edifícios.

Essas necessidades estão crescendo a cada dia. Por exemplo, a Columbia está tentando abordar a questão climática, o que não exige muito esforço. Tem muita pesquisa por trás disso, bem como muitos alunos a bancar de modo a encontrar soluções. Os fundos patrimoniais crescem para resolver alguns desses grandes problemas e educar os alunos que serão os líderes de amanhã.

DR: Recentemente, as taxas de retorno têm sido muito boas para os fundos patrimoniais universitários. Isso é porque os gestores de investimento são muito inteligentes, ou os mercados têm estado muito bons?

KL: É uma combinação das duas coisas. Esperamos escolher gestores que sejam inteligentes e se saiam ainda melhor que os mercados. Mas os mercados têm estado fortes. Há muita tecnologia em jogo, o que torna mais eficiente fazer várias coisas diferentes e, ao fazê-las, introduzir muitas novas ideias e oportunidades.

Agora todo mundo está procurando opções de ações para atingir suas metas de retorno. As pessoas estão tomando muitas decisões relativas quanto aos melhores lugares onde investir o seu dinheiro. Isso significa que todas as boas ideias recebem lances cada vez mais altos. Há muito dinheiro por aí administrado por instituições que desejam investir e enfrentam dificuldades para obter altos retornos, então observamos algumas das melhores ideias encarecendo.

DR: Quando começaram, digamos no início do século XX, ou antes, os fundos patrimoniais universitários eram muito modestos. Aos poucos, começaram a ser investidos em outras coisas além de títulos e renda fixa. Agora, uma grande porcentagem está investindo no que chamamos de alternativos. Por que as alternativas são uma parte tão importante do processo de fundo patrimonial atual?

KL: Cada vez mais, alternativos não são mais alternativos, são partes centrais da carteira de investimentos. Foram considerados alternativos a certa altura porque não era comum as pessoas investirem naquilo. Mas são um ótimo investimento, em especial, para uma fundação ou fundo patrimonial porque são ativos de longa duração. Não é possível sacar o seu dinheiro de imediato. É um investimento mesmo para o futuro. É uma ótima oportunidade para aproveitarmos o fato de sermos uma instituição longeva. A Columbia espera ter à sua frente ainda séculos de existência. Portanto, não há problema em investir em coisas que provavelmente não amadurecerão por dez ou vinte anos.

DR: Normalmente, uma universidade retira uma certa porcentagem anual do fundo patrimonial para pagar seus custos operacionais, talvez 4 a 6%. É isso que faz a Columbia?

KL: Sim.

DR: Então, a cada ano você precisa ganhar ao menos 4 a 6% ou qualquer que seja a sua taxa de pagamento?

KL: O conselho determina o pagamento. Não nos envolvemos com isso. O importante para que eu possa ser bem-sucedida no meu trabalho é obter o valor desse pagamento mais qualquer inflação existente, porque pagar por esses mesmos alunos daqui a um ano será mais caro que foi este ano. Quero ter certeza de devolver o valor do pagamento mais a taxa de inflação.

DR: Nos cortes de impostos decretados por Trump, havia uma cláusula que dizia que os fundos patrimoniais universitários deveriam começar a pagar imposto. Algumas universidades estão pagando. Qual é a teoria para justificar que um fundo patrimonial universitário sem fins lucrativos seja tributado?

KL: Acho que o Congresso começou a sentir que as universidades não precisavam dedicar todos os seus recursos às suas missões da mesma forma que dedicavam anteriormente, porque estavam aumentando os seus fundos patrimoniais em taxas altíssimas e não estavam sendo tributadas por seus lucros.

Muita gente olha para os fundos patrimoniais e pensa: "Eles são enormes, não são tributados, é uma oportunidade de apoiar o governo." Mas há uma quantidade imensa de pesquisas sendo feitas aqui. Há todo esse empenho para ajudar a sociedade de maneira significativa. Às vezes isso é esquecido quando as pessoas pensam em impostos.

DR: Você gerencia o seu fundo patrimonial contratando gestores financeiros externos para investir o dinheiro ou contrata funcionários para investir internamente?

KL: Usamos gestores externos.

DR: Quando está contratando gestores, você verifica o histórico, a diversidade, o compromisso deles com ESG? O que você procura?

KL: Começo analisando a estratégia do candidato. Sua estratégia é única? Oferece a oportunidade de render grandes retornos? Então olho para a organização da qual ele faz parte. Eles criaram e construíram uma organização que confirme a própria estratégia e que faça sentido?

Em seguida, estudo o alinhamento deles. Estão alinhados comigo e com a Columbia? Estão nos tratando como parceiros? Têm integridade? Estão comprometidos com os valores com os quais estamos comprometidos? E estão pensando no longo prazo da mesma forma que nós?

Daí, analisamos o histórico para confirmar se a análise que fizemos sobre todas essas outras coisas se mostrou verdadeira ou não. Muitas vezes as pessoas começam com o histórico, mas isso apenas revela o que um gestor fez nas circunstâncias que existiam no passado. Quero saber o que eles vão fazer daqui para a frente, então vamos pensar sobre o que é preciso para que eles tenham sucesso daqui para a frente. Então me concentro no histórico para ver se eles têm essas habilidades.

DR: Suponhamos que alguém ligue e diga: "Eu gostaria de fazer uma doação para o fundo patrimonial da Columbia. Sou um proeminente graduado da Columbia, um grande doador da instituição e tenho muitos graduados da Columbia trabalhando em minha empresa." Isso faz alguma diferença?

KL: É responsabilidade nossa nos reunir com todos os nossos ex-alunos e tomar a melhor decisão em longo prazo para o benefício da organização. A Columbia faz um ótimo trabalho na educação e na criação de pessoas criativas e talentosas. Mas primeiro atendemos ao interesse do fundo patrimonial, certificando-nos de que estamos fazendo coisas que gerem o retorno do qual precisamos e que apoiem os valores da instituição.

DR: Você foi para Columbia depois de ter trabalhado como diretora de investimentos da Carnegie Corporation, uma grande fundação. Qual é a diferença entre supervisionar investimentos para uma universidade e para uma fundação?

KL: Há duas questões distintas. Em uma fundação, o principal problema, aquele que tentamos resolver antes de tudo, é a liquidez. Não há entradas de capital, por isso precisamos ter certeza de que podemos cumprir com as nossas obrigações. Isso inclui o pagamento para financiar bolsas de estudo, os compromissos não financiados por nossa carteira de investimentos alternativa e qualquer reequilíbrio que precisemos fazer para gerenciar a carteira de investimentos.

Em uma universidade, há influxos. Há mensalidades, há doações de ex-alunos, há outras fontes de dinheiro. A universidade possui reservas. Portanto, o problema principal não é a liquidez. O maior problema é a volatilidade, porque a universidade baseia o seu orçamento em um retorno esperado, e as quedas a colocam em risco. Então tenta-se resolver problemas diferentes em cada caso.

DR: As universidades podem decidir qual porcentagem do fundo patrimonial sacar a cada ano para ajudar a arcar com suas necessidades financeiras contínuas. A porcentagem paga à universidade a cada ano (a "taxa de pagamento") pode ser de 4, 5, 6%, dependendo de vários fatores, incluindo o desempenho do investimento do fundo patrimonial. A decisão sobre a proporção correta de pagamento é tomada pelo conselho administrativo da universidade. As fundações, por outro lado, são obrigadas por lei federal a pagar aos beneficiários ao menos 5% ao ano do fundo patrimonial da fundação. Esses são os números corretos?

KL: Sim, 5%.

DR: Você investe de forma diferente sabendo que precisa pagar 5% ao ano?

KL: Sim, mas a diferença é que temos que pagar 5% do que temos. Então, se houver uma baixa do mercado, o valor que precisamos pagar diminui. Portanto, trata-se de fato de controlar os custos fixos. Há pouquíssimos custos fixos em uma fundação que funcione bem, porque a maior parte de seu pagamento é destinado a subsídios. Não é nosso desejo cortar subsídios, mas podemos fazê-lo, se for o caso. Mas com uma universidade, quase todos os custos são fixos, por isso é muito mais difícil cortar o pagamento.

DR: Às vezes, ex-alunos e outras pessoas dizem: "As universidades não deviam investir em petróleo, gás ou em outro tipo de coisa socialmente controversa." Como você lida com essas questões?

KL: É muito importante que o braço de investimento de qualquer instituição esteja alinhado com os valores dessa instituição. Por outro lado, como diretora executiva do fundo, quero ter o mínimo possível de restrições, porque meu objetivo principal é o retorno. Mas não acho que possamos fazer isso à custa de valores.

A Columbia deixou muito claro que valoriza a sustentabilidade. A universidade tem uma Climate School [Escola do Clima], um Earth Institute [Instituto da Terra]. Quando o conselho de administração tomou a decisão de se comprometer a resolver esse tipo de problema mundial, determinou que isso era um valor a ser preservado. Quando eu estava no processo seletivo para esse cargo, eles ressaltaram que isso era importante. Nem discuti, porque é óbvio que desejo assegurar que o fundo patrimonial seja gerenciado de uma maneira completamente alinhada com os valores da universidade.

Da mesma forma, a Columbia assumiu um compromisso real com a diversidade, a justiça e a inclusão. Isso foi pensado estrategicamente e foi pedido a cada um dos departamentos, corpo docente, funcionários e fornecedores apoiados que pensassem estrategicamente sobre como dar suporte à comunidade. Fazemos o mesmo no fundo patrimonial. Nós analisamos e tentamos construir um quadro de gestores diversos, além de cuidar para sermos um reflexo da nação.

DR: Qual é o apelo de uma carreira de gestor de investimentos de universidade? É melhor que private equity?

KL: Este é o trabalho mais incrível que existe. Obviamente, somos uma instituição maravilhosa que faz um ótimo trabalho que muitas pessoas querem apoiar. Temos a oportunidade de conversar com todo tipo de gente à qual, quando jovem, jamais imaginei que teria acesso. E temos uma riqueza de experiência aqui na universidade. A cada dia você aprende um pouco mais. A cada dia você consegue causar um impacto em uma instituição que está fazendo um ótimo trabalho e é baseada na sua missão. Não consigo pensar em um trabalho melhor. A cada dia fico mais inteligente e a cada dia me sinto bem com o que estou fazendo.

DR: Suponhamos que um doador diga: "Estou disposto a doar uma grande quantia em dinheiro para a Columbia University, mas quero ter certeza de que será bem investido." Há pressão para garantir que você não perca dinheiro?

KL: Qualquer pessoa que tenha a capacidade de fazer uma grande doação para a Columbia entende os mercados e entende que há volatilidade neles. Estamos construindo para o longo prazo. É evidente que nenhum doador deve querer investir em um lugar que não produza um retorno ajustado ao risco adequado. Se eles sentissem que podem investir e apenas apoiar causas específicas, fariam isso. Mas podemos investir em coisas que um indivíduo não pode. Podemos investir em lugares com oportunidades que podem ser difíceis para um indivíduo. O argumento é sempre: "Você está fazendo um investimento de longo prazo no crescimento desta instituição e vamos investi-lo da melhor maneira possível."

DR: Vamos falar sobre como você chegou à posição atual. Seu pai é chinês, sua mãe é afro-americana e você nasceu quando eles eram adolescentes.

KL: Isso. Foi um assunto muito controverso na família. Uma garota de 17 anos ter um bebê nunca é algo desejável. Meu pai ficou afastado da família dele por um longo tempo por causa disso. Mas meus pais tinham uma base sólida como casal. Eles tinham um compromisso real com a educação. Como resultado, meu irmão e eu nos saímos bem.

DR: Onde você cresceu?

KL: Nasci aqui no Harlem, então sinto como se tivesse voltado para casa. Nasci no Harlem e passei vários anos aqui, morando com minha avó. Depois, quando tinha uns 6 anos, nos mudamos para o Bronx.

DR: Onde você cursou o ensino médio?

KL: No Bronx High School of Science.

DR: É um ótimo colégio.

KL: Há quem vá discordar, mas acho que é o melhor da cidade.

DR: Você deve ter sido uma boa aluna, porque acabou na Wharton School. Quando chegou lá, você pensou: "Uau, essas pessoas são muito inteligentes, têm famílias mais ricas e antecedentes privilegiados, como escolas particulares, enquanto não tenho nada disso"? Ou isso não lhe ocorreu?

KL: Pode ter certeza de que pensei isso. Não só cresci no Bronx, cresci nos conjuntos habitacionais do Bronx. Havia pouquíssimas pessoas ali que foram para a faculdade, muito menos para uma faculdade como a Penn, onde há pessoas do mundo inteiro. Penn foi o primeiro lugar para onde viajei. A primeira pessoa que conheci ali era do Alasca. Aquilo foi chocante para mim. Pessoas do mundo inteiro iam para a Penn, com antecedentes econômicos muito diferentes, embora eu ache que isso não era tão óbvio naquela época. Todos vivíamos no campus, ficávamos nos mesmos dormitórios, comíamos nos mesmos refeitórios. Agora é muito mais evidente e muito mais desafiador para os alunos que vêm de origens humildes do que no tempo em que estive lá. Atualmente, a riqueza é visível de uma maneira que não era naquela época.

DR: Quando você se formou, disse: "Quero me tornar uma diretora de investimentos de universidade"?

KL: Eu era formada em contabilidade, porque entendia o que aquilo significava. Achei que trabalharia como contadora. Fui a algumas entrevistas de emprego e ficou evidente que aquela cultura não era a mais apropriada para mim. Então saí perguntando: "O que você acha que eu posso fazer?" E as pessoas me diziam: "Como especialista em contabilidade, você pode entrar no setor bancário. Pode ser uma analista de crédito ou pode entrar em um banco de investimento." Escolhi ir para um banco comercial, o Chemical Bank, que tinha um dos programas de treinamento de crédito mais incríveis que existia na época. Foi uma decisão maravilhosa.

DR: Você acabou indo para a Harvard Business School. Foi difícil entrar na HBS?

KL: Foi desafiador. Na época, eu tinha que escolher uma dentre várias opções de escolas de negócios diferentes. Optei pela HBS em grande parte porque eles desafiam o aluno a falar em sala de aula, expressar-se e conseguir argumentar e defender suas ideias. Na época, eu tinha dificuldade para falar em público. Senti que a HBS me daria a oportunidade de aprender a me expressar melhor e ganhar confiança.

DR: Ir para Harvard lhe deu mais confiança?

KL: Em algumas áreas, sim. Em outras, era apenas intimidador. Você está em um lugar com pessoas que são competitivas na mesma área do mundo em que você é competitivo. Para muitos, pode ser realmente desafiador. É preciso encontrar um sistema de apoio. É importante haver administradores e professores que se preocupem com você e que estejam comprometidos em fazer o que for necessário para ajudá-lo a sentir que você pertence àquele lugar. Foi o que aconteceu comigo na HBS.

DR: Após se formar, o que você decidiu fazer?

KL: Fui para a Prudential, especificamente para o Prudential Capital, no grupo de colocação privada, que é tipo o próximo nível de crédito.

DR: Depois disso, você finalmente foi trabalhar para a Fundação Ford. Como conseguiu esse cargo?

KL: Em grande parte, sorte. Eu tinha um colega de turma da faculdade de administração cuja mãe era diretora de pesquisa, analista de tecnologia e diretora de alternativos da Fundação Ford. Ela estava encarregada de muita coisa, abrindo mão do seu papel como stock picker em tecnologia e seguros. Ele sabia que havia um processo seletivo e me disse: "Minha mãe investe, você investe, você deveria entrar em contato com ela e conversar." Então, fui falar com ela. A mãe dele era Betty Fagan, que acabou sendo a melhor mentora que já tive.

Nós nos demos muito bem. Ela me apresentou à diretora de investimentos na época, chamada Linda Strumpf, e à pessoa que chefiava o grupo de ações, um senhor chamado Halliday Clark. Tive conversas maravilhosas com ambos. Se a HBS lhe ensina alguma coisa, é a convencer as pessoas a deixarem você fazer um trabalho para o qual provavelmente não está qualificado. Então eles me contrataram como analista de ações sem experiência nos mercados de ações e sem experiência em tecnologia... em 1994, logo no início da maior corrida tecnológica de todos os tempos.

DR: Você acabou deixando o cargo para ir para o Carnegie?

KL: Sim, em 2007. Fui encarregada da private equity e comecei a trabalhar para outra mulher maravilhosa, a diretora de investimentos Ellen Shuman. A filosofia dela de investimentos era muito diferente daquela da Fundação Ford. Quando eu estava na Ford, eles tinham uma carteira de investimentos tradicional, focada em especial em ações e renda fixa. Por outro lado, o Carnegie administrava o que, em nomenclatura comum, é conhecido como fundo patrimonial modelo, ou modelo de Yale: uma carteira de investimentos fortemente alternativa. Foi uma oportunidade de aprendizado. Também foi uma oportunidade de ir para um lugar onde éramos encorajadas a conversar sobre as classes de ativos. Eu sabia que ali poderia aprender a ser uma CIO.

DR: E, por fim, você se tornou uma CIO. A ascensão até ser a chefe do fundo patrimonial da Columbia foi afetada pelo fato de você ser uma mulher negra, ou isso não a afetou?

KL: Há muitos desafios para que as mulheres e as pessoas negras consigam oportunidades nesse espaço, porque essa tende a ser uma área que depende muito de relacionamentos e redes de contatos. Para alguém como eu, que não conhecia ninguém com contatos nessa área, com um nome que não é tão reconhecido, demora para as pessoas saberem quem você é e sua avaliação não é tão rápida quanto a dos outros.

Felizmente, eu estava em um lugar que nos encorajava a sair da zona de conforto, aprimorar nossas habilidades e sermos conhecidos como líderes de opinião no setor. Como resultado, eu era conhecida pelas pessoas que importavam na Columbia. Mas isso é incomum, e é difícil para muitas mulheres e pessoas negras que não têm a oportunidade de fazer o mesmo.

DR: Muita gente está entusiasmada com as criptomoedas. Qual a sua opinião a esse respeito?

KL: É importante que os fundos patrimoniais, em especial fundos patrimoniais como os da Columbia, tenham uma visão sobre isso e comecem a pensar se essa se tornará uma moeda ou estratégia viável para o futuro. Fazemos alguns investimentos modestos de modo a podermos acompanhar a coisa de perto.

Acho que terá efeitos profundos. Há muitos caminhos diferentes. Há as stablecoins, as NFTs, o blockchain, diferentes camadas. As pessoas estão usando isso para muitas coisas diferentes. É óbvio que se trata de algo que veio para ficar. É óbvio que desempenhará algum papel. Não está claro qual será esse papel. É importante que nos envolvamos um pouco, para termos certeza de que tenhamos relacionamentos com pessoas que desenvolverão conhecimentos, e para que possamos aproveitar esse conhecimento e decidir qual caminho seguir.

Não é algo em que investiríamos muito neste momento. Há muita volatilidade. Há muito risco, o que não é algo pelo que estamos necessariamente sendo pagos agora. Mas temos a capacidade, porque somos investidores de longo prazo, de explorar novas opções, e a criptomoeda é uma delas.

DR: Por vinte e cinco anos, a inflação foi muito baixa, perto de 2% ou menos ao ano, e, portanto, não havia a preocupação de que os produtos ou serviços de uma empresa passassem a custar muito mais a serem produzidos que o preço pelo qual poderiam ser vendidos com lucro. Agora, por causa da Covid-19 e dos desafios da cadeia de suprimentos, a inflação está voltando aos níveis da década de 1970, ao menos 6 a 7% ao ano. Como você vai lidar com isso? Como escolher empresas nas quais investir que sejam capazes de cobrir custos mais altos com segurança, repassando-os para os clientes com preços mais altos?

KL: Muitas das ferramentas que usamos historicamente para combater a inflação não funcionam mais como antes. As pessoas pensavam no varejo e no setor imobiliário como uma maneira de se protegerem da inflação. Isso é cada vez menos possível. Da mesma forma, as commodities também foram pensadas como uma forma de proteção, mas há desafios. No longo prazo, as ações têm sido uma proteção. Continuaremos a fazer o que fizemos no passado, que é construir uma carteira de investimentos diversificada onde existam muitas oportunidades diferentes que possam nos proteger da inflação.

Diferentes tipos de inflação precisam ser protegidos de maneiras diferentes. É preciso verificar se a inflação está aumentando rápida ou lentamente, se é temporária ou um tipo de inflação longa ou persistente. Nunca pretendi ser uma economista capaz de prever para onde a inflação está indo. O que preciso fazer é construir uma carteira de investimentos diversificada, onde existam diferentes opções que possam combater os diferentes tipos de inflação, e ficar atenta a ela.

DR: O governo dos Estados Unidos tem muitas dívidas, cerca de 28 trilhões de dólares. [Em 1º de junho de 2022, a dívida nacional dos Estados Unidos era de 30,4 trilhões de dólares.] Essa dívida foi acrescida em cerca de 1,5 trilhão de dólares neste ano fiscal. Isso a preocupa?

KL: Por muito tempo me preocupei com a dívida por causa de seu potencial impacto na inflação e no valor do dólar, mas não fiquei muito preocupada com isso. Porém, estamos começando a ver restrições de capacidade, que têm um impacto muito maior na inflação. Essa é uma preocupação crescente. Mas outros lugares e mercados confiam nos Estados Unidos, uma vez que a moeda é respaldada pela promessa do governo. Acho que continuamos a ocupar um lugar que inspira confiança mundo afora. Mas há outros poderes em ascensão a cada dia. Precisamos ter consciência disso. E precisamos ser cuidadosos. O nível de endividamento é algo que precisamos observar com atenção. Mas, se você pode imprimir dólares, você pode pagar a sua dívida.

DR: Suponha que o presidente dos Estados Unidos ligue para você e pergunte: "O que posso fazer para melhorar a economia do país?" Que recomendação daria a ele?

KL: A divisão de riqueza é um desafio. Não acho que uma economia possa ser sustentável se houver tantas pessoas que não têm nada e tão poucas que têm muito. É necessário um esforço visando uma sociedade mais justa. Instituições como a Columbia, que estão tentando educar o mundo de forma equitativa, têm procurado melhorar isso. Porém, a economia precisa de pessoas que possam comprar. Precisamos de consumidores. Pessoas muito ricas não estão consumindo todos os bens que precisamos vender. Isso é algo que precisamos trabalhar, o que significa que temos de lidar com as questões em torno de preconceitos e de quem tem oportunidades e quem não tem. É um grande problema. Não acho que haja uma solução fácil. Mas nenhum dos problemas que enfrentamos agora é de fácil solução.

DR: Como mencionamos, universidades como a sua têm investido pesado em investimentos alternativos, mas os retornos têm sido tão altos que isso não pode ser sustentável. Você está começando a achar que talvez devêssemos aliviar ou proteger as nossas posições em investimentos alternativos?

KL: Creio que os alternativos continuarão a ser investimentos viáveis. Os investimentos alternativos e privados continuarão sendo uma parte importante de nossa carteira de investimentos e grandes geradores de retorno.

Creio que precisaremos ser seletivos. Há pessoas que usam a dívida de forma estratégica para criar valor. Acho que não há nada de errado nisso. Quero investir com pessoas que são hábeis em fazer isso.

DR: Os fundos patrimoniais universitários têm se saído muito bem nos últimos anos, em parte devido a investimentos alternativos. No momento, se você quisesse comprar um índice do mercado de ações ou comprar um índice de renda fixa, poderia fazer isso com facilidade. Mas suponha que alguém diga: "Quero fazer o mesmo que a Columbia faz." Não há como comprar um índice que reflita isso, não é mesmo?

KL: Atualmente não, embora haja gente tentando. Há pessoas por aí tentando separar todos os diferentes componentes da criação de valor em um mercado privado e criar cestas ou estruturas que permitam alavancar todas essas diferentes oportunidades. É desafiador. Há pessoas trabalhando nisso. Não sei se acredito que alguém tenha conseguido.

Na verdade, a exposição passiva a mercados privados não é desejável. O desempenho passivo em geral é um desempenho médio, e o desempenho médio de private equity não compensa o suficiente o risco de iliquidez que se assume. Em vez disso, você quer investir nos melhores gestores, nos melhores desempenhos do quartil superior. Isso requer uma seleção ativa de gestores. É necessário determinar as características dos gestores mais habilidosos em cada classe de ativos, obter acesso a eles e convencê-los a permitir que você invista porque eles costumam ter excesso de demanda, o que significa que as pessoas querem lhes entregar mais dinheiro que eles precisam.

DR: Quando você escolhe gestores externos para investir parte de seu fundo patrimonial, eles têm o poder de investir os fundos que você alocou. [Um gestor externo toma as decisões de investimento. Alguém como Kim analisa o desempenho geral do gestor, mas não questiona as decisões dessa pessoa no dia a dia.] É de supor que você os tenha selecionado por causa de seu histórico e área de atuação. Suponhamos que você decida investir com o gestor A. Ele lhe faz um ótimo discurso de vendas. Tem um ótimo histórico. É bom em ESG. É formado em Columbia. Porém, após um ano, o desempenho dele não se revela bom. Você diz adeus ou lhe dá mais dois ou três anos?

KL: Para mim, é sempre uma questão de perguntar: "O baixo desempenho é explicável?" Toda estratégia tem um momento bom e um momento ruim. Só porque eles estão tendo um desempenho abaixo do mercado não significa que não sejam bons gestores. Escolhemos indivíduos para estratégias específicas, então queremos ver se eles estão tendo um desempenho adequado para a sua estratégia. Será que seu desempenho abaixo do esperado se deve a algum motivo incomum, um risco idiossincrático que não era previsível? Ou sim, eles tiveram um desempenho inferior, mas tiveram uma forte recuperação. Então você lhes dá mais tempo.

É uma questão de entender o que gerou o desempenho inferior e se é algo que demonstra uma erosão na capacidade deles de superar o desempenho. Se isso não acontecer, você continua comprometido. Essa é uma das coisas que temos a vantagem de fazer, porque temos uma carteira de investimentos diversificada.

DR: Hoje, ao olhar para o ambiente de investimentos, o que a deixa mais nervosa e o que a deixa mais otimista?

KL: Estou muito otimista em relação à tecnologia e como ela está resolvendo muitos dos problemas do mundo. Acredito que veremos soluções para a questão climática. Acredito que haverá soluções para muitos problemas médicos. O campo da biotecnologia está repleto de oportunidades maravilhosas e pessoas brilhantes resolvendo problemas. Isso me deixa incrivelmente otimista.

Estou mais pessimista com o fato de nós, como investidores, não sermos capazes de prever os resultados produzidos pelos problemas mundiais. Como não podemos prever os resultados dessas questões geopolíticas globais, estamos tentando investir em torno delas e tentando nos proteger da melhor forma possível.

Mas é difícil prever. Penso muito na relação entre os diferentes governos. Penso muito no aumento dos níveis de endividamento e no impacto que isso terá no longo prazo e na estabilidade das economias.

Investir implica um nível de previsibilidade. Implica um nível de confiança e uma capacidade de análise. Muitos desses problemas são idiossincráticos e não previsíveis. Não controlamos os resultados. Isso me preocupa.

DR: Quando você vai a um coquetel (algo que está voltando a acontecer), as pessoas dizem: "O que você acha que devo fazer com meu dinheiro?" Elas pedem conselhos o tempo todo?

KL: Respondo: "Casa de ferreiro, espeto de pau." Sou uma investidora institucional. Não sou investidora de varejo. A tolerância ao risco e a duração de uma universidade como a Columbia são muito diferentes daquelas de um indivíduo, então não dou conselhos sobre ações ou mercado.

DR: Qual é o melhor conselho de investimento que você já recebeu?

KL: O melhor conselho de investimento que já recebi é que estamos no negócio de assumir riscos. Se você quer produzir retornos, precisa estar disposto a assumir riscos e precisa estar disposto a analisá-los e mitigá-los da melhor maneira possível, e se certificar de que o potencial de retorno de um investimento é igual ao seu risco. Mas você não pode evitar o risco.

DR: Qual é o erro mais comum entre os investidores?

KL: O erro mais comum é seguir o rebanho e fazer o que todo mundo está fazendo, não se certificar de que um investimento é apropriado para a sua instituição. Há um milhão de maneiras de ganhar dinheiro. Há um milhão de estratégias que podem funcionar. Nem todo investimento é consistente com a sua estratégia. Há muita mentalidade de rebanho. Isso é um grande erro.

DR: Suponhamos que sua filha mais velha procure você e diga: "Ganhei 100 mil dólares fazendo algo criativo. Você é uma profissional de investimentos. Mãe, o que devo fazer com meus 100 mil dólares?"

KL: Eu diria para ela procurar um profissional que lide com investimento de varejo e me certificaria de que ela vai investir o dinheiro. Os jovens precisam investir em seu futuro. Cada jovem é uma história diferente. Minha filha quer ser advogada. Ela poderia usar o dinheiro para pagar a faculdade de Direito. Esse seria um ótimo uso desse capital. Outras pessoas não têm certeza do que querem fazer e precisam deixar o dinheiro em algum lugar enquanto pensam a respeito. Nesse caso, devem procurar um indivíduo talentoso que seja muito bom em investimentos de varejo e fazer com que ele invista o capital até descobrirem para que precisam usá-lo.

DR: Há alguma escolha que você diria para ela evitar a qualquer custo? Qual seria a pior coisa que ela poderia fazer com o dinheiro agora?

KL: A resposta a essa pergunta é: você precisa desses 100 mil dólares para viver? Se for esse o caso, não deve investir em criptomoeda. É muito volátil. Se for apenas um dinheiro que esteja sobrando, talvez deva investir. Depende de sua tolerância ao risco.

DR: Em comparação com o início de sua carreira, você acha que agora as mulheres têm um papel de maior destaque no mundo dos investimentos? Acha que ficará ainda melhor do que tem sido?

KL: Acho. Cada vez mais vemos que a forma como tipos diversos de pessoas pensam sobre o mundo é diferente da maneira que pensam os investidores tradicionais. Se é verdade ou não, é difícil dizer, a percepção que temos é de que as mulheres pensam mais a longo prazo que os homens, e refletem sobre investimentos como parcerias de longo prazo, em oposição a investimentos transacionais de curto prazo. É discutível. O que eu sei é que você investe de acordo com as suas experiências e de como foi educado. Há uma compreensão real dos mercados para os quais os investidores tradicionais talvez não vislumbrem, e esses são os mercados que provavelmente estão subfinanciados. Portanto, há uma oportunidade de se ganhar dinheiro ali.

Cada vez mais, à medida que as pessoas reconhecem que a diversidade é importante em todas as diferentes dimensões, encontraremos mulheres e pessoas negras recebendo mais oportunidades e notaremos uma melhoria no desempenho. Acredito fundamentalmente nisso.

DR: Além de Warren Buffett, o graduado mais famoso da Columbia é Alexander Hamilton. Se Alexander Hamilton ligasse para você e perguntasse: "A quantas anda meu fundo patrimonial de investimentos?", o que você diria?

KL: Acho que Alexander Hamilton se sentiria orgulhoso pelo fato de a Columbia ter se saído tão bem e formado tantos líderes talentosos. Ele era uma pessoa incrivelmente focada em dar oportunidade para todos e ficaria emocionado com o que esta universidade fez e com o papel que o fundo patrimonial está desempenhando para apoiar isso.

PARTE II

Investimentos alternativos

Após a Segunda Guerra Mundial, o mundo dos investimentos mudou para sempre com a criação e o crescimento de investimentos projetados para gerar retornos muito maiores que os tradicionais em títulos, ações e imóveis. Com frequência, eram chamados de "alternativos", o que significa que eram alternativos aos tipos tradicionais de investimentos.

A teoria por trás desses tipos de investimentos era a de que os profissionais do setor estariam envolvidos de maneira ativa na tentativa de agregar valor. Eles fariam mais do que somente escolher ações ou títulos. Eles se envolveriam com a administração. Participariam dos conselhos. Ajudariam com aquisições ou contatos no setor. Recrutariam talentos gerenciais. E assim por diante.

Por esses serviços de "valor agregado", os profissionais de investimentos "alternativos" compartilhariam os lucros do investimento, em geral em uma taxa de 20% (se não mais alta, no caso de profissionais extraordinários).

O primeiro tipo de gestores de investimentos alternativos atuou na área de venture capital. Pode ser apócrifo o fato de o venture capital ter sido inicialmente apelidado de capital de "adventure", ou "aventura", mas não há dúvida de que o risco de criar e desenvolver novas empresas era considerado uma verdadeira aventura na época.

O primeiro fundo moderno de venture capital, criado no final da década de 1940, foi seguido logo depois por outro veículo de investimento "alternativo", o hedge fund. A princípio, os hedge funds foram chamados de fundos "cobertos", pois o fundo tinha permissão para "cobrir" a possível desvantagem de um investimento através de diversas técnicas (por exemplo, vender uma ação a descoberto).

A década de 1970 produziu um terceiro tipo de fundo de investimento alternativo, o fundo de buyout, onde se usava alavancagem considerável para facilitar a aquisição e aumentar os retornos de uma empresa.

No começo, esses tipos de investimentos alternativos eram considerados muito arriscados, e apenas em 1979 o Departamento do Trabalho dos Estados Unidos considerou suficientemente "prudente" que fundos de pensão privados aplicassem seu capital neles. Os fundos de pensão públicos vieram um pouco mais tarde.

Com essa decisão, e com os retornos muito atraentes obtidos através desses veículos de investimentos alternativos, o mundo dos investimentos alternativos cresceu de maneira exponencial. Com o tempo, outras áreas alternativas de investimento também foram criadas: growth capital, distressed debts, crédito privado e secundário, entre outras.

Hoje, quase meio século depois de o Departamento do Trabalho efetivamente permitir o crescimento desse setor nos Estados Unidos, o mundo dos investimentos alternativos quase se tornou tradicional, pois a maioria dos investidores sente a necessidade de ter um componente de tamanho considerável (5 a 35% ou mais) de alternativos em sua carteira de investimentos. No momento, há mais de 11 trilhões de dólares comprometidos ou aplicados em investimentos alternativos.

Hedge funds

SETH KLARMAN

Fundador e CEO do Baupost Group

> *"O value investing está na interseção da economia e da psicologia. Costumo brincar dizendo que é o casamento da calculadora com uma pessoa 'do contra'."*

Uma pesquisa informal com os maiores investidores do mundo sobre quem eles mais admiram deve acabar incluindo uma pessoa que provavelmente não é, por definição, um nome famoso: Seth Klarman.

Por quase quatro décadas, e em grande parte longe dos olhos do público, Seth liderou o Baupost, um hedge fund orientado a valor com sede em Boston. Durante esse período, o fundo teve um retorno total anual composto de mais de 15% com apenas quatro anos de baixa. Um recorde quase inigualável em um período tão extenso.

Qual o segredo do fundo? Para começo de conversa, Seth é brilhante para os padrões de qualquer pessoa. É um leitor voraz, absorvendo enormes quantidades de informações que muitas vezes levam a ideias de investimento valiosas, nem sempre evidentes. Também é muito paciente, sempre esperando a oportunidade certa, mesmo que precise manter dinheiro parado enquanto isso. E, talvez o mais importante, ele construiu uma equipe de investimento formidável de mais de sessenta pessoas a quem delega responsabilidades significativas.

Embora as categorias de investimento padrão nem sempre se encaixem perfeitamente, talvez seja justo chamar Seth de "value investor": alguém que deseja fazer investimentos com desconto em relação ao valor subjacente. Ele não está disposto a seguir as últimas modas ou tendências de investimento e deseja manter um investimento por algum tempo. O value investor mais famoso de todos os tempos é Warren Buffett, alguém com quem Seth Klarman é, com frequência, comparado.

Seth escreveu sobre a sua abordagem de investimento em *Margin of Safety*, livro publicado em 1991 e que se tornou um clássico de investimento, rivalizando com o *Análise de investimentos* de Benjamin Graham. Seth ainda não atualizou o seu livro, e é difícil encontrar exemplares, pois está esgotado há muito tempo. Pelo visto, cópias são vendidas por milhares de dólares na Amazon.

Talvez Seth não tenha atualizado um livro tão bem recebido por não estar de fato interessado em publicidade sobre a sua abordagem de investimento. Ele é mais aberto quanto aos seus interesses filantrópicos, que incluem a preservação da democracia e a saúde das crianças.

Foi para discutir este último assunto que me encontrei com Seth pela primeira vez. Ele pediu para me entrevistar em relação a um evento para o Hospital Infantil de Boston. Eu lhe disse que aquilo seria uma inversão de papéis, e que o maior apelo para o seu público seria ouvi-lo ser entrevistado. No fim das contas, entrevistamos um ao outro.

Ao me preparar para a entrevista, percebi que ambos crescemos em Baltimore e provavelmente morávamos a poucos quilômetros um do outro. Contudo, para a minha consternação, nossos caminhos nunca se cruzaram. Se o tivesse conhecido naquela época, com certeza teria aprendido muito mais sobre investimentos muitos anos antes. Entrevistei Seth virtualmente em 1º de julho de 2021.

DAVID M. RUBENSTEIN (DR): Você e Warren Buffett, com quem é comparado com frequência, são provavelmente os dois value investors mais conhecidos e bem-sucedidos. Para ser mais exato, o que é um value investor? Quais habilidades são necessárias para ser bem-sucedido nisso?

SETH KLARMAN (SK): A prática básica do value investing é tentar comprar dólares por 50 centavos, às vezes 60 ou 70 centavos. Ou seja, comprar pechinchas. No início das décadas de 1920 e 1930, Benjamin Graham escreveu sobre value investing. A ideia é que os mercados são afetados pelo comportamento humano, pela ganância e pelo medo. Às vezes, eles ultrapassam limites, indo muito para o alto ou muito para baixo. Um value investor que avalie o valor de uma empresa ou de seus ativos pode encontrar pechinchas que produzirão bons retornos.

Em termos dos requisitos para ser um value investor, o conjunto de habilidades inclui, antes de tudo, paciência e disciplina. Nem sempre há pechinchas. É preciso esperar por elas. A honestidade intelectual é de uma importância incrível: descobrir o que você realmente pensa, sempre refletindo e mudando e, se estiver errado, aprendendo com os erros.

A curiosidade profunda beneficia a todos os investidores. Atenção aos detalhes, reconhecimento de padrões, ter muitas ideias em torno de qualquer situação específica... Todas essas são habilidades necessárias.

DR: Como o value investing evoluiu desde que surgiu como uma abordagem de investimento?

SK: Todo tipo de investimento evoluiu nos últimos oitenta anos. Investir era quase o Velho Oeste. Um século atrás não havia investidores profissionais.

Não restam dúvidas de que agora há uma análise mais sofisticada. Os computadores foram introduzidos nos últimos cinquenta ou sessenta anos e desempenham um papel muito importante, além dos passos que todos conhecemos: a introdução de planilhas e, nos últimos tempos, big data e inteligência artificial, as "Cinco Forças" de Michael Porter que atuam nos negócios. A compreensão dos negócios e das forças tecnológicas que os perturbam é muito mais sofisticada nos dias de hoje. [Michael Porter, um proeminente professor da Harvard Business School, criou uma forma de analisar as cinco forças-chave que sempre afetam o desempenho de uma empresa: concorrência no setor, poder dos clientes, poder dos fornecedores, potencial para novos operadores e possibilidade de substitutos.]

Em última análise, o value investing está na interseção da economia e da psicologia. Costumo brincar dizendo que é o casamento da calculadora com uma pessoa "do contra". Embora o value investing tenha evoluído com o restante dos negócios de investimentos no sentido de alcançar maior sofisticação, os princípios básicos (a ideia de investir com proteção contra reveses usando vários métodos para avaliar o valor) permaneceram os mesmos.

DR: Na atual situação do mercado, com ações em alta e economia em franco crescimento, há muitas oportunidades para um value investor? Ser um value investor não é um trabalho um tanto solitário, parecido com ser o cara que conserta Maytags, aqueles eletrodomésticos que não quebram nunca?

SK: Já me senti como o cara que conserta Maytags, mas, neste momento, não me sinto assim. A primeira coisa que eu diria, e é importante que as pessoas entendam, é que um value investor não precisa que todo o mercado esteja barato. A um value investor basta que apenas alguns investimentos tenham um preço de barganha, que estejam erroneamente precificados. É possível construir uma carteira com dez grandes investimentos. Não é necessário o mercado inteiro.

Dito isso, é evidente que os mercados estão caros para os padrões históricos. E aqueles que dizem que chegou ao ponto mais alto possível estão errados. Não vou fazer nenhuma declaração heroica sobre onde o mercado deveria estar. Mas uma das coisas que nossa empresa descobriu é que os value investments não residem apenas em ações, como Benjamin Graham ressaltou, ou mesmo em títulos, mas também em outras áreas do mercado, como investimentos privados, imóveis, produtos estruturados de tempos em tempos. [Produtos estruturados são investimentos como securitizações de hipotecas e, às vezes, envolvem o uso de instrumentos "derivativos", como puts e calls.] No momento, estamos encontrando um bom número de coisas a fazer na maioria de nossas áreas de oportunidade. Portanto, a resposta à sua pergunta é: atualmente, não sou o cara que conserta Maytags.

DR: É difícil resistir à tentação de comprar as mais recentes empresas de alta tecnologia, criptomoeda, software e comércio eletrônico? Em quais áreas você vem encontrando valor?

SK: Não acho difícil resistir a nenhuma dessas tentações. Um value investor tem certa disciplina. Quando algo não faz sentido, quando não dá para entender aquilo, você fica de fora. Não sou atraído por áreas quentes ou pelo que outras pessoas estão fazendo. É claro que desejo saber se estou perdendo alguma coisa, mas não consegui encontrar oportunidades em áreas como criptomoedas e não tenho interesse em ir atrás de coisas só porque estão subindo.

De muitas maneiras, esta é a psicologia que Ben Graham ensinou: não se deve tentar seguir o mercado, as ações são uma participação fracionária nas empresas e, se é possível descobrir o valor de uma empresa e comprá-la por muito menos do que vale, aí, sim, se trata de value investing. Em termos de áreas de oportunidade, partes dos mercados de ações são negligenciadas. Certos setores são favorecidos e outros não, então temos algumas oportunidades em ações.

Como se pode imaginar, temos encontrado oportunidades ao longo do último ano e meio. Partes do mercado imobiliário estão em risco ou enfrentando dificuldades. A Covid-19 causou atrasos nas construções e ninguém assinou novos contratos por um tempo, de modo que, a esta altura, há muitas oportunidades em imóveis para um value investor.

Além disso, há muitas situações em investimentos privados nas quais as pessoas precisam de capital, mesmo que pareça que o capital é onipresente. No entanto, há situações individuais nas quais as empresas têm dificuldade para acessar capital, para acessar a quantidade desejada no momento desejado, e isso leva a uma oportunidade de injetar capital.

DR: Você mantém uma boa parte de seus fundos em dinheiro, esperando que os mercados quebrem e que surjam oportunidades com empresas em dificuldades?

SK: Nós vemos o dinheiro como um resíduo [o que sobra depois de você ter feito todos os bons investimentos que encontrou]. Quando vemos grandes oportunidades, nós as compramos, e quando não as encontramos, guardamos o dinheiro. Só o aplicamos em coisas subvalorizadas ou mal precificadas. Portanto, nosso caixa é residual e, de tempos em tempos, temos um caixa significativo. No momento, nosso caixa está em seu limite inferior histórico, o que é contraintuitivo, dado o nível dos mercados. No entanto, quando encontramos excelentes oportunidades, investimos. Somos investidores de baixo para cima, não de cima para baixo, o que significa analisar ação por ação, título por título, investimento por investimento, em vez de desenvolver uma visão macro de onde o mercado deveria estar.

DR: Em 1991, você publicou um livro chamado *Margin of Safety*. Para você, o que significa "margem de segurança"?

SK: Roubei descaradamente esse título do livro de Benjamin Graham, *O investidor inteligente*. Esse era o título de um dos capítulos. Nas palavras de Graham, "margem de segurança" significa deixar espaço para o erro, espaço para o azar. Isso significa que, com foco no lado negativo, compra-se algo por menos do que aquilo vale e, se comprar barato o suficiente, mesmo que algo dê errado, ainda haverá a chance de recuperar ou até ganhar algum dinheiro.

Com o passar do tempo e com uma carteira de investimentos considerável, o conceito de margem de segurança é fundamental. Uma das coisas com as quais os investidores devem lidar é como se comportarão quando enfrentarem dificuldades. Se comprarem sem margem de segurança e enfrentarem dificuldades, isso pode ser extremamente paralisante. A margem de segurança, a disposição de ter um pouco de caixa de vez em quando, pode levar um investidor a ficar em um bom estado psicológico quando os mercados ficam difíceis.

DR: Algum interesse em escrever uma versão atualizada do seu livro? O que você aprendeu desde 1991?

SK: Penso em escrever uma versão atualizada ou uma edição complementar. Ainda não cheguei a tanto, pois estou muito ocupado com meu trabalho diário e minhas outras atividades, mas talvez chegue o momento.

Aprendi muito desde 1991. Eu tinha dez anos de carreira naquela época, e agora estou com quase quarenta anos de experiência, então espero ter aprendido muita coisa. As mudanças que eu faria caso fosse atualizar o livro? A ideia inicial de value investing foi estruturada em torno dos mercados financeiros públicos, em torno de ações e, de certa forma, títulos. Eu expandiria isso porque, como falei, encontramos oportunidades em ativos privados, em private equity, em imóveis, em crédito estruturado privado. Essa é agora uma parte significativa de nosso fundo de investimento. Essas são as coisas que passei a apreciar, áreas de oportunidade e vantagem onde poderíamos construir redes de fornecedores e desenvolver capacidades reais, experiência real, que nos permitiria investir de forma inteligente e bem-sucedida.

Também escreveria sobre a criticidade da equipe. Quem está na sua equipe? Como você os motiva? A cultura é fundamental para todas as organizações. O processo de investimento é importante, e sua consistência é essencial. No novo livro de Daniel Kahneman [*Ruído: Uma falha no julgamento humano*, em coautoria com Olivier Sibony e Cass Sunstein], ele fala sobre ruído, e ruído, de certa forma, é a inconsistência do processo.* É importante que, como investidores e como líderes de empresas, tomemos

---

* Na análise mencionada, "ruído" é a forma inconsistente e, portanto, defeituosa, da tomada de decisões resultantes de fatores como preconceito humano, dinâmica de grupo ou pensamento emocional.

as mesmas decisões às terças-feiras e às quintas-feiras, em janeiro e em julho, se estamos para cima ou para baixo ou se os mercados estão em alta ou em baixa. O processo é crucial na aplicação dos princípios de investimento.

DR: Se você tivesse de resumir os princípios de investimento para quem está lendo esta entrevista, quais seriam?

SK: Os dois princípios mais importantes são adotar uma abordagem de longo prazo e obter um mandato o mais flexível possível. Ter um mandato flexível significa basicamente que você não está olhando para uma coisa. Você não está confinado em um silo, e, sim, olhando através de mercados, geografias e diferentes tipos de investimentos, porque nunca se sabe o que vai estar subprecificado. Portanto, quanto mais abrangente for a sua visão, maior a chance de encontrar algo de fato subprecificado.

Mas, então, é preciso ter a capacidade de cavar fundo, para ter a certeza de saber o que está acontecendo e, como diria Warren Buffett, "não ser o otário na mesa". Além disso, é crucial a aversão ao risco, o conceito de margem de segurança, além de uma abordagem disciplinada para comprar e vender. Muita gente se esquece de vender, e isso é importante quando títulos ou investimentos atingem o valor total que você busca. Então há a criticidade do pensamento independente e, às vezes, contrário.

DR: Para encontrar investimentos que atendam aos seus padrões, o que você faz? Pesquisa, conversa com amigos, segue ideias trazidas por colegas, assiste ao terminal da Bloomberg ou apenas pensa? [O terminal da Bloomberg é um computador desktop que é a fonte preferida de informações financeiras atualizadas e dados de mercado para investidores profissionais, em especial corretores.]

SK: Meus colegas e eu vasculhamos o cenário em busca de oportunidades potenciais. Realizamos extensa diligência prévia. Discutimos e debatemos a atratividade, o lado negativo e o lado positivo de nossas ideias. Parte de investir também é encher a sua caixa de entrada com ideias interessantes que podem se transformar em investimentos em sua carteira. Preencher a sua caixa de entrada significa desenvolver módulos de investimentos em potencial em todos os mercados, tentando pensar não apenas se algo está barato, mas também por que pode estar sendo subprecificado.

DR: Como value investor, você sempre espera que os preços subam ou também vende a descoberto ativos que acha muito caros?

SK: Não vendemos muito a descoberto. Para as pessoas, é tentador pensar que a venda a descoberto é sempre uma atividade de redução de risco, o que é a imagem espelhada de adotar posições compradas, e simplesmente não é. Se você adotar posições compradas, tudo o que pode perder é o dinheiro que investiu. Se vender a descoberto, poderá perder uma quantia infinita, e por isso detestamos vender a descoberto. Mas, mesmo que não estejamos vendendo a descoberto, nem sempre esperamos que os mercados subam. Sabemos que, quando se faz um investimento e ele cai, aquilo se torna uma pechincha ainda melhor se a pessoa fizer direito o seu trabalho. Quando possuímos algo que cai, verificamos e revisamos o nosso trabalho e, se tivermos a oportunidade, adicionamos à posição. Essa é uma maneira de transformar limões em limonada.

DR: Como você lidou com a Covid-19? Isso prejudicou a sua carteira de investimentos ou lhe deu a oportunidade de comprar muita coisa barata?

SK: A primeira coisa a dizer sobre a Covid-19 é a tragédia que tem sido para o mundo. Muitas pessoas perderam a vida, a saúde, perderam o emprego e estão sofrendo.

A Covid é uma daquelas eventualidades inesperadas para as quais os investidores precisam estar preparados. É uma das razões pelas quais você não deve se adiantar. Você não alavanca a sua carteira de investimentos, você não possui investimentos altamente especulativos.

A Covid-19 foi como uma virada de chave, e certas empresas que historicamente eram bons negócios foram afetadas. De repente, estádios esportivos não podiam abrir, porque os times não estavam jogando. Então, de uma hora para outra, grandes empresas não tinham fluxo de caixa ou tinham fluxo de caixa negativo. Da mesma forma, historicamente, negócios de qualidade relativamente inferior, como supermercados, tiveram lucros incríveis, pois as pessoas ficavam em casa e evitavam sair para ir a restaurantes.

Ela foi um divisor de águas para a psicologia do investimento. Testou os limites de investidores que estavam supercomprometidos ou superexpostos. A venda generalizada provocada pela Covid em março de 2020 durou apenas algumas semanas, mas provocou grandes deslocamentos. Nossa empresa, sempre analisando as classes de ativos, com muita rapidez encontrou algumas coisas a fazer com distressed debts, títulos hipotecários e mercados de ações. Porém, a oportunidade real de compra era muito limitada. Os mercados caíram, mas os fundamentos também caíram. A economia passava por sua pior crise em, talvez, quase um século, e nem tudo que baixou de preço ficou barato. Contudo, escolhendo entre o conjunto de oportunidades, descobrimos que havia alguns bons lugares onde investir capital.

DR: Falamos sobre *Margin of Safety* e você mencionou o famoso livro de Benjamin Graham. Quais outros livros recomendaria a um value investor?

SK: Eu recomendaria vários livros, nem todos dentro da categoria de livros de investimento. Adoro o livro mais acessível de Graham, *O investidor inteligente*. Eu encorajaria as pessoas a lerem Daniel Kahneman. *Rápido e devagar: Duas formas de pensar* fala sobre as duas partes de nosso cérebro e como esse órgão funciona, que é algo que eu acho que deveria interessar a todos. Como tomamos decisões? Quais são os nossos vieses comportamentais? Seu último livro, *Ruído*, também trata do processo de tomada de decisões.

Eu recomendaria qualquer de Michael Lewis. *Moneyball: O homem que mudou o jogo* é, na verdade, um livro sobre value investing. Trata-se de encontrar valor em atletas, em jogadores de beisebol, mas esses princípios se aplicam a todas as áreas. Lewis tem o hábito de escrever sobre o pensador "do contra" ou divergente que consegue agregar muito valor. Eu também recomendaria qualquer coisa que Roger Lowenstein tenha escrito. Ele escreveu uma ótima biografia de Warren Buffett. E sempre gosto do pensamento contrário de Jim Grant. Ele escreveu um livro sobre crédito chamado *Money of the Mind*. É incrivelmente importante, quase uma exposição dos aspectos psicológicos do crédito. Todos os investidores deveriam estar cientes dessa linha de pensamento.

DR: Se alguém não pode investir com você e com seu fundo, o que recomenda que faça se quiser ser um value investor? Deve encontrar outras organizações que investem em valor ou adquirir as habilidades por conta própria?

SK: É difícil se tornar um value investor em tempo integral se você tiver um emprego em horário integral. Algumas pessoas, muito apaixonadas por isso, acabaram aprendendo bem por conta própria os princípios do value investing. Eu tenho um amigo que faz algumas pesquisas e tem ideias muito interessantes. Mas, em geral, a maioria das pessoas prefere encontrar um fundo mútuo baseado em valor ou algum outro investidor profissional que faça isso por elas.

DR: Há outros investidores que você admire além de Warren Buffett?

SK: Warren e Charlie Munger [vice-presidente da Berkshire Hathaway] ensinaram muito ao mundo dos investimentos. Um de meus ex-colegas, David Abrams, é exemplar. David é um grande pensador. É um grande escritor. Ele administra um hedge fund em Boston, vem fazendo isso há algumas décadas com grande sucesso e com uma proteção muito boa contra perdas.

DR: Você ensina sobre value investing em algum lugar?

SK: Ensino. Com frequência, como palestrante convidado em cursos na Harvard Business School, Columbia Business School, graduação em Yale, e em várias outras universidades, como a Penn. Gosto de falar com gente jovem. Isso dá uma revigorada e sinto que é uma parte importante de retribuir para a área.

DR: De onde veio o seu interesse pela política? Que impacto você espera ter através de sua contribuição para essa área?

SK: Fico chocado quando olho para a situação de nosso governo. Merecemos um bom governo e também precisamos demonstrar que um governo democrático trabalha para o povo. Acho que não tenho visto muito disso nos últimos tempos.

Sempre ansiei por uma eleição na qual você pudesse ficar indiferente ao resultado, porque ambos são ótimos candidatos. Tantas vezes vemos o contrário. Estou interessado em boa governança. Estou interessado em garantir a democracia e apoiar pessoas que defendem os princípios democráticos e que colocam o interesse do país à frente do partido e de seu próprio interesse. Isso é muito mais raro do que o desejável.

DR: Quando você não está investindo ou se preparando para investir, o que faz com o seu tempo?

SK: Leio muito. Tenho diversas áreas de interesse: biografias, história, política, sociologia. Tenho interesse e curiosidade pelo mundo ao meu redor. Leio ficção. Às vezes aprende-se mais com a ficção do que com a não ficção. Adoro teatro. Adoro esportes com plateia e também estou muito envolvido na fundação da minha família.

DR: Qual a importância da filantropia para você? Quais áreas específicas você abarca?

SK: Meu trabalho filantrópico é muito significativo para mim. Se me perguntar do que mais me orgulho, direi que tenho orgulho da empresa que ajudei a construir, o Baupost, e de nosso histórico de investimentos, que atendeu nossos clientes ao longo do tempo. Mas tenho ainda mais orgulho da capacidade e do compromisso de retribuir que minha esposa e eu alcançamos com as doações feitas por meio de nossa fundação familiar. Apoiamos pessoas necessitadas na área de Boston, em Massachusetts e, de tempos em tempos, em outras partes do mundo. Estamos focados em pesquisas médicas e científicas e talvez sejamos um dos maiores financiadores de pesquisas sobre distúrbios alimentares do país.

Provavelmente, a maior área individual seja o fortalecimento e o aperfeiçoamento da democracia americana, que é importante para nossa fundação familiar. Proteger a democracia para garantir que meus filhos e netos tenham as mesmas bênçãos que tivemos e vivam em um país democrático.

DR: Nós dois somos de Baltimore, mas você viveu em Boston a maior parte da vida. Você ainda torce pelo Orioles ou agora é fã do Red Sox?

SK: No início dos anos 1980, quando tomei a decisão de ficar em Boston, percebi que precisava escolher. Ambos os times jogam um contra o outro umas 18 vezes por ano. Fui atraído pela série de derrotas contínuas do Boston Red Sox, pelo fato de o time não ter vencido uma World Series em mais de oitenta anos, desde 1918. Acho que foi isso que me levou a fazer a mudança. Isso, além de me dar conta de que eu veria o Boston jogar muito mais vezes do que veria o Baltimore. Mas, no fundo do coração, ainda tenho um carinho significativo pelo Baltimore, e se o Red Sox não estiver jogando, torço pelo Baltimore.

RAY DALIO

Fundador, codiretor de investimentos e membro do conselho da Bridgewater Associates

> *"Você precisa pensar de maneira independente, pois não se pode ganhar dinheiro nos mercados apostando no consenso: o consenso está embutido no preço."*

O primeiro hedge fund (então chamado de fundo "hedged") foi criado em 1949 por Alfred W. Jones. Para "cobrir" os seus investimentos, ele usou técnicas de investimento tais como vender ações a descoberto, que protegeriam os seus retornos gerais no caso de o mercado de ações cair, derrubando os valores de alguns de suas posições "compradas".

Desde então, um número incalculável de hedge funds tem sido criado contra as quedas do mercado. Diversas técnicas de negociação têm sido empregadas como proteção contra os reveses.

O apelo de tais fundos é justamente a proteção contra reveses. O uso de técnicas de proteção contra reveses, utilizadas pelos fundos mútuos tradicionais, ou fundos de investimento "long-only", é limitado por lei e regulamentações, o que os torna mais vulneráveis a correções e quedas do mercado.

Com os hedge funds, que em geral investem em ativos e títulos líquidos ou prontamente negociáveis, não há exigência de que seus investimentos sejam protegidos e, de fato, muitos hedge funds não cobrem os seus investimentos no sentido tradicional. Por isso, usar "hedge fund" talvez seja um equívoco em muitos casos.

Jones tinha outra novidade em seu fundo "hedged". Ele cobrava uma taxa de 20% dos lucros, muito acima da cobrada pelos fundos mútuos tradicionais ou fundos long-only.

Os sucessores de Jones continuaram a cobrar uma taxa equivalente (ou maior). É evidente que essa taxa atraiu muitos profissionais de investimento inteligentes e motivados. E esses, em geral (com exceções óbvias em períodos de dificuldades de mercado), obtiveram retornos impressionantes de tempos em tempos. No entanto, Warren Buffett apostou com sucesso que os fundos de índice do mercado de ações, com taxas e volatilidade mais baixas, superariam uma seção transversal de hedge funds em um período de dez anos.

Então, por que os investidores investem em tais fundos?

Apesar de Buffett, um bom número de investidores achou que poderia selecionar hedge funds muito fortes nos quais investir, o que manteve o setor de hedge funds muito capitalizado durante grande parte das últimas décadas. Uma boa quantidade dos principais hedge funds vêm tendo resultados em geral positivos por longos períodos. E seus gestores ficaram muito ricos. Se um hedge fund administra 40 bilhões de dólares e obtém um retorno de 20% em um ano determinado (lucro de 8 bilhões de dólares), 20% (ou 1,6 bilhão de dólares) desse lucro vai para os profissionais desse fundo pelo trabalho naquele ano. E isso pode fazer com que profissionais de hedge funds veteranos (em especial os fundadores) tenham rendimentos extraordinariamente grandes, mesmo para os padrões rarefeitos do mundo dos investimentos.

Vale ressaltar: há milhares de hedge funds operando nos principais mercados, e muitos deles não são tão bem-sucedidos e tendem a ter vida curta. Não é difícil começar um hedge fund, embora aqueles que o fazem normalmente tenham alguma experiência de operação em outro hedge fund ou em algum banco de investimento. Com certeza, existem alguns hedge funds que são muito bem-sucedidos por vários anos, talvez até uma década ou mais, porém, um ou dois anos ruins podem acabar com um hedge fund à medida que os investidores retirem o seu capital (embora isso possa levar algum tempo, às vezes meses ou anos). Com algumas óbvias exceções, tem sido difícil para os líderes de hedge funds serem consistentes em seu desempenho, ano após ano, diante das altas e baixas dos mercados.

Essa realidade torna ainda mais notável o que uma organização, a Bridgewater Associates, conseguiu fazer: fundada em 1975, a empresa produziu mais ganhos líquidos que qualquer outro hedge fund e, agora, administra mais de 150 bilhões de dólares, o que a tornou o maior fundo desse tipo do mundo.

O que permitiu que a Bridgewater fizesse o que nenhuma outra organização de hedge fund conseguiu fazer, ou seja, durar quase meio século e crescer em uma dimensão que nenhum outro fundo conseguiu igualar?

A resposta simples é: Ray Dalio, fundador da Bridgewater e, durante a maior parte de sua história, seu CEO e CIO. Nos últimos anos, em uma idade em que a maioria dos outros fundadores está se concentrando em outros assuntos fora dos mercados financeiros, Ray ainda é co-CIO, membro do conselho e uma presença orientadora por trás da empresa.

Esse resultado pode não ter sido previsto no início da carreira de Ray: ele foi corretor de commodities; acabou demitido de um emprego após dar um soco na cara do chefe; e, certa vez, perdeu todo o seu patrimônio líquido (então modesto) com alguns negócios ruins (o que o obrigou a pedir dinheiro emprestado ao pai para sustentar sua jovem família e pagar as contas).

Mas Ray perseverou, aprendeu com os próprios erros e começou a desenvolver um conjunto de princípios para as suas atividades de investimento, bem como para sua vida. Ele aplicou tais princípios rígidos e bem definidos a tudo o que a Bridgewater fez. Embora isso possa significar uma vigorosa autorreflexão e análise para Ray e todos os funcionários da empresa, é evidente que tais princípios funcionaram. E seus retornos têm sido não apenas consistentes, como também acima dos obtidos por muitos de seus concorrentes ao longo de tantos anos.

Mas isso não foi suficiente para Ray. Ele estava interessado em mais do que obter recordes de retornos de mercado para o seu fundo. Também desejava muito explicar a outras pessoas os princípios que impulsionaram o seu sucesso, e os publicou em *Princípios*, um best-seller de 2017 do *New York Times*. Além disso, nos últimos anos, ele tem educado o público sobre as suas preocupações a respeito de diversas questões fiscais e econômicas (como dívida governamental excessiva ou taxas de juros artificialmente baixas) e o fez através de matérias e aparições públicas. Em 2021, publicou um segundo best-seller, *Princípios para a ordem mundial em transformação*, para explicar as suas observações sobre os ciclos históricos da sociedade e dar sugestões sobre como usá-los para se orientar no futuro.

Como investidor, autor e educador público, não restam dúvidas de que Ray Dalio tem o que pode ser descrito como uma "mente privilegiada": analítica, lógica, ponderada, bem fundamentada. Vi todas essas qualidades quando o conheci em uma sessão do Giving Pledge* e as reconheci em várias outras ocasiões, em entrevistas que ele me concedeu.

Assim como outros investidores extraordinariamente bem-sucedidos, Ray também tem um profundo comprometimento com a filantropia e se dedica a fornecer recursos e uma porção do seu tempo para projetos relacionados ao meio ambiente, bem-estar e educação. Nesses esforços, ele invariavelmente aplica seu considerável intelecto e paixão. A expressão "homem renascentista" talvez seja exagerada quando aplicada a algumas pessoas na sociedade moderna, mas não a Ray Dalio. Eu o entrevistei virtualmente em 7 de julho de 2021.

DAVID M. RUBENSTEIN (DR): Você montou o maior hedge fund do mundo e ainda está muito envolvido nas decisões de investimento dele. Quando era criança em Long Island, você tinha aspirações de se tornar um investidor?

RAY DALIO (RD): Tanto quanto alguém tem aspirações de virar jogador de videogame. Eu trabalhava como caddie, e as pessoas para quem eu carregava os tacos estavam investindo. Peguei o dinheiro ganho como caddie e investi no mercado de ações, 50 dólares de cada vez. A primeira ação que comprei foi a única empresa que encontrei com ações a menos de 5 dólares. Achei que poderia comprar mais ações, então, caso elas subissem, eu lucraria mais. Foi burrice minha. A empresa estava à beira da falência.

Por sorte, o investimento triplicou de preço porque a empresa foi adquirida. E me viciei naquele jogo. Não encarava aquilo como uma carreira. Via como um jogo divertido e lucrativo no qual, caso eu fizesse a coisa certa, ganharia muito dinheiro. Nem considerei a parte de perder dinheiro. Eu era muito ingênuo. Vim a aprender sobre isso mais tarde.

DR: Suas perspectivas sobre investimento são seguidas em larga medida em todo o mundo. Seu livro *Princípios* é um best-seller mundial. Você ficou surpreso ao descobrir que um livro tão sério e reflexivo vendeu milhões de cópias, inclusive em países como a China?

---

* Estabelecido em 2010 por Warren Buffett, Melinda French Gates e Bill Gates, o Giving Pledge é o compromisso de indivíduos e famílias muito ricas de doar pelo menos metade de seu patrimônio líquido a causas ou projetos filantrópicos durante sua vida ou após a sua morte.

RD: Foi uma surpresa agradável.

DR: Você teve um enorme sucesso em termos financeiros e poderia muito bem entregar as rédeas dos investimentos da Bridgewater. O prazer de investir o obriga a permanecer no jogo e tomar decisões regulares de investimento para o seu hedge fund?

RD: Sim. Adoro o jogo de tentar descobrir o que está acontecendo no mundo, o que vai acontecer, e apostar nisso. Também adoro atuar como mentor daqueles para quem passei grandes responsabilidades.

DR: Como você compara o prazer de investir com o prazer de doar o seu dinheiro, algo que tem feito por meio de seus programas filantrópicos?

RD: Adoro as duas coisas, embora sejam muito diferentes. Na filantropia, fica mais difícil julgar o meu desempenho porque não recebo um feedback direto. Ao investir, posso medir o meu desempenho de forma objetiva com três casas decimais, e gosto mais disso, porque me ajuda a aprender e a melhorar. No entanto, acho que a filantropia tem uma ligação muito mais direta com o ato de ajudar as pessoas e o meio ambiente. Embora eu esteja ciente de que, ao fazer investimentos, estou ajudando as pessoas a terem uma vida melhor, o que inclui gente que não tem muito dinheiro, como quem se beneficia de fundos de pensão públicos e similares... ainda assim, a conexão entre a atividade de investimento e o benefício social que provém dele é muito menos evidente. A filantropia é muito mais pessoal. Mas gosto de fazer as duas coisas. Essencialmente, administro duas empresas que são muito diferentes, mas ambas gratificantes.

DR: Há muitas abordagens diferentes de investimento: macro, value, depreciados, comprado, vendido e assim por diante. Qual você diria que foi sua principal abordagem, a que permitiu que seu hedge fund se tornasse o maior do mundo?

RD: Sou um macroinvestidor global. Isso significa que olho para o mundo inteiro e como está interconectado, tento descobrir como ele funciona, o que me dá um feedback direto, então aposto no que vai acontecer. Adoro isso. Sustenta as minhas visões de como as coisas funcionam e minhas teorias a respeito do que acontecerá na prática. Estamos em todos os mercados líquidos do mundo: todos os mercados de ações, títulos, moedas e commodities, e em qualquer país onde haja boa liquidez. Se o Federal Reserve ou outros bancos centrais tomarem alguma decisão, onde estão as taxas de crescimento, onde está a produtividade? Como a política ou as relações internacionais afetarão os mercados? Essas são as perguntas que me faço e nas quais aposto.

DR: Você cursou o ensino médio em Long Island e, como admitiu, não foi o orador nem teve o melhor desempenho da sua turma, certo?

RD: Muito pelo contrário. Eu era um aluno que tirava C+. Não gostava do ensino médio. Quase não entrei na faculdade. Mas adorei a faculdade, porque podia escolher os meus próprios cursos e estudar aquilo que me interessava.

DR: Quando estava na faculdade, você também trabalhava. Então, entrou para a Harvard Business School. Ficou surpreso ao ser aceito? Por que se inscreveu em Harvard?

RD: Eu me saí muito bem na faculdade. Não tinha certeza de que entraria na Harvard Business School, mas não fiquei surpreso. Eu estava animado, porque aquele era um lugar para o qual iam pessoas de todo o mundo, uma mistura de estudantes de muitos países diferentes... e os mais inteligentes. Eu nunca estivera em um ambiente assim antes, e poder estar lá foi muito animador.

Fiquei muito empolgado do primeiro ao último dia em que estive lá. Adorei a maneira como eles ensinam, o método de estudo de caso, que era diferente de o aluno ficar sentado, decorando o que era dito para depois regurgitar aquilo de volta em uma prova. Era um pensamento real, colocando-nos em casos reais e debatendo: "Como você abordaria isso?" Essa foi uma ótima educação, uma experiência abrangente e reveladora.

DR: Por que você não ingressou em uma grande empresa de investimentos após se formar?

RD: Quando era mais jovem, negociei em diferentes mercados. Então, quando estava na faculdade, decidi que queria negociar commodities, porque havia requisitos de baixa margem [ou seja, muito pouco capital precisava ser investido em relação ao valor da commodity comprada; os corretores garantiam a dívida ou alavancagem necessária para pagar a diferença entre o patrimônio investido e o preço da commodity].

Usando uma grande quantidade de alavancagem fornecida pelo corretor, era possível obter lucros enormes caso se comprasse as commodities certas pelo preço certo. Então, comecei a negociar commodities. Esse era o meu jogo. Antes disso, negociei ações.

Eu me formei em 1973. No verão de 1972, procurei o diretor de commodities da Merrill Lynch. Fui a primeira pessoa da Harvard Business School a fazer isso, porque a área de commodities não era uma área interessante, mas eu tinha experiência. Ele me deu um emprego, e achei ótimo. Então, quando me formei, a parte de commodities estava em alta. Houve um grande choque do petróleo, o primeiro choque do petróleo, e as commodities estavam em alta. Mas as ações não.

Fui convidado a assumir o cargo de diretor de commodities da Dominick & Dominick, uma corretora que passou a ter alguns problemas financeiros. Basicamente, fui jogado no meio do mercado mais aquecido do mundo naquela época, porque houve o choque do petróleo, o choque das commodities. As ações estavam caindo. Aproveitei aquela oportunidade. Meu trabalho depois disso foi como diretor de commodities institucionais em outra corretora. Isso não durou muito, porque briguei com meu chefe e, em 1975, montei a Bridgewater.

DR: Como você capitalizou a Bridgewater?

RD: Não capitalizei. Nem pensava naquilo como uma empresa. Eu era apenas o cara para quem os investidores institucionais pagariam algum dinheiro para aconselhá-los, e então negociava a minha própria conta. Eu tinha um apartamento de dois quartos que dividia com um cara que tinha sido meu colega na faculdade de administração. Quando ele se mudou, o outro quarto tornou-se o meu escritório. Consegui algumas pessoas para me ajudar: um cara com quem eu jogava rugby e um assistente. Não houve capitalização. Era apenas eu fazendo aquilo e sendo pago.

DR: Quando e por que você começou a Bridgewater?

RD: Foi em 1975. Eu não era um bom funcionário padrão. Era meio rebelde. Era independente. Briguei com o meu chefe, que era um sujeito legal, mas nós brigamos. Em 1975, na virada do ano, nós dois ficamos um pouco bêbados e dei um soco nele. Não trabalhar subordinado a alguém e fazer as minhas próprias coisas era o que me convinha.

DR: Você escreveu um livro sobre os princípios que regem a sua vida e sua carreira de investimentos. Quais são os princípios que lhe permitiram transformar a Bridgewater no maior hedge fund do mundo?

RD: O princípio mais importante, que me ajudou a construir a Bridgewater, é: "Dor somada à reflexão é igual a progresso." Aprendi da maneira mais difícil que a dor era uma professora. Essa lição foi incutida em mim quando, em 1982, cometi um erro grande e doloroso que me custou muito caro e que me ensinou muito. Tinha começado a Bridgewater em 1975. Paul Volcker se tornou chefe do Fed em 1979. Em 1980, tivemos inflação. Tivemos o "Whip Inflation Now" e as políticas monetárias muito apertadas. Calculei que os Estados Unidos e os bancos haviam emprestado muito mais dinheiro para países estrangeiros que esses países seriam capazes de pagar, e que teríamos uma grande crise da dívida.

Era um ponto de vista controverso na época. Chamou muita atenção e acabou dando certo. O México entrou em inadimplência em agosto de 1982 e muitos outros países seguiram pelo mesmo caminho, daí cheguei à conclusão de que o mundo entraria em uma depressão econômica devido a essa crise da dívida.

Eu não podia estar mais errado. O dia 18 de agosto de 1982 foi o fundo exato do mercado de ações, porque o Fed afrouxou muito, as taxas de juros caíram e tudo subiu.

Esse erro me custou muito dinheiro. Fui obrigado a demitir todos na empresa. Eu estava tão falido que precisei pedir quatro mil dólares emprestados para o meu pai para ajudar a pagar as contas da minha família. A razão de eu dizer que foi uma das melhores coisas que já me aconteceram é porque me provocou o medo de errar e a noção de que eu precisava moderar a minha audácia. Eu queria a grande vantagem, mas não podia arcar com a grande desvantagem, o que me levou a refletir sobre o que fazer quanto a isso.

Na época, senti que estava no lado seguro de uma selva perigosa e tinha uma escolha. Poderia continuar no lado seguro e levar uma vida segura, mas medíocre, ou poderia tentar atravessar a selva arriscada para ter uma vida ótima caso conseguisse chegar ao outro lado. Eu não queria ter apenas uma vida segura e medíocre, então precisei descobrir como atravessar a selva em segurança.

Aquele erro doloroso mudou toda a minha abordagem quanto à tomada de decisões. As duas coisas mais importantes que aprendi foram: primeiro, encontrar pessoas muito inteligentes que discordassem de mim e com quem eu pudesse testar as minhas ideias e, segundo, aprender a diversificar bem para poder manter os altos retornos e reduzir o risco.

O que as pessoas não percebem é que diversificação não tem nada a ver com redução de retorno. Se você tiver apostas igualmente boas e diversificar, terá o mesmo retorno médio dessas apostas, mas correrá muito menos risco. Isso não é verdade apenas no investimento; é disso que se trata a vida. Raciocínio. Essa noção teve um grande efeito em como eu dirigi a Bridgewater e na minha perspectiva da vida em si.

Percebi que precisava passar por isso com pessoas que estavam na mesma missão que eu e que poderiam me ajudar vendo coisas que eu não conseguia ver, enquanto eu poderia ajudá-los vendo coisas que eles não conseguiam ver. Cuidaríamos um do outro conforme atravessássemos aquela selva. Essa foi a perspectiva. Foi tão gratificante e prazeroso que eu não quis, e ainda não quero, deixar aquela selva arriscada para viver em uma terra de sucesso. Aquele erro muito doloroso me ensinou que saber lidar bem com aquilo que não sei é mais importante que qualquer coisa que eu saiba. Também me levou a ter, e a ver como é bom ter, um trabalho e relacionamentos significativos operando de acordo com essa visão de ideias meritocráticas. Desde então, tivemos grandes vantagens com pequenas desvantagens, e trabalho e relacionamentos significativos.

Tudo isso foi fruto de eu ter refletido muito a respeito de meu erro doloroso. Mais importante ainda, aquilo mudou a maneira como encaro os erros dolorosos. Aprendi a olhar para os meus como quebra-cabeças que renderão preciosidades caso eu consiga resolvê-los. Tais preciosidades são os princípios que posso vir a utilizar para lidar melhor com situações semelhantes no futuro. Toda vez que um desses erros acontecia, eu escrevia os seus princípios, o que me ajudava a pensar mais sobre aquilo, comunicava-os a outras pessoas e me referia a eles no futuro. Também aprendi a como transformá-los em regras de decisão computadorizadas que eu poderia testar de forma retroativa e usar para tomar decisões de investimento.

DR: É comum que hedge funds acabem passado algum tempo, talvez cinco anos. Eles apenas não conseguem ser muito consistentes por um longo intervalo de tempo. Você tem sido consistente ao longo de mais de quarenta anos e construiu o maior fundo que já existiu no mundo dos hedge funds. Qual acha que é o principal motivo por trás disso? Consistência ao seguir os seus princípios? Contratação de pessoas inteligentes? O que permitiu que construísse o maior desses fundos?

RD: Primeiro, saber como criar grandes vantagens a partir de pequenas desvantagens, como acabei de explicar. Segundo, converter os meus princípios escritos em regras de decisão algorítmicas que eu podia testar de forma retroativa para ver como funcionariam no passado. Essas regras de decisão produziram registros que chamo de fluxos de retorno. Então, programei esses critérios em um computador e juntei os seus fluxos de retorno em uma bem-projetada carteira de apostas que equilibravam umas às outras. Esse processo de escrever os meus princípios e colocá-los em algoritmos me permitiu testar e modificar os meus critérios para ver como funcionariam em diferentes períodos de tempo em diferentes países. Conseguir juntá-los dessa maneira funcionou a meu favor e ao da Bridgewater.

Terceiro, a cultura da empresa era fundamental. Foi muito importante ter uma cultura em que há discordância ponderada e tomada de decisão meritocrática, para que vençam as melhores ideias. É uma cultura na qual desafiamos as ideias uns dos outros e temos grandes expectativas para a equipe.

DR: Se alguém perguntasse: "O que acha que é preciso para ser um bom investidor?", você diria dedicação, visão, genialidade, sorte ou uma boa equipe?

RD: Pensamento independente de alta qualidade, humildade, saber trabalhar bem com outras pessoas e resiliência. Você *precisa* pensar de maneira independente porque não pode ganhar dinheiro nos mercados apostando no consenso já que o consenso está embutido no preço. É necessário ser humilde o bastante para sentir o medo saudável de estar errado, o que o leva a fazer coisas que aumentam as suas chances de estar certo. É preciso trabalhar bem com outras pessoas, porque elas trazem aquilo que você não tem, e o testam. E também ser resiliente porque você sofrerá perdas que às vezes serão dolorosas, o que é bom caso as limite a perdas aceitáveis.

DR: Qual é o maior prazer em ser um investidor?

RD: Existem diferentes tipos de investidores que obtêm diferentes tipos de prazer, então não posso responder qual é o maior prazer de investir em geral. Mas posso dizer qual é o meu maior prazer em ser um macroinvestidor global. É estar em uma missão com os outros para descobrir como o mundo funciona e apostar nisso com sucesso.

DR: Ao olhar em retrospecto para a sua carreira de investidor, você tem algum arrependimento? O que lhe dá mais orgulho?

RD: Não abro mão dos arrependimentos que tive na vida. Embora tenha cometido muitos erros dolorosos, não gostaria de não os ter cometido. Lamento ter falido em 1982? Não, porque me deu um presente doloroso que mudou minha perspectiva. Erros dolorosos levam a reflexões que geram progresso. Gosto desse processo de aprendizagem. Daí, não tenho arrependimentos. Sou muito grato pela vida que tive, incluindo meus erros dolorosos.

DR: Do que você mais se orgulha? De ter construído o maior hedge fund do mundo?

RD: As duas coisas que eu mais queria na vida, e das quais mais me orgulho, são ter e dar aos outros trabalhos e relacionamentos significativos. Acho que isso é importante, e acho que nesse sentido fui bem-sucedido em minha empresa, em minha filantropia e com a minha família.

Além disso, queria evoluir bem pessoalmente e contribuir para essa evolução. Para mim, tudo gira em torno da evolução e de contribuir para ela. Nascemos com o nosso DNA e nosso ambiente, interagimos com a realidade, crescemos e adquirimos conhecimento e posses físicas, e passamos isso adiante antes ou após a morte. Sinto que fiz tudo isso muito bem.

DR: Haveria novos mundos, dentro ou fora do mundo dos investimentos, que você gostaria de conquistar neste momento de sua vida?

RD: Estou empolgado com áreas demais, de modo que enfrento um desafio de amplitude *versus* profundidade. O mundo está passando por mudanças revolucionárias em muitos setores, o que por si só é emocionante tentar entender. Continuo animado para fazer isso, tanto como investidor quanto em minha filantropia. Estou particularmente empolgado com a tentativa de causar um grande impacto na exploração dos oceanos e ajudar as pessoas que mais lutam a terem oportunidades mais justas. E estou muito empolgado com passar um tempo de qualidade com minha família, ainda mais com meus netos.

DR: Você se tornou um adepto da meditação transcendental. Quais são os benefícios dessa prática? Isso o ajuda a ser um melhor investidor?

RD: Qualquer sucesso que tive foi mais devido à meditação transcendental que a qualquer outra coisa. Isso porque ela me dá equanimidade para pensar com clareza e criatividade. Também me torna mais saudável porque reduz o estresse. Faço meditação desde 1969, de modo que já faz muito tempo. Fui inspirado pelos Beatles, que foram à Índia e lá experimentaram a meditação transcendental.

Vou explicar como funciona: há um mantra, que é um som na forma de uma palavra que não tem significado. Ao repeti-lo em sua mente, você não consegue ter outros pensamentos, de modo que eles vão embora. Então o mantra desaparece e você entra em um estado subconsciente. É daí que vem a tranquilidade e muita criatividade. Assim, a meditação conduz a esse estado. É um exercício fisiológico que é relaxante em vez de estressante. Não é uma coisa religiosa. Você carrega os efeitos consigo mesmo quando não está meditando. Quando vários desafios surgem, posso abordá-los com muito mais equanimidade e criatividade do que se não meditasse.

DR: Você se dispôs a falar e escrever sobre seus princípios e pontos de vista mais que alguns grandes investidores. Acredita que, devido à sua posição no mundo dos investimentos, você também tem alguma responsabilidade educacional ou de ensino?

RD: Sim. Acredito que eu, você e outras pessoas de nossa idade devemos passar adiante os ensinamentos valiosos que aprendemos. Acho que é um erro apenas fazer as coisas e depois parar de fazê-las sem passar adiante aquilo que aprendemos e que pode vir a ser valioso para outras pessoas. Em vez disso, devemos deixar nossos aprendizados para que outros os sigam ou ignorem, como preferirem.

DR: Nos últimos anos, você tem acreditado com veemência no valor de investir na China. O que motivou esse interesse? Está preocupado com o superaquecimento da economia chinesa ou com a possibilidade de o governo impor muitas restrições? O que mais o preocupa quanto à economia chinesa?

RD: Comecei a ir para a China em 1984. Deng Xiaoping chegou ao poder em 1978, e eles desenvolveram uma reforma política de portas abertas. Fui convidado pela CITIC, que era a única empresa autorizada a lidar com o restante do mundo. Eles me convidaram para ensiná-los sobre os mercados financeiros mundiais. Eu tinha curiosidade de saber o que havia por trás do muro e acabei descobrindo que amava as pessoas de lá. Fui à China diversas vezes, sem propósitos financeiros, porque não havia dinheiro lá.

Desde então, tive um contato incrível e maravilhosamente próximo com aquele país. Ao longo de trinta e sete anos, testemunhei de perto e, de forma modesta, contribuí para o maior milagre econômico de todos os tempos. Naqueles anos, a renda *per capita* de mais de um bilhão de pessoas aumentou 26 vezes, a taxa de pobreza (medida pela fome) caiu de 88% para menos de 1% e a expectativa de vida aumentou em dez anos. Meu contato com aquilo me deu uma compreensão e uma grande admiração pelo que foi realizado.

Ao longo da minha vida, também consegui viver o sonho americano. Então, sou grato e amo os Estados Unidos. O que me frustra e entristece é que não há um entendimento mútuo entre os dois países e, em vez de produzirem uma relação ganha-ganha, ambos os lados estão produzindo cada vez mais uma relação perde-perde, o que pode ser desastroso. Tento o meu melhor para ajudar a aumentar a compreensão mútua, mas não é fácil.

DR: Ao olhar para a economia dos Estados Unidos, você está preocupado com as taxas de juros artificialmente baixas e com o aumento da dívida federal que temos incorrido nos últimos dez, vinte, trinta anos?

RD: Estou. Sou como um mecânico, por isso gostaria de explicar a mecânica por trás de minhas preocupações: o preço de algo é igual ao valor total gasto naquilo dividido pela quantidade vendida. Observo como a dívida e o dinheiro são produzidos e como são passados através do sistema em relação à quantidade de bens e serviços vendidos. Sei que as dívidas de uma pessoa são os ativos de outra, e que equilibrar a inflação com o crescimento é mais difícil quando há muita dívida e ativos financeiros pendentes. E vejo quão grandes são e quão rápido estão crescendo. Sempre que a economia está muito fraca, o Fed deseja estimulá-la, então lhe dá uma chance criando muito dinheiro e crédito para estimular os gastos. Assim, há mais gastos em bens, serviços e ativos financeiros, e todos ficam felizes. Ao ver a quantidade de dinheiro e crédito, posso estimar a inflação. Agora, o Fed enfrenta uma inflação alta devido à enorme quantidade de dívida e de dinheiro que gerou, de modo que está tentando frear ao mesmo tempo que os déficits e a criação de dívidas ainda estão altas, o que é uma fórmula para a estagflação. Para o Fed, encontrar equilíbrio será muito difícil, porque uma taxa de juros aceitável para que o devedor pague o serviço de suas dívidas provavelmente será uma taxa de juros muito baixa para que o credor consiga compensar a inflação. Acho que esse é o ponto onde estamos. O fato de os Estados Unidos poderem imprimir a única moeda de reserva do mundo nos dá enormes vantagens e força econômica, mas o atual conjunto de circunstâncias torna difícil manter esse privilégio exorbitante.

DR: O que você acha das criptomoedas?

RD: As criptomoedas são realizações notáveis em estrutura e aceitação. Aquelas que, assim como o Bitcoin, ajudam a armazenar riqueza, são aceitas em nível global e têm oferta limitada, são como ouro digital. Elas são interessantes como tal, mas duvido que substituam o ouro porque não espero que sejam mantidas como reservas de banco central. Sua propriedade e movimentos também são rastreáveis, e se forem de fato bem-sucedidas e se tornarem competitivas com as moedas fiduciárias, suspeito que os governos as banirão. Por outro lado, estão evoluindo rapidamente para assumir diferentes formas que podem criar ativos digitais alternativos que funcionem melhor. A única certeza que tenho é que o dinheiro como o conhecemos se tornará menos valioso e menos usado em relação a formas alternativas que competirão para se tornarem a moeda usada no cotidiano pelas pessoas. Isso porque o dinheiro, que é um ativo de dívida, tem que ser um bom depósito de riqueza, além de um meio de troca. Por sua vez, essas moedas fiduciárias, que são ativos de dívida, não serão bons depósitos de riqueza sem se tornarem um fardo inaceitavelmente alto para os devedores. No futuro, se os nossos governos permitirem, é provável que você e eu tenhamos alguns tipos diferentes de moeda, porque não ficará evidente qual é a melhor.

STAN DRUCKENMILLER

Investidor e filantropo, ex-diretor e presidente da Duquesne Capital Management, ex-gestor de carteira de investimentos do Soros Quantum Fund

> *"Ganhar dinheiro não é o grande motivador, mas eu adoro."*

Nas últimas três décadas, poucas decisões de investimento despertaram tanta atenção global quanto a decisão de Stan Druckenmiller (que então administrava o Quantum Fund de George Soros) de vender a libra esterlina a descoberto, acreditando que estava obviamente supervalorizada. Quando o Banco da Inglaterra a desvalorizou, o resultado foi um lucro superior a 1 bilhão de dólares para o fundo Soros, uma quantia então inédita para uma única operação.

Até então, Stan era um investidor conhecido apenas no mundo dos investimentos, e isso se deveu tanto ao seu sucesso na liderança da Duquesne Capital Management quanto ao fato de ter sido selecionado para liderar o famoso Soros Quantum Fund. Depois da operação do Banco da Inglaterra, todo mundo parecia conhecê-lo... e todos queriam ouvir o que ele achava sobre os mercados.

É difícil descrever o estilo de investimento de Stan. No geral, ele se concentra em investimentos líquidos. Na área líquida, ele é parte macroinvestidor (investindo de forma projetada para capturar tendências macroeconômicas ou geopolíticas previstas por ele), parte investidor de capital aberto (investindo em ações que, conforme acredita, provavelmente crescerão ou diminuirão de valor de maneira significativa), e parte um investidor que toma posições com base em seus pontos de vista e pesquisas (ou os pontos de vista de outras pessoas que ele respeite), embora esteja disposto a reexaminá-los de forma constante.

Stan não cresceu com uma obsessão por investir ou ganhar muito dinheiro. Em vez disso, pretendia obter um doutorado em economia (na Michigan University), mas optou por abandonar a carreira e começar a trabalhar no Pittsburgh National Bank. Com o tempo, enquanto estava naquela instituição, ele mudou seu foco para investimentos e, então, começou o próprio hedge fund em 1981 para poder seguir sua abordagem eclética: ou seja, fazer alguns investimentos em macrotendências, algumas escolhas de ações de "valor" e alguns investimentos em ativos depreciados. O sucesso desse fundo levou George Soros a contratá-lo, e ele insistiu em poder continuar administrando o próprio fundo. Quando deixou o Quantum Fund em 2000, Stan voltou a administrar a Duquesne em tempo integral, para o deleite de seus investidores.

Em 2010, entretanto, ele decidiu devolver o capital dos investidores e administrar apenas os próprios fundos. Como resultado, seu desempenho de investimento é privado, mas o mundo dos investimentos não tem dúvidas de que ele continua a encontrar maneiras criativas de superar de forma significativa os mercados através de apostas macroeconômicas perspicazes e seleção cuidadosa de títulos públicos.

Por muitos anos, a corretora EF Hutton teve um slogan publicitário: "Quando a EF Hutton fala, as pessoas ouvem." O mesmo pode ser dito de Stan Druckenmiller, pois ele impõe respeito universal nos mercados financeiros.

Isso pode ser atribuído ao seu histórico investimento em libras esterlinas. Mas aquilo aconteceu há décadas. O respeito de que hoje desfruta se deve ao invejável histórico compilado ao longo de décadas diante dos investidores da Duquesne quando administrava o fundo. Sem dúvida, o respeito também se deve ao estilo discreto, de quem não pretende ser nenhum mestre do universo, e à sua disposição para admitir erros e, quando é o caso, compartilhar o devido crédito.

Homem de poucas palavras, Stan não procura fóruns públicos para expor opiniões ou discutir sucessos. Em vez disso, ele se contenta em tomar as suas decisões de investimento, implementá-las, realizar os lucros e não falar sobre o que fez.

Nesta fase da carreira, ele ainda gosta do jogo de investir e superar os mercados, mas grande parte de sua atenção agora visa aumentar o capital para seus vastos compromissos filantrópicos com educação, pesquisa médica e esforços comunitários de combate à pobreza.

Conheci Stan ao trabalharmos juntos no comitê de investimentos do Memorial Sloan Kettering Cancer Center. Ele preside o comitê, e sua liderança tem proporcionado retornos extraordinários. Vê-lo neste papel é ter uma verdadeira aula sobre a arte de investir: fazendo as perguntas certas, focando nas informações relevantes e orientando a equipe de investimentos. E ele faz tudo isso com o jeito lacônico, discreto e humilde que são suas marcas registradas. Entrevistei Stan virtualmente em 30 de junho de 2021.

DAVID M. RUBENSTEIN (DR): Você deixou o programa de doutorado em economia da Michigan University para assumir um cargo de analista no Pittsburgh National Bank. O resultado disso foi uma das carreiras de investimento mais bem-sucedidas nos últimos quarenta anos ou mais. Você já pensou em como sua vida teria sido diferente se tivesse obtido o doutorado? Algum arrependimento sobre como as coisas aconteceram? Algum arrependimento por não ter ganhado um Prêmio Nobel de economia?

STAN DRUCKENMILLER (SD): Não tenho arrependimentos. Eu estudava Língua Inglesa na Bowdoin. Em meu primeiro ano, fiz um curso de economia para poder ler o jornal e ter alguma noção do que estava acontecendo no mundo. Foi como se eu tivesse visto a luz. Adorava a "mão invisível", vantagem comparativa, custos marginais, todas essas coisas.

Gosto de ensinar. Fui para a Michigan pensando que seria professor de economia, mas a economia que ensinam na escola basicamente tenta colocar o mundo em uma fórmula matemática, acreditando que a economia é uma ciência exata. Achei que isso não funcionava. Eu não era lá muito bom naquilo. Na verdade, saí de lá para aceitar um emprego temporário em Vermont, no ramo da construção civil, mas isso acabou quando recebi uma oferta do Pittsburgh National Bank para fazer parte da operação de investimento como analista de pesquisa.

DR: Então você poderia ter sido um magnata da construção civil?

SD: Eu teria sido um fracasso na construção civil. Provavelmente teria falhado em todo o resto. Minha sogra diz que sou um idiot savant, e concordo com ela. Tenho um único talento e tive a sorte de acabar nessa área.

DR: Como você foi para a Bowdoin? É uma ótima escola, mas fica longe de onde você cresceu.

SD: Cursei o ensino médio em Richmond, Virgínia. Até o oitavo ano, estudei em escolas públicas não muito boas. Meus resultados dos exames SATs focados em texto foram um desastre, embora tenha me saído bem nos de matemática. Entre as escolas que não levavam muito em conta as pontuações do SAT, Bowdoin era a melhor. Não havia nenhum pré-requisito, o que convinha àquele jovem de 18 anos que não sabia nada. Estou feliz por ter ido para lá, porque acabou sendo uma ótima experiência.

DR: Funcionou para você e para a Bowdoin.

Não importa quanto sucesso faça durante o resto de sua vida, você sempre será lembrado pela famosa aposta contra a libra esterlina quando estava trabalhando com George Soros. Você se preocupou com a possibilidade de aquilo não dar certo e arruinar a sua carreira? Fica chateado quando as pessoas falam sobre essa aposta como se fosse a única coisa que você fez na vida?

SD: Eu não me preocupei com nada disso. Esse foi o motivo de termos nos dado tão bem naquele negócio: não havia preocupação.

Minha explicação é simples: o marco alemão e a libra britânica estavam vinculados. Eles estavam negociando a uma taxa de câmbio fixa combinada. A economia alemã estava crescendo devido à reunificação com a Alemanha Oriental. Eu sabia que o Bundesbank era obcecado com a inflação. Todos os alemães são obcecados com a inflação por conta de sua experiência durante a República de Weimar. Essas altas taxas de juros estavam afetando a economia britânica, que sofria com o alto valor da libra.

Para ser sincero, quando fiz aquele negócio eu não achava que eles desvalorizariam a libra. Acreditava que o máximo que eu poderia perder seria cerca de 0,5% do investimento. Não havia como perder mais de 0,5%, mas poderia vir a ganhar uns 20%, de modo que foi mais uma aposta do tipo risco/recompensa.

Investi em agosto de 1992. Só coloquei um bilhão de dólares na libra. Acho que o Quantum Fund era de 7 bilhões. Então, um dia antes da divulgação, o chefe do Bundesbank publicou um artigo no *Financial Times*, que basicamente dizia que eles não queriam mais aquele vínculo com a libra. Isso foi dito em uma linguagem muito sutil, embora nem tanto, e nesse momento percebi que a coisa de fato poderia funcionar.

Tentamos apostar 15 bilhões de dólares em uma desvalorização da libra. Esse era o nosso alvo. Isso foi mais influência do George. Eu o procurei e falei que levaria o fundo a 100% de seu valor (ou 7 bilhões de dólares), e vi uma expressão confusa e condescendente em seu rosto. Achei que ele não concordava com a minha tese. O que ele não concordava era com os 100%. Ele queria chegar a 200%, porque disse que aquele era o tipo de negócio único na vida no qual não havia como perder dinheiro. Podíamos ganhar muito.

Não me incomodo que as pessoas falem sobre isso. Sei onde ganhei o meu dinheiro. A ironia é que ganhei muito mais dinheiro com os efeitos da desvalorização da libra do que com a própria libra. Comprando ações britânicas, comprando obrigações do Tesouro, comprando títulos europeus. Na verdade, esse negócio beneficiou o fundo por quase dois anos devido aos círculos concêntricos da política.

DR: George Soros pode ter dito: "Invista mais", mas você teve a ideia original. Foi isso?

SD: Sim, a ideia foi toda minha. Isso não é uma crítica a George. Ele estava fazendo filantropia na época e, com certeza, teve influência na proporção daquilo que pretendíamos fazer. A ironia é que só investimos 7 bilhões de dólares de qualquer modo, porque a notícia da desvalorização foi divulgada naquela noite. Na verdade, o mercado tornou-se disfuncional da noite para o dia.

DR: Todos parecem seguir os seus conselhos ou ideias sobre o mundo dos investimentos. Você sente uma responsabilidade especial, que deve ser cuidadoso com seus comentários? Quando tem alguma ideia ou tese de investimento, você se esforça para não dar sinal daquilo que está fazendo?

SD: Sinto uma responsabilidade. Ao contrário de Warren Buffett, que mantém uma posição por dez ou vinte anos, posso estar convicto de uma ideia e, caso as circunstâncias mudem, estar convicto de uma ideia contrária duas semanas depois. Meu desempenho é mais uma questão de manter a mente aberta, insistir em uma tese e assumir as perdas do que estar certo por mais tempo. Então, quando faço comentários sobre uma posição, sempre digo: "Posso mudar de ideia em duas ou três semanas. É assim que opero. Você não deve ouvir o que digo em termos de curto prazo, porque meus pontos de vista podem mudar."

DR: Quando investe em alguma posição, você se esforça muito para manter isso em segredo por algum tempo?

SD: Sim, preciso ser muito cauteloso.

DR: Para você, qual é a alegria de investir? É usar a sua massa cinzenta para analisar uma oportunidade, superar os mercados, ganhar dinheiro, ter mais dinheiro para doar?

SD: Em primeiro lugar, é o estímulo intelectual. Todo evento no mundo afeta algum valor em algum lugar, de modo que isso mantém minha mente afiada. Não acho que seja coincidência que muitas pessoas aposentadas invistam por diversão e invistam para viver. Gosto de tentar imaginar o mundo daqui a dezoito meses *versus* hoje e onde os preços dos ativos poderão estar. Ganhar dinheiro não é o grande motivador, mas eu adoro. É um pouco uma doença, mas é o que é, e preciso lidar com isso. Então, sim, eu gosto de ganhar. Você vê o seu desempenho no jornal todos os dias. Não há como esconder quando seus investimentos estão indo mal. Está bem ali no jornal para você ver.

DR: Anos atrás, você parou de administrar dinheiro para outras pessoas e agora, em essência, está investindo o próprio dinheiro. Isso é menos ou mais pressão, e por que tomou a decisão de parar de administrar o dinheiro alheio?

SD: Nunca me senti particularmente eficaz com a gestão de fundos acima de 10 bilhões de dólares. Preciso estar em condições de ser dinâmico e mudar de ideia. Esse é o meu estilo. Minhas posições são mantidas de um ano a 18 meses. Às vezes nem duram tanto. Se eu tivesse de trabalhar com mais de 10 bilhões de dólares eu meio que congelaria e não obteria o tipo de alavancagem que poderia obter com dois ou três bilhões. Achei que seria menos eficaz. Então, em 1993, a Duquesne começou a devolver todo o capital valorizado ao investidor, para tentar reduzir o tamanho do fundo.

Essa é uma das principais razões pelas quais deixei Soros sete anos mais tarde. Embora eu estivesse retornando todos os lucros para os investidores, porque meu próprio dinheiro continuava aumentando, eu crescera demais e percebi que, caso continuasse a ter sucesso, o tamanho se tornaria um problema crescente.

A maior decepção diz respeito à sua outra pergunta, sobre se isso representa mais ou menos pressão. Meus clientes sempre foram ótimos. Eles nunca reclamaram. Mas eu ainda achava que não ter clientes seria um benefício. Não me beneficiou em nada em termos de pressão. Seja qual for o motivo, talvez meu desejo de vencer, ainda sinto a mesma pressão de sempre.

DR: Você é visto como um dos decanos ou gigantes do macroinvestimento. Qual é a definição exata de macroinvestimento e o que há de tão desafiador nesse tipo de investimento?

SD: Comecei como analista bancário no Pittsburgh National. Sendo analista bancário, aprendi sobre liquidez, sobre o Fed e todas essas coisas. Eu usava previsões de taxas de juros e de moeda para descobrir onde investir no mercado de ações, e me ocorreu: "Por que não investir também nas próprias moedas e em títulos futuros?" Eles eram mais previsíveis que as ações e respondiam às verdadeiras forças econômicas em vez de serem um desfile de moda.

Minha filosofia de investimento tornou-se uma aljava de flechas: ações, títulos, moedas, commodities. Nem sempre há a necessidade de investir em determinada área, então isso dava disciplina. Se a pessoa não conseguia entender o mercado de ações, havia outra coisa lá fora com a qual você podia lidar.

Em geral, usamos "macroinvestimento" para fundos que fazem apostas apenas de cima para baixo, de modo que ganham a maior parte de seu dinheiro em títulos e moedas e usam futuros de ações. Por causa do modo como comecei a investir, sempre usei o investimento de baixo para cima. Na verdade, minhas previsões econômicas não vêm de taxas de desemprego e coisas assim. Vêm de informações que recebo sobre as empresas de baixo para cima. Sou uma espécie de híbrido. Acho que podemos chamar de "gestor multiativos".

DR: Você faz apostas concentradas em certas empresas ou certos setores. O que está dizendo é que isso muitas vezes o leva a fazer apostas macro?

SD: Correto.

DR: Você investiu quando era criança ou estudante universitário? Quais eram os seus interesses?

SD: Não, nunca investi nessa idade. Achei que seria professor de inglês. Joguei muito pôquer e outros jogos dos quais gostava.

DR: Warren Buffett começou a investir quando estava na quarta série ou algo assim, mas você não, certo?

SD: Acho que nunca fiz um investimento antes de ir para o Pittsburgh National.

DR: Quando você foi para o Pittsburgh National? Foi nesse banco que começou a fazer os seus investimentos?

SD: Não tecnicamente. Em minha conta pessoal, sim. Tive um mentor incrível lá, e ele me nomeou diretor de pesquisa. Eu tinha 25 anos, como supervisor de um monte de gente de 35 e 40 anos. Esse cargo no banco significava que eu entregava uma lista e os gestores da carteira de investimentos só podiam comprar algo cotado naquela lista. Desse ponto de vista, podemos dizer que eu estava investindo, mas não comecei a investir dinheiro de verdade até sair do banco e fundar a Duquesne.

DR: Quando você fundou a Duquesne, quais foram os seus investidores iniciais? Como foi o desempenho? Fiquei surpreso que o nome Duquesne estivesse disponível.

SD: Achei legal e sexy. Não sei por que, mas achei, e com certeza o nome tinha um forte quê de Pittsburgh. Fui a Nova York falar sobre ouro em uma reunião e conheci esse cara, Joe Ossorio, que dirigia uma empresa chamada Drysdale Securities. Ele me perguntou o que eu estava fazendo em um banco. Respondi: "O que mais posso fazer?" Eu estava ganhando 43 mil dólares por ano como chefe de todo o departamento de investimentos. Ele disse: "Eu lhe pago 10 mil por mês apenas para conversar com você, e você pode começar uma empresa de investimentos." Esses foram os fundos originais por trás da Duquesne.

DR: Você estava morando em Nova York ou em Pittsburgh?

SD: Dois dias por semana em Nova York e cinco dias, incluindo os fins de semana, em Pittsburgh. Indo e voltando.

DR: Como você conheceu George Soros? Estava gerenciando a Duquesne enquanto trabalhava para ele?

SD: Continuei gerenciando a Duquesne enquanto trabalhava para ele. Imaginei que ele me demitiria depois de um ano, porque eu era o nono sucessor do cargo em um intervalo de três ou quatro anos.

DR: Como você entrou em contato com ele pela primeira vez?

SD: Li o livro *A alquimia das finanças* e havia um capítulo que chamou muito a minha atenção, "O círculo imperial", que tratava do que ele pensava a respeito de câmbio. Havia um vendedor da Merrill Lynch com quem conversei sobre o livro e ele disse: "Você gostaria de conhecê-lo? Minha esposa trabalha lá." Então liguei para Soros porque queria falar sobre esse negócio de câmbio, e foi assim que nos conectamos.

DR: Se você leu esse livro e entendeu, você é um dos poucos. Eu não entendi.

SD: Entendi somente o capítulo 4. O resto foi um pouco difícil, só que, quando chega na parte do experimento, você percebe que ele não emprega nenhuma das teorias que defende.

DR: Em sua opinião, quais são as qualidades dos grandes investidores? Haveria algumas que todos têm em comum?

SD: Meu primeiro mentor era um cara do Pittsburgh chamado Speros Drelles e eu diria que aprendi a maior parte do que sei sobre o assunto com ele. O que aprendi com George foi muito simples. Tratava-se de dimensionar posições. Não é sobre estar certo ou errado, mas, sim, quanto você ganha quando está certo e quanto você perde quando está errado, e que, se tem convicção em algo, você precisa pensar grande e assumir grandes posições.

STAN DRUCKENMILLER

Se pensarmos a respeito, seja Warren Buffett, Carl Icahn ou George Soros, quase todo grande investidor é um grande concentrador acima do que jamais ensinariam na escola de administração. O que aprendi com George foi o dimensionamento de posições.

DR: A inflação está começando a aumentar nos Estados Unidos. Você vê isso como um problema a longo prazo? Está preocupado com o valor do dólar, considerando o grande estímulo que temos e os empréstimos que estão ocorrendo agora?

SD: A resposta sobre a inflação é "eu não sei". Acho notável que o Fed projete a confiança que tem. Como falei, isso é algo sobre o qual posso mudar de ideia. Mas quando existem estímulos monetários e fiscais cinco a dez vezes superiores aos do período de armas e manteiga, e o Fed diz algo que as pessoas já estão considerando transitório, minha experiência me diz que, a partir de observações da América Latina e outras economias, quando as pessoas começam a falar sobre inflação, já é tarde demais. Estou muito preocupado com a inflação, mas estou aberto à possibilidade de estar errado. Veremos como a coisa se desenrola.

Os déficits me aterrorizam. Há dez anos, percorri o país dando palestras sobre crédito. Todas as métricas sobre as quais falei são piores do que projetei, com exceção das taxas de juros. Usei taxas de juros de 4%, que achei bastante razoáveis na época. As taxas de juros estão em mínimos históricos. Se, de fato, elas se normalizarem, não conseguiremos pagar o serviço da dívida. Para ser sincero, não consigo entender por que o Fed está torcendo pela inflação.

DR: A mudança climática e seu impacto na humanidade e nas economias é uma questão importante, mas você considera isso muito distante de suas decisões de investimento do dia a dia? Em outras palavras, quando está tomando decisões de investimento, você se preocupa com o impacto das mudanças climáticas em suas posições, ou não pensa muito nisso?

SD: Como já havia mencionado, todo evento mundial afeta o preço de alguma coisa. As mudanças climáticas têm um grande impacto nos preços dos metais. Não dá para fazer um painel solar sem prata. Toda a rede que está sendo refeita devido às mudanças climáticas é muito positiva para o cobre.

A ironia é que, em termos imediatos, também é muito positiva para os preços da energia, porque é necessário energia para refazer a infraestrutura mundial. As mudanças climáticas também afetarão a situação fiscal. Isso afeta tudo. É óbvio que é muito importante para o mundo, mas também afeta a minha estratégia de investimento no médio e, agora, no longo prazo.

DR: Ao procurar investimentos em potencial, você confia em suas leituras, discussões com outras pessoas da comunidade de investimentos, pesquisas de sua equipe ou amigos com quem acaba esbarrando pela vida? Qual é a importância da pesquisa detalhada para você quando está tomando uma decisão que pode ser baseada em seu instinto ou intuição?

SD: Todas as respostas anteriores. Eu diria que é a leitura. Também uso muitos gráficos porque, às vezes, gráficos ou tabelas sobre as tendências de mercado parecem demonstrar coisas que eu honestamente não sei, e isso me faz trabalhar mais em uma tese se eu estiver muito tempo em um investimento e os mercados não estiverem agindo de uma maneira que seja útil para meus interesses. Ou, se algo está indo muito bem e as notícias são terríveis, isso chamará a minha atenção. A pesquisa dentro da empresa é de extrema importância. Contudo, no mundo veloz de hoje em dia, se tenho uma ideia e acho adequado colocar uma posição, então faço a pesquisa e, se esta não confirma o que estou pensando, sinto-me muito disposto a descartar a posição. Avançarei na pesquisa, mas nunca manterei uma posição se a pesquisa não a confirmar.

DR: Quando você toma uma decisão que parece não funcionar, quanto tempo leva para aceitar que estava errado e voltar atrás? Uma semana, um mês? Você ou alguém mantém uma posição por um ano ou mais?

SD: Já mantive posições durante anos e mantive posições por apenas dez dias quando achava que as manteria durante anos. Se o mundo mudar, se a tese por trás de uma posição que mantenho mudar, estou fora. Em quarenta anos, nunca usei um stop/loss. Acho que é o conceito mais idiota de todos os tempos, vender algo só porque o preço caiu. Mas venderei de imediato com prejuízo se o motivo pelo qual possuo alguma coisa mudar.*

---

* Uma ordem de stop/loss exige que um corretor compre ou venda a posição de um cliente em uma ação assim que a ação atingir um determinado preço, por qualquer que seja o motivo. Em geral, essas ordens são usadas para evitar mais perdas se uma ação estiver caindo ou para garantir um lucro se uma ação estiver subindo.

DR: Qual a sua visão sobre a conveniência das criptomoedas como investimento?

SD: Sou a última pessoa com quem você deveria conversar sobre criptomoedas. Há gente com muito mais conhecimento da situação do que eu. Meu palpite é que a tecnologia blockchain será importante para algum sistema de pagamento que ainda nem deve ter sido descoberto. É provável que seja mais uma área para a private equity, coisa de alguns jovens de 25 anos recém-formados em Stanford ou no MIT.

DR: Você tem uma visão sobre as SPACs [empresas de aquisição de propósito específico]?

SD: Tenho uma visão de que são apenas parte dessa orgia financeira que está assombrando os preços dos ativos. Não tenho problema com as SPACs em si. Mas, devido à política de dinheiro livre de Jerome Powell [presidente do Federal Reserve], não são grandes investimentos.

DR: Você acha que um alto grau de inteligência ou uma intensa ética de trabalho é algo comum em grandes investidores?

SD: Acho que você só precisa de uns 120 de QI. Qualquer coisa a mais é um tanto desnecessária. A ética de trabalho de fato importa. A paixão é importante e afeta a sua ética de trabalho, porque as pessoas que estão neste negócio tendem a amá-lo, e se alguém ama um negócio e você não, essa pessoa o superará.

DR: E quanto à disposição de resistir ao senso comum? Isso é importante?

SD: Da mais extrema importância. E também estar disposto a resistir às próprias emoções. No meu negócio, quanto mais caro, mais a pessoa quer comprar, e quanto mais barato, mais ela quer vender. Então você fica constantemente resistindo à própria emoção e ao senso comum.

DR: Quais são os seus principais interesses filantrópicos e quanto tempo tem para se dedicar a eles?

SD: Eu amo os Estados Unidos, e a razão pela qual amo o meu país é o Sonho Americano. Mas vejo uma mácula ou um remendo nesse sonho.

Há comunidades em todo o país onde as crianças não têm a chance de alcançar o Sonho Americano. Foi isso que me motivou a apoiar Geoff Canada quando ele sonhou com a Harlem Children's Zone [Zona Infantil do Harlem]. O Blue Meridian é uma espécie de Harlem Children's Zone 10.0, então essa é uma área importante. A saúde é uma grande área para minha esposa, Fiona, e para mim, em especial através da NYU e do Sloan Kettering, na área do câncer. Na área do meio ambiente, há muito tempo sou membro do conselho do EDF [Fundo de Defesa Ambiental]. A única coisa que eu diria a respeito é que minha filantropia não difere da minha filosofia de investimento, que é: "Aposte alto." Você precisa encontrar um ótimo gerenciamento, um grande líder em uma área pela qual você se importe e apoiá-lo ao máximo.

DR: Algum outro interesse, hobbies ou esportes? Você joga golfe ou tênis?

SD: Sou apaixonado pelo golfe, mas não sou muito bom. Faço atividade física seis ou sete dias por semana. Gosto de assistir o Pittsburgh Steelers. Meu principal interesse fora do trabalho é a minha família. Eu sou um tanto antissocial.

DR: Você gosta de supervisionar comitês de investimento sem fins lucrativos, como o de sua *alma mater*, Bowdoin, ou do Memorial Sloan Kettering? Isso é agradável ou é muita pressão?

SD: Há alguma pressão. Os comitês não podem investir do jeito que eu invisto. Erro muito e, quando erro, retiro uma posição. Acho perigoso recomendar algo quando o comitê não vai se reunir por mais um trimestre. O importante é encontrar um ótimo CIO e deixá-lo escolher os gestores, mas há pressão. É mais uma obrigação. Não sei se gosto, mas sinto que é algo que devo fazer. Então eu faço.

JIM SIMONS

Fundador do Renaissance Technologies; matemático e filantropo

> *"A maneira como consegui ter sucesso foi me cercar de ótimas pessoas."*

Por tradição, grandes investidores confiam na própria intuição para tomar as principais decisões de investimento, embora a intuição em geral seja aplicada depois de algum tipo de análise de informação ou dados. A teoria sempre foi de que nenhum tipo de decisão tomada por uma máquina poderia ser melhor que a humana.

Isso ainda deve ser verdade na maioria das áreas de investimento. Porém, em algumas áreas (títulos, commodities e moedas negociados publicamente), o advento de computadores sofisticados, usando os melhores dados possíveis, gerou uma abordagem conhecida como investimento quantitativo. Nele, algoritmos complexos gerados por computador são desenvolvidos para tirar proveito das ineficiências do mercado, mesmo que elas existam por períodos muito breves. O resultado pode ser vendas ou compras rápidas no mercado sugeridas por computadores, com potencial muito alto de retorno.

Nas últimas três décadas, o mestre indiscutível desse tipo de investimento tem sido Jim Simons, cujo hedge fund Renaissance Technologies conseguiu retornos de investimento considerados quase impossíveis. Para seu principal fundo, o Medallion (agora disponível apenas para funcionários), a média de retornos líquidos anuais parece ter ultrapassado 40% durante mais de trinta anos.

Como costuma acontecer no mundo dos investimentos, os retornos espetaculares de Jim fizeram muitos outros usarem conhecimentos matemáticos e quantitativos para criar empresas de investimento semelhantes. E, embora todas essas empresas, incluindo a de Jim, tenham algoritmos complexos que foram desenvolvidos por humanos, prevaleceu a noção de que computadores, bem-programados por humanos, poderiam tomar decisões de investimento e agir de acordo com elas de um jeito melhor e mais rápido que um ser humano. Isso foi revolucionário no mundo dos investimentos, embora a ideia de que as máquinas possam superar os homens em certas áreas de investimento agora seja bastante aceita.

Jim chegou ao mundo dos investimentos relativamente tarde em uma carreira que antes se concentrava na sua verdadeira paixão: a matemática. Nessa área, ele era um matemático de alto nível, liderando o departamento de matemática da State University of New York at Stony Brook (a partir dos seus 30 anos) e desenvolvendo teoremas matemáticos premiados. Contudo, ele deixou a carreira da matemática para trás, uma ocorrência rara naquela área, para desenvolver um jeito de aplicar sua experiência ao universo do trading. O resultado mudou o mundo dos investimentos para sempre.

A empresa de Jim ajudou a lançar um mercado onde as habilidades matemáticas e científicas são a moeda corrente no desenvolvimento de programas de trading. Muitos outros o seguiram no mundo diverso do investimento quantitativo, mas ninguém ultrapassou seu histórico de vários anos, e parece que ninguém o fará tão cedo.

O sucesso de Jim aumentou seus esforços filantrópicos, muitos dos quais estão focados, sem nenhuma surpresa, no avanço da pesquisa em matemática e ciências.

Conheço-o há muitos anos, desde quando fomos apresentados por amigos que tinham investido com ele. Tolamente, não fiz o mesmo. Nos últimos anos, trabalhei com ele no conselho de administração do Institute for Advanced Study, onde, sem nenhuma surpresa, ele usou sua genialidade em investimentos para gerar resultados extraordinários para os fundos patrimoniais do instituto. Também fomos signatários originais do Giving Pledge, e passei um tempo com ele nas reuniões iniciais do projeto.

Sem dúvida, o brilhantismo matemático foi fundamental para o sucesso de Jim. Mas acho que também pode ter sido sua recusa em usar meias, até mesmo em um jantar black-tie. (Entrevistei-o quando esse padrão de vestimenta ficou aparente: foi em um jantar do instituto, no qual ele estava recebendo o Prêmio Albert Einstein. Dá para perceber que alguém é brilhante quando recebe um prêmio com o nome do professor mais famoso do instituto, símbolo de genialidade.)

Essa entrevista ocorreu no escritório da fundação de Jim em Nova York e é evidente que ele não estava usando meias. Fiquei tentado a seguir seu exemplo, mas não tinha certeza de que a minha perspicácia nos investimentos fosse aumentar em consequência disso. Portanto, estava com os tornozelos vestidos, como dita a convenção. Mas quem sabe? Talvez não usar meias faça parte do padrão dos gênios. Einstein também não usava meias, parece que achava que elas eram um adorno desnecessário. Talvez ele estivesse certo.

Entrevistei Jim ao vivo em 18 de junho de 2021.

DAVID M. RUBENSTEIN (DR): Muitos grandes investidores, quando jovens, tinham interesse em algum aspecto dos investimentos ou dos negócios. Você estava focado na matemática, mas não na relação dela com os investimentos?

JIM SIMONS (JS): Isso mesmo.

DR: Às vezes, os gênios da matemática recebem uma boa dose de incentivo ou treinamento dos pais nessa direção. Não foi esse o seu caso. Mas você percebeu mais ou menos cedo que era bom em matemática?

JS: Sempre gostei de matemática, desde pequeno.

DR: Você achou muito desafiador estudar matemática no MIT, onde cursou a graduação, e em Berkeley, onde obteve o doutorado? Quanto tempo levou para conseguir cada um desses diplomas?

JS: Passei rápido pelo MIT. Eu me formei em três anos, fiquei um ano como aluno de pós-graduação, e eles me mandaram para Berkeley para trabalhar com um cara chamado Shiing-Shen Chern. Ele estava de licença sabática, daí trabalhei com outra pessoa. No meu segundo ano lá, Chern apareceu. Ele foi um grande geômetra de sua época, de geometria diferencial. Ficamos amigos no meu segundo ano. Seis anos depois de sair do ensino médio, consegui um doutorado.

DR: Sua área de especialização no mundo da matemática não deve ser algo que eu consiga entender, mas qual é a essência da sua especialidade?

JS: O campo em que eu estava é chamado de geometria diferencial. Trabalhei em uma área chamada superfícies mínimas de coisas de dimensões superiores.

Estudei essa área, e depois de cinco anos produzi um artigo que resolve muitos problemas dela. Esse texto ainda é citado depois de quase sessenta anos. Foram 1.750 citações acadêmicas, o que é muita coisa. Era um artigo excelente, e foi por causa dele que, alguns anos depois, ganhei um prêmio chamado Veblen Prize [Prêmio Oswald Veblen de Geometria]. Mas também fiz alguns outros trabalhos com Chern que agora são muito famosos.

DR: Você seguiu uma carreira na matemática e no ensino de matemática, com um desvio para ajudar o governo dos Estados Unidos a decifrar alguns códigos. Essa carreira foi empolgante e gratificante, ainda mais quando você estava construindo um ótimo departamento de matemática na SUNY Stony Brook? O que o levou a mudar e entrar no mundo dos investimentos?

JS: Fiz meu primeiro investimento quando eu era muito jovem, e acabou dando muito certo. Quando eu estava no MIT, tinha dois bons amigos da Colômbia, e eles eram inteligentes. Eram bons amigos, e sempre achei que eles deviam abrir uma empresa juntos. Depois que me formei no MIT, eu e um deles fizemos uma viagem de scooter. Íamos viajar de Boston até Buenos Aires, mas só chegamos até Bogotá. Foi uma bela viagem.

Depois do doutorado em Berkeley, voltei para lecionar no MIT. Naquele inverno, viajei para a Colômbia e disse aos dois: "Não vou embora até vocês fundarem uma empresa juntos." Eu sabia que eles eram muito inteligentes, que podiam ser bons empreendedores e podiam abrir uma boa empresa. Então fundamos uma enquanto eu estava lá, e investi algum dinheiro nela. Consegui investir 10%. O sogro de um deles entrou com 50%. Eles eram mais ricos que eu e cobriram o resto, mas eu tinha 10%. Eu tinha pegado dinheiro emprestado de parentes e queria devolver o dinheiro a eles.

Estive no MIT e depois em Harvard por três anos, ensinando e trabalhando nessa empresa que abri na Colômbia. Soube de um emprego em Princeton, no Institute for Defense Analyses, que decifrava códigos. Eu não sabia o que eles faziam, mas contratavam matemáticos e pagavam muito bem. Eu me candidatei a esse emprego e o aceitei, principalmente porque pagava muito, para poder começar a pagar as dívidas que tinha contraído com a empresa na Colômbia, que não decolou tão rápido quanto eu esperava.

O trabalho no instituto era decifrar códigos. As pessoas sabem disso agora, mas eu não podia nem contar à minha esposa o que fazia. "Como foi o seu dia?" "Ótimo." Isso era o máximo que eu podia responder. Mas eles me deixavam usar até metade do tempo fazendo meu próprio trabalho e, no meu caso, era um problema de geometria. A outra metade tinha que ser com o trabalho deles, que era decifrar códigos, e eu ficava livre rápido.

Terminei o artigo que mencionei enquanto estava lá e resolvi um problema consagrado no campo da quebra de código. A Agência de Segurança Nacional, que era a matriz do Institute for Defense Analyses, montou um computador especial para implementar o algoritmo que eu tinha criado. Pelo que sei, desde a última vez que recebi notícias, a cerca de dez anos atrás, esse equipamento ainda estava em funcionamento. Portanto, um algoritmo melhor não tinha sido criado. Você se lembra do nome Maxwell Taylor?

DR: Um general famoso.

JS: O general Maxwell Taylor, que chefiava a minha organização, escreveu uma reportagem de capa na *New York Times Magazine* falando que estávamos indo bem no Vietnã, que tínhamos que manter o rumo e assim por diante. Eu tinha uma opinião diferente. Achava a coisa toda bem idiota. Escrevi uma carta ao editor, que foi publicada de imediato por causa de onde eu estava, dizendo: "Nem todo mundo que trabalha com o general Taylor concorda com os pontos de vista dele", e ofereci os meus: aquela guerra no Vietnã era a coisa mais idiota que tínhamos feito e devíamos sair de lá o mais rápido possível.

Ninguém disse uma palavra, mas alguns meses depois um cara apareceu e me falou: "Sou assessor da revista *Newsweek* e estou fazendo entrevistas com pessoas que trabalham para o Departamento de Defesa e que são contra a guerra, e estou tendo muitos problemas para encontrar alguém. Posso entrevistá-lo?" Eu tinha 29 anos. Ninguém tinha me entrevistado antes. Então eu disse "claro".

Ele perguntou: "O que você faz?" Respondi: "Devemos gastar pelo menos metade do tempo com as coisas do departamento e até metade do nosso tempo com as nossas próprias coisas. Então, por enquanto, estou gastando todo o meu tempo com as minhas coisas e, quando a guerra acabar, vou gastar todo o meu tempo com as coisas deles para compensar."

Em seguida, fiz a única coisa inteligente daquele dia: contei ao meu chefe do departamento local que tinha dado essa entrevista. Ele disse: "Tenho que ligar para o Taylor." Ele entrou no escritório e telefonou para Taylor. Cinco minutos depois, voltou e disse: "Você está demitido." Expliquei: "Você não pode me demitir, porque meu título é 'membro permanente'." Ele retrucou: "Você sabe a diferença entre um membro permanente e um membro temporário? Um membro temporário tem um contrato, mas um membro permanente não tem um contrato."

Fui demitido, mas não estava nem um pouco preocupado. Eu tinha uma família, três filhos e uma esposa, mas sabia que, por causa do artigo que acabei de mencionar, conseguiria com facilidade um emprego acadêmico, e me ofereceram vários. Stony Brook me ofereceu o cargo de presidente do departamento de matemática. Eles estavam com dificuldades para encontrar um, pois era um departamento fraco. O departamento de física era muito forte naquela época, e achei que seria muito divertido. Então aceitei o emprego. O reitor que me entrevistou disse: "Você é a primeira pessoa que entrevistei para esse emprego que de fato quer a vaga." Mas expliquei: "Eu só quero porque a maioria dos matemáticos não quer ser presidente. É um saco, mas achei que seria divertido."

Eu estava com 30 anos. Fui para Stony Brook. Eles tinham muito dinheiro porque Nelson D. Rockefeller era governador na época e ele adorava a universidade estadual. Construímos para eles um departamento de matemática muito bom. Recrutei várias pessoas ótimas e percebi que adorava recrutar.

Enquanto estava lá, nos primeiros anos, trabalhei no material que agora é chamado de teoria de Chern-Simons. Criei o que achei ser um belo resultado em três dimensões e mostrei para Chern. Ele disse: "Nós podíamos fazer isso em todas as dimensões." Respondi: "Vamos trabalhar juntos e fazer isso." E foi o que fizemos. Trabalhamos juntos e bolamos isso, e virou um artigo.

Era um belo artigo de matemática, mas cinco ou seis anos depois os físicos começaram a se interessar por ele por uma série de motivos. Agora ele se aplica a quase todos os ramos da física, o que foi totalmente incrível para mim, porque não sei nada de física. É usado na teoria das cordas, na física da matéria condensada. É usado na fabricação de computadores quânticos. Agora há uma coisa chamada gravidade Chern-Simons. Ela funciona na astrofísica. Essa é a coisa mais incrível que já aconteceu comigo.

DR: Você estava no topo da carreira e tinha publicado um artigo famoso. Por que não permaneceu naquele mundo?

JS: A empresa colombiana tinha dado certo, enfim, e eu tinha algum dinheiro. O sogro de um dos fundadores ficou tão satisfeito com o resultado que abriu um fundo nas Bermudas e botou a minha família como beneficiária, porque a ideia meio que tinha sido minha. Ele criou esse fundo com 100 mil dólares.* Foi muito simpático da parte dele.

Pouco depois, meus amigos colombianos me disseram: "Temos muito dinheiro. Queremos que você nos ajude a investi-lo." "Mas o que eu sei sobre investimentos?" "Bem, aprenda."

Eu conhecia um matemático que tinha começado a negociar commodities. Ele estava indo muito bem, daí fui visitá-lo e disse: "Temos algum dinheiro. Gostaríamos de investir com você." O fundo investiu 100 mil dólares. Os outros caras colocaram muito dinheiro.

Não havia taxa fixa, mas ele recebia 10% dos lucros ou algo do gênero. Falei: "Mas, se perdermos muito dinheiro, você tem que parar." Ele responde: "O que é demais?" Eu disse: "Se cair 30%, você tem que parar." Quando eu estava saindo porta afora, acrescentei: "Ah, e se ganharmos muito dinheiro, você tem que parar." "O que você quer dizer?" "Bem, se você ganhar dez vezes o nosso dinheiro depois das taxas, você tem que parar." Para que pudéssemos pensar um pouco. Ele não se opôs. Em nove meses, ele tinha multiplicado o capital por dez.

Ele continuou no negócio. Ganhou um pouco de dinheiro, perdeu um pouco, mas nunca tanto assim. Então, em vez de 100 mil dólares, naquele momento havia um milhão de dólares no fundo, e isso despertou o meu interesse pelo trading.

---

* Um fundo nas Bermudas é uma estrutura jurídica que separa a propriedade jurídica de um ativo do beneficiário do fundo. Em geral, isso é feito para garantir que o beneficiário do fundo receba os benefícios pretendidos, qualquer que seja o status legal (por exemplo, morte ou divórcio) do proprietário jurídico do fundo.

DR: Você ainda estava dando aulas em Stony Brook?

JS: Ainda estava em Stony Brook e comecei a mexer com câmbio. Desacelerei na matemática e entrei no mercado de trading. Não se baseava de jeito nenhum na matemática. Só se baseava no pensamento objetivo, mas funcionava bem.

DR: Foi nesse momento que você disse que ia investir em tempo integral?

JS: Passei um ano na Universidade de Genebra, mas já estava fazendo um pouco de câmbio. Quando voltei, saí do departamento. Trabalhei meio período por um ano, depois entrei no negócio.

DR: E em algum momento você decidiu abrir uma empresa de investimentos chamada Renaissance?

JS: No início ela se chamava Limroy. Era uma empresa sediada nas Bermudas, mas americanos ou qualquer pessoa podiam investir nela. Eu administrava a empresa e contava com uma equipe pequena. Fazíamos trading, mas também investíamos em venture capital. O trading ia muito bem. Parte do venture capital ia bem, parte não tanto, mas, a certa altura, o conselho sentiu que "essa coisa de venture capital, não queremos mais isso, só queremos o trading". Fechei a Limroy e criamos o chamado Medallion Fund. Nos anos anteriores, tínhamos trabalhado em estudos estatísticos e assim por diante. Entramos na matemática e criamos um fundo que chamamos de Medallion.

DR: Quando você começou o fundo, já tinha deixado Stony Brook?

JS: Eu já tinha saído de lá. Deixei a universidade muitos anos antes. Ainda estava morando em Stony Brook. Então criamos o Medallion Fund, com base em algumas coisas que tínhamos aprendido nos anos anteriores. Era administrado por um sujeito chamado Jim Ax. Ele queria transferir a operação para a Califórnia, e falei "Tudo bem", porque ainda estava envolvido em outras coisas.

Ele estava administrando o fundo, e tudo deu certo por cerca de seis meses, mas depois ele começou a perder dinheiro demais. Falei: "Preciso entender o sistema que você está usando." Ele respondeu: "É muito complicado." "Você só precisa reduzi-lo a três dimensões, digamos assim."

O que percebi é que o que ele estava fazendo, além de todos os enfeites, era seguir tendências. Anos atrás, seguir tendências em commodities teria sido ótimo, mas as pessoas perceberam que existem tendências em commodities e também no câmbio. Então todo mundo estava mergulhando nisso, e apenas não deu certo. Insisti que ele parasse. Ele não quis. Eu era o chefe. Um cara chamado Henry Laufer, que era ótimo e tinha descoberto um sistema de curto prazo que Ax não estava usando, voltou a trabalhar para mim. Juntos, criamos um bom sistema, um sistema de trading rápido.

DR: Ainda em commodities?

JS: Tudo em commodities, câmbio e nada de ações. No Medallion, eu disse a todos os investidores: "Vamos parar. Vamos passar por um período de estudos. Vocês podem até pegar o dinheiro de volta, se quiserem." Quase todos ficaram. Demorou seis meses. Desenvolvemos o sistema de Henry Laufer (eu chamo de Henry Laufer, mas fiz parte do desenvolvimento) e o colocamos em prática. Nunca mais olhamos para trás.

DR: Não sou um cara da matemática, mas entendo o que você fez. Sua ideia era ver como, digamos, ações ou outras coisas estavam funcionando e procurar por anomalias no mercado. Se houvesse uma anomalia, você poderia tirar vantagem daquela transação antes que a anomalia não fosse mais uma anomalia. Em outras palavras, você vê uma ineficiência. Você negocia contra a ineficiência e, quando ela se torna eficiente, você sai da equação?

JS: Isso. Às vezes, essas anomalias duram muito tempo. Às vezes nunca desaparecem. São todas pequenas, mas dá para juntar um monte de anomalias e é maravilhoso.

DR: Ser um mago da matemática o ajudou a descobrir isso?

JS: Com certeza.

DR: Alguém que não sabia matemática não seria capaz de fazer isso?

JS: Acho que não.

DR: Quando começou a fazer isso, você se envolveu profundamente todos os dias na busca de anomalias? Ou os modelos matemáticos mostraram quais eram as anomalias e você não precisou empregar nenhum critério pessoal? Anomalias são perceptíveis ao olharmos para os modelos de computador ou é necessário que alguém diga: "Não tenho certeza se gosto do que os modelos estão me mostrando"?

JS: Tínhamos muitos dados. Tínhamos dados a partir dos tickers e apenas pesquisávamos ou alguém tinha uma ideia: "Se isso acontecer e aquilo acontecer, posso dizer: teste e veja se funciona." A rede cresceu cada vez mais, com a ajuda dos ótimos cientistas que contratamos e estavam sempre procurando anomalias.

DR: Você contratou matemáticos e cientistas?

JS: Cientistas que não eram necessariamente matemáticos. Podiam ser físicos. Contratamos alguns astrônomos. Mas, nesse primeiro período, ainda nos concentrávamos no futuro. Não tínhamos chegado às ações, que eram, é evidente, um mercado maior, mas não sabíamos como aplicar nelas. Tínhamos uma ideia de como fazer aquilo e, enquanto estávamos no desenvolvimento do processo, dois caras foram trabalhar para mim: Bob Mercer e Peter Brown.

Cheguei a eles por meio de Nick Patterson, que eu tinha contratado alguns anos antes. Ele trabalhara no Institute for Defense Analyses. Ele era ótimo e nos ajudou muito. Ele disse: "Tem um cara, Bob Mercer, vocês precisam trabalhar juntos. Ele é muito bom." Entrevistei Bob e ofereci o emprego. Ele disse: "Eu sempre trabalho com Peter Brown, que é mais jovem. Você também precisa contratá-lo." Respondi: "Ok, tudo bem."

Coloquei um deles na área de futuros e o outro na nossa nova área de ações. Alguns meses se passaram, e eles disseram: "Nós gostamos mesmo é de trabalhar juntos. Queremos fazer uma coisa ou a outra." Eu disse: "Ok, façam o sistema de ações funcionar." Estávamos fazendo trading em um nível muito baixo, mas não funcionava muito bem. Eles trabalharam uns dois anos naquilo. Por fim, falei: "Olha, vou dar mais seis meses, mas, se não conseguirem fazer funcionar depois disso, vão ter que deixar para lá." Em dois ou três meses, começou a funcionar. Eles descobriram uma coisa aqui, outra acolá, e mais uma ali e então começou a funcionar. As ações são uma parte importante do Medallion.

DR: Eles também eram matemáticos?

JS: Cientistas da computação.

DR: Você começou a se tornar um grande investidor no mercado de ações. Saiu do mundo do câmbio ou ficou fazendo as duas coisas?

JS: Ainda estava fazendo as duas.

DR: Quando ficou claro que você estava alcançando os melhores números anualizados, percebeu que estava se tornando um dos maiores investidores do mundo ou não via dessa forma?

JS: Eu não pensava: "Será que eu sou um grande investidor?" Pensava: "Estou ganhando muito dinheiro." O Medallion tinha investidores externos, óbvio, mas estava crescendo muito porque todos deixavam dinheiro lá. O fundo estava capitalizando a uma taxa ótima, mas havia um limite para o tamanho dele, porque estamos falando de câmbio. Se você tem um fundo enorme e quer fazer trading rápido, vai movimentar demais o mercado. Portanto, o fundo não podia ser tão grande.

Nós percebemos isso, mas os funcionários estavam todos investidos. Decidimos que tínhamos que expulsar os investidores externos. Isso levou, acho, dois ou três anos, mas, em 2005, o fundo era 100% de propriedade dos funcionários.

DR: Mais tarde, você começou a levar investidores externos para outros fundos?

JS: Sim, nós fizemos isso. O Medallion continuou sendo só dos funcionários.

DR: Dizem que o Medallion obteve retornos espetaculares, de mais de 40% ou algo do gênero, durante muitos anos.

JS: Maior que isso. Mais que 40%.

DR: Ele teve retornos muito altos. Você ficou rico. Agora está colocando boa parte da sua energia na filantropia. Você foi um dos signatários originais do Giving Pledge?

JS: Fui, embora tenha feito isso muito no início. Achei que devia fazer aquilo só para divulgar a causa. Nunca me ocorreu que eu estava me juntando a algo. Quando começamos a fazer reuniões do Giving Pledge, eu não queria fazer parte de um clube. Meu filho e minha filha assinaram. Marilyn, minha esposa, gosta de ir a essas reuniões, porque são eventos sociais. Não sou sociável. Meu prazer está na filantropia.

DR: Seus esforços nessa questão são focados em matemática e ciências e coisas assim?

JS: A fundação foi criada em 1994. Já estávamos doando uma boa quantia de dinheiro, e Marilyn achou que talvez devêssemos criar uma fundação. Gostei da ideia porque podia colocar dinheiro e ter uma redução nos impostos, mas esse dinheiro não precisava sair da fundação. Ela trabalhou de uma salinha no closet dela durante um ano, preenchendo cheques e assim por diante. Depois ela conseguiu um pequeno escritório, contratou duas pessoas, e continuei investindo dinheiro na fundação enquanto ganhava uma fortuna. Deu certo.

Em 2010, decidi sair da Renaissance e me dedicar de maneira integral à fundação. Naquela época, tínhamos focado mais ou menos 100% em apoiar matemática e ciências. Então eu era presidente do conselho da Renaissance, mas não me envolvia nem um pouco no trabalho deles. As coisas continuaram bem, e dediquei todo o meu tempo à fundação.

DR: Se você desse um conselho a alguém sobre como ser um grande investidor, o que diria? Especializar-se em alguma coisa, saber o que está fazendo ou rezar para ter sorte? O que diria que é necessário para ser um grande investidor?

JS: É preciso de um pouco de sorte. Tenho dado palestras com frequência e, de vez em quando, uso o seguinte título: "Matemática, bom senso e boa sorte."

DR: Essas são as coisas principais?

JS: A maneira como de fato tive sucesso foi me cercar de ótimas pessoas. Gosto de recrutar. Ainda gosto disso. Com o Medallion Fund, eu me cerquei das pessoas mais inteligentes que consegui encontrar.

DR: Você não tem medo de contratar alguém que considera mais inteligente que você?

JS: Se alguém for mais inteligente que eu, melhor ainda. Tenho certeza de que temos algumas pessoas que pelo menos acham que são mais inteligentes que eu, e provavelmente são. Meu segredo para o sucesso era encontrar boas pessoas.

DR: É uma história muito impressionante. Seus pais viveram para ver seu enorme sucesso?

JS: Viveram. Meu pai morreu de Alzheimer, mas ele sabia que eu estava indo muito bem. Eu sustentava os dois. Minha mãe viveu mais, mas eles viveram por tempo suficiente para ver o filho prosperar.

JOHN PAULSON

Fundador da Paulson & Co.

> *"O mais importante é se concentrar em uma área específica que você conhece melhor do que as outras pessoas. É isso que lhe dá uma vantagem."*

A Grande Recessão de 2007–2009 foi causada por uma série de fatores, porém, nenhum mais significativo que a implosão do mercado imobiliário, grande parte do qual era financiado por hipotecas subprime. Elas eram aquelas em que o mutuário não precisava atender aos padrões normais de crédito para uma hipoteca e em geral não precisava fazer nenhum pagamento inicial. Contudo, antes da implosão, a comunidade de investidores adorava comprar essas hipotecas (muitas vezes em forma de pacote e securitizada), pois pagavam taxas de juros mais altas que as hipotecas residenciais típicas.

Antes do colapso das hipotecas subprime, que ocorreu quando muitos dos tomadores de empréstimos não conseguiram sustentar os juros mais altos (em meio a uma forte queda nos preços dos imóveis), muitos investidores que se concentravam em investimentos de alto rendimento se banquetearam com essas hipotecas. Quando a economia desacelerou, com certeza algumas pessoas da comunidade de investimentos alertaram sobre um possível colapso. Talvez mais do que algumas pessoas também tenham vendido a descoberto o mercado de hipotecas subprime, antecipando um declínio, se não um colapso.

Mas havia um indivíduo, um gestor de hedge funds até então relativamente discreto em Nova York chamado John Paulson, que não apenas antecipou o declínio (se não o colapso), mas também seguiu seu instinto com uma aposta volumosa: a maior em sua carreira, que era especializada em arbitragem de risco (apostar na conclusão bem-sucedida de fusões anunciadas de empresas de capital aberto). Paulson apostou de maneira correta, tanto que suas transações no declínio do mercado hipotecário parecem ter rendido 20 bilhões de dólares em lucros, sem dúvida a aposta única mais bem-sucedida e lucrativa da história de Wall Street feita por um investidor.

Isso acabou com o status discreto de John. No mesmo instante, ele se tornou um dos investidores de hedge funds mais famosos do mundo, e suas reflexões sobre o mundo dos investimentos passaram a ser muito procuradas, assim como seu apoio filantrópico a muitos projetos nas suas esferas de interesse.

Apesar da fama e da grande riqueza (e da publicidade de algumas doações enormes para o Central Park Conservancy e a Harvard University), John continuou sendo discreto — resultado de uma educação em escola pública na cidade de Nova York, da posição de orador e melhor da turma da faculdade de Administração da New York University e Baker Scholar na Harvard Business School.

Conheci John a partir de várias conexões sociais e comerciais em Nova York, mas passei muito tempo com ele quando fez parte do Council on Foreign Relations, onde seus pensamentos sobre o ambiente de investimento e a economia tiveram um peso extraordinário. Talvez todos estivessem esperando para ouvir sobre a próxima oportunidade do tipo hipoteca subprime, sei que eu estava. Mas, nesses assuntos, John sabiamente guardou seu conselho e reservou esse tipo de informação para seu emprego. Eu o entrevistei pessoalmente em 12 de agosto de 2021.

DAVID M. RUBENSTEIN (DR): Você fez um dos investimentos mais famosos da história de Wall Street. Ao longo de um intervalo de tempo, mais ou menos em 2006, você fez uma venda a descoberto no mercado de hipotecas. Segundo relatos, a transação rendeu cerca de 20 bilhões de dólares para você e seus investidores. Ninguém relatou nada mais lucrativo que isso em uma negociação nas últimas décadas. Você tinha alguma dúvida de que esse negócio ia funcionar?

JOHN PAULSON (JP): Estávamos bem convencidos de que segmentos do mercado hipotecário estavam supervalorizados e tinham grandes probabilidades de implodir. Assumimos uma posição concentrada nesses títulos, e o que esperávamos aconteceu.

DR: Suponho que você quisesse sigilo, na época. Não queria que todo mundo soubesse o que estava fazendo. Como manteve isso em segredo, e onde conseguiu os instrumentos que permitiram que você fizesse aquele tipo de venda a descoberto?

JP: Estávamos administrando uma empresa de arbitragem de fusões e chegamos a administrar cerca de 6 bilhões de dólares, o que era muito. Mas, em 1986-1987, chegamos a ficar entre os 50-75 na classificação de hedge funds, e procurávamos maneiras de chegar ao topo do setor, só que ele era muito competitivo.

Estávamos procurando um investimento assimétrico que pudesse nos ajudar nisso. Eu tinha desenvolvido uma especialidade no fim da década de 1980, na época da implosão da Drexel, de fazer vendas a descoberto ou apostar na queda do valor de títulos corporativos com grau de investimento. Esse é um investimento estruturado para ter uma desvantagem relativamente baixa, mas uma vantagem substancial. No entanto, a probabilidade de inadimplência de um título de grau de investimento é muito rara.

Mas encontramos uma área onde isso acontece, em especial com empresas financeiras, que são altamente alavancadas, e um pequeno declínio nos ativos pode acabar com o patrimônio. E, se fracassarem, muitas vezes os títulos sem garantia emitidos por elas caem até chegar a zero. Na época da Drexel, tínhamos feito vendas a descoberto de títulos de empresas financeiras e obtivemos certo sucesso. Mais tarde, fizemos vendas a descoberto de títulos de algumas seguradoras, como a Conseco, que acabou falindo. Eu estava sempre procurando títulos de crédito mal precificados.

Por fim, encontramos isso nos títulos lastreados em hipotecas subprime. Eles têm uma estrutura única na qual as hipotecas eram agrupadas em um título e este era dividido em cerca de 18 tranches variando de "B" a "AAA". Nós nos concentramos na tranche "BBB", que era estruturada de uma forma em que uma perda de 7% no pool eliminaria a tranche BBB.

Achamos que o mercado imobiliário estava supervalorizado, que os títulos hipotecários estavam em uma bolha e que era provável que as perdas nesses pools ultrapassassem 7% e talvez chegassem a 20%. Fizemos muitas pesquisas na área. Estávamos acompanhando o mercado de hipotecas bem de perto, verificando o desempenho dos títulos subjacentes, e eles continuavam se deteriorando.

Então começamos a fazer transações a descoberto em massa. Mas não conseguimos esconder a transação, porque, no total, negociamos a descoberto mais de 25 bilhões de dólares desses títulos. Éramos ativos com todos os grandes bancos de Wall Street. Eles tinham limites do quanto podiam fazer. Nenhum banco ultrapassava 5 bilhões de dólares de exposição. Estávamos interagindo com as mesas de operações de todos os bancos e, assim, ficou difícil, se não impossível, manter em segredo o que estávamos fazendo.

DR: Na época, disseram que o Goldman Sachs, em especial, tinha sido seu conselheiro. Isso é verdade?

JP: Eles não foram conselheiros. Foram uma contraparte. Estavam negociando ativamente e, para vender títulos, precisavam comprá-los de alguém. Nós fazíamos a venda a descoberto para o Goldman e eles revendiam para outras pessoas, como todas as outras mesas de operações.

DR: Se você ganhasse 20 bilhões de dólares, quanto tinha em risco? Havia uma chance de tudo que investiu ter chegado a zero?

JP: Havia. Na época, estávamos administrando cerca de 6 bilhões de dólares. Dissemos aos nossos investidores: "Gostaríamos de fazer um hedge e pagar 2% em prêmios para comprar proteção nesses títulos lastreados em hipotecas". Por 2% do custo ao ano, poderíamos vender a descoberto títulos com um valor nocional de 200% dos ativos sob nossa gestão. Então dissemos: "Se esses títulos fossem inadimplentes, poderíamos ganhar 100% se os títulos caíssem para 50, e 200% se caíssem para 0." Na época, nossos fundos estavam gerando de 10% a 12% ao ano. Falei: "No cenário negativo, nos nossos principais fundos, se os títulos não ficarem inadimplentes e perdermos 2%, ainda ganharíamos 8-10%."*

---

* Em outras palavras: se um título tiver um valor nominal de 1.000 dólares e uma taxa de 1% (ou 10 dólares) for paga por um hedge que garantirá que o título possa ser comprado no futuro por 1.000 dólares, o custo do hedge se o título não diminuir de valor é de 10 dólares. Como o hedge fund está ganhando 10% ao ano, o custo do hedge diminuiria o retorno do desempenho geral do fundo pelo custo do hedge, significando que o fundo renderia 9%, o que ainda é um retorno aceitável. Se o título for inadimplente e sem valor, a parte que forneceu o hedge (para obter a taxa de 1%) é obrigada a pagar ao hedge fund o valor total do título, ou seja, 1.000 dólares. Isso pode gerar lucros surpreendentes em relação ao custo do investimento no hedge.

Todos os investidores disseram: "Se você acredita nisso, vá em frente. Não vamos colocar nosso capital em risco. Parece uma boa compensação entre risco e retorno."

Mas a forma como esses títulos funcionavam era assimétrica. Você basicamente arrisca 1% para ganhar 100%.

DR: Não pode ser tão fácil, porque ninguém mais fez o mesmo que você. Chegou a passar noites em claro, dizendo: "Talvez eu esteja errado e acabe perdendo muito dinheiro" ou não se preocupou tanto com isso?

JP: Mais uma vez, o downside era muito limitado. Acho que o motivo pelo qual outras pessoas não fizeram isso é porque nunca houve inadimplência de títulos lastreados em hipotecas com grau de investimento. Eles eram vistos como os títulos mais seguros, ao lado dos títulos do Tesouro. Em essência, isso era verdade, até aquele ponto. O que os outros não perceberam foi que a qualidade de subscrição dos títulos nunca foi tão ruim quanto naquele período. O fato de não terem entrado em default no passado não tinha nada a ver com o fato de os títulos emitidos poderem entrar em default no futuro.

DR: A ideia de fazer isso veio à sua mente um belo dia só por ler os jornais ou assistir ao canal Bloomberg na TV? De onde veio a ideia?

JP: Desenvolvemos uma especialidade que pouquíssimas pessoas tinham na venda a descoberto de títulos de crédito (ou dívida). A dificuldade em vender títulos de crédito a descoberto é que você realmente precisa tomar emprestados os títulos e fica com um carregamento negativo. Em geral, os títulos de crédito são mantidos no longo prazo, negociados com pouca frequência e difíceis de pegar emprestados. Além disso, se eles não entrarem em default, o custo do carregamento negativo pode ser bem alto. Dessa forma, lucrar com a estratégia de crédito a descoberto é muito desafiador e não é uma tarefa fácil. Por isso, pouquíssimas pessoas fazem venda a descoberto de crédito.

Mas, por causa da assimetria dessa venda a descoberto, nunca desisti de buscar grandes quantidades de títulos de crédito que pudessem ser tomados emprestados, que pudessem ser vendidos a descoberto e que pudessem entrar em default. Por fim, em 2006, descobrimos os maiores créditos a descoberto no mercado de títulos lastreados em hipotecas, um mercado que na época era maior que o dos títulos do Tesouro. Mas, por causa dos credit default swaps [os CDS, uma forma de seguro contra o default de um título], você não precisava tomar emprestados esses títulos para vendê-los a descoberto. Era possível apenas comprar um CDS sobre os títulos e se beneficiar como se fosse uma venda a descoberto caso os títulos caíssem.

Estávamos vendendo a descoberto 100 milhões de dólares em títulos lastreados em hipotecas de uma só vez, 500 milhões de dólares por dia e, em alguns casos, 1 bilhão de dólares por dia. Havia uma liquidez sólida para fazer essas vendas a descoberto.

DR: Foi noticiado na imprensa que, em determinado momento depois do sucesso do investimento, você teve que assinar um cheque de mais de 1 bilhão de dólares para a Receita Federal. É bom passar um cheque de mais de 1 bilhão de dólares para a Receita Federal ou é meio doloroso?

JP: Nós éramos grandes apoiadores não apenas do Tesouro dos Estados Unidos, mas também do estado de Nova York e da cidade de Nova York, e pagávamos uma boa quantia em impostos.

DR: Você tem no seu escritório um cheque de mais de 1 bilhão de dólares para o governo dos Estados Unidos? Você não guardou esse cheque?

JP: Não guardei o cheque, mas guardei as declarações de impostos estaduais e federais.

DR: As pessoas devem procurar você o tempo todo para dizer: "Tenho uma ótima ideia." Alguém já teve uma ideia tão boa quanto aquela? Aquele episódio foi há mais de dez anos.

JP: É muito difícil. Não encontrei nada que seja tão assimétrico quanto esse negócio específico. Assimétrico significa que é possível perder um pouco na queda, mas ganhar cem vezes na alta, então dá para ganhar muito dinheiro sem arriscar muito dinheiro. A maioria das negociações é simétrica. Pode-se ganhar muito, mas também arrisca-se muito, e se errar, dói.

DR: Você sempre disse: se tiver algo bom, me avise. Ainda não conseguiu nada tão bom?

JP: Eu diria que não tão bom. A área mais mal precificada hoje é o crédito. O título do Tesouro de dez anos rende cerca de 1,3% e o título do Tesouro de trinta anos rende cerca de 2%. Estamos entrando em um período inflacionário. Temos uma inflação atual bem acima dos rendimentos de longo prazo. Há uma percepção no mercado de que essa inflação é transitória. Acho que o mercado comprou a fala do Federal Reserve de que ela é apenas transitória por causa da retomada da economia, e vai acabar diminuindo. No entanto, se não diminuir ou se diminuir em um nível acima dos 2% que o Fed está almejando, ou ainda se permanecer na faixa de 3 a 5%, acho que, no fim das contas, as taxas de juros vão se recuperar e os títulos vão cair. Nesse cenário, existem várias estratégias de opções relacionadas a títulos e taxas de juros que podem oferecer retornos muito altos se essas taxas de fato alcançarem os níveis mais altos.

DR: Quando você tem um episódio tão impactante ou um sucesso inacreditável, como aconteceu com aquela transação, existe a tentação de dizer: "Não quero desafiar o destino e tentar de novo" ou você quer provar que consegue fazer aquilo de novo e fica procurando outra oportunidade tão boa quanto aquela?

JP: Nós procuramos. Mas temos que ser realistas. Fizemos alguns negócios em menor escala que têm retornos potenciais de 25x para um, relacionados tanto às taxas de juros quanto aos preços do ouro. Nosso ponto de vista é que o mercado hoje não espera muita inflação, mas, se a inflação for maior que o mercado espera atualmente, isso vai resultar no aumento dos preços do ouro e das taxas de juros. Se essas duas coisas acontecerem ao mesmo tempo, o que, sem dúvida, é desafiador, temos posições que podem resultar em 25x para um.

DR: Depois de fazer sua famosa transação, você fez outra em que comprou muito ouro ou títulos futuros de ouro. Você acreditava muito no ouro. O ouro agora está custando cerca de 1.700 dólares a onça ou mais. Você acredita que o ouro agora é um bom investimento a esse preço?

JP: Acreditamos, sim. Acreditamos que o ouro se sai muito bem em épocas de inflação. Vimos o que aconteceu na última vez que ele ficou parabólico [ou seja, os preços subiram acentuadamente em um curto período]. Foi na década de 1970, quando tivemos dois anos de inflação de dois dígitos. O motivo básico pelo qual o ouro se torna parabólico é que existe uma quantidade limitada de ouro para investimento (acho que é da ordem de vários trilhões de dólares) enquanto o valor total dos ativos financeiros está próximo de 200 trilhões de dólares.

Se a pessoa contar com títulos do Tesouro de longo prazo que rendem 2% e as taxas de juros subirem para 5%, o valor desses títulos cai materialmente. Da mesma forma, se tiver dinheiro parado em um banco no qual está ganhando 0% e a inflação é de 4%, o valor do seu dinheiro está sendo erodido aos poucos. Conforme a inflação aumenta, as pessoas tentam sair da renda fixa. Tentam sair do dinheiro. O destino lógico é o ouro, ainda mais se ele começar a subir em épocas de inflação. Mas, como a quantidade de dinheiro para sair do dinheiro vivo e da renda fixa supera a quantidade de ouro para investimento, o desequilíbrio entre oferta e demanda faz com que o valor do ouro suba. E a alta se alimenta de si mesma.

DR: Na época da sua famosa transação, você se tornou famoso por todo o mundo. Como isso mudou a sua vida? De repente, as pessoas passam a telefonar o tempo todo? Os amigos do ensino médio dizem que sempre souberam que você seria bem-sucedido e ficam ligando para pedir contribuições? Como foi que a sua vida mudou?

JP: Eu me lembro que um dos nossos investidores me ligou em fevereiro de 2007. Ele disse: "John, acabei de receber os resultados mensais. Acho que houve um erro. O relatório diz 66%. Você quis dizer 6,6%." E respondi: "Não, foi 66%." Ele comentou: "Isso é impossível. Eu já investi com Soros, com Paul Tudor Jones, com todos. Ninguém subiu 66% em um ano. Como é que você conseguiu isso?"

Pouco depois, todos os nossos investidores receberam esses resultados, os dados vazaram para a imprensa e se tornaram a matéria de capa do *Wall Street Journal*, que era distribuído no mundo todo. Esse desempenho continuou ao longo do ano. Os fundos de crédito chegaram a quase 800% líquidos no ano. Esse desempenho se tornou uma espécie de fenômeno global. Ficamos muito conhecidos. E isso mudou a minha vida em um sentido positivo. Nós nos tornamos um dos cinco maiores hedge funds com ativos sob gestão naquela época. Isso abriu muitas portas.

DR: Você tinha um grande hedge fund e decidiu fazer o que muitas pessoas bem-sucedidas fizeram em Wall Street. Colocar o dinheiro em um family office. Por que fez isso?

JP: As pessoas seguem um de dois caminhos. Certos indivíduos gostam do negócio e desenvolvem uma infraestrutura para captar mais dinheiro, expandir a parceria e criar algo que possa sobreviver além de si mesmos. Isso cria um valor separado.

Pessoalmente, nunca gostei muito do lado comercial do negócio. Nunca gostei de levantar capital nem de encontrar investidores. Acho estressante. Eu gostava do investimento. Era isso que achava interessante. Era o que me empolgava. Depois que alcançamos certo patamar de sucesso, começamos a tirar a ênfase dos aspectos de captação de recursos. E, como os investidores naturalmente seguiram em frente, não os substituímos nem procuramos captar mais capital. Com o tempo, meu capital no fundo passou a ser uma parcela cada vez maior dos ativos administrados. Por fim, chegamos ao ponto em que a quantidade de pessoas que gerenciavam o negócio devia ser de 75 a 80% das pessoas na empresa, contra 20 a 25% das pessoas envolvidas com investimentos reais.

Eu estava lidando com compliance, arrecadação de dinheiro, relatórios de investidores, jurídico, RH. Por fim, decidi que estava gastando muito tempo gerenciando o negócio: mais da metade do meu tempo, o que não estava mesmo gerando retornos incrementais sobre o custo, e decidi me concentrar apenas em investir. Em junho de 2020, devolvemos o capital externo aos investidores e nos tornamos um family office.

DR: Vamos falar um pouco sobre para qual direção você acha que a economia está indo. Você mencionou a inflação. Quando trabalhei na Casa Branca, no mandato do presidente Carter, fui responsável, gosto de dizer, pela inflação de dois dígitos. É óbvio que mais pessoas também estavam envolvidas. Você está preocupado com a inflação? Essa é a sua principal preocupação no momento, no que se refere à economia?

JP: Não diria que estou preocupado com isso, porque temos zero renda fixa. Acreditamos que teremos mais inflação que o mercado está esperando atualmente, então adotamos em nosso portfólio medidas para nos beneficiarmos caso haja uma inflação maior. Se ela ficar embutida em níveis mais altos que o previsto, isso vai beneficiar boa parte do nosso portfólio.

DR: Você acha que o Fed manteve as taxas de juros artificialmente baixas por muito tempo?

JP: Eles as mantiveram artificialmente baixas? Sim. Eles as mantiveram artificialmente baixas por muito tempo? Acho que não. Nós provavelmente passamos pela pior crise financeira imaginável com a Covid-19, na qual toda a economia fechou. Não fossem as políticas agressivas do Fed e do Tesouro, poderíamos ter mergulhado em uma recessão profunda. Ao fornecer todos os estímulos monetários e fiscais, eles minimizaram a desaceleração, o que resultou em uma rápida recuperação, permitindo que a economia tivesse uma contração mínima do PIB e uma acentuada revisão para cima do PIB.

DR: Você está preocupado com o tamanho da dívida e do déficit nos Estados Unidos?

JP: Com certeza. Pegamos muito dinheiro emprestado para estabilizar a economia. Mas, em algum momento, esse dinheiro deve ser pago ou monetizado por meio de taxas de inflação mais altas. Pagar empréstimos é muito confiscatório e provavelmente resultaria em um longo período de crescimento lento.

A alternativa mais fácil é monetizar a dívida por meio da inflação. Da forma como funciona com a inflação, o PIB cresce de maneira mais rápida em termos nominais. E, como a dívida é expressa em termos nominais, a relação entre dívida e PIB pode cair com a inflação. Acho que teremos uma escolha, e a inflação será o resultado mais desejável.

DR: As pessoas estão sempre procurando bolhas para estourar. Na verdade, você pegou uma das bolhas mais proeminentes que estourou: a bolha dos títulos lastreados em hipotecas. E o mercado de SPACs? Você acha que é uma bolha esperando para estourar?

JP: Não acho que seja uma bolha, mas ele apresenta evidências de um mercado superficial. Tem liquidez demais. Eu diria que o mercado de SPACs está supervalorizado... Para as pessoas que investem em SPACs, na média, será uma proposta perdedora.

DR: Você acredita nas criptomoedas?

JP: Não acredito. Diria que as criptomoedas são uma bolha. Eu as descreveria como um suprimento limitado de nada. Não há valor intrínseco para nenhuma delas, exceto que há uma quantidade limitada.

DR: Com base no que você acabou de dizer, por que você não faria uma grande venda a descoberto de algum tipo em criptomoeda? Ou talvez você já tenha feito, mas acha que é uma boa venda a descoberto?

JP: O motivo pelo qual fizemos uma grande operação de venda a descoberto é porque o mercado do subprime era assimétrico. Ao vender a descoberto um título nominal que tem duração limitada e é negociado a um spread de 1% sobre os títulos do Tesouro, não se pode perder mais que o spread multiplicado pela duration, mas, se ele for a default, você pode conseguir o valor nominal. No mercado cripto, há desvantagens ilimitadas. Mesmo que eu pudesse estar certo no longo prazo, no curto prazo (como no caso do Bitcoin, que passou de 5 mil dólares para 45 mil dólares), eu perderia muito na venda a descoberto. As criptomoedas são muito voláteis para se fazer uma venda a descoberto.

DR: Vamos falar de como você entrou no mercado. Você nasceu em Nova York e seus pais vieram de dois países diferentes.

JP: Meu pai era do Equador. Minha mãe, de Nova York, mas os avós dela eram da Europa Oriental, da Rússia e da Ucrânia. Meus pais se conheceram na UCLA. Meu pai estudava Administração. Minha mãe era psicóloga. Então eles voltaram para Nova York. E nasci em Nova York.

DR: Você cursou o ensino médio aqui em Nova York?

JP: Isso. Éramos uma sólida família de classe média alta, mas não podíamos pagar por uma escola particular, então estudei em escolas públicas do jardim de infância até o ensino médio. Na época, as escolas tinham uma qualidade razoavelmente alta. Recebi uma ótima educação pública. Depois do ensino médio, fui para a NYU e, depois da NYU, para a Harvard Business School.

DR: Na NYU, você estava na Faculdade de Administração. E você foi orador e melhor aluno da turma na formatura?

JP: Sim.

DR: Seus pais devem ter ficado impressionados por você ser o orador e o melhor da turma. Você foi para onde, depois da faculdade? O que fez?

JP: Eu adorava a faculdade. Ficava animado. Comecei alguns negócios enquanto estava lá, então me empolguei para estudar Administração. Mas o que aconteceu foi que o antigo presidente do Goldman Sachs, Gustave Levy, era formado pela NYU. Ele ministrava um curso chamado Seminário de Ilustres Professores Adjuntos sobre Bancos de Investimento, e fui convidado a me inscrever nessa turma. A classe consistia em apenas doze alunos. E ele trouxe os chefes de todas as quatro áreas principais do Goldman Sachs. Uma delas, a arbitragem de risco, era comandada por Bob Rubin. A arbitragem de risco historicamente era a área mais lucrativa do Goldman Sachs. Decidi que era ela que eu queria. Eles disseram: "Se quer fazer isso, primeiro precisa ir para a Harvard Business School. Depois, tem que trabalhar em fusões e aquisições. E só depois, se for mesmo bom, pode trabalhar na arbitragem de risco."

Segui esse caminho. Fui para Harvard, depois trabalhei em fusões e aquisições no Bear Stearns. E, depois de me tornar sócio de fusões e aquisições do Bear Stearns, fui trabalhar na arbitragem de risco de uma das maiores butiques da época, que se chamava Gruss Partners. Depois de quatro anos lá, doze anos depois de me formar na faculdade de Administração, fundei a Paulson & Co. em 1994.

DR: Você se formou na Harvard Business School como Baker Scholar, o que significa que estava entre os 5% melhores da turma. Você pensou em ir para o Goldman Sachs e trabalhar para Bob Rubin?

JP: Pensei, mas me desviei um pouco. Eu me formei em 1980, quando a taxa básica de juros chegou a 20% e Volcker [Paul Volcker, então presidente do Federal Reserve] estava tentando acabar com a inflação, então o mercado de ações estava em depressão. Estávamos em uma pequena recessão. Não havia muito recrutamento nos bancos de investimento. Ao mesmo tempo, as empresas de consultoria brotavam em tudo que era lugar e eram o ambiente mais atraente para se trabalhar. Na época, elas pagavam o dobro dos salários iniciais que os bancos de investimento. Fui seduzido pela consultoria. Meu primeiro emprego depois de me formar em Harvard foi trabalhar para o Boston Consulting Group. Depois de dois anos, percebi que não era o que eu queria fazer. Queria trabalhar em Wall Street. Mas, quando olhava para Wall Street, sempre havia dois lados. Um era chamado o lado da agência, onde se trabalha em um banco de investimento, representando clientes e recebendo comissões. O outro era o lado principal, onde se ganha dinheiro investindo o próprio capital. As pessoas realmente ricas trabalhavam no lado principal. Meu sonho era trabalhar lá.

DR: Para quem não sabe, o que é arbitragem de risco?

JP: É investir em fusões. Digamos que uma ação esteja sendo negociada por 30 dólares e alguém esteja se oferecendo para comprá-la por 50 dólares e, depois do anúncio da fusão, a ação suba para 48 dólares. Há um spread de 2 dólares. Não parece muito dinheiro. Mas 2 dólares sobre 50 dólares é 4%. Se a negociação for fechada em quatro meses, fazendo-se isso três vezes ao ano, três vezes quatro daria uma taxa de retorno de 12%. Se for possível ter um portfólio dessas negociações e todas elas gerarem mais ou menos a mesma coisa, haverá um retorno estável.

DR: Mas seu foco era tipicamente em negociações anunciadas.

JP: Sim. A arbitragem de risco é voltada para negociações anunciadas. Você pode tentar prever. Você está em um setor que está se consolidando. Vê quais empresas estão sendo compradas. Pode acreditar que uma empresa pareça estar pronta para uma aquisição. Pode comprá-la antes da aquisição e pode estar certo. Mas isso é mais uma situação de arbitragem de evento que uma arbitragem de risco.

DR: Você fundou a sua empresa em 1994. As pessoas correram para lhe dar dinheiro? Com quanto dinheiro você começou?

JP: Não, era uma época muito difícil. Levantar capital foi um desafio. Comecei a empresa com as economias limitadas que tinha e, com o passar do tempo, com cuidado, captei dinheiro. Conforme o meu histórico se expandia e eu demonstrava uma capacidade de minimizar as desvantagens e maximizar as vantagens, captamos cada vez mais dinheiro.

DR: Quais são as qualidades para ser um bom investidor? É trabalhar com afinco? Ter sorte? Bons contatos?

JP: Antes de começar a investir, você precisa de muita experiência. O tipo de experiência depende do tipo de investimento. Para alguém na arbitragem de risco ou na private equity, é provável que o melhor lugar para começar seja em fusões e aquisições, onde a pessoa se familiariza com avaliações e acordos de fusões e leis de takeover. Você pode aplicar esses conhecimentos mais tarde na compra de empresas no seu nome ou na negociação de títulos de empresas que estão passando por fusões.

DR: O que você procura quando contrata? QI alto? Uma boa ética profissional? Boa educação?

JP: Todas as opções mencionadas. As faculdades são um funil para selecionar as melhores pessoas, então vamos às melhores faculdades e procuramos as pessoas mais brilhantes. Você também precisa de pessoas que tenham uma personalidade afável, que não tumultuem a organização.

DR: Você conhece alguns dos melhores investidores do mundo. Existem certas qualidades neles que você admira? É a dedicação? Pesquisas? Diligência? QI alto?

JP: Todas as opções mencionadas. É organização, conduta ética, disciplina e foco.

DR: Você pretende continuar investindo? Não está interessado em integrar o governo, presumo.

JP: Pretendo continuar investindo e não estou interessado em um cargo no governo. Tentei tornar a minha vida mais simples para poder trabalhar menos e aproveitar outros aspectos dela. Devolver o capital externo foi um grande movimento nesse sentido. Agora não preciso escrever relatórios para investidores, nem viajar para me encontrar com eles, tampouco me preocupar com o equilíbrio de fundos nem com as questões fiscais de outras pessoas. Ainda me concentro em investir, que é uma coisa da qual gosto, mas exige menos tempo que antes.

DR: As pessoas o procuram o tempo todo e dizem: "Você tem alguma boa ideia para mim?"

JP: Às vezes. Mas o pior é dar uma ideia a alguém casualmente e depois ela acabar dando errado. Você se sente horrível. Prefiro não dar conselhos de investimento.

DR: Qual é o melhor conselho de investimento que você já recebeu?

JP: A melhor coisa é investir em áreas que você conhece bem. Qualquer pessoa pode ter sorte em um investimento específico, mas essa não é uma estratégia de longo prazo. Se você investir em áreas que não conhece, no fim das contas não vai se sair bem. O mais importante é se concentrar em uma área específica que conheça melhor do que as outras pessoas. É isso que lhe dá uma vantagem para ter sucesso no investimento.

DR: Qual é o erro mais comum entre os investidores?

JP: Procurar esquemas de enriquecimento rápido e comprar com base em histórias. Buscar investimentos que estão subindo e, em algum momento, eles deflacionam. Daí perdem dinheiro.

DR: Se alguém chegasse até você e dissesse: "Acabei de receber 100 mil dólares que meu pai me deu. Ganhei de presente de bar-mitzvá ou de casamento. O que devo fazer com esse dinheiro?" Qual seria o seu conselho?

JP: Sempre digo que o melhor investimento para uma pessoa média é comprar sua casa própria. Se você pegar esses 100 mil dólares, der 10% de entrada, fizer uma hipoteca de 900 mil dólares, vai poder comprar uma casa por 1 milhão de dólares. Acabou de ser publicado um relatório que diz que os preços das casas subiram 20% no último mês em relação ao ano anterior. Se a pessoa comprou uma casa no ano passado por 1 milhão de dólares com 100 mil dólares de entrada e a casa subiu 20%, são 200 mil dólares em um investimento de 100 mil dólares. Ela teria ganhado 200%. Com o tempo, essencialmente, é isso que vai acontecer. Quanto mais a pessoa esperar, mais a casa vai valorizar e maior será o retorno do investimento em patrimônio. O melhor investimento para qualquer pessoa com esse tipo de dinheiro seria comprar sua casa própria ou apartamento.

DR: No que você diria para as pessoas não investirem?

JP: Muita gente discorda disso, mas acho que ninguém deveria investir em criptomoedas. Acho que elas, onde quer que estejam sendo negociadas hoje, se subirem ou descerem, acabarão sendo inúteis. Não existe valor algum nelas. É só uma questão de oferta e demanda, e assim que a exuberância passar ou a liquidez acabar, elas chegarão a zero. Eu não recomendaria a ninguém investir em criptomoedas.

DR: Algum arrependimento na sua carreira?

JP: Não.

DR: E você espera que seus filhos entrem no mundo dos investimentos em algum momento?

JP: Sempre digo que você deve fazer o que ama. Desde muito jovem, eu achava divertido investir. Gosto de comprar e vender coisas. Gosto de ganhar dinheiro, e a independência que ganhar dinheiro me dá me permite ter um estilo de vida. É disso que eu gosto. Mas não dá para impor isso a alguém. O mais importante é seguir a sua paixão. É possível alcançar sucesso em qualquer coisa. Em música, dança, medicina, física, matemática. O importante é seguir uma carreira naquilo em que você é naturalmente apaixonado. Isso vai aumentar as suas chances de ter sucesso.

Private equity e buyouts

SANDRA HORBACH

Diretora administrativa e codiretora de Buyouts e Growth do Carlyle Group nos Estados Unidos

> *"A complacência destrói uma organização. [...]
> É preciso inovar o tempo todo e criar um alto padrão
> na sua equipe e nas capacidades que você elabora
> para apoiar os investimentos."*

O sucesso do Carlyle nos últimos trinta e cinco anos se deveu às habilidades de vários profissionais de investimento muito talentosos, e vários deles mereceriam ser incluídos em um livro como este. Mas, para dar o máximo de objetividade possível às entrevistas, decidi não incluir nenhum dos meus sócios, com exceção de uma pessoa de fato única: Sandra Horbach.

Nascida em Bellevue, Washington, Sandra se interessou desde cedo pela diplomacia internacional e aprendeu chinês na faculdade como forma de iniciar uma carreira na área. Mas havia pouca demanda por falantes do idioma nos Estados Unidos na década de 1980, então ela decidiu que uma carreira em finanças poderia ser mais produtiva.

Como resultado, depois de se formar como integrante da sociedade de honra Phi Beta Kappa no Wellesley College, Sandra buscou o mundo financeiro no Morgan Stanley em Nova York. Após vários anos lá, ela foi para a Faculdade de Administração de Stanford para fazer o MBA, e em seguida ingressou, em 1987, naquela que era uma das principais empresas de buyout do país: a Forstmann Little. Na época, quase não havia mulheres trabalhando em nenhum nível no mundo dos buyouts.

Em 1993, ao se tornar sócia, Sandra era uma profissional extraordinariamente respeitada da área, ajudando a liderar alguns dos investimentos mais bem-sucedidos da empresa. Quando aparecia um problema em um buyout, muitas vezes ela recebia a tarefa de resolvê-lo, como aconteceu com a empresa Gulfstream. Quando ela se envolveu na transação, parecia ser uma perda de investimento, mas, depois de seus esforços, ele se tornou um dos maiores sucessos de todos os tempos da empresa.

Quando Ted Forstmann, pioneiro do buyout, decidiu desacelerar as atividades da Forstmann Little, Sandra foi procurada por todas as principais empresas da área, e o Carlyle teve a sorte de ter sido escolhido. Sandra liderou com sucesso a incursão do Carlyle em investimentos de consumo e varejo e subiu para sua posição atual como codiretora do maior setor da empresa: as atividades de buyout e growth nos Estados Unidos.

Em seu cargo atual, Sandra é uma das mulheres mais experientes e de mais alto escalão na área de buyouts. Também é uma das principais líderes mulheres no universo dos serviços financeiros, ajudando a incentivar as jovens a ingressarem no setor, além de orientar aquelas que o fazem.

Achei que uma entrevista com ela daria algumas perspectivas singulares sobre os primeiros dias do mundo dos buyouts (quando enormes quantidades de alavancagem eram a moeda corrente), bem como percepções sobre como esse mundo está operando hoje. Sandra nos oferece a visão de alguém que fez buyouts diretamente por muitos anos e também a de alguém que no momento supervisiona uma grande equipe de profissionais de investimento que estão investindo diretamente. Além disso, achei que uma conversa com ela sobre sua carreira em uma profissão dominada por homens apresentaria alguns dos desafios que ela enfrentou e também poderia encorajar outras mulheres a, como ela vem fazendo sempre, ingressar no setor e vivenciar seus prazeres e oportunidades. Entrevistei Sandra virtualmente em 14 de junho de 2021.

DAVID M. RUBENSTEIN (DR): Você é, sem dúvida, uma das mulheres mais experientes e bem-sucedidas do mundo dos buyouts. Quando começou, várias décadas atrás, havia muitas mulheres fazendo buyouts? Houve alguém que lhe servisse como modelo?

SANDRA HORBACH (SH): Não havia outras mulheres fazendo buyouts quando comecei na área, então não havia um modelo feminino. Tive a sorte de trabalhar com vários grandes investidores, todos homens, que serviram de modelo.

DR: Os homens a tratavam com o respeito devido a uma profissional de investimentos com MBA em Stanford ou não era o caso muitos anos atrás?

SH: Alguns, sim, mas outros eram evidentemente céticos em relação às minhas habilidades. Com o tempo, tentei provar o meu valor e acabei tendo relações de trabalho muito positivas.

DR: Hoje, as empresas de private equity de grande escala são grandes entrevistadoras nas principais faculdades de Administração. Era assim quando você se formou? Como foi que entrou no mundo dos buyouts?

SH: Na minha época, não havia empresas de private equity fazendo entrevistas em faculdades de Administração. Essas empresas de private equity eram todas muito pequenas. Elas não estavam recrutando em lugar algum, muito menos na faculdade de Administração. Em geral, a pessoa tinha que conhecer alguém para conseguir uma primeira oportunidade na área. Eu não conhecia ninguém no setor de private equity, então procurei ex-alunos de Stanford e do Morgan Stanley e fiz uma busca de empregos por conta própria com eles. De alguma forma, encontrei um jeito de entrar no mundo da private equity. Bati em muitas portas e, por sorte, consegui convencer a Forstmann Little a me dar um cargo que ainda não existia.

DR: Qual era o tamanho da Forstmann Little quando você entrou, em termos de indivíduos e capital sob gestão?

SH: Eram cinco sócios, então eu era a sexta profissional de investimentos e a única mulher. A Forstmann Little tinha mais de 1 bilhão de dólares em capital quando entrei, em 1987. Era uma das duas empresas desse tamanho, na época.

DR: Quem lhe ensinou sobre buyouts nos primeiros dias da Forstmann Little? Foi uma pessoa ou você aprendeu sozinha? Como aconteceu?

SH: É um negócio que exige um eterno aprendizado, então com certeza aprendi com alguns grandes investidores. Nos meus primeiros dias na Forstmann Little, trabalhei mais com Brian Little, um dos fundadores, e John Sprague, outro sócio da empresa. Depois de alguns anos, passei a trabalhar direto com Ted Forstmann e acredito que aprendi muito nessa experiência. Ted foi um pioneiro no setor e um grande investidor.

DR: Naquela época, as transações eram muito mais alavancadas que hoje. Quanta alavancagem as empresas costumavam ter? Sei que a Forstmann Little tinha uma situação diferente da maioria, mas as negociações eram alavancadas em 90% ou algo assim?

SH: Isso mesmo. A maioria das empresas usava 90% de dívida e 10% de patrimônio. Como você mencionou, a Forstmann Little tinha seu próprio fundo de dívida subordinada comprometido, o que permitia estruturas de capital mais seguras e mais criativas. Na época, isso era uma verdadeira vantagem competitiva. Portanto, usamos menos financiamento de dívida bancária que a maioria das outras empresas de buyouts alavancados.[*]

DR: No começo, sua função era analisar as oportunidades e conseguir o financiamento? Qual era o seu trabalho como jovem profissional?

SH: Eu era responsável por identificar potenciais oportunidades de investimento atraentes, conduzir diligências e conseguir financiamento e, em seguida, ajudar a supervisionar a empresa do portfólio até que ela fosse vendida ou abrisse o capital (em geral quatro a sete anos depois de o investimento ter sido feito).

---

[*] Durante o apogeu da Forstmann Little na década de 1980, era um tanto exclusivo ter um fundo de dívida subordinada que a empresa pudesse comprometer nas suas transações de buyout. Em geral, outras empresas tinham que entrar nos mercados de financiamento para aumentar a dívida subordinada, muitas vezes necessária para fornecer os recursos para um investimento de buyout. Como todas as demais empresas de buyouts, a Forstmann Little tinha que entrar nos mercados de financiamento para captar a dívida principal necessária para uma transação de buyout. Mas, tendo a dívida subordinada já em mãos, vinda do próprio fundo, a empresa apresentava alguma vantagem. As outras empresas normalmente garantiam suas dívidas subordinadas no mercado de alto rendimento, o que implicava um custo mais alto e com mais termos do que o que a Forstmann Little comprometia com os investidores no seu fundo de dívida subordinada.

DR: Naquela época, era muito competitivo ganhar uma transação ou havia apenas poucos concorrentes na prática?

SH: Na época, sempre parecia competitivo, mas, pensando bem, havia muito menos concorrência que hoje.

DR: O preço era o principal fator decisivo para ganhar uma transação ou a certeza do fechamento também era um fator importante?

SH: As duas coisas. Era necessário atingir um nível no preço, mas a certeza também era muito importante, já que na época não dava para conseguir de imediato um financiamento subscrito para toda transação, e é por isso que nosso fundo de dívida subordinada era uma vantagem tão competitiva.

DR: O que a sua empresa ou outras faziam para agregar valor? Havia muitos sócios operacionais, ex-CEOs, envolvidos para ajudar a agregar valor, ou isso não fazia parte do negócio na época?

SH: Não dispúnhamos das ferramentas de hoje para impulsionar a criação de valor, mas montávamos conselhos de administração fortes e aproveitávamos a experiência operacional ou setorial dos integrantes para aconselhar as equipes administrativas. Por exemplo, nosso conselho de diretores da Gulfstream incluía George Shultz, Bob Strauss, Bob Dole, Henry Kissinger, Don Rumsfeld e Colin Powell.

DR: Bem impressionante. A captação de recursos era uma parte importante do negócio na época ou os fundos eram levantados com menos frequência e em tamanhos muito menores que hoje?

SH: A captação de recursos dos nossos investidores sempre foi importante, e captávamos um novo fundo a cada quatro ou cinco anos. Tivemos sorte, tivemos ótimos relacionamentos com nossos sócios investidores e eles eram muito leais. Desse modo, tínhamos muitos investidores recorrentes que investiam conosco fundo após fundo. Mas eram fundos menores, sem dúvida.*

---

* No mundo dos buyouts, assim como no mundo do venture capital, o capital de patrimônio para fazer investimentos costuma vir de um fundo que uma empresa de buyouts ou

DR: Quais foram algumas das principais transações das quais você participou?

SH: Mencionei a Gulfstream Aerospace, na qual passei grande parte do meu tempo trabalhando por cerca de oito anos. Éramos uma pequena empresa com menos de dez profissionais de investimento, então trabalhei na maioria das negociações fechadas, incluindo a Community Health Systems, General Instruments, Yankee Candle, Topps (a empresa de cartões colecionáveis de beisebol e chicletes Bazooka), Stanadyne (um conglomerado onde o forte do negócio era Moen Faucets, que depois vendemos para a American Brands), Citadel Communications e depois XO Communications, Aldila e Department 56. Nem todas são empresas conhecidas por seu nome.

DR: Você comprou a Gulfstream da Chrysler. Ela teve alguns problemas depois dessa aquisição. Como foi que você e seus colegas lidaram com os desafios e transformaram a empresa, para que fosse vendida com sucesso para a General Dynamics?

SH: Não me envolvi na supervisão da Gulfstream depois do buyout. Quando começamos a ver problemas na empresa, Ted Forstmann me pediu para ir a Savannah [a sede] para determinar se os problemas podiam ser solucionados. Ele me instruiu a olhar para a empresa como se fosse um

---

de venture capital vai captar com investidores institucionais ou individuais. Captar esses recursos pode ser demorado, pois em geral os investidores fazem uma quantidade enorme de diligência prévia em relação às capacidades e ao histórico do recurso que está sendo captado. Como os investidores agora estão no mundo todo, captar um grande fundo de buyout de 10 a 20 bilhões de dólares pode levar até um ano, talvez até dois. Com a Covid, a captação de recursos ficou um pouco mais fácil, pois as apresentações aos investidores puderam ser feitas por meios virtuais, sem a necessidade de deslocamento. O capital para um fundo de buyout, assim como um fundo de venture capital, é comprometido pelo investidor com o fundo e só é mesmo fornecido ou financiado pelo investidor quando o fundo de buyout ou de venture capital tem uma transação pronta para prosseguir. Os investidores então financiam sua parte *pro rata* do investimento. As taxas de administração normalmente são pagas todo ano pelo investidor sobre o valor total que o investidor comprometeu com o fundo. Portanto, um fundo de 1 bilhão de dólares fazendo um investimento de 100 milhões de dólares implicaria que os investidores financiassem 10% do capital comprometido com o investimento. Assim, um investidor que destinasse 50 milhões de dólares ao fundo financiaria 10% desse compromisso para um investimento de 100 milhões de dólares ou 5 milhões de dólares. A cada ano, o investidor pagaria uma taxa de administração, algo entre 1% e 2% do valor comprometido, ou 500 mil dólares a 1 milhão de dólares por ano, neste exemplo.

novo investimento e voltar com uma recomendação aos sócios sobre o caminho a seguir.

Depois de passar vários meses na empresa, acreditei que os problemas poderiam ser corrigidos e apresentei minha proposta de recuperação. Ainda bem que os sócios nos apoiaram e, juntos, elaboramos um plano que levamos aos nossos investidores (LPs), que concordaram em apoiá-lo. Como mencionei, tínhamos nossos próprios fundos de dívida subordinada, então convencemos os investidores a converterem todas as suas dívidas subordinadas em equity.

Em essência, ganhamos tempo reforçando a estrutura de capital para resolver os problemas da empresa. Primeiro, substituímos toda a equipe administrativa e, em seguida, reduzimos os custos e redesenhamos o programa de desenvolvimento da Gulfstream 500, que era cheio de falhas. Encontramos sócios para ajudar a sustentar o aumento do custo do novo programa de desenvolvimento do G5 por meio de acordos de compartilhamento de receita com a Rolls-Royce e a Vought, que na época era, ironicamente, uma empresa do portfólio do Carlyle, e reunimos o conselho de administração de alto nível que já mencionei. Eles se tornaram os melhores vendedores de aviões que alguém poderia desejar.

DR: Por que você gosta do negócio de buyouts? Suponho que você goste.

SH: Com certeza gosto. Faço isso há muito tempo. Adoro aprender sobre novos negócios e entender o que impulsiona o sucesso de uma empresa. Também gosto muito de trabalhar com equipes administrativas para dar suporte a elas e alcançar o potencial de uma empresa.

DR: Quais são as lições mais importantes que você aprendeu?

SH: Aprendi muitas lições ao longo dos anos. A humildade é fundamental. A diversidade de opiniões resulta em melhores decisões de investimento. Aprendi como os líderes certos podem mudar por completo o rumo de uma empresa e que é melhor pagar por uma ótima empresa que comprar uma empresa medíocre por um múltiplo baixo.*

---

* Em geral, investimentos de buyout são comprados por um múltiplo do EBITDA de uma empresa. O número EBITDA é visto como o lucro real de uma empresa e, portanto, considerado o melhor proxy para a capacidade de uma empresa gerar lucro. Buyouts em

E, por último, aprendi que a complacência destrói uma organização. Não se pode confiar no sucesso passado. É preciso inovar o tempo todo e criar um alto padrão na sua equipe e nas capacidades que você elabora para apoiar os investimentos.

DR: Quais são os principais atributos, na sua opinião, para um bom profissional de buyouts?

SH: Honestidade intelectual. Você não quer se convencer a fazer uma negociação vendo apenas os aspectos positivos. A curiosidade também é muito importante. É vital ser humilde, mas determinado, e ter excelentes habilidades interpessoais. É necessário ser capaz de interpretar bem as pessoas e interagir com todos os tipos de personalidades diferentes. E tem que estar disposto a trabalhar muito. É um campo competitivo e, para vencer, é preciso ser motivado. Eu também diria para olhar para o futuro e perceber a importância do reconhecimento de padrões, mas também entender que o passado não dita o futuro.

Por fim, a pessoa deve ser capaz de aceitar o fracasso e superá-lo. Se alguém ficar no negócio de private equity por tempo suficiente, vai acabar fazendo uma negociação que não é boa e vai perder dinheiro dos investidores, o que é uma experiência horrível. Mas nosso negócio é correr riscos. Você tem que ser capaz de lidar com essa responsabilidade.

DR: Depois que Teddy Forstmann decidiu encerrar a empresa, você saiu e se juntou ao Carlyle como diretora do setor de buyouts de varejo e consumo. Você recebeu muitas ofertas para ingressar em outras empresas de buyouts. O que havia naquela área que fez você querer permanecer nessa área? Por que não se tornar CEO ou CFO ou outra coisa em finanças? O que há em buyouts que você achou tão agradável e gratificante?

SH: Gosto de trabalhar com muitos tipos diferentes de empresas e equipes administrativas e, portanto, de aprender sempre e estar exposta a coisas novas. Então, embora tenha tido outras oportunidades, nunca levei

---

geral são adquiridos como um múltiplo do EBITDA. Uma empresa de manufatura industrial de baixo crescimento pode ser comprada por 6 a 8 vezes o EBITDA. Uma empresa de alta tecnologia, com maior potencial de crescimento do lucro, pode ser por 15 a 20 vezes seu EBITDA.

a sério me dedicar a outra coisa a não ser private equity. A questão, para mim, era em qual empresa, e não percebi o quanto a Forstmann Little era diferente e especial até sair e começar a me reunir com as restantes. Felizmente, o Carlyle acabou sendo um ótimo lar para mim, então obrigada por me contratar.

DR: Você agora é codiretora dos negócios de buyout e growth do Carlyle nos Estados Unidos. Quais foram as mudanças no setor de buyouts desde que você começou?

SH: Na verdade, eu faria a pergunta: "Quais não foram as mudanças feitas no setor?" Quando comecei nesse mercado, em 1987, nem era considerado um mercado. Era apenas um punhado de pequenas empresas fazendo esse novo tipo de investimento chamado buyouts alavancados. Agora, a private equity é uma classe de ativos globais estabelecida, com trilhões de dólares sob gestão, e milhares de empresas investindo em todo o mundo. Conforme o mercado cresceu e evoluiu, empresas como o Carlyle agregaram recursos e capacidades significativos para impulsionar a criação de valor. A competição intensa, as avaliações altas e os tamanhos dos fundos cada vez maiores significam que as empresas de private equity precisam continuar elevando o padrão de como identificamos grandes oportunidades de investimento e agregamos valor para gerar ótimos resultados.

DR: As transações hoje são mais seguras porque há menos alavancagem? Há mais valor agregado pelas empresas de buyouts ou o preço é muito mais alto porque há mais concorrência?

SH: Não resta dúvida de que os preços estão mais altos, porém, ao mesmo tempo, estamos colocando muito mais equity na estrutura de capital do que no início, quando víamos 90% de dívida para 10% de patrimônio. A competição continua cada vez mais acirrada, e é por isso que temos que estar tão atentos ao agregar capacidades de criação de valor à equipe, assim como ser muito seletivos nos tipos de empresas que compramos.

DR: Você pode nos explicar como funciona um processo típico de buyout, desde o momento em que se inicia uma negociação em potencial até quando você decide tentar comprar a empresa? E, se esse esforço for bem-sucedido, o que acontece depois da aquisição?

SH: Nosso processo começa todo ano com revisões de cada um dos nossos seis líderes de setores do mercado, quando nos alinhamos nos subsetores que eles vão priorizar para oportunidades de investimento. O Carlyle é muito focado no mercado. Depois que estamos alinhados, as equipes do setor procuram oportunidades de investimento acionáveis e atraentes. Quando identificam uma que acreditam atender aos nossos critérios de investimento, essas equipes a levam aos diretores do fundo para análise, que chamamos de "aviso". É um resumo geral de alto nível no qual discutimos os méritos do investimento.

Se dermos sinal verde para prosseguir na reunião de aviso, as equipes partem para uma diligência rigorosa e fazemos uma série de verificações abrangentes sucessivas na empresa. Rejeitamos muitas negociações durante essa parte do processo se a diligência fornece um resultado decepcionante. Por fim, se a equipe de negociação recomendar avançar com uma aquisição, e a diligência tiver sido positiva, e nós (os diretores do fundo) aprovarmos a transação, nós a recomendamos ao comitê de investimentos, que dá a aprovação final (ou não) para a transação.

DR: Quantas negociações são consideradas em um ano típico pelo seu grupo e quantas costumam ser concluídas?

SH: Nós avaliamos muitas negociações. Temos um grande funil e consideramos centenas de negociações todos os anos, mas a maioria delas não é realizada porque não atende aos nossos critérios de investimento. Como mencionei, temos seis setores verticais, e cada um revisa ativamente entre dez e vinte negociações por ano. São cerca de cem empresas por ano que passam por uma revisão muito minuciosa. A partir daí, podemos avançar com seis a doze empresas em um ano específico.

DR: Como a companhia tenta agregar valor depois que uma empresa é comprada? Qual é o nível de envolvimento dos profissionais de investimento do Carlyle na supervisão da empresa depois que ela é comprada?

SH: Os profissionais de investimento do Carlyle se envolvem muito nas empresas do portfólio, atuando nos conselhos e ajudando a supervisionar a execução do plano de criação de valor e, por fim, a saída. Além disso, temos uma equipe de mais de trinta especialistas funcionais na nossa equipe global de recursos de investimento que supervisiona: desempenho de talentos e da organização, transformação digital, tecnologia e segurança cibernética, licitação, oportunidades de crescimento da receita, bem como ESG e assuntos governamentais. Temos uma equipe grande e focada em gerar resultados nas empresas do portfólio.

DR: Qual é a importância dos fatores ESG hoje em dia quando está avaliando um investimento em potencial? E depois que um investimento é feito? Os fatores ESG eram importantes quando você entrou no negócio de buyouts?

SH: O fator ESG não existia naquela época e se tornou muito mais importante no mercado atual. Nossos sócios investidores se preocupam muito com o tipo de empresa em que investimos e como conduzimos as iniciativas ESG em todo o portfólio. Portanto, integramos a análise ESG em todas as transações e na diligência que fazemos, e fornecemos relatórios ESG de alta qualidade para nossos sócios investidores. Geramos uma criação significativa de valor por meio de iniciativas de sustentabilidade, como eficiências operacionais, financiamentos vinculados a fatores ESG, marcas orientadas para a sustentabilidade e engajamento da força de trabalho, bem como produtividade e diversidade.

DR: Como foi que a diversidade de gênero mudou a profissão desde que você começou no mundo de buyouts? Existem muitas mulheres hoje em empresas de buyouts?

SH: O mercado fez progressos quanto à diversidade desde que entrei no negócio de buyouts, mas a maior parte ocorreu nos últimos dez anos. Essa é outra área com a qual os sócios investidores se preocupam muito, mas ainda temos muito a avançar. Infelizmente, ainda há pouquíssimas mulheres em cargos de liderança no mercado. Com frequência, me chamam de "unicórnio", o que não é uma coisa boa. É preciso haver mais diversidade no nosso mercado. Tenho orgulho de dizer que o Carlyle é líder nisso. Hoje, 50% da minha equipe de investimentos é diversificada e mais da metade dos ativos sob nossa gestão são administrados por mulheres.

DR: Quando você e sua equipe estão pensando em fazer um buyout, quais são os fatores mais importantes na avaliação da desejabilidade do investimento? Preço, gestão, concorrência, capacidade de agregar valor? O que acaba sendo a coisa mais importante, ou não há uma coisa única?

SH: São todas essas coisas que você citou. Começa com o perfil do negócio: desempenho histórico e prognósticos, posição no mercado, vantagens competitivas sustentáveis, barreiras à entrada etc. A equipe administrativa é de extrema importância. Temos um jeito sistemático de avaliar cada equipe administrativa antes de fazer um investimento, então estamos levando a ciência e os dados para a arte da avaliação de CEO e C-level. O preço é importante, porém, mais ainda é o plano de criação de valor.

DR: Na sua experiência, qual é a chave para fazer um buyout funcionar? Em geral, em quanto tempo após o começo da fase de controle acionário de um buyout se sabe se a compra vai funcionar bem ou não?

SH: Tudo começa com a seleção da empresa certa e da equipe administrativa certa desde o início, e com o alinhamento com o conselho e a administração no plano de criação de valor desde o primeiro dia. É óbvio que alguns fatores fogem ao nosso controle, como uma pandemia, o que pode inviabilizar uma negociação. Mas, se você tiver tomado a decisão de investimento certa, tiver a equipe certa administrando a empresa e tiver implementado uma estrutura de capital comprovada, deve conseguir navegar pela maioria das circunstâncias.

DR: Com que frequência você precisa substituir o CEO?

SH: Cerca de 40 a 50% das vezes. Com frequência, contratar um novo CEO e uma nova equipe faz parte do plano de criação de valor que nossas equipes identificam. Não é exagero quando ressalto a importância da equipe certa e de garantir que eles estejam alinhados com o plano de criação de valor.

DR: Você consegue dizer relativamente cedo no processo que algo não está funcionando como deveria, ou demora muito mais que o primeiro ano ou algo assim?

SH: Varia de acordo com as circunstâncias. Por exemplo, se houver um problema básico com as operações ou o modelo de negócios da empresa, isso costuma aparecer no primeiro ou segundo ano. Outras vezes, uma empresa pode ser impactada por vários anos em um investimento se alguma coisa no mercado mudar, se houver alguma ruptura nos negócios.

DR: É difícil recuperar a empresa quando fica evidente que há um problema significativo?

SH: Nunca é fácil, mas eu poderia dar muitos exemplos de empresas que tiveram sucesso com uma guinada de direção. Na maioria dos casos, é porque conseguimos contratar uma nova equipe administrativa para se encarregar disso.

DR: Por quanto tempo uma empresa como o Carlyle em geral mantém seus investimentos de buyout?

SH: No mercado atual, normalmente mantemos nossas empresas de portfólio por quatro a sete anos, porque leva tempo para implementar o plano de criação de valor.

DR: Quando está pronta para vender, você analisa simultaneamente as vendas "estratégicas" (empresas que já operam na área relevante) para empresas de private equity e para IPOs? Qual é o fator determinante para decidir qual caminho seguir?

SH: Mesmo antes de fecharmos um novo investimento, já estamos pensando em qual será a saída certa para uma empresa: uma IPO, venda estratégica ou venda para uma empresa de private equity. Na maioria das vezes, as duas primeiras opções são as preferidas. Em geral, é bem perceptível para nós se haverá interesse estratégico, e essa é nossa saída preferida, já que dá para rentabilizar o investimento de uma só vez. Existem algumas empresas em que não há opção estratégica ou que são muito grandes, então a única opção de saída é uma IPO. Nesse caso, vendemos as nossas participações durante vários anos. O Carlyle abriu o capital de muitas empresas ao longo dos anos. Abrimos o capital de quatro empresas durante a pandemia, algo que nenhum de nós esperava no começo da Covid-19.

DR: Para os investidores que desejam investir em fundos de buyouts, que conselho você daria? Quais são os principais fatores para avaliar a atratividade de um fundo de buyouts específico?

SH: Acredito que tudo tem a ver com a equipe e a especialização do setor, o histórico deles e suas capacidades de criação de valor. No ambiente competitivo atual, acredito que as empresas de private equity com escala e recursos para impulsionar a criação de valor no longo prazo, com o tempo, serão as vencedoras.

DR: Quais você diria que são as principais mudanças no negócio de buyouts desde que você entrou nele?

SH: As principais mudanças incluiriam a escala e a natureza global do setor, as capacidades aprimoradas e a sofisticação das empresas de private equity e a profundidade dos recursos que elas proporcionam para impulsionar a criação de valor nas empresas do portfólio. É importante ressaltar que muitas das empresas mais bem-sucedidas já existem há décadas, e líderes seniores como você e outros fundadores que estabeleceram o setor oferecem ótimos insights e avaliações de investimentos. O mercado vai continuar a mudar e evoluir, mas com o benefício de décadas de experiência e perspectiva.

DR: A base de investidores mudou tanto assim ao longo dos anos? Existem mais fundos soberanos e investidores individuais que quando você entrou no mercado?*

SH: Mais cresceu que mudou. Hoje existe uma verdadeira mistura de fundos de pensão, fundos soberanos, fundos de pensão corporativos, indivíduos de alto patrimônio líquido e family offices. Sob uma perspectiva histórica, havia mais fundos de pensão e fundos soberanos.

DR: Ao comparar sua carreira e os buyouts, o que você acha mais satisfatório?

---

* Os fundos soberanos são gigantescos pools de capital investidos em nome de um país e de seus cidadãos. O primeiro deles costuma ser considerado o Kuwait Investment Authority, criado no início da década de 1950 para permitir que o Kuwait investisse sua receita de petróleo em ações e títulos, a fim de diversificar os ativos do país. Hoje, acredita-se que o maior fundo soberano seja o Government Pension Fund Global da Noruega, com cerca de 1,3 trilhão de dólares em ativos. Outros grandes fundos soberanos incluem o China Investment Corporation (CIC), o Abu Dhabi Investment Authority (ADIA), o Public Investment Fund (PIF) da Arábia Saudita e o Government of Singapore Investment Corporation (GIC).

SH: Trabalhar com as minhas equipes e ajudar a liderar jovens investidores. Como já falei, é um negócio que exige aprendizado constante, então é gratificante ver as pessoas aprendendo e se desenvolvendo. Também é gratificante poder patrocinar e orientar tantas mulheres no mercado e ajudar a levá-las a fazer parte da liderança no futuro.

DR: Para ter sucesso no mundo dos buyouts, quais habilidades você considera mais úteis? Inteligência, trabalhar com afinco, ser bom em networking, ter certa personalidade? Quais habilidades ou traços podem não ser tão úteis?

SH: É preciso ter humildade, honestidade intelectual, inteligência, curiosidade, determinação e fortes habilidades interpessoais. O indivíduo tem que trabalhar muito e ser motivado, e olhar para o futuro e entender para onde os negócios estão indo. Não dá para confiar no passado para ditar o sucesso futuro. Características inúteis, para mim, incluiriam arrogância, falta de integridade, preguiça, falta de rigor na avaliação de empresas e ter habilidades interpessoais fracas ou baixa QE [inteligência emocional].

DR: Como você espera que o mundo dos buyouts evolua nos próximos anos? Mais competição, mais mulheres e minorias, mais fundos especializados? Como vê a mudança ocorrendo no mundo dos buyouts?

SH: Acho que as maiores empresas de private equity vão continuar a ter participação por causa de suas capacidades e recursos superiores para impulsionar a criação de valor. Espero que vejamos mais diversidade, em especial no nível sênior, em todas as empresas de private equity.

DR: Você recomendaria a profissão para homens e mulheres mais jovens?

SH: Com certeza. Eu me sinto tão sortuda por ter encontrado essa profissão. Nunca se fica entediado, sempre se aprende coisas novas e conta-se ainda com a sorte de trabalhar com pessoas muito talentosas. Tem sido uma aventura e tanto.

DR: Algum desejo de ter seguido outra profissão?

SH: De jeito nenhum.

DR: Você não quis ser médica? Não quis ser advogada?

SH: Quando era muito jovem, achei que seria advogada. Mais tarde, quando estava trabalhando em um banco de investimentos e vi o que os advogados de fato fazem, mudei de ideia e me concentrei nos negócios.

DR: Eu também, e sou advogado.

SH: Eu sei, e estou feliz por você ter feito isso.

DR: Tem sido difícil fazer buyouts no último ano e meio? Sua equipe tem trabalhado a maior parte do tempo, como muitos profissionais, em home office. Como é que você faz buyouts de modo remoto?

SH: Fiquei surpresa com a produtividade das nossas equipes durante a pandemia. Nosso foco no mercado e o fato de nossas equipes setoriais terem redes enormes dentro dos próprios mercados nos permitiu continuar a fazer negócios, pois nossas equipes já conheciam muitos dos CEOs que administravam as empresas que estavam visando. Conseguimos fazer muitos processos de diligência por Zoom e, nos casos em que já tínhamos nos reunido com a equipe administrativa, fazíamos tudo de modo remoto.

Quando não conhecíamos a equipe administrativa, encontramos um jeito seguro e adequado de nos reunirmos, porque acreditamos que é importante ficar cara a cara com a administração para determinar se todos estão alinhados em termos do que fazer com o negócio e como será a parceria dali adiante. Por isso, insistimos em reuniões presenciais e conseguimos nos reunir com segurança, com o distanciamento social adequado.

Também tivemos sucesso em abrir pela primeira vez o capital de uma empresa de tecnologia de maneira inteiramente virtual durante a pandemia. A ZoomInfo (uma empresa de software não relacionada ao Zoom) foi 100% virtual. Isso vai mudar a forma como as pessoas pensam sobre a administração de empresas e as viagens que todos nós sempre fizemos para arrecadar dinheiro, encontrar oportunidades, fazer IPOs e saídas. Muito aprendizado vai resultar da Covid-19.

ORLANDO BRAVO

Fundador e sócio-administrador da Thoma Bravo

> *"No fim das contas, a combinação de uma abordagem analítica profunda dos problemas de negócios com uma compreensão profunda das pessoas e de como inspirá-las é a receita secreta para nosso sucesso."*

O boom de buyouts alavancados da década de 1980 (simbolizado, para alguns, pela épica batalha de buyouts, em 1988, da RJR Nabisco, eternizada no livro *Barbarians at the Gate*) foi uma ruptura na maneira como as aquisições corporativas eram feitas até então.

Os buyouts daquela época eram muitas vezes liderados por empresas de investimento relativamente pequenas, embora tivessem acesso a grandes quantidades de capital; a estrutura de capital para o buyout pode ter 90-95% de dívida, portanto, era evidente se tratarem de buyouts "alavancados"; um bom número de transações era "hostil" (ou seja, a empresa-alvo não queria ser comprada ou, pelo menos, não por uma empresa de buyout alavancado); muitos dos ativos da empresa-alvo podiam ser rapidamente vendidos depois da conclusão da aquisição, reduzindo o número de empregos, entre outras preocupações; e a preocupação com fatores ESG não era relevante.

O foco era maximizar a alavancagem para minimizar o equity, melhorando assim os retornos finais do investimento para o equity quando ocorresse a revenda da empresa ou de seus ativos.

Essas transações de buyouts de primeira geração, com algumas exceções, eram lideradas por ex-banqueiros de investimento; eles tinham pouca especialização ou experiência no mercado, e muitas vezes se concentravam na venda de ativos ou na redução de custos, em vez de agregar valor por meio de técnicas destinadas a aumentar a receita e os lucros ou por meio de aquisições sinérgicas adicionais. E não gastavam tempo com questões ESG.

Nos últimos anos, surgiu uma nova geração de líderes de buyouts. Embora tenham se baseado em muitas das abordagens e técnicas desenvolvidas pelos pioneiros da área, a nova geração desenvolveu seus próprios métodos: menos alavancagem, maior foco em fatores ESG, maior crescimento na receita da empresa subjacente. Talvez o mais importante seja que a nova geração tende a ser especializada em um setor e, como resultado, é capaz de agregar de imediato uma enorme experiência à empresa adquirida.

Um dos investidores mais bem-sucedidos dessa nova geração tem um sobrenome que com certeza reflete a opinião de seus investidores muito satisfeitos: Orlando Bravo. O enorme sucesso no mundo moderno de buyouts não poderia ter sido previsto na juventude de Orlando. Nascido em Porto Rico, ele era um prodígio do tênis (morava com Jim Courier e praticava com Andre Agassi na famosa Academia de Tênis Nick Bollettieri), e sua ambição juvenil era se tornar jogador de tênis profissional.

Mas Orlando acabou desistindo do esporte em nível profissional e foi estudar na Brown (onde jogava tênis) e depois nas faculdades de Direito e Administração de Stanford. Durante essa época, ele ficou fascinado com a arte dos buyouts e a crescente importância do software corporativo (softwares projetados para permitir que uma empresa opere de maneira mais eficaz e eficiente) e construiu uma inigualável empresa de buyouts em software corporativo, conhecida agora como Thoma Bravo.

O sucesso de Orlando aconteceu graças a muitos fatores: um foco obstinado em buyouts em uma área que muitas empresas de buyouts não compreendiam por completo até pouco tempo atrás; uma "receita secreta" que combinava princípios, métricas e processos para aumentar o valor das empresas que ele e seus colegas compravam (a preços que antes pareciam altos e, mais tarde, depois dos esforços da sua empresa, baixos); e um espírito competitivo que até os melhores tenistas profissionais admirariam.

O sucesso da abordagem de Orlando ficou evidente para muitos no mundo dos buyouts quando, durante a pandemia em 2020-2021, ele conseguiu levantar três novos fundos superiores a 22 bilhões de dólares sem ter que encontrar os investidores pessoalmente. A arrecadação de fundos foi feita por meios virtuais, e ele teve um excesso de demanda no processo de subscrições, mesmo naquele nível. Retornar com regularidade o dinheiro dos investidores em múltiplos do capital investido ajuda muito.

Orlando não esqueceu suas raízes. Ele começou a voltar seus esforços para a filantropia e, em especial, para ajudar Porto Rico, primeiro de forma ampla depois dos estragos do furacão em 2017, e agora com frequência para ajudar na educação, no empreendedorismo e em outras necessidades sociais no país.

Alguns anos atrás, um amigo em comum me apresentou a ele (não nos tínhamos conhecido no circuito de conferências de private equity) e eu o achei uma pessoa extraordinariamente simpática, modesta e focada, de quem era fácil gostar de cara. Dava para ver como ele se tornou tão bem-sucedido em uma idade relativamente jovem e como é provável que seja uma das maiores estrelas da indústria de buyouts por algum tempo. Eu o entrevistei virtualmente em 25 de junho de 2021.

DAVID M. RUBENSTEIN (DR): Você e sua empresa se tornaram líderes globais em buyouts de software corporativo, acumulando, nas últimas duas décadas, um histórico quase incomparável para qualquer empresa de buyouts em qualquer setor durante o mesmo período. O que é software corporativo e por que tem sido uma área tão incrível e atraente para se investir?

ORLANDO BRAVO (OB): Software corporativo é basicamente toda a propriedade intelectual escrita em código no software que uma empresa, detentora da propriedade intelectual, vende para uma corporação (pode ser uma pequena empresa ou uma empresa Global 2000) para fazer três coisas para essa empresa. Pode ser para ajudá-la a executar processos administrativos, como enviar faturas, fazer a contabilidade, fazer o marketing on-line. Isso é uma parte: administrar bem a empresa para o usuário. A segunda parte é todo aquele código que administra seu departamento de TI, garante que se receba e envie dados, que todas as máquinas se comuniquem entre si e que agora, no ambiente de nuvem, o usuário se comunique com o mundo externo e use e analise dados. A terceira parte, que hoje é muito popular, é a segurança cibernética: cada parte do código que protege todo o ambiente de TI para que seus dados e processos estejam seguros.

Na nossa opinião, isso se tornou, além da gestão de ativos, o melhor negócio do mundo, porque a pessoa faz um produto uma vez e pode revendê-lo inúmeras vezes. Esse produto costuma gerar margens brutas de 90% e você é pago antes de entregar o serviço, quase como a private equity. Recebemos uma taxa de administração antes de investir o dinheiro.

Essas empresas vendem o software e são pagas antes de instalá-lo ou de fornecer o serviço, o que é mesmo incrível. O benefício é que um comprador dessas empresas pode criar muitas melhorias. Essas empresas em geral são subgerenciadas, do ponto de vista do resultado final, e alguns de nós no mercado levamos essa categoria para o mundo dos investidores institucionais, tornando-as investimentos fundamentais.

DR: Além da atratividade inerente ao setor nas últimas duas décadas, o que a sua empresa fez para agregar valor aos investimentos? Houve alguma receita secreta que você e seus colegas utilizaram?

OB: Acho que nossa receita secreta é que procuramos realizar grandes mudanças positivas nas empresas que compramos e tentamos fazer isso com as equipes administrativas existentes. O que isso permite é que se invista nos espaços de software mais inovadores, porque aí não se deseja romper essa curva de inovação substituindo pessoas que já eram necessárias. Assim, podemos inspirá-las com uma abordagem analítica para a tomada de decisões, para administrar as empresas de maneira diferente. Essa é a nossa receita secreta.

Depois de termos feito tantas negociações, os outros podem copiar nossas métricas e nossos processos, e algumas dessas coisas são bem conhecidas. Mas as pessoas não podem copiar o estilo e a cultura que inserimos na equação. No fim das contas, a combinação de uma abordagem analítica profunda dos problemas de negócios com uma compreensão profunda das pessoas e de como inspirá-las é a nossa receita secreta.

DR: Você teme que surja alguma coisa na área de tecnologia que substitua o software corporativo como o grande motor de crescimento para boa parte do mundo da tecnologia e da economia?

OB: Blockchain. Se você não considera o blockchain como software corporativo, sim, eu temo isso. Se você o considera parte da indústria de software, não consigo ver mais nada.

DR: Você investe em blockchain?

OB: Pessoalmente, sim. Acredito muito nisso.

DR: Mas sua empresa ainda não fez isso?

OB: Estamos cogitando. Ainda não descobrimos como.

DR: Nos primórdios do mundo de buyouts, em especial nas décadas de 1970 e 1980, buyouts ficaram com uma péssima reputação por serem esforços superalavancados de engenharia financeira de ex-banqueiros de investimento, resultando em crise econômica e um grande número de falências, sem falar em cortes nos empregos e na falta de preocupação com fatores ESG. Ainda é assim? Por que o público em geral deveria pensar que buyouts são bons para a sociedade em qualquer setor?

OB: Isso com certeza não é mais verdade, e é um ponto frustrante para mim. Estudo private equity e aprendi com os pioneiros do setor. Algumas das coisas feitas nas décadas de 1980 e 1990 eram boas, embora em retrospecto pareçam ruins, porque estavam acabando com práticas corporativas ruins feitas pela administração e com formas ineficientes de fazer negócios. Esse não é mais o mundo de buyouts, uma vez que, com os preços altos, não se ganha dinheiro usando essa estratégia.

Em termos de por que é bom para a sociedade, é sempre bom ter ativos transferidos para a pessoa que pode gerar mais valor. Se acabarmos com menos funcionários no início de uma negociação, tudo bem, porque essas pessoas serão capacitadas de maneira muito mais ampla, e as que não estão mais lá, nesta economia, podem encontrar outros ótimos empregos. Para os jovens com quem trabalhamos, também ensinamos um estilo de fazer negócios de forma a torná-los líderes melhores para o futuro.

DR: Conforme você foi construindo sua história no mundo de buyouts e tentou ganhar credibilidade e experiência, foi um desafio maior ser de Porto Rico, ser latino ou ter sido uma ex-estrela do tênis, ou não houve preconceito algum contra você?

OB: Adoro essa pergunta. Esses fatores se contrabalançaram. Ser porto-riquenho era um desafio, mas as coisas estão melhorando agora. Quando eu tinha a sorte suficiente de receber ofertas de emprego, fosse em bancos de investimento ou nas poucas vagas que havia em private equity na década de 1990, era sempre no grupo da América Latina, que era popular nas empresas da época. Isso pode ter me dado uma vantagem, mas era uma que eu não queria. Eu queria ir atrás de onde o dinheiro estava, que era no norte, não no sul. Ou seja, ser porto-riquenho foi um pouco desafiador, mas usei o tênis para contrabalançar isso. A maneira como eu tentava conseguir empregos, empregos de verão na faculdade de Administração ou qualquer outra coisa, era jogar tênis com alguém da empresa ou com o chefe da empresa, o que era ótimo.

DR: Como você é um bom jogador de tênis, imagino que os deixava vencer, certo?

OB: Não. Não fazia isso, porque aí eles pensariam que eu não era bom o suficiente.

DR: Mas quem seria bom o suficiente para jogar com você?

OB: Eu era intenso. A dianteira importa, sabe? Havia alguns bons jogadores, mas eu era razoável.

DR: Onde foi que você cresceu? Como se tornou uma estrela do tênis infantil? Por que foi para a Brown para jogar tênis em competições na NCAA em vez de jogar no Pro Tour?

OB: Cresci em Mayagüez, em Porto Rico. É uma cidade pequena, um lugar isolado. Havia duas quadras de tênis em um hotel Hilton local e duas quadras de tênis na faculdade local. Quando eu tinha 9 anos, minha mãe (a família dela é imigrante de Cuba, sempre se mudando e procurando oportunidades maiores e melhores) me levou a um torneio de tênis em San Juan, uma partida amistosa com Vitas Gerulaitis. Bastou isso para mim. Minha mãe me inscreveu em aulas de tênis com uma pessoa local, jogando todos os dias, e aos poucos comecei a ir para San Juan. Eu adorava ir para a cidade grande. Depois, alguém me apadrinhou lá.

A primeira vez que vim aos Estados Unidos, fui para Miami, onde cheguei à final e perdi para Jim Courier. Foi um torneio para menores de 12 anos. Então Courier e eu nos tornamos amigos e o resto foi história, mas era o meu jeito, ou talvez o plano da minha mãe para mim, de transcender a minha cidade natal.

Fui para a academia de tênis de Nick Bollettieri por cerca de dois anos durante o ensino médio. Meu colega de quarto era Jim Courier. Eu tinha a mesma idade de Andre Agassi. Mesma idade de Pete Sampras. Mesma idade de Michael Chang. Estávamos todos jogando nesses torneios. Mas eles sempre estavam entre os dez melhores do país. Eu era tipo o número quarenta no ranking nacional. Quando eles fizeram 17 anos, dava para ver a diferença na capacidade atlética. Portanto, me tornar profissional não era algo realista. O esporte do tênis é penoso assim, já que muitas pessoas no meu nível se tornaram profissionais. Você realmente luta contra isso. É brutal. Usei o tênis como forma de chegar a uma faculdade da Ivy League.

DR: Suponho que você era a estrela do time de tênis da Brown?

OB: Tínhamos uma equipe muito boa. Estávamos entre os quinze primeiros do país, na época. Eu era muito bom nas duplas, ficávamos entre os primeiros, e no individual era terceiro ou quarto. Então o mundo começou a se abrir e eu queria menos tênis e mais faculdade e empregos.

DR: O que o levou a ir para a Stanford Law School e a Stanford Business School?

OB: Eu ia para a Harvard Law School. Esse era o sonho, né? Era Harvard. Eu entrei e, naquele ano, um amigo que era um cara bem experiente (esse é um dos benefícios dessas ótimas faculdades) me disse: "Você precisa fazer entrevistas para bancos de investimentos. Eles estão na cidade."

Eu não sabia o que era um banco de investimentos. Falei: "Espere um minuto, eu vou trabalhar em Wall Street, eles vão me pagar 35 mil dólares por ano, e eu vou ficar como as pessoas nos filmes?" E ele disse: "É mais ou menos isso. A única coisa que você precisa fazer é usar gravata e comprar uns sapatos sociais. É isso que eles usam." Fomos a uma loja de segunda mão, comprei uns sapatos iguais aos deles e fiz uma entrevista. Eles me deram um emprego e decidi: "Quero fazer isso."

Liguei para Harvard e Stanford e perguntei (já que eu também tinha entrado na Stanford Law School): "Seria possível adiar o meu começo por alguns anos para eu poder trabalhar nisso?" Harvard disse: "De jeito nenhum, você vai ter que se inscrever de novo." Stanford respondeu: "Você é bem-vindo para estudar aqui em qualquer momento. Vamos adiar sua vaga pelo tempo que quiser."

Assim que comecei a trabalhar no Morgan Stanley, tínhamos uns grupos que chamávamos de reuniões de grupinho. Eu estava no grupo da América Latina, mas o outro grupinho era o grupo tecnológico de pessoas pensando em abrir uma empresa no Vale do Silício. Sempre fiquei intrigado com aquele grupo. Eu dizia: "É aí que eu quero estar."

DR: Como foi que acabou no mundo dos buyouts?

OB: O que pretendia fazer depois de me formar era uma questão de evitar tomar decisões: ir para a faculdade de Direito porque não sabia o que ia fazer. Um grande momento tanto para mim quanto para o setor de buyouts aconteceu no banco de investimentos no meio do meu primeiro ano no Morgan Stanley. A empresa que eu representava era o maior supermercado de Porto Rico, envolvido em uma transação de 1 bilhão de dólares. Eles me colocaram nessa negociação porque sou porto-riquenho e me deixaram participar da maioria das reuniões com os compradores. Dois dos compradores eram empresas de private equity, mas eu não sabia o que era isso. Perguntei ao sócio que estava na negociação: "Quem são esses caras? Eles não têm uma empresa. Não têm uma corporação. São dois caras com um escritório e um telefone, e juntos são uma empresa multinacional de 1 bilhão de dólares?" Ele respondeu: "Sim, é mais ou menos assim que funciona."

Eles eram mais inteligentes, mais empreendedores. Pareciam ser melhores negociadores. Eram mais dinâmicos. Comentei: "Isso parece muito legal. Quero fazer isso." E, aos poucos, comecei a me aprofundar mais.

DR: O que o levou a se especializar em software corporativo? Foi difícil convencer os investidores da sua empresa de que essa era uma categoria de buyout viável nos primeiros anos? Foi difícil convencer os empreendedores de software que uma empresa de buyout poderia ajudar a aumentar o valor da empresa?

OB: No começo, foi difícil convencer alguns dos sócios da Thoma Cressey, minha empresa anterior, porque cometi uma série de erros em negociações de risco enquanto estava no escritório da empresa em San Francisco. Carl Thoma me deu muita responsabilidade e autoridade desde o início. Quase fui demitido por isso, porque foi o estouro da bolha das empresas pontocom em 2000, e também era algo sobre o qual eu não sabia nada. Ele me deu uma segunda chance de sobreviver e estar no meio da tecnologia.

A empresa gostava de comprar outras com receita recorrente, coisas como processamento contratual e publicidade e mídia em outdoors. Criamos uma teoria de que o software de receita recorrente era muito bom e mais barato na época que qualquer outra categoria de receita desse tipo. Chegamos a uma quase solução para o fato de que essas empresas não estavam ganhando dinheiro dizendo: "Olhe para suas margens brutas, talvez possamos conseguir uma operadora que consiga torná-las lucrativas de verdade." Pelo tamanho da empresa na época, que era um fundo de 450 milhões de dólares (era pequena), Carl Thoma me deixou fazer isso. Ele me deu uma segunda chance e realmente acreditou.

DR: A empresa dele ficava em Chicago, não é?

OB: Ele montou um escritório em Chicago, que era a sede, um pequeno em São Francisco, onde eu estava, e um pequeno em Denver. Agora, em dois fundos, logo nos tornamos uma empresa de software, porque cerca de 50% das negociações no primeiro fundo eram de software e cerca de 60% das no segundo fundo eram de software. Decidimos: "Vamos fazer apenas software."

Ainda assim, era quase impossível convencer os investidores a concordarem. Saímos com a meta de arrecadar 1,2 bilhão de dólares e acabamos com 822,5 milhões de dólares, mas sei que, se duas contas não tivessem entrado, o sonho teria acabado. Foi o melhor que tivemos, mas foi difícil.

DR: Quais foram as negociações que evidenciaram que você sabia fazer aquilo muito bem? Houve algumas negociações iniciais que foram memoráveis para você?

OB: Todas. A primeira foi o fechamento do capital de uma empresa de software que fez exatamente o que expliquei antes. Eles administravam todo o negócio de um distribuidor (HVAC, ladrilhagem, equipamentos, qualquer tipo de fixação, o que quer que fosse necessário). Eu me lembro de dizer a Carl Thoma na época: "Olhe para isso. Por que alguém compraria um distribuidor quando pode comprar a empresa de software que administra todos os seus negócios?" Naquela negociação, conseguimos fazer parceria com a pessoa que se tornou presidente do nosso comitê operacional, que é meu mentor, agora com mais de 80 anos, Marcel Bernard. Com a administração preexistente, ele conseguiu tirá-los de uma margem negativa direto para as aquisições e coisas que não tinham feito antes. Ganhamos cerca de cinco vezes mais dinheiro em três anos nessa transação.

Fechar esse negócio foi importante para mim no nível pessoal. Quando fomos encarregados de vender a empresa, o CEO me ligou e falou: "Você se lembra daquela vez em que jantamos e você descreveu mais ou menos quanto dava para ganhar para a administração e o investidor se as coisas dessem certo?" Respondi: "Eu me lembro vagamente." Ele disse: "Naquela noite, fui até minha esposa e disse: 'Todos os caras de private equity são mentirosos.'" Mas depois ele percebeu que poderíamos ajudar um pouco e, com isso, a empresa melhoraria e os clientes e funcionários se beneficiariam. Mais tarde, ele reconheceu o que pudemos fazer para ajudar a melhorar a tal ponto que se tornou nosso investidor.

Fizemos outra negociação com um gestor que já ocupava aquela posição, na qual vendemos a empresa por cerca de três vezes o que pagamos por ela. Aí fechamos um negócio em que vendemos por 17 vezes o que pagamos. Então fechamos outro de 250 milhões de dólares que foi enorme para nós na época, era a Datatel, com a administração existente, que foi vendida por cerca de quatro vezes o que pagamos por ela. Esses números estavam acontecendo, mas, para os investidores da época, o software era pouco, era novo e eles tinham opções melhores.

Eu entendo o ponto de vista deles. Poderiam investir em pessoas, como o Carlyle e a Blackstone, que tinham um extenso histórico. Por que correr o risco?

DR: Sua abordagem na avaliação e na agregação de valor de buyouts mudou desde que começou? Faz as coisas de maneira diferente do que fazia anos atrás?

OB: A filosofia é a mesma, mas as táticas são totalmente diferentes. O mercado mudou. Por exemplo, vinte anos atrás, dava para cortar alguns custos e ganhar dinheiro com software porque era bem barato. Agora não se consegue fazer isso.

Mas a filosofia de pegar um problema complexo e dividi-lo em partes, apresentar o P&L (declaração de perdas e lucros) para os gestores e lhes atribuir responsabilidade, prestação de contas e autoridade para tomar decisões, além de fazer relatórios mensais e não mudar nossa mente como investidor em relação a qual é a missão, tanto de maneira operacional quanto estratégica, isso continua igual.

DR: Em geral, você atua nos conselhos das empresas nas quais investe?

OB: Sim.

DR: Com que frequência você troca o CEO de uma empresa em que investe?

OB: Nós entramos e tentamos trabalhar com a administração existente. É óbvio que às vezes isso não é possível, pois eles podem não querer continuar ou não vemos progresso e é melhor mudar, mas essa tem sido a exceção, e não a regra.

DR: Qual é o prazo médio em que você mantém seus investimentos?

OB: Geralmente cerca de 3,3 anos.

DR: De onde costumam vir as oportunidades de investimento? Banqueiros de investimento? Seus próprios contatos?

OB: Relacionamentos, nossos próprios contatos, mas são todos bancos. São banqueiros de investimentos, em última análise, mas vêm do mercado.

DR: Quanto tempo normalmente leva o processo de diligência prévia antes de você decidir: "Sim, vou levar isso adiante" ou "Não, não vou seguir com isso"?

OB: Antes demorava três meses. Agora leva três semanas. Mas temos um histórico de conhecer a empresa, muitas vezes por anos e talvez até uma década ou mais.

DR: Qual a porcentagem atual das negociações que você analisa e acaba seguindo adiante?

OB: Naquelas em que fazemos a diligência prévia, 75%. Naquelas que analisamos, 25%.

DR: Uma decisão precisa ser unânime no seu comitê de investimentos para avançar?

OB: Na prática, sim. Nós buscamos essa unanimidade. Se alguém estiver de fato chateado com a situação, tentamos não fazer a transação.

DR: Você já se arrependeu de negociações que recusou?

OB: Meu maior arrependimento é que não tínhamos dinheiro suficiente para levar adiante quase todas as negociações que analisamos a sério. Quase todas subiram de valor. O software corporativo tem crescido nos últimos anos. Então, eu gostaria que pudéssemos fazer mais transações.

DR: Quanto tempo leva para você decidir que precisa mudar drasticamente em uma transação quando ela não está funcionando? Você espera um ano para substituir um CEO ou faz algo diferente?

OB: O normal é esperarmos bastante. Parte disso é nossa cultura de tentar trabalhar com a administração existente. Ficamos melhores nisso com o tempo. Às vezes, demorávamos dois anos, ou seja, tempo demais. Agora? Talvez nove meses.

DR: Qual é a importância dos fatores ESG ao analisar uma aquisição em potencial? Você tem a capacidade de adicionar recursos e assistência ESG?

OB: Sim e sim. Às vezes podemos gostar do produto básico de uma empresa, mas ela não é muito inovadora nem capaz de atrair jovens criativos, dois pontos fundamentais para se ter uma empresa forte. Podemos ajudar esse tipo de empresa, e é mesmo o caso. Podemos adicionar recursos ESG, por exemplo.

DR: Durante a pandemia de Covid-19, você levantou quase 23 bilhões de dólares em capital novo em três fundos. Foi difícil levantar tanto capital naquele momento? Você teve que se encontrar pessoalmente com alguém?

OB: Não nos encontramos ao vivo com ninguém e foi surpreendentemente fácil. Os números eram bons, os relacionamentos existentes são bons e foi isso que impulsionou. Porém, o que mais me surpreendeu, no início da Covid, era que a forma como os investidores se comportavam mesmo nos momentos mais arriscados era inacreditável. Muitos aprenderam a lição com a crise financeira. Alcançaram o ápice de sua performance, porque eram mais precisos. Eles não saíram do lugar, mas fizeram o trabalho. Não entraram em pânico e conseguiram superar os obstáculos.

DR: Foi difícil gerenciar a empresa durante a Covid-19?

OB: Nem um pouco. Essa é a parte da qual mais me orgulho. Pensando em como estamos voltando ao trabalho agora, não é um mundo em preto e branco, na minha opinião. É só um mundo melhor.

Alguns fatores jogam a nosso favor. Um deles é que temos uma equipe de investimentos relativamente pequena, com cerca de quarenta pessoas, e a mantivemos assim de propósito por uma série de motivos. Nossa liderança podia se comunicar no mesmo fuso horário, na mesma cidade. Não tínhamos um escritório em Miami, na época. A gente saía para fazer caminhadas seis horas da tarde, e eu conseguia falar com cada sócio em uma hora de caminhada, ver como eles estavam, e essa parte foi boa.

A segunda parte é que nossa cultura é boa e temos boas pessoas. Não existe nenhuma pauta individual. Cada um sabia o que precisava fazer.

A terceira coisa é a forma como estamos organizados. Somos divididos, mesmo no fundo principal, em equipes de negociação discretas em cada categoria de software. Temos uma equipe separada para software imobiliário, software automotivo, segurança cibernética, infraestrutura. Isso significava que cada pessoa sabia direitinho o que precisava fazer. Não precisávamos orientar o tráfego. As pessoas podiam ser muito produtivas de cara.

Foi nosso ano mais produtivo de retorno de dinheiro, um ano recorde, e um ano recorde de novos investimentos. Nos últimos doze meses, investimos 8 bilhões de dólares em uma enormidade de novas transações. Por quê? Porque as pessoas não estavam em aviões indo para todos os lugares e participando de reuniões inúteis. Assim conseguimos ser mais produtivos.

DR: Como foi que o mundo dos buyouts mudou desde que você começou nele?

OB: Está muito melhor agora. Está maior, mais competitivo. Está mostrando seu ótimo desempenho se considerarmos outros tipos de propriedade. Está inovando, com fundos de longo prazo, core funds, SPVs (veículos de propósito especial) para manter as empresas por mais tempo. É um reflexo das inovações que estão acontecendo para acompanhar as inovações em tecnologia, as novas formas de fazer negociações. Se você se afastar do mercado de negociações por seis meses, vai ficar muito para trás, porque vai perder as inovações de como os participantes de uma negociação se comportam em uma transação.

DR: Quais mudanças devemos ver no futuro?

OB: Acho que vamos ver pessoas criando ou abordando o que chamo de espaço em branco — áreas que não são tocadas por buyouts agora, áreas nas quais não estamos investindo no momento —, e acabando com ele. Temos um espaço em branco que estamos tentando desenvolver, que é o buyout de uma empresa de software realmente grande. Estamos quase lá. Nos últimos nove meses, temos feito isso em empresas como a Proofpoint, que compramos por 12 bilhões de dólares, e a RealPage, que compramos por 10 bilhões de dólares. Essas negociações são muito mais uma transação negociada. Se você extrapolar para daqui a quatro anos, se essas empresas de software estiverem crescendo 20% ao ano e os múltiplos de preço de compra não caírem, essas empresas terão o dobro do tamanho e do valor que têm hoje. Onde está o capital do mundo para conseguir fazer isso? As pessoas querem forçar isso. Vai ser fascinante ver como esses espaços em branco serão capturados pela nossa comunidade empreendedora.

DR: Se alguém quiser se tornar um profissional de investimento em buyouts, qual é o melhor treinamento e formação acadêmica, na sua opinião?

OB: Sou um grande defensor de uma formação acadêmica em artes liberais. Em geral, acho que ela torna os indivíduos mais abertos, mais pensativos, mais globais.

DR: Você é formado em quê?

OB: Estudei Ciências Políticas e acrescentei Economia. Comecei na História. Esses estudos fazem de você uma pessoa mais interessante e reflexiva. Leva a pessoa a pensar um pouco mais fundo. Gostei da minha formação na faculdade de Direito por causa disso. Eu ainda leio pareceres da Suprema Corte, são fascinantes.

Ao mesmo tempo, é necessário aprender a ler demonstrações financeiras. É preciso aprender contabilidade de alguma forma para poder rastrear os fluxos de dinheiro e negociações de uma empresa e julgar a partir daí.

DR: Quais são as habilidades de um profissional de alto nível no mundo dos buyouts?

OB: Dominar a arte de vender e ter poder de persuasão. Acho que é por isso que vemos muitas pessoas com formação em Direito no mercado. O resto não é tão difícil.

DR: Quais são as qualidades que não serão úteis no mundo dos buyouts?

OB: Embora buyout seja um negócio de controle, neste mundo tentar controlar não é possível. Você vai ficar muito frustrado. Não dá para controlar as pessoas. Você pode ser dono de boa parte da empresa, mas não funciona mais assim, ainda mais agora. É difícil para quem deseja as coisas organizadas e orientadas para o processo, porque esse é um negócio muito desestruturado, e as negociações fazem parte de um universo confuso e desestruturado.

DR: Se uma pessoa quiser investir em buyouts, como você recomendaria que ela selecionasse uma ou mais empresas? O que ela deve evitar?

OB: Já disseram isso muitas vezes, mas é importante escolher a cultura que seja mais adequada para você. Se estiver trabalhando com pessoas boas, onde você se sente em casa e à vontade, esse seria meu ponto principal. Eu evitaria empresas que não estão com bom desempenho. É um negócio de *momentum*. Quando você começa a não ter um bom desempenho, a empresa não dá certo para ninguém. Eu avaliaria desempenho e cultura.

DR: Com seu sucesso, você se envolveu de maneira ativa no mundo filantrópico e criou sua própria fundação. Quais são suas áreas de maior paixão quando se trata de filantropia?

OB: Eu já tinha me envolvido em filantropia em causas pessoais, mas, depois do furacão Maria, começamos uma missão de ajuda humanitária no segundo dia do furacão para pequenas cidades ao redor de Mayagüez, onde nasci. O catalisador para meu envolvimento foi uma cidade chamada Lajas. O prefeito disse a um repórter, e chegou aos meus ouvidos, que ele tinha um abrigo com trinta e cinco pessoas que só tinha comida e água para um dia e meio. Eu sabia que o governo de Porto Rico não ia chegar até lá. A FEMA (Federal Emergency Management Agency — Agência Federal de Administração de Emergências) ia chegar lá em algum momento, mas não em um dia. Falei ao repórter: "Avise ao prefeito que vamos estar nesse aeroporto daqui a um dia e meio." Carregamos um avião com um monte de comida, água, agulhas intravenosas e outras coisas, soro, leite para bebês, coisas do gênero, só para mantê-los vivos naquele momento. Quando pousamos naquele lugar, comentei: "Nunca fiz isso. O que será que vou ver? Quantos outros grupos estão aqui? Tem que haver alguma coisa." Não havia ninguém lá, e fiquei tipo: "Uau."

Com isso, aprendi a não supor que alguém vai preencher alguma lacuna. Se você se preocupa com uma causa ou problema, precisa fazer algo a respeito, porque ninguém mais vai cuidar disso.

Havia vários outros heróis locais que estavam trabalhando e ajudando as pessoas, e começamos as missões de ajuda humanitária para Porto Rico saindo de Fort Lauderdale até que a ajuda institucionalizada começasse a vir. Uma vez que eu estava lá, encontrei muitos jovens, em especial na área de vendas, e eles me abordavam: "Eu tenho um bebezinho. Sou vendedor, estudei aqui e não posso fazer negócios porque não há nenhum meio de comunicação funcionando. Não consigo ganhar dinheiro." Tem muita gente honesta e trabalhadora lá. Eu me lembro deles. Entrei em contato com meus amigos do ensino médio. Falei: "Vou ficar aqui no que se refere à filantropia." Formamos a Bravo Family Foundation, focada principalmente em Porto Rico.

Lá é um dos lugares mais desiguais do mundo em termos de riqueza. É um lugar que não funciona, em parte por causa disso. Oferecemos oportunidades significativas para jovens adultos em termos de crescimento pessoal e profissional.

DR: Você se mudou da Califórnia para a Flórida para ficar mais perto de Porto Rico?

OB: Meu coração pertence à Costa Leste. Eu me sinto muito mais em casa aqui, e é perto de Porto Rico. É uma coisa nova. Também estamos tentando fazer as coisas de maneira diferente na Thoma Bravo.

DR: Algum arrependimento ao olhar em retrospecto para sua carreira? Algum arrependimento por não ter seguido profissionalmente no tênis?

OB: Cara, como posso me arrepender? Olha só a sorte que tive. Software e private equity nos últimos vinte e cinco anos, eu não poderia estar em um lugar melhor. Conheci tanta gente boa, viajei pelo mundo, quero fazer isso ainda mais.

Quanto à carreira profissional no tênis, eu adoraria, olhando para o passado, ter chegado às eliminatórias. Nunca teria chegado à chave principal, mas chegar às eliminatórias de Wimbledon ou do US Open, agora que estou velho, eu teria adorado isso.

Fui para Wimbledon há três anos, e estive na área dos jogadores, pois tenho um amigo que é treinador de um dos atletas. Ele me perguntou: "Você trouxe as suas raquetes?" Respondi que não. Ele tinha uma lá. E falou: "Comprei para você esses sapatos de quadra de grama. Vamos jogar na quadra durante o torneio." E eu pisei em uma daquelas quadras de grama. Foi a primeira vez que joguei em Wimbledon. Eu me lembro de mandar uma mensagem de texto para minha mãe. Falei: "Eu consegui. Foi de um jeito diferente, mas estou aqui. Estou tocando na grama sagrada. Eu consegui."

DR: Hoje em dia os jogadores que são melhores do que você têm lhe procurado em busca de empregos?

OB: Aqueles que eram muito bons têm muito dinheiro, mas, sim, podemos ajudar nisso.

Ativo depreciado

BRUCE KARSH

Cofundador e copresidente
da Oaktree Capital Management

> *"Para ser um investidor bem-sucedido em ativos depreciados, é preciso ser impassível e contestador, porque seu objetivo é comprar no auge do medo e do pânico."*

No fim da década de 1970, alguns investidores começaram a comprar empresas usando uma grande quantidade de dívida. Os primeiros investimentos do tipo, conhecidos como buyouts alavancados, em geral tinham apenas 1 a 5% do preço de compra como capital "em risco" ou equity. Os 95 a 99% do preço de compra emprestado eram dívidas, garantidas normalmente (e legalmente) pelos ativos da empresa.

A novidade dos buyouts alavancados era que os credores da dívida, ou seja, bancos ou seguradoras, sabiam que o valor intrínseco dos ativos poderia não valer o bastante para pagar o empréstimo, mas o fluxo de caixa ou os lucros da empresa seriam suficientes para pagar o empréstimo a tempo, supondo que a empresa não fosse à falência.

A maioria desses buyouts iniciais funcionou muito bem, e os retornos sobre o patrimônio foram enormes, pois o componente de capital era bem pequeno e a alavancagem, bem alta. No entanto, alguns desses buyouts iniciais não deram certo, talvez porque a economia tenha desacelerado ou o negócio tenha parado de crescer e, por isso, o fluxo de caixa não conseguiu sustentar a dívida.

Para evitar esses desafios, depois que muitos buyouts altamente alavancados não deram certo no fim da década de 1980 e início da década de 1990, os credores para investimentos de buyouts exigiam que muito mais patrimônio fosse investido. Hoje, um buyout pode ter de 30 a 60% do preço de compra em um tipo ou outro de patrimônio (ou capital verdadeiramente "em risco").

Uma das lições dos buyouts fracassados foi que os investidores (poucos, no início) que tinham coragem de comprar a dívida em default (ou com default provável) com desconto acabaram tendo retornos atraentes conforme o buyout "fracassado" se reverteu, e a dívida passou a valer muito mais que na época da falência.

E assim surgiu toda uma nova categoria de investimento: os ativos depreciados.

Nessa categoria, os investidores compram ativos depreciados (em geral, mas nem sempre, em transações de buyout), que variam da dívida sênior e mais segura até a dívida júnior e menos segura, na expectativa de que o equity contíguo seja deteriorado em algum momento, se não eliminado. Se isso acontecer, os donos da dívida terão a oportunidade de possuir parte ou a totalidade da empresa falida, pois sua dívida será trocada por equity da empresa reestruturada em um processo de falência ou de reestruturação extrajudicial. Dívida sênior é a dívida mais segura em um buyout, uma dívida que deve ser paga antes de qualquer outra ou equity a ser pago com os recursos disponíveis. É comum que se pense, no início de um investimento, que, no caso de um problema nos negócios ou de uma reestruturação, haverá ativos suficientes para pagar toda a dívida sênior com os ativos da empresa. A dívida júnior é paga depois do pagamento da dívida sênior, e corre um risco maior de não ser quitada em sua totalidade.

O motivo pelo qual esse tipo de investimento (investir nos ativos "depreciados" de uma empresa) cresceu tanto é que 1) hoje, existe um número enorme de transações de buyout; 2) parte dessas transações, mesmo com componentes de patrimônio maiores, não vai funcionar como originalmente previsto, o que significa que o patrimônio e a dívida vão valer menos que o previsto na concepção do buyout; e 3) os proprietários desse tipo de dívida provaram, nas últimas décadas, que retornos descomunais podem ser conseguidos ao: a) trocar a dívida por equity e ajudar a empresa reestruturada, muitas vezes com uma nova administração, a crescer em valor como os investidores originais no patrimônio esperavam fazer; ou b) vender quando o mercado de ativos depreciados se recuperar.

Os investidores nesta área têm o hábito de comprar dívidas com grandes descontos nos preços e podem adquirir ainda mais se o preço continuar caindo. A opinião deles é que, com o tempo, a dívida (que pode ser comprada e vendida em mercados de capital aberto ou fechado com muita facilidade) será trocada por ações de uma empresa reestruturada, e essas ações, com o tempo, excederão o custo da dívida que foi comprada. Em alguns casos, a dívida descontada apenas vai recuperar o preço e voltar ao valor nominal.

Nos últimos anos, com economias e mercados de dívida geralmente robustos, as oportunidades de ativos depreciados não foram tão abundantes quanto durante a Grande Recessão. Mas é inevitável que essas oportunidades retornem no devido tempo, conforme as taxas de juros aumentarem, o crescimento econômico desacelerar e as políticas de dinheiro fácil forem revertidas. Esse fenômeno começou em 2022, e mais investimentos em ativos depreciados podem ser esperados no futuro próximo.

É óbvio que não é uma área de investimento para indivíduos inexperientes ou sem conhecimentos refinados, pois é muitíssimo técnica e regida por regras e práticas por vezes misteriosas. Por isso, para ser bem-sucedido, é necessário ter um conhecimento das complexidades de buyouts, dívidas, falências e acordos extrajudiciais. E aqueles que investem nessa área precisam estar preparados para negociações contenciosas, litígios extensos e um pouco de publicidade negativa, já que as várias partes discutem seus casos em locais públicos (como tribunais). Mas as recompensas (na forma de retornos atraentes) podem ser bem altas.

Para contextualizar o investimento em ativos depreciados, considere este exemplo:

A Acme Manufacturing é comprada por um buyout de 100 milhões de dólares, com 40 milhões de dólares em patrimônio. Um banco forneceu uma dívida bancária sênior de 30 milhões de dólares. Essa dívida é garantida pelos prédios e maquinário de fabricação e qualquer propriedade intelectual ou outros ativos tangíveis da Acme, que são avaliados em 30 milhões de dólares. Se a Acme fosse à falência, o tribunal de falências exigiria que a dívida bancária sênior fosse paga em conjunto com uma reestruturação da empresa ou os ativos seriam vendidos em liquidação, e os recursos seriam usados para pagar ao banco.

O buyout também é financiado com 30 milhões de dólares em títulos de alto rendimento, mas os ativos da Acme valem apenas 30 milhões de dólares, e todo o dinheiro iria para o banco para pagar o empréstimo em caso de falência. Portanto, não é certo que a dívida de alto rendimento será paga em um processo de falência, a menos que o valor dos ativos da empresa aumente de maneira substancial. Por isso, os títulos vão oferecer aos compradores uma taxa de juros mais alta que o banco vai obter no empréstimo, mas com menos certeza de serem pagos.

Se a Acme se sair mal no buyout e a capacidade da empresa de sobreviver como uma entidade contínua for questionada, os títulos de alto rendimento sem dúvida serão negociados abaixo do valor nominal inicial.

Se eles forem negociados abaixo do valor inicial — 30 milhões de dólares —, os investidores de ativos depreciados podem muito bem comprar os títulos. Se, por exemplo, eles negociarem a 15 milhões de dólares de valor (ou metade do valor de face), um comprador de ativos depreciados pode concluir que: 1) a empresa vai mudar e os títulos vão acabar retornando ao valor nominal de 30 milhões de dólares (nesse caso, a compra terá sido feita pela metade do valor final dos títulos); ou 2) a empresa irá à falência com o tempo e, em caso de falência, os 30 milhões de dólares em títulos podem ser trocados por uma parte significativa (e talvez 100%) do patrimônio de uma empresa reestruturada. O investidor em ativos depreciados pode ficar satisfeito com esse resultado, tendo concluído que essa possibilidade vai render um retorno atraente (bem acima do valor investido), conforme a empresa reestruturada avança com um balanço menos onerado por dívidas e talvez uma equipe administrativa nova e melhor. O resultado para o investidor em ativos depreciados pode muito bem ser um retorno ainda maior do que ele teria recebido se os títulos de alto rendimento tivessem sido pagos pelo valor nominal.

Essa é uma simplificação exagerada da perspectiva do investidor em ativos depreciados.

No último quarto de século, uma das empresas líderes na área de ativos depreciados foi a Oaktree Capital Management, sediada em Los Angeles e fundada em 1995 por Howard Marks e Bruce Karsh. Juntos, eles formam uma equipe notável. Bruce é o diretor de investimentos e foi supervisor da atividade extraordinariamente bem-sucedida de investimento em ativos depreciados; Howard é o rosto da empresa, lidando com investidores e imprensa, e é responsável pela filosofia geral de investimento e pela cultura da empresa.

Como rosto da Oaktree e autor de memorandos lendários para os investidores da empresa e livros muito respeitados sobre investimentos,

Howard é, sem dúvida, a pessoa mais conhecida dessa dupla única. Ele é quase dez anos mais velho que Bruce e foi quem o contratou na Trust Company of the West (TCW) em 1987. Depois sugeriu a Bruce que eles deixassem a TCW e fundassem a Oaktree (agora parte de uma empresa maior de investimentos de capital aberto, a Brookfield, com sede em Toronto). Entrevistei Howard em várias ocasiões e sempre terminei todas as conversas percebendo como sei pouco sobre o mundo dos investimentos em comparação a ele.

Mas achei que seria interessante entrevistar Bruce para este livro, pois é raro que ele dê uma entrevista pública e é alguém que vim a conhecer e respeitar muito nas últimas duas décadas. Bruce e eu atuamos juntos por cerca de uma década no Conselho de Administração da Duke University, e nossos family offices de investimentos trabalharam juntos em vários projetos.

Bruce também é um dos grandes investidores mais discretos que já conheci. Ele não gosta de falar do que conquistou nem de chamar atenção para si mesmo. Mas seu histórico é inigualável, e ele é uma verdadeira lenda na misteriosa área do investimento em ativos depreciados. E, em muitos aspectos, um verdadeiro pioneiro nesse mundo. Ele faz mais que investir em ativos depreciados, mas é nisso que quero focar nossa discussão, pois essa é a área que ele ajudou a transformar em uma categoria de investimento. Entrevistei Bruce virtualmente em 16 de junho de 2021.

DAVID M. RUBENSTEIN (DR): Você é considerado por muitos como um dos investidores mais bem-sucedidos e respeitados em ativos depreciados, entre outras áreas. O que exatamente é um ativo depreciado?

BRUCE KARSH (BK): "Ativo depreciado" se refere à dívida ou outras obrigações (por exemplo, indenizações comerciais) de uma empresa que não pagou juros ou principal no vencimento ou que os investidores têm expectativas de que se torne inadimplente no futuro. O detentor desse ativo ou obrigação costuma ter uma enorme motivação para vender.

Esse é a definição resumida. Com o passar dos anos, ampliamos a definição de oportunidades depreciadas para muito além disso, com o objetivo de abranger outros tipos de investimentos, incluindo compras de ativos reais a preços de ativos depreciados ou de vendedores financeiramente depreciados.

DR: O que um investidor em ativos depreciados faz? Compra a dívida de uma empresa com desconto e vende quando o valor aumenta? Espera uma reestruturação judicial ou extrajudicial, quando uma dívida vira patrimônio? Ele se envolve na reestruturação? Somente fica sentado, esperando pelo desenrolar, ou se envolve na negociação?

BK: Diferentes investidores em ativos depreciados fazem coisas diferentes. Desde que iniciamos nosso primeiro fundo, em 1988, estávamos entre os maiores investidores em ativos depreciados e logo nos tornamos os maiores do setor. Quando se é grande assim, tende-se a ter as maiores posições de dívida e, portanto, não pensa muito nas negociações.

Existem hedge funds por aí que negociam ativamente ativos depreciados, mas nossa estratégia era muito simples. Queríamos nos tornar o maior credor e queríamos nos envolver ativamente no processo de falência. Queríamos influenciar a versão final do plano de reorganização. Em alguns casos, criávamos grandes apostas em patrimônio para os nossos investidores e nos envolvíamos com a empresa. Em um subconjunto desses casos, também instalávamos novas equipes administrativas. É óbvio que depende da situação, mas nossos investimentos preferidos foram aqueles em que assumimos grandes apostas em patrimônio e nos envolvemos ativamente.

Houve outras situações em que a dívida que compramos com desconto foi trocada por um pacote contendo dinheiro, instrumentos de dívida reestruturados e/ou ações. Em muitos desses casos, apenas vendíamos os títulos reestruturados em um período relativamente curto depois do fim da reorganização ou da falência.

Se analisarmos o nosso histórico de investimentos (e fizemos mais de mil investimentos desde 1988), aqueles que geraram os maiores lucros, as maiores taxas internas de retorno (TIR) e os maiores múltiplos de capital investido (MOIC), foram aqueles nos quais criamos as maiores apostas em patrimônio.*

DR: Por quanto tempo, em geral, um investidor de ativos depreciados precisa manter um investimento e que tipo de retorno você costuma buscar?

---

* Em geral, no mundo dos investimentos privados, existem duas formas básicas de medir o sucesso de um investimento. A TIR é a porcentagem anual pela qual o valor do investimento aumenta; um investimento de 1 dólar em 1º de janeiro de 2022 que vale 2 dólares em 1º de janeiro de 2023, teria uma TIR de 100%. Nesse exemplo, o MOIC seria 2x o patrimônio investido.

BRUCE KARSH

BK: Um investidor em ativos depreciados pode manter algo por trinta dias ou até dez anos. Depende da natureza do investidor e do desempenho da empresa. Nosso caso básico é estar envolvido no processo de reorganização. Geralmente, leva cerca de dois a três anos desde o momento em que começamos a comprar os títulos de dívida até o fim da falência ou da reorganização. No entanto, quando recebemos grandes apostas em patrimônio em uma empresa reestruturada, às vezes a mantemos por cinco anos ou até mais.

DR: Que tipo de retorno você costuma buscar?

BK: Isso mudou de maneira drástica ao longo da minha carreira. Durante os anos em que investi na TCW, de 1988 a 1995, geramos uma TIR bruta de mais de 31% em todos os 160 investimentos que fizemos. E nosso múltiplo bruto de capital investido (MOIC) foi de cerca de 2,3 vezes o 1,7 bilhão de dólares de capital investido. Os lucros brutos realizados foram de 2,5 bilhões de dólares contra menos de 0,3 bilhão de dólares de perdas realizadas. Esse foi o período tranquilo. Havia muitas oportunidades excelentes e pouca concorrência. As taxas de juros eram consideravelmente mais altas naquela época, e a área de ativos depreciados era muito mais ineficiente naquela época.

Hoje, as taxas de juros estão próximas de zero. Devido aos retornos descomunais que nós e outros obtivemos ao longo dos anos, há consideravelmente mais concorrência, e a área é muito mais conhecida e compreendida. Os vendedores de hoje não são tão ingênuos quanto costumavam ser. Como resultado, aceitamos de bom grado um retorno bruto de 15% a 20% atualmente se acharmos que o risco é baixo, mas em geral esperamos mais de 20%.

DR: Nos últimos anos, com a economia relativamente forte nos Estados Unidos há algum tempo, houve muitos ativos depreciados? Se não, o que os investidores em ativos depreciados fazem durante esse período? Se existe uma quantidade considerável desse tipo de dívida, ela advém tipicamente de buyouts que não deram certo?

BK: Primeiro vou oferecer uma perspectiva histórica. Comecei a investir em 1988, e a primeira recessão foi em 1990-1992. Era uma época em que estávamos comprando, em grande parte, ativos depreciados de buyouts fracassados. Foi a melhor época para isso, porque muitos buyouts que tinham sido feitos na década de 1980 eram alavancados e imprudentes.

No início da década de 1990, os valores imobiliários também despencaram. As S&Ls [associações de poupança e empréstimo] foram adquiridas pela RTC [Resolution Trust Corporation], enquanto a FDIC [Federal Deposit Insurance Corporation] assumiu os bancos falidos. As duas instituições começaram a fazer alienação de ativos imobiliários. Quando surgiu essa oportunidade, começamos a comprar hipotecas com grandes descontos, muitas vezes comprando da RTC ou da FDIC. E, em alguns desses casos, acabamos executando a garantia subjacente e adquirindo o imóvel, criando os ativos com um desconto substancial em relação ao valor real.

Esses eram os tipos de investimentos que estávamos fazendo até a recuperação ocorrer, em meados da década de 1990, e até a próxima grande oportunidade de compra, que foi em 1997-1998. Neste último período, houve uma crise cambial asiática e a inadimplência de um dos maiores hedge funds do país, o Long-Term Capital Management. Esses eventos criaram deslocamentos significativos nos mercados de capitais, levando a oportunidades atraentes para compradores de ativos depreciados.

Durante a crise asiática, nos concentramos em comprar os chamados Yankee bonds (títulos emitidos por empresas asiáticas denominados em dólares). Conseguimos comprar a dívida de empresas asiáticas financeiramente solventes com grandes descontos sem assumir qualquer risco cambial. Eu me lembro de ter comprado um título da Samsung Electronics em 1998 com um rendimento de 20% até o vencimento. Mesmo na época, a Samsung era uma das empresas mais dominantes na Coreia, e seus títulos denominados em dólares estavam rendendo 20%. Os de outras empresas asiáticas eram ainda mais baratos. Mas, em 1997-1998, essa foi a oportunidade de ouro.

Mais uma oportunidade descomunal que tivemos foi o colapso da tecnologia, da mídia e das telecomunicações (TMT) durante 2000-2002. Quando a bolha da tecnologia estourou, as avaliações das ações de TMT caíram, e os preços de muitos títulos de TMT foram negociados com grandes descontos. Esse também foi o período dos escândalos corporativos: Enron, WorldCom e Adelphia. Havia um forte ceticismo relacionado ao fato de as administrações estarem ou não relatando os resultados financeiros de maneira correta, ainda mais depois da falência da Enron.

Com tudo isso, e com a abundância de inadimplências e falências e o medo de muitas outras estarem por vir, havia excelentes oportunidades para investidores em ativos depreciados. Eu me lembro com carinho desse período, porque conseguimos comprar uma quantidade enorme de dívida pública por 40 a 50 centavos de dólar. Em alguns casos, os emissores dos títulos eram classificados como grau de investimento [empresas com fortes classificações de crédito e em geral consideradas investimentos seguros] ou tinham sido rebaixados daquele status havia pouco tempo.

Na época, os detentores de títulos com grau de investimento não conheciam o assunto a fundo e, se houvesse rebaixamentos (ou mesmo o medo de um rebaixamento), eles vendiam os títulos. Mas havia poucos compradores de títulos de TMT rebaixados e, portanto, um desequilíbrio significativo entre oferta e demanda criou oportunidades de compra excepcionais.

Acreditávamos que os títulos que compramos durante aquele período nunca seriam depreciados, e estávamos certos. Olhando em retrospecto, para os investidores em ativos depreciados corajosos o suficiente para se adiantar e comprar aqueles títulos, aquilo tudo foi moleza.

Durante o período inicial de 2000-2002, houve alguns buyouts que deram errado, e as oportunidades eram mais presentes nas indústrias afetadas, em especial nas telecomunicações. Mais uma vez, nosso registro de investimento daquele período mostra que os maiores lucros e os maiores MOICs vieram de investimentos em dívidas de buyouts fracassados.

Depois, no fim de 2008, a Crise Financeira Global arrasou os mercados. Foi impressionante, porque surgiram muitas oportunidades de ativos depreciados. Somente nas últimas quinze semanas de 2008, investimos cerca de 400 milhões de dólares por semana em todos os tipos de ativos depreciados, incluindo, é evidente, buyouts que pareciam esmagadoramente prováveis de fracassar. No entanto, os valores logo foram recuperados, em 2009, quando os mercados perceberam que a maioria dos bancos e outras instituições financeiras não ia falir, fazendo com que o psicológico do investidor se recuperasse.

Portanto, desde o início da minha carreira, dá para perceber que investimos em buyouts que deram errado quando estavam disponíveis, mas também em outros tipos de oportunidades de ativos depreciados apresentados pela época e pelas circunstâncias únicas. No entanto, sempre preferi investir em dívidas de buyouts, quer já fossem depreciados ou fossem negociadas em níveis que resultassem inevitavelmente em depreciação.

Normalmente, nos concentrávamos em empresas pertencentes às melhores empresas de buyout, como Carlyle, KKR, Blackstone e outras. As principais empresas de private equity em geral sabem o que estão fazendo, escolhem boas empresas e ou têm boas equipes administrativas ou fazem uma mudança e colocam bons gestores para administrar suas empresas. Se esses buyouts derem errado, geralmente é porque há muita dívida na empresa ou algum problema de curto prazo que surgiu do nada. Mas o comum é que o valor dessas empresas se recupere bem, portanto, em termos históricos, essas têm sido as minhas oportunidades preferidas de investimento em ativos depreciados.

DR: A economia mais recente está muito boa. O que você está fazendo agora?

BK: Em março de 2020, quando os mercados perceberam que a pandemia teria um impacto drástico nas economias do mundo todo, houve um bear market que durou trinta e quatro dias e depois uma recessão de três meses. Estávamos extraordinariamente ativos e tivemos sorte de ter um capital significativo em mãos para investir em ativos depreciados quando a pandemia chegou. Conseguimos levantar o maior fundo de ativos depreciados da história (16 bilhões de dólares) logo depois. Meu grupo, nós o chamamos de Global Opportunities Group, aportou um total de 14 bilhões de dólares em 2020, sendo que 3,6 bilhões foram investidos de março a junho, o auge do pânico pandêmico. Esse foi o máximo que nosso grupo tinha investido em qualquer período de doze meses, superando o recorde anterior estabelecido durante a Crise Financeira Global em 2008-2009, quando investimos mais de 11 bilhões de dólares nos doze meses posteriores ao pedido de falência do Lehman Brothers.

Desde que o índice S&P [Standard & Poor's 500] chegou ao nível mais baixo no fim de março de 2020, os mercados de ações basicamente subiram, com correções muito pequenas ao longo do caminho. A economia dos Estados Unidos está com uma ótima performance, alimentada pelo substancial estímulo fiscal e monetário que foi desencadeado no último ano e meio. Desnecessário dizer que a inadimplência nos mercados de empréstimos alavancados e títulos de alto rendimento estão em níveis historicamente baixos, assim como a incidência de inadimplência no país. Então, o que se deve fazer? A resposta é que sempre há indústrias e empresas norte-americanas que precisam de capital por um motivo ou outro. A segunda saída é aportar capital fora dos Estados Unidos, e temos equipes dedicadas a encontrar oportunidades na Ásia e na Europa, e elas já fizeram isso.

Estamos procurando em todo o mundo oportunidades de ativos depreciados que possam gerar retornos atraentes, mas que também ofereçam a proteção contra perdas que exigimos em todos os nossos investimentos. O Opportunities Group tem uma equipe muito produtiva com sede em Londres há mais de quinze anos, que busca oportunidades em particular na Europa Ocidental. A Europa tem operado historicamente em um ciclo econômico um pouco diferente que os Estados Unidos por uma perspectiva de timing, já que tende a ficar atrás do país tanto em termos de recuperação econômica quanto de oportunidade de ativos depreciados. Nos últimos cinco anos, a Oaktree também construiu um grupo forte na Ásia, e essa equipe tem sido muito ativa, nos ajudando a encontrar investimentos atraentes na China e na Índia nos últimos doze a dezoito meses.

A terceira coisa que fizemos, em essência, foi expandir a definição de ativos depreciados para incluir empréstimos diretos oportunistas. Por exemplo, fizemos empréstimos com altas taxas de retorno para empresas que precisam de capital para crescer. Os tomadores de empréstimo não estão "depreciados" (não estão superalavancados nem enfrentando uma inadimplência iminente), mas podem ser empresas de tecnologia ou entidades de startup cujo custo de capital do patrimônio é mais alto que a taxa pela qual emprestaríamos o capital.

DR: Quando você compra ativos depreciados, em geral está comprando a dívida sênior de uma empresa, que tem mais chances de ser paga, ou a dívida júnior da empresa, que não é garantida por ativos e, portanto, é um pouco mais arriscada?

BK: Existem diferentes maneiras de lidar com isso. Quando comecei, em 1988, a ideia era comprar títulos de alto rendimento (ou seja, dívida júnior) que deram errado. Cerca de um ou dois anos depois, quando os bancos foram forçados a vender empréstimos com descontos, nossos fundos na TCW estavam entre os primeiros e, no fim das contas, os maiores compradores desses empréstimos bancários (ou seja, dívida sênior) no país. Acho que é justo dizer que fomos pioneiros nisso.

Como advogado, eu acreditava que era uma vantagem competitiva entender e me sentir à vontade em um processo judicial quando outros não ficavam, ainda mais no começo da minha carreira de investimentos em ativos depreciados. Ter dívidas seniores garantidas deu aos credores uma posição de comando na falência, então de fato favoreci essas dívidas como nosso investimento preferido. Mas houve momentos, ainda mais no auge de um pânico ou liquidação, e em geral no ponto mais baixo de um ciclo econômico, em que senti que fazia sentido mergulhar mais fundo na estrutura de capital e comprar mais dívida júnior ou subordinada.

Em épocas como essas, quando os investidores em ativos depreciados com expectativas de retorno como a nossa geralmente não conseguem comprar dívidas seniores garantidas porque os rendimentos são muito baixos, não há escolha a não ser focar em mais dívidas juniores. Ou isso ou encontrar maneiras de originar empréstimos seniores em situações que não se encaixam na definição clássica de ativos depreciados, mas ainda oferecem retornos aceitáveis com os riscos bem sob controle.

DR: Você às vezes se vê sendo proprietário de uma parte tão grande da dívida que ela é trocada pelo controle do patrimônio da empresa reestruturada? Isso não aconteceu com a Tribune Company, quando ela faliu há cerca de quatorze anos? Você mesmo administra a empresa ou tenta vender sua posição o mais rápido possível?

BK: Houve momentos em que nós administrávamos a empresa e, nesses casos, como empresas de private equity, nos envolvíamos ativamente no conselho de administração e selecionávamos as equipes administrativas. O buyout da Tribune e a subsequente falência funcionaram a nosso favor, ainda mais porque compramos a dívida por um preço muito baixo e, portanto, criamos nosso patrimônio com uma base de custo muito baixa. Assim que assumimos o controle da empresa e me tornei presidente do conselho de administração, logo decidimos desmembrar os jornais (o *Chicago Tribune* e o *Los Angeles Times*, entre outros) em uma entidade pública separada, e isso acabou sendo uma decisão acertada. Mantivemos as estações de TV locais e os ativos digitais até que a empresa renomeada, Tribune Media, foi comprada pelo Nexstar Media Group em 2019. A Tribune foi um caso em que mantivemos nosso patrimônio por quase dez anos, mas ainda assim conseguimos gerar uma TIR respeitável de mais de 15% e obtivemos quase 1 bilhão de dólares em lucros com o investimento.

Um negócio do qual sinto ainda mais orgulho que o da Tribune é o da Charter Communications, uma grande empresa de TV a cabo dos

Estados Unidos. Naquele caso, visamos as dívidas juniores em particular com a intenção de criar um grande patrimônio na empresa reestruturada, e foi bem isso que aconteceu. Assim como no caso da Tribune, fiz parte do conselho de administração.

Quando nossos fundos da Oaktree venderam nossa última posição acionária em 2014, o investimento da Charter gerou o maior lucro que o Global Opportunities Group tinha obtido em uma única empresa até aquele momento: pouco mais de 1 bilhão de dólares. Ficamos muito orgulhosos da equipe administrativa que o conselho da Charter recrutou e encarregou de administrar a empresa, um CEO e um CFO de alto nível que ainda estão nos cargos. No caso da Charter, mantivemos nossas ações por cerca de cinco anos.

Existem limites para o que podemos fazer. Estou feliz com os fundos da Oaktree mantendo o patrimônio por um longo período, com os profissionais da Oaktree ingressando nos conselhos de administração e aceitando bem a mudança das equipes administrativas quando necessário, mas não vamos enviar pessoas da Oaktree para administrar empresas.

DR: Muitos dizem que as pessoas que negociam ativos depreciados são duras, pessoas más que ficam gritando e berrando com todo mundo. Você é um cara descontraído e tranquilo. Como foi que entrou nessa área e como pode ser tão bonzinho?

BK: Quando trabalhei em meados da década de 1980 para Eli Broad [um importante empreendedor de Los Angeles], fui exposto à área de ativos depreciados e pensei, por causa da minha experiência como advogado, que seria a pessoa perfeita para liderar um esforço como aquele. Também vi a loucura acontecendo no mercado de LBO [buyout alavancado] em 1986-1987, e foi aí que abordei Howard Marks na TCW e sugeri que ele me contratasse para desenvolver e administrar essa área para ele.

Eu queria fazer isso na TCW, apesar de Eli ter me oferecido a oportunidade de fazer isso nas seguradoras dele, porque queria que uma empresa de gestão financeira de primeira linha patrocinasse e me ajudasse a desenvolver o negócio. Sempre estive de olho no crescimento desse negócio e sempre achei que haveria uma grande oportunidade de fazer isso.

E, mais importante, senti que Howard seria um ótimo sócio e uma grande ajuda no crescimento do negócio se o retorno do investimento fosse tão atraente quanto eu pensava que poderia ser. Desnecessário dizer que Howard superou em muito as minhas expectativas como um hábil sócio, porém, ainda mais como uma pessoa incrível com quem trabalhar.

O primeiro fundo, organizado em 1988, tinha pouco menos de 100 milhões de dólares. O segundo fundo e as contas relacionadas foram estabelecidos em 1990 e agregaram mais de 400 milhões de dólares em capital comprometido. De uma hora para outra, nosso grupo na TCW se tornou o maioral em ativos depreciados, e a partir daí cresceu como uma bola de neve.

Eu tinha uma visão de longo prazo para fazer essa área de investimento crescer e sempre achei que seria melhor manter a discrição se quisesse ter grandes planos de pensão como clientes e continuar comprando empréstimos ruins dos bancos. Os planos de pensão em geral são organizações conservadoras que não querem ler sobre falências conturbadas, e os bancos não querem ler sobre sucessos descomunais alcançados à sua custa quando os "empréstimos ruins" que eles venderam se transformaram em investimentos lucrativos. E, como você sabe, essa abordagem se encaixou muito bem na minha personalidade, já que a minha natureza é ser discreto e não me gabar de sucessos pessoais ou profissionais.

Você está certo ao dizer que, anos atrás, as pessoas que investiam em falências eram duras e tempestuosas e gostavam de gritar e berrar. Nunca gritei, nunca. Naquela época, eu participava de reuniões de recuperação de credores, a maioria dos quais eram profissionais de bancos comerciais, uma vez que eram os maiores credores na época. De nada me adiantaria esbravejar e gritar. Eu estava focado em construir relacionamentos com eles para poder influenciar todos os envolvidos a concordar comigo sobre o que seria uma recuperação atraente. Eu agia da maneira que era natural para mim, ou seja, ser amigável e tentar cultivar relacionamentos. Isso ajudou no avanço das recuperações e também me ajudou nesse ínterim, pois os grandes credores tendiam a ser representados pelas mesmas pessoas das mesmas instituições financeiras.

DR: Você foi para a Faculdade de Direito da Universidade da Virgínia e depois foi exercer advocacia na O'Melveny & Myers em Los Angeles?

BK: Isso, e conheci minha esposa, Martha Lubin Karsh, com quem estou casado há quarenta e dois anos, na Faculdade de Direito da UVA. Ela estava um ano abaixo de mim. Depois de me formar na Faculdade de Direito da UVA em 1980, primeiro trabalhei como escrevente para o juiz Anthony M. Kennedy, quando ele atuou no Ninth Circuit Court of Appeals (Tribunal de Apelações do Nono Circuito), e depois entrei para a O'Melveny & Myers no outono de 1981. Exerci a advocacia na O'Melveny por cerca de três anos e meio.

DR: Como foi que acabou indo trabalhar para Eli Broad?

BK: Foi uma série fortuita de acontecimentos, na verdade. Richard Riordan, que tinha sido prefeito de Los Angeles na década de 1980, era um investidor de venture capital muito bem-sucedido e conhecido, profissional de buyouts e chefe de um escritório de advocacia homônimo chamado Riordan & McKinzie. Dick tentou me contratar e me tirar da O'Melveny para trabalhar no seu escritório de advocacia, mas recusei. O que eu não sabia é que ele era o melhor amigo de Eli Broad e mencionou meu nome a Eli como um jovem advogado brilhante. Eli então me ligou e me ofereceu para ser assistente do presidente da empresa dele, Kaufman and Broad, que na época era proprietária de algumas grandes seguradoras (a SunAmerica era a mais proeminente dentre elas) e da maior construtora residencial da Califórnia, a KB Homes. A oportunidade de trabalhar diretamente com Eli e expandir meus horizontes para muito além da advocacia foi boa demais para recusar.

DR: Você trabalhou para Eli por quantos anos?

BK: Trabalhei para Eli por dois anos e meio e me lembro com carinho daquela época. Eli era um investidor e empreendedor brilhante com quem aprendi muito. Sinto que, em essência, fiz meu mestrado em Administração só de observá-lo em ação e estar ao lado dele quase todos os dias durante esse período.

DR: E aí você decidiu seguir carreira com ativos depreciados?

BK: Sim, foi durante o tempo em que trabalhei para Eli que me deparei com o primeiro fundo de ativos depreciados já levantado. Era patrocinado por dois verdadeiros pioneiros no campo dos ativos depreciados, e ambos trabalhavam no Bear Stearns na época: Randy Smith e Basil Vasiliou. Eles estavam tentando levantar um fundo de 50 milhões de dólares, creio eu, e Eli me pediu para dar uma olhada no portfólio dele. Eu já estava familiarizado com ativos depreciados e ajudei as seguradoras de Eli a avaliarem a dívida e o patrimônio da Johns Manville, uma importante empresa de materiais de construção que entrou com pedido de falência por causa de um enorme litígio relacionado a amianto. Eu me lembro de analisar o fundo de Smith e Vasiliou e pensar que era uma atividade de investimento incomum e inovadora.

Então, recomendei a Eli, mas ele decidiu recusá-lo por vários motivos. No entanto, continuei pensando naquele fundo, ainda mais conforme a onda de buyouts alavancados da década de 1980 ficava cada vez mais ensandecida. Achei que um dia uma recessão viria à tona e criaria uma enxurrada de inadimplências e falências e uma oportunidade excepcional de investimento em ativos depreciados. Foi quando decidi abordar Howard para ele me ajudar a estabelecer um fundo de ativos depreciados na TCW. Ele gostou da ideia, assim como do meu pedigree e da minha experiência, e me contratou para isso.

DR: Isso foi sobre criar um fundo na TCW para comprar ativos depreciados? Você fez isso de 1987 até 1995?

BK: Fiz. Entrei para a TCW em 1987, a princípio ajudando, com o suporte de Howard, o grupo High Yield a lidar com seus créditos problemáticos "caseiros". Demoramos cerca de um ano para levantar o primeiro fundo de ativos depreciados em 1988 e, depois que o fundo foi criado, eu passava todo o meu tempo trabalhando nele e, mais tarde, nos fundos sucessores da TCW. Fiz isso até abril de 1995, quando fundamos a Oaktree Capital Management.

Um elemento fundamental na criação da Oaktree foi um acordo da TCW para continuar a permitir que os 2,6 bilhões de dólares em fundos de ativos depreciados que tínhamos estabelecido lá fossem subconsultados e administrados por nós enquanto trabalhávamos na nossa nova empresa, a Oaktree.

DR: Seu capital inicial para construir a Oaktree veio do compromisso que você tinha da TCW para financiar parte do seu negócio?

BK: De certa forma, sim, indiretamente. Capitalizamos a Oaktree com 10 milhões de dólares do nosso próprio dinheiro, e naquele primeiro ano, a nossa nova empresa teve um fluxo de caixa positivo, em grande medida por causa da credibilidade que tínhamos como o maior administrador de ativos depreciados do mundo graças àqueles ativos da TCW.

DR: Quando você fundou a Oaktree, quantas empresas se especializavam em investimentos em ativos depreciados?

BK: Quando comecei, em 1988, tratava-se de pequenos negócios. Havia apenas algumas empresas. A recessão em 1990-1992 e os incríveis retornos que conseguimos alcançar renderam mais investidores. Em 1995, quando fundamos a Oaktree, havia talvez dez a vinte empresas com alguma importância real.

DR: Quando um buyout é anunciado, você o analisa e diz: "Talvez eu devesse estar pronto para comprar os títulos quando eles começarem a afundar"? Ou você espera até que eles comecem a afundar antes de fazer alguma coisa?

BK: A segunda opção. Começamos a focar nos buyouts quando parece haver uma perspectiva real de inadimplência e/ou falência. A queda dos preços de negociação dos títulos dá esse sinal.

DR: É desconcertante que a sua tese de investimento dependa do fracasso de outra pessoa? É difícil manter amizades com as pessoas no mundo dos buyouts quando você vai comprar as dívidas delas com desconto?

BK: Nunca quero me vangloriar sobre o erro de alguém ou falar na imprensa sobre nossos retornos à custa de uma empresa de buyouts. Como você sabe, uma empresa de buyouts pode ter um ou dois investimentos fracassados e ainda assim gerar um resultado geral sólido para os investidores. Minha filosofia é que é um jogo longo, e tento manter boas relações com meus amigos no negócio de buyouts.

DR: Falando nisso, você não é tão conhecido quanto seu sócio, que é bem mais visível. Por que você decidiu não aparecer tanto?

BK: Primeiro, vou enfatizar que tenho um sócio incrivelmente talentoso em termos de se comunicar, tanto escrita quanto verbalmente, como você bem sabe. Faz todo sentido que Howard seja bem mais visível, e isso ajuda muito a Oaktree.

Segundo, eu nunca quis receber muita publicidade. É da minha personalidade preferir ficar fora dos holofotes. E me sinto feliz por ter um sócio que é ótimo com a imprensa, aparece na TV e fica contente em fazer isso, o que elimina a necessidade de eu ficar nos holofotes.

E, como mencionei antes, a razão inicial pela qual permaneci muito discreto era relacionada aos negócios. Quando comecei na TCW, o investimento em ativos depreciados era uma área nova, com alguma controvérsia atrelada a ela. Eu queria que os principais investidores endossassem o setor e sabia que eles não o fariam se houvesse disputas muito públicas, litígios ou, pior ainda, liquidações. Sempre tentamos evitar liquidações de empresas. O que Howard e eu diríamos às instituições tradicionais é: "Nós não criamos o problema, nós vamos resolver o problema. Vamos pegar dívidas que não deveriam ser dívidas e transformá-las de novo em patrimônio e restaurar empregos e restaurar a viabilidade das empresas." Essa é uma boa proposta, e de fato ajudou, no início, a trazer os planos de pensão corporativos e estaduais para nossos fundos como sócios investidores.

DR: Ajuda, nesse negócio, ser conhecido por estar disposto a ser litigioso?

BK: Na minha opinião, isso prejudica. Há poucos litígios muito valiosos em que já estivemos envolvidos. Sempre quis que a nossa empresa fosse conhecida como "os caras que fariam as pessoas se estabelecerem", porque eu achava que era bom para o retorno e para o desenvolvimento e crescimento do negócio. Existem alguns jogadores do mercado que se especializam em litígios. Pode funcionar para eles, mas não é um ótimo modelo de negócios, na minha opinião.

DR: Quais são as habilidades que você considera úteis para se tornar um investidor bem-sucedido em ativos depreciados? Inteligência, trabalhar com afinco, ser bom em fazer pesquisa, competências financeiras?

BK: Acho que é necessário tudo isso, porque no fundo somos value investors. Para ser um investidor bem-sucedido em ativos depreciados, é preciso ser impassível e contestador, porque seu objetivo é comprar no auge do medo e do pânico. Estou sempre em alerta para perceber os momentos nos quais o medo e o pânico estão presentes. Quase sempre é o ideal para comprar, e esses são os períodos de que mais gosto: aplicar o capital quando sinto que poucos outros investidores estão comprando e a maioria está vendendo. Depois da Crise Financeira Global em 2008, parecia que o mundo estava acabando. Um investidor poderia dizer: "Vou esperar, porque as coisas parecem muito incertas. Parece que o sistema financeiro está desmoronando." Na Oaktree, notamos vendas maciças causadas pelo pânico e, em vez disso, compramos mais de 5 bilhões de dólares em ativos depreciados durante as quatorze semanas entre o pedido de falência do Lehman Brothers e o fim do ano de 2008. É evidente que aquele foi o nosso momento: apenas não aparecem tantas oportunidades de compra excelentes assim. Desnecessário dizer que, quando os mercados se recuperaram, em 2009, foi um ano marcante para a Oaktree e nossos fundos Opportunities.

DR: Ao relembrar algumas das suas melhores transações, quais delas você mais se orgulha de ter feito?

BK: Não consigo escolher uma ou duas transações das quais sinto mais orgulho entre os mais de mil investimentos que fizemos, então, em vez de negócios individuais, eu diria que sinto mais orgulho do fato de termos escolhido os momentos certos nos ciclos econômicos e de ativos depreciados para levantar nossos maiores fundos. Como investimos os maiores recursos em momentos em que a oferta de ativos depreciados era mais abundante, esses fundos apresentam os maiores TIRs e MOICs entre todos os nossos fundos. Não acho que muitas outras empresas de investimento possam dizer o mesmo.

Nos últimos trinta e quatro anos, houve vários períodos em que a oferta de ativos depreciados não foi robusta. O segredo é tentar ter menos capital nesses momentos, além de ter reservas suficientes para quando as grandes oportunidades de compra aparecerem, e elas podem surgir apenas de cinco em cinco anos ou mais. Tenho orgulho de termos dimensionado bem nossos fundos para atender às oportunidades que se apresentavam.

E, como fizemos um trabalho superior no dimensionamento dos fundos, isso com certeza teve um impacto positivo no nosso histórico geral. Depois de trinta e quatro anos de investimentos, nossa TIR bruta é de 22% ao ano, e isso sem a ajuda da alavancagem. Outra fonte de orgulho é o que chamamos de nossa "média de rebatidas". No fim de 2021, tínhamos investido 53,4 bilhões de dólares em capital e gerado 42,3 bilhões de dólares em ganhos, dos quais 33,6 bilhões de dólares foram realizados. Ao mesmo tempo, as perdas com esse capital foram de apenas 4,5 bilhões de dólares, com apenas 2,7 bilhões de dólares realizados.

DR: Ninguém no mundo dos investimentos é bem-sucedido em todas as negociações. Você deve ter tido uma ou duas que não deram certo. Ao analisá-las em retrospectiva, qual foi o erro que cometeu?

BK: É claro que cometi minha cota de erros nos últimos trinta e quatro anos. Eu diria que o setor industrial que mais contribuiu para as nossas perdas foi o transporte marítimo de granéis sólidos. Investi nesse setor em um momento que eu considerava perfeito: em 2012-2013, quando as taxas diárias estavam chegando ao pior momento no mundo do transporte marítimo. Tudo parecia estar alinhado, pois a economia global estava se recuperando da Crise Financeira Global e as taxas diárias historicamente baixas estavam subindo com vontade. Começamos comprando navios em níveis historicamente baixos e nos associamos a um operador grego de muito sucesso que investiu conosco.

Então, em 2015, a China decidiu desacelerar as compras de minério de ferro e carvão. O país, sendo o maior cliente no transporte marítimo de granéis sólidos, teve um grande impacto no mercado. Quando eles começaram a recuar, as taxas apenas entraram em colapso. Achei que a construção de novos barcos também enfrentaria uma crise e a área logo voltaria ao equilíbrio em termos de oferta e demanda.

O que não percebi é que as entidades que fabricam navios são basicamente controladas pelo Estado e não se importam com as taxas. Elas fazem barcos, em grande medida, para criar empregos, então somente continuavam fazendo barcos, e isso prolongava a parte inferior do ciclo. Aquilo foi uma espécie de experiência de aprendizado, e hoje somos mais cuidadosos ao pensar no impacto potencial dos governos em setores com envolvimento governamental significativo.

Só agora, depois de seis anos, é que por fim começamos a ter um desequilíbrio de demanda em relação à oferta. Conforme a demanda global se recuperou da pandemia e as cadeias de suprimentos foram reiniciadas, os navios graneleiros estão em grande demanda. Recuperamos há pouco tempo grande parte das perdas não realizadas porque a economia está em alta e as taxas diárias aumentaram de modo significativo, mas ainda temos muito a percorrer para atingir o ponto de equilíbrio.

DR: Como você disfarça quando está comprando dívidas, se é que o faz, para evitar que o preço de mercado suba até a compra ser concluída?

BK: Ao longo dos anos, desenvolvemos relacionamentos incrivelmente firmes com algumas empresas de Wall Street, e elas hesitam em desistir de nós. Somos um dos maiores pagadores de taxas para muitas mesas de negociação de Wall Street, porque em geral fazemos muitas negociações na Oaktree. Nunca tivemos problemas para obter a nossa parte de qualquer coisa que queremos. Os outros investidores acabam ouvindo o que estamos comprando e às vezes acompanham? Sim. Faz parte do jogo.

DR: Você vê uma onda de oportunidades de ativos depreciados surgindo no próximo ano, mais ou menos, conforme a economia desacelera e o estímulo diminui?

BK: Há uma enorme quantidade de dívidas corporativas abaixo do grau de investimento por aí. Os mercados de títulos de alto rendimento e empréstimos alavancados estão nos níveis mais altos de todos os tempos, e a dívida privada disparou em termos de volume e popularidade. Na Oaktree, chamamos isso de empilhar as toras. Está tudo empilhado e formando uma pilha muito alta.

O problema é notar uma faísca que vai acender a fogueira. Eu não vejo essa faísca. A economia está forte demais. Não vejo a inadimplência em níveis que seriam interessantes no próximo ano ou dois.

Não estou esperando muita coisa no lado da dívida corporativa nos Estados Unidos, a menos que alguma coisa exógena surja do nada. Não previ a pandemia, mas ela criou uma excelente oportunidade de compra para nós. E, é óbvio, sempre há uma chance de que o Federal Reserve dos Estados Unidos fique tão preocupado com a crescente ameaça inflacionária que endureça as condições financeiras a um nível que provoque a próxima recessão... e uma oportunidade de compra de ativos depreciados.

DR: Você recomenda esta área de investimento a jovens profissionais? Qual é o grande prazer de investir em ativos depreciados?

BK: Cinco ou dez anos atrás, filhos de amigos me procuraram e disseram que queriam trabalhar em Wall Street. Perguntaram sobre ativos depreciados e outras áreas, e falei: "Eu dispensaria Wall Street e iria para o Vale do Silício." É lá que todas as coisas empolgantes estão acontecendo e, se a pessoa tiver as competências certas, é lá que deveria estar. Se quiser trabalhar em Wall Street, eu sugeriria private equity. Os ativos depreciados são intelectualmente desafiadores e empolgantes, mas são muito cíclicos, e há momentos em que a pessoa só precisa ser paciente e tentar não fazer nenhuma burrice, o que não é fácil para todo mundo.

Venture capital

MARC ANDREESSEN

Cofundador e sócio geral da Andreessen Horowitz; cocriador do navegador de internet Mosaic; cofundador da Netscape

> *"É fundamentalmente um jogo de desajustados. O dinheiro é ganho com os desvios da norma."*

Hoje é bem comum investidores fornecerem recursos para novas empresas cujos fundadores talvez tenham um novo conceito ou uma nova tecnologia. Os investidores que fornecem fundos na formação de uma empresa (antes que haja escritórios, clientes ou muitos funcionários) costumam ser chamados de "investidores anjo". Os investidores que fornecem recursos quando uma empresa tem mais que um mero conceito na mente do empreendedor costumam ser chamados de "investidores de risco" ou "investidores de venture capital".

Nos últimos anos, conforme o boom da tecnologia transformou a nossa vida, empreendedores como Bill Gates, Steve Jobs, Jeff Bezos, Larry Page e Sergey Brin, Mark Zuckerberg e Elon Musk se tornaram nomes conhecidos. Seus produtos e serviços são onipresentes e transformadores. Investidores anjo e de venture capital também se tornaram, na comunidade de investimentos e além, termos conhecidos, em parte por causa da sua sagacidade em ver valor em startups e em levá-las a IPOs, e em parte, também, devido à sua extraordinária riqueza. (O investimento em venture capital provou ser tão lucrativo para os principais investidores de risco, que em geral conseguem uma participação nos lucros de 20 a 30%, que agora eles ocupam a lista da Forbes 400 ao lado dos principais empreendedores.)

Nem sempre foi assim. Nos primeiros estágios do venture capital, nas décadas de 1950 e 1960, o conceito de financiar novas empresas (startups) do zero era considerado muito arriscado, e havia poucos indivíduos dispostos a considerar essa ideia.

Na década de 1990, James Clark, fundador da Silicon Graphics e uma lenda no mundo da tecnologia, foi ao escritório do Carlyle em busca de venture capital para uma empresa que planejava lançar com Marc Andreessen, recém-formado na faculdade. Pelo visto, enquanto estava na faculdade, Marc ajudara a desenvolver um jeito de navegar na internet, e a nova empresa ia comercializar esse método de algumas maneiras que ainda não eram evidentes para mim e para meus sócios.

Pelo que me lembro, primeiro quisemos entender o que era a internet e depois perguntamos por que alguém ia querer navegar nela. Quando superamos essa parte, nos concentramos na nossa maior área de conhecimento: o custo de participação. O valuation dessa nova empresa sem receita alguma era de mais de 100 milhões de dólares.

Sendo os investidores brilhantes que éramos, é evidente que dissemos que se tratava de um valuation ridículo para uma startup completamente nova. E assim dispensamos o investimento. (Repetimos a negativa quando eles retornaram com um valuation abaixo de 100 milhões de dólares.)

Essa empresa era a Netscape. Mais tarde, ela foi vendida para a AOL por 4,2 bilhões de dólares, e Marc se tornou o diretor de tecnologia da AOL. Eu bem que gostaria de ter sabido, no nosso primeiro encontro, até que ponto Marc era um mago da tecnologia... ou até que ponto ele se tornaria um mago dos investimentos de venture capital.

Depois de deixar a AOL, Marc criou, com Ben Horowitz, mais uma empresa de tecnologia, a Opsware, que seria vendida para a Hewlett-Packard por 1,6 bilhão de dólares. Ele então se tornou um investidor anjo muito ativo no Vale do Silício, investindo em empresas como Twitter e LinkedIn. Em 2009, Marc fundou a Andreessen Horowitz para aprimorar seus investimentos em venture capital e oferecer às pessoas a chance de investir ao lado dele e de seu sócio. (Tendo aprendido com nosso erro anterior, avisei a Marc logo no início que o Carlyle ficaria feliz em comprar uma pequena participação minoritária na sua empresa, mas ele respondeu educadamente que já tinha capital mais que suficiente para colocá-la em funcionamento. Teria sido um ótimo investimento.)

A Andreessen Horowitz emergiu, nos últimos anos, como uma das principais empresas de venture capital do país, com enormes sucessos em negócios como Lyft, Airbnb, Stripe, Groupon e Zynga, e tem sido especialmente presciente em investimentos precoces em tecnologia blockchain e criptomoedas. A Coinbase foi um investimento de extremo sucesso para a empresa no valuation do IPO, talvez, no papel, seu investimento mais lucrativo. (O valor da Coinbase e de outras empresas relacionadas à cripto tiveram uma grande queda na correção tecnológica de meados de 2022.)

Além dos sucessos de investimento, Marc também se tornou um líder no mundo do venture capital como comentarista e escritor sobre tecnologia e seus benefícios para a sociedade. Na verdade, por meio de escritos e discursos, ele é uma figura muito mais pública que muitos dos outros principais investidores de venture capital, com certeza na área do Vale do Silício. Como resultado, ele é um dos indivíduos mais influentes e impactantes nesse mundo.

Entrevistei Marc pessoalmente para o meu programa *Bloomberg Wealth* em 22 de junho de 2021, em seu escritório em Menlo Park, Califórnia. Falamos do cenário de risco e foi fácil ver, de novo e de perto, por que ele se tornou uma potência em venture capital e tecnologia.

DAVID M. RUBENSTEIN (DR): O mundo de venture capital está passando por um boom. Nunca vi algo assim. Os investidores de venture capital ficaram mais inteligentes? Por que lucros tão incríveis estão sendo realizados agora?

MARC ANDREESSEN (MA): Uma possibilidade é que todos nós nos empolgamos de novo, como foi o caso no fim da década de 1990, e as coisas estão muito quentes.

A outra possibilidade é que a nossa sociedade esteja passando por uma verdadeira transformação tecnológica. Isso já estava em andamento antes da Covid-19, e é válido dizer que a pandemia acelerou essa transformação. Muitos negócios digitais aceleraram por causa da Covid, e parece que o mundo vai mudar de maneiras bem fundamentais quando sairmos da pandemia. Nesse caso, há essas novas empresas de tecnologia conduzindo a mudança e percebendo os benefícios.

DR: Antigamente, os investidores de venture capital lucravam em talvez 10% das negociações e perdiam dinheiro em 90%. Você parece ganhar com tudo. Alguma coisa ainda fracassa?

MA: Assumimos um compromisso com nossos investidores no início, quando criamos nosso fundo. Declarei: "Olha, estamos tentando chegar à Lua. De vez em quando, vamos ter foguetes explodindo na plataforma de lançamento e abrindo uma grande cratera no solo."

O layout estatístico do venture capital de alto nível, se observarmos seus cinquenta anos de história, é de cerca de 50/50 de sucesso. Em suma, 50% das empresas ganham dinheiro e 50% das empresas perdem.

DR: Antes, em um negócio muito bem-sucedido, os investidores de venture capital acabavam ganhando quatro, dez, quinze vezes o dinheiro investido. Agora, em alguns casos, você pode ganhar quinhentas vezes o dinheiro investido. Por exemplo, um negócio que a sua empresa fez, a Coinbase, parece ser um dos negócios de risco mais bem-sucedidos de todos os tempos. [A Coinbase abriu seu capital em 14 de abril de 2021 e chegou, no mesmo dia, a um valor de mais de 100 bilhões de dólares; de lá para cá, desceu para 15 bilhões de dólares em 1º de junho de 2022.] Isso era óbvio para você quando fez o investimento inicial?

MA: Sempre que fazemos o investimento, temos 100% de confiança de que será uma grande empresa. Muitas vezes erramos. Há diversas reviravoltas pelo caminho. Grande parte disso é a competência e a capacidade dos fundadores e do CEO da empresa. Eles merecem 99% do crédito quando dá certo.

DR: O que é um investimento Série A?

MA: Série A em geral significa o primeiro dinheiro institucional. É como o primeiro passo para ser um negócio sério com um investidor líder sério, com um conselho de administração sério, com uma quantia séria. Há um compromisso real sendo feito por todos ao redor da mesa de que muito tempo e esforço vão ser dedicados para a coisa funcionar.

DR: Quando uma empresa como a sua faz uma rodada da Série A, você espera fazer uma Série B e uma Série C, e depois abre o capital?

MA: Nosso objetivo, sempre que apoiamos empresas, é que elas se tornem instituições duradouras, resistentes, independentes e autônomas. Isso costuma resultar na abertura do capital em algum momento. Às vezes, elas abrem o capital depois de duas ou três rodadas de financiamento. Às vezes, hoje em dia, elas continuam privadas por mais tempo e fazem cinco, seis ou sete rodadas de financiamento privado. Os retornos ficaram maiores. As vitórias ficaram maiores. Os mercados ficaram maiores. Atualmente, temos 5 bilhões de pessoas no planeta com smartphones conectados em rede. Empresas que têm apelo de massa podem ficar muito grandes.

Leva muito tempo para chegar a esse tamanho. É preciso muito dinheiro para ficar tão grande. Mas temos empresas de tecnologia que valem mais de 1 trilhão de dólares, o que era inconcebível quando comecei no setor. Algumas delas acabam levantando muito mais dinheiro que as normas históricas sugeririam e permanecem privadas por mais tempo.

DR: Parece que todos os grandes negócios estão saindo do Vale do Silício. E quanto a Austin, Boston, Nova York? O Vale do Silício está tão à frente que ninguém consegue alcançá-lo?

MA: Antes da Covid-19, o Vale do Silício tinha um atrativo poderoso, em especial na parte de talentos. Para onde vai o recém-formado de MIT, Stanford ou Berkeley que quer botar a mão na massa e deseja estar nas melhores empresas, com as melhores pessoas? Historicamente, a maioria desses graduados iria para o Vale do Silício. Da mesma maneira, se alguém quiser ser cineasta, vai para Los Angeles ou, se quiser ser um gestor de hedge funds, vai para Nova York. É esse conceito de cidade de grandes estrelas.

No mundo pós-Covid-19, parece que isso está mudando de maneira drástica, porque todos nós nos acostumamos muito mais com a ideia de trabalho remoto e empresas distribuídas. Então se vê muito mais atividade acontecendo fora do Vale.

É possível que haja um novo Vale do Silício em Austin ou Miami ou qualquer outro lugar. Também é possível que o Vale do Silício apenas seja transferido para a nuvem. É possível que essas empresas passem a funcionar on-line. Talvez funcionem sem uma localização central. A Coinbase acaba de abrir o capital sem ter um endereço de sede.

DR: A Covid-19 mudou a maneira como as pessoas veem as negociações de venture capital porque é possível fazer muitas coisas de forma remota?

MA: Estamos no início de um grande experimento, vendo até onde podemos levar essa ideia de trabalho remoto. Os CEOs têm muitas visões diferentes sobre se o trabalho remoto funciona bem. Há CEOs como Reed Hastings e Tim Cook que desdenham disso e acham que todos deveriam voltar ao escritório. Há muitos outros CEOs, em particular os mais jovens, que dizem: "Não, isso é ótimo. Não vamos exigir que todos venham para San Francisco. Vamos aproveitar todo esse talento espalhado pelo mundo e fazer com que essas empresas funcionem virtualmente."

Temos todas essas ferramentas. Temos videoconferência e Slack e agora temos muitos recursos incríveis. Nós construímos a internet. Talvez seja hora de as empresas passarem para o on-line.

DR: E a China e a Índia? Elas são grandes rivais em potencial do Vale do Silício ou não vão conseguir competir com o que você faz?

MA: A China tem sido muito impressionante nos últimos vinte anos. Como qualquer um, eles têm seus próprios desafios. Também não têm um sistema perfeito. A Índia possui várias empresas que estão indo muito bem ou crescendo. Os dois países têm ecossistemas vibrantes com muitas pessoas muito talentosas.

DR: Você investe lá?

MA: Não investimos muito lá. Essa é mais uma coisa pré-Covid/pós-Covid. Historicamente, vemos o venture capital como uma espécie de negócio artesanal onde você está envolvido com pessoas que passa a conhecer bem e com quem faz parceria por muito tempo.

No passado, estávamos apreensivos de tentar fazer isso de modo remoto. Neste novo mundo, temos que revisitar essa hipótese, porque talvez o remoto seja o padrão. Essa é uma das grandes questões em aberto sobre como todo esse setor vai funcionar.

DR: Vamos supor que um empreendedor diga: "Li sobre a Andreessen Horowitz. Gostaria que eles apoiassem a minha empresa." Como alguém consegue o apoio de vocês? A pessoa liga para vocês? Bate na sua porta? Manda um e-mail?

MA: É um negócio que depende de pessoas. É um negócio de profunda conexão pessoal. Um investimento de venture capital é a coisa mais próxima de um casamento que não é um casamento, pois é um relacionamento de dez, quinze ou vinte anos. Somos o tipo de pessoa com quem eles gostariam de ter uma parceria durante uma década e vice-versa?

Em geral, começa com uma apresentação calorosa. É um jeito de estabelecer uma conexão pessoal e que envolve pessoas dando sua palavra quanto ao caráter das outras.

DR: Suponha que alguém seja um ótimo empreendedor no papel, mas nunca colocou nada em prática. Qual é a probabilidade de você apoiar alguém que nunca fez um negócio?

MA: Se eles nunca fundaram uma empresa e apenas têm um plano, é improvável que consigam levantar venture capital de alto nível. No entanto, de vez em quando, aparece alguém que nunca fez isso, mas já fez o produto. O exemplo clássico seria o Facebook. Mark Zuckerberg já tinha feito o Facebook em Harvard quando criou a empresa. Eu já tinha feito o navegador Mosaic quando criei a Netscape. Os caras do Google tinham feito o mecanismo de busca do Google em Stanford.

Se a pessoa já fez o produto, possui um cartão de visita para poder arrecadar dinheiro, porque já tem algo real. A melhor coisa a fazer como fundador iniciante é criar um produto. Agora, há uma questão aí do ovo e da galinha. Você pode precisar de dinheiro para construir o produto, e é aí que as pessoas ficam em um beco sem saída.

DR: A Andreessen Horowitz compete com muitas outras empresas bem estabelecidas no Vale do Silício. Você diz: "Não quero entrar se a Sequoia entrar"? Ou não se importa de estar na mesma transação com os concorrentes?

MA: Acabamos cooperando muito mais que competindo. Adoramos competir. Nós gostamos de verdade da briga. Mas acabamos cooperando, porque depende muito dos fundadores. Os bons fundadores escolhem seus investidores. Podem nos escolher para uma rodada. Podem optar por outra empresa de venture capital para outra rodada. Você acaba dividindo a mesa com os outros a maior parte do tempo, trabalhando juntos.

DR: Como você avalia que tipo de rentabilidade deseja para decidir quanto vai colocar e quando vai fazer isso?

MA: Fazemos um pouco de modelagem quantitativa, ainda mais em estágios avançados. Nós nos perguntamos: essa é a semente de alguma coisa que pode se tornar muito importante e muito grande? Na maioria das vezes em que a resposta é positiva, acaba-se ganhando muito dinheiro.

Nós nos concentramos muito nesse conceito de importância. As pessoas vão achar inconcebível viver sem esse produto? Se for o caso, fica fácil criar a planilha. Se não for, não entramos na negociação.

DR: Vamos supor que alguém aparece e faz uma apresentação da qual você, fundador da empresa, gosta muito. Você pode ser derrotado pelos seus colegas ou não?

MA: Executamos o que chamamos de sistema único de pressionar o gatilho. Cada sócio geral da empresa (temos cerca de 22 agora) tem um orçamento de investimento. E cada um pode tomar uma decisão de investimento sem levar à votação. Muitas das melhores ideias de startups não se encaixam nas caixinhas preexistentes. Se houver um processo de discussão em comitê, você acabará sendo convencido a abandonar alguns dos melhores negócios.

DR: Se uma pessoa disser: "Quero que você faça isso" e você responder: "Não quero fazer isso", ela pode ir até os seus sócios e dizer: "Marc não gostou, mas pode ser que você goste"?

MA: Sim, ela pode fazer isso. Nosso modelo básico é que o sócio geral que está mais próximo do domínio, que entende melhor daquele setor do mercado, deve tomar essa decisão. Às vezes um sócio não gosta, outro sócio gosta e decide investir. Nós conversamos muito. De vez em quando, os empreendedores tentam nos dar uma volta.

DR: É como uma criança com o pai e a mãe. Eles vão perguntar para um e depois para o outro.

MA: De vez em quando. A gente percebe quando isso acontece.

DR: Vamos supor que você receba uma proposta e perceba nela traços de outra empresa. Você diz: "Seu plano foi rejeitado por outra empresa. Não estamos interessados"?

MA: Não necessariamente. Cada empresa de venture capital de alto nível tem seus limites. Ela tem seu conjunto de critérios para decidir se uma negociação deve ou não ser feita. As empresas de venture capital de primeira linha, como um grupo, têm uma espécie de limite coletivo. Uma empresa de venture capital de primeira linha vai financiar essa empresa ou não?

Depois de estar no mercado por um tempo, você passa a ter uma sensação de "Ok, isso vai ser financiado por uma empresa de venture capital de alto nível" ou não vai.

Se for financiado por uma empresa de venture capital de alto nível e se a minha empresa não achar que é uma boa ideia, é de se perguntar quem está certo. As outras empresas são bem inteligentes. Essa é uma das discussões frequentes que temos. Se outra dessas empresas de alto nível estiver interessada na proposta, isso pode ser um sinal positivo substancial. Se outras analisaram e todas dispensaram, pode ser um sinal negativo substancial. Algumas das melhores negociações da história foram dispensadas por muita gente. A Uber foi dispensada por um grande número de empresas de venture capital.

De vez em quando, aparecem uns pontos fora da curva. É fundamentalmente um jogo de desajustados. O dinheiro é ganho com os desvios da norma. É preciso ter a mente aberta e ser humilde em relação às suas conclusões sobre o significado de todos esses diferentes sinais.

DR: Para quem não é especialista, o que é um investidor anjo de venture capital?

MA: Em geral, um anjo significa um indivíduo com seu talão de cheques pessoal, em comparação com um investidor institucional de venture capital clássico que levanta dinheiro de investidores externos.

DR: Você trabalha com investimento anjo na empresa e também com growth capital. Pode explicar o que é o segundo?

MA: Growth capital é financiar empresas em seus estágios posteriores de desenvolvimento; quando o produto está funcionando, a empresa está funcionando e o esforço no momento é crescer. Normalmente, isso significa uma grande expansão para o go-to-market. Significa contratar uma grande força de vendas, elaborar grandes campanhas de marketing ou expandir as operações internacionais quando você sabe que a empresa vai funcionar. O growth capital substitui o que costumava ser chamado de early IPO.

DR: A teoria era que, depois de uma Série A, uma Série B e talvez uma Série C, haveria uma abertura de capital. Esse era o Santo Graal. Mas, agora, algumas empresas não querem abrir o capital por muitos anos. Algumas, como a Stripe, ainda não fizeram isso. Ela tem um valor de mercado de capital fechado de 95 bilhões de dólares (nas últimas rodadas de venture capital), mas ainda não abriu o capital. Por que algumas pessoas não querem dar esse passo?

MA: O mercado de capital aberto é complexo e pode ser um ambiente hostil. Com o tempo, ele se tornou cada vez mais de curto prazo por natureza. O investidor marginal no mercado de capital aberto está interessado no desempenho de curto prazo. Portanto, é possível acabar com um cronograma muito espremido como uma empresa de capital aberto, na qual as pessoas cobram o que será feito no trimestre ou no ano. Alguns desses empreendedores mais agressivos, que têm uma visão de dez ou vinte anos, querem mais flexibilidade na forma como constroem seus negócios.

DR: Como é que você e seus sócios mantêm o fluxo de negociações?

MA: Boa parte vem de relacionamentos pessoais, essa rede estendida de pessoas que estão nessa área, que conhecemos há muito tempo.

Temos uma grande operação de mídia na nossa empresa. Acabamos de lançar um novo site chamado Future, que basicamente é dedicado a todas essas ideias. Fazemos muitas entrevistas. Muitos podcasts. Muitos vídeos. Apresentamos uma visão positiva e construtiva sobre o futuro da indústria de tecnologia e como o empreendedorismo se encaixa nela, e isso tende a atrair empreendedores.

DR: Você escreveu um artigo recente sobre como a tecnologia é uma coisa pela qual devemos ser mais gratos e que, pelo menos em Washington, nós costumamos criticar empresas de tecnologia. Seu artigo diz: "Veja todas as coisas maravilhosas que aconteceram no setor de tecnologia durante a Covid-19, incluindo a vacina." Pode elaborar isso?

MA: A pandemia de Covid-19 foi extraordinariamente desafiadora e traumática para um grande número de pessoas. A Covid é ruim, e não estou fingindo o contrário.

A expectativa era de que fosse levar cinco anos para que nos recuperássemos. Haveria danos econômicos profundos, com potencial para uma nova Grande Depressão.

Aqui estamos, dezoito meses mais tarde, superando tudo. Grande parte disso se deve às vacinas. A mais usada nos Estados Unidos é a da Moderna. A Moderna é uma clássica startup de biotecnologia norte-americana, com uma tecnologia chamada mRNA, uma tecnologia que trouxe enorme avanço. Em geral, são necessários cinco, dez ou vinte anos para desenvolver uma nova vacina, e eles conseguiram fazer isso em dois dias. Esse é um exemplo do tipo de inovação revolucionária que está saindo do ecossistema que temos nos Estados Unidos.

Também ressalto o papel que a internet desempenhou. Imagine passar pela Covid-19 sem internet. Imagine enfrentá-la sem o Zoom, o Slack, o WhatsApp e todas essas novas tecnologias. Embora a experiência de passar pela pandemia tenha sido ruim, não foi tão ruim quanto seria sem a tecnologia moderna.

DR: Um famoso economista, Herb Stein, disse certa vez: "Se uma coisa não pode durar para sempre, ela vai acabar." Você tem alguma preocupação de que, pelo fato de que a economia pode enfraquecer em algum momento se as taxas de juros aumentarem ou apenas pelo ciclo dos negócios, o maravilhoso mundo do venture capital vai desacelerar?

MA: É um negócio cíclico. Tem uma história de ciclos de expansão/queda, assim como qualquer outro setor da economia. Não temos um ótimo histórico de prever esses ciclos no nosso setor.

A maior parte do sucesso ou fracasso no desempenho é micro, não macro, ou seja, baseia-se no sucesso ou no fracasso de empresas individuais. Se observarmos a história do venture capital e das startups, muitas das melhores empresas foram criadas durante os períodos quentes. Mas muitas outras também foram criadas durante os períodos frios.

É possível que haja a aproximação de um ciclo de expansão e queda. Nosso plano para ele seria continuar trabalhando com as empresas existentes, continuar investindo em novas empresas o tempo todo e apostar nessas mudanças de nível micro, fundamentais, tecnológicas e econômicas que continuam acontecendo.

DR: Às vezes, as pessoas dizem que os investidores de venture capital do Vale do Silício têm egos grandes e pensam que são os donos do universo. Você não observou isso?

MA: De jeito nenhum. Não tenho a menor ideia do que eles estão falando.

DR: Vamos falar sobre o seu passado. Você não veio da Costa Oeste nem da Costa Leste. Você veio do centro do país.

MA: Isso. Nos últimos anos, descobri que sou um arquétipo. Philo Farnsworth, inventor da televisão, era um cara como eu, que cresceu no Meio-Oeste. Somos "cientistas malucos" que acabaram indo para o litoral. Robert Noyce, fundador da Intel e pai da indústria de semicondutores, foi outro. Encorajo as pessoas a lerem sobre Bob Noyce e como ele cresceu nos campos de milho em Iowa, consertando tratores, e depois levou esse espírito para o que acabou se transformando em semicondutores. Então sou um exemplo disso.

DR: Você era gamer? Já produziu algum videogame? O que fazia quando era criança?

MA: Eu era criança quando o computador pessoal foi lançado. Naquela época, você tinha computadores pessoais caros, como o IBM PC, caros demais para minha família. Mas havia alguns PCs de consumo. Lembra da empresa Radio Shack? Eles vendiam computadores que custavam 200 ou 300 dólares, na época. Eram computadores de verdade. Dava para programá-los e fazer jogos. Eram poderosos o suficiente para construir softwares, mas também simples o suficiente para você conseguir entender a máquina inteira. Esse foi um momento importante na história do setor, e aconteceu de eu estar lá na hora certa.

DR: Às vezes, os principais investidores de venture capital ou pessoal de tecnologia vão para Stanford, MIT, Harvard ou universidades equivalentes. Você foi para uma universidade muito boa que não era tão famosa quanto essas, mas tinha uma ótima área de tecnologia em computadores. É isso? A Universidade de Illinois.

MA: A universidade tinha uma coisa muito especial. Era uma das quatro universidades da época chamadas de National Supercomputer Centers (Centros Nacionais de Supercomputadores). A National Science Foundation (Fundação Nacional de Ciências) decidiu basicamente financiar computadores de última geração em quatro grandes universidades nos Estados Unidos. Isso também significava redes de última geração. Naquela época, o que hoje é conhecido como internet era conhecido como NSF Net. Isso foi nas décadas de 1980 e 1990. Illinois foi um dos hubs da NSF Net, o que fez a cidade ser um dos hubs da internet. Então, acabou sendo um ótimo lugar para o tipo de trabalho que faço.

DR: Você desenvolveu uma coisa chamada Mosaic. Era uma forma de navegar na internet. Lembro que você foi ao meu escritório quando jovem e estava tentando nos convencer a investir em algo que tiraria vantagem comercial do sistema Mosaic. A Netscape era a empresa que estava criando. Você disse que ajudaria as pessoas a navegar na internet. Eu me lembro de perguntarmos: "O que é a internet? E por que precisamos navegar nela, afinal?" Optamos por não investir. Esse foi o nosso grande erro. Como foi que você conheceu Jim Clark [cientista da computação e empreendedor de Stanford], e como construiu a Netscape?

MA: Naquela época, havia a certeza de que não se ganharia dinheiro com a internet. Até 1993, devido à maneira como a internet era financiada pelos contribuintes, era ilegal fazer negócios on-line. A ideia maluca na época era que havia a possibilidade de poder construir empresas on-line. Era um conceito novo e radical quando começamos a fazer isso. Jim foi um fundador lendário no Vale do Silício. Ele fundou aquela que na época era considerada a melhor empresa do Vale do Silício, chamada Silicon Graphics. Eles fizeram a tecnologia gráfica que criou filmes como *Jurassic Park: Parque dos dinossauros* e *O exterminador do futuro 2: O julgamento final*.

Ele tinha deixado a empresa em que trabalhava e, na tradição consagrada do Vale do Silício, decidiu abrir uma nova. Conhecia muitas pessoas incrivelmente inteligentes, mas tinha um acordo de não solicitação com a empresa anterior. Ele literalmente precisava de gente nova para começar uma empresa. Um cara com quem ele trabalhava sabia que eu tinha acabado de me mudar para o Vale e nos apresentou.

DR: A Netscape cresceu e acabou sendo comprada por 4,2 bilhões de dólares pela AOL. Você se tornou diretor de tecnologia da AOL e se mudou para Washington, DC. No fim, voltou para a Costa Oeste para construir uma empresa chamada Opsware. Por que você deixou a AOL depois que a empresa que criou foi vendida para eles? E por que voltou para o Vale do Silício?

MA: É a febre do empreendedorismo. Grandes empresas são fantásticas. Grandes empresas fazem a maioria das grandes coisas do mundo. Elas fornecem a maioria dos produtos e serviços que as pessoas usam. Mas a personalidade do empreendedor tende a se perguntar: "Qual é a próxima nova ideia?" Um grupo de colegas e eu decidimos que era hora de tentar algo novo.

DR: Você voltou. Criou a empresa chamada Opsware com Ben Horowitz. E acabou vendendo-a para a Hewlett-Packard por 1,6 bilhão de dólares. Depois pensou: "Por que não pego um pouco do dinheiro e faço um investimento anjo?"

MA: Isso mesmo.

DR: Algumas das empresas em que você investiu como anjo eram tipo o Facebook?

MA: No Facebook eu me envolvi como diretor. Mas, no LinkedIn, no Twitter e em todas as outras empresas do tipo, sim.

DR: Você ficava sentado em uma Starbucks e, quando encontrava com alguém, dizia: "Está bem, vou lhe dar 50 mil dólares, 100 mil dólares"? Como foi que você decidiu em quais empresas queria investir como anjo?

MA: Foi basicamente trabalhando com toda a rede de conhecidos. Naquela época, não havia tantos investidores anjos. Havia talvez meia dúzia. Não era um universo tão grande. A tecnologia estava muito fora de moda. Isso foi em 2003-2007, mais ou menos.

DR: No fim, você decidiu fazer disso um negócio e abriu uma empresa chamada Andreessen Horowitz. Quem é o sr. Horowitz?

MA: Um amigo e sócio de longa data. Ele era basicamente o nosso melhor jovem executivo na Netscape. Se a Netscape tivesse continuado independente, acho que ele teria sido o CEO.

DR: Você começou essa empresa em que ano?

MA: Em 2009.

DR: Quanto dinheiro você administra agora?

MA: Cerca de 18 bilhões de dólares.

DR: E quantos profissionais você tem que estão procurando transações ou fechando negociações?

MA: A equipe de negociação deve ter umas sessenta pessoas, no total.

DR: Depois que seu pessoal aprova uma negociação, elas lhe avisam que fecharam o negócio?

MA: Tudo é discutido. Temos diferentes equipes verticais que saem e trabalham em várias categorias diferentes. Ben e eu estamos em todas as equipes verticais, então estamos envolvidos em tudo.

DR: O Vale do Silício precisava mesmo de mais uma empresa de venture capital? O que você ia fazer que era considerado diferente?

MA: Achamos que o Vale precisava, sim, com base na nossa experiência como empreendedores. Tínhamos trabalhado com alguns grandes investidores de venture capital. Sempre sentimos falta de: "Quem são as pessoas com quem podemos trabalhar que já fizeram isso antes? Quem fundou e administrou uma empresa? Quem de fato entende a natureza total dessa jornada empreendedora?"

Existem muitas ótimas empresas de venture capital. Em geral, foram fundadas nas décadas de 1960, 1970 ou 1980 por ex-empreendedores ou operadores, mas, ao longo dos anos, passaram a ser administradas quase como bancos de investimento. Achamos que era hora de voltar às origens e construir uma empresa com fundadores que entendessem o processo mais a fundo.

DR: Hoje, quando está negociando, você tem mais confiança na sua capacidade de avaliar o que vai funcionar do que dez anos atrás?

MA: Temos mais confiança na nossa capacidade de construir o portfólio. Tenho muita confiança agora na nossa capacidade de montar um portfólio de vinte, trinta ou quarenta empresas que, juntas, representam o que é o venture capital de primeira linha nesta era.

Quais delas serão as que vão funcionar? Não sei. Qual será o ciclo? Vai ser um ciclo de alta ou de baixa? Também não sei. Muita coisa é desconhecida no processo. Acho que isso nunca desaparece.

DR: Como você sabe o que é uma boa empresa de venture capital e como entrar em uma delas como investidor?

MA: Em geral, são aquelas em que não se consegue entrar. As empresas de venture capital abertas para receber dinheiro externo costumam ser aquelas nas quais você não quer investir.

Existe uma plataforma para pessoas que querem aprender que vale a pena ver. Não dá para investir em nós através dessa plataforma, então é só uma observação do setor. Ela se chama AngelList, na qual investidores anjos podem receber dinheiro de pessoas que desejam acompanhar suas negociações.

As pessoas devem entrar nela com cuidado. Esta é uma área muito especulativa.

DR: O que alguém deve procurar em um fundo de venture capital no qual vai investir?

MA: É o contrário de como funciona a maioria dos mercados de investimento. Os melhores empreendedores podem selecionar qual empresa de venture capital vai investir neles. Esse acaba sendo o grande ponto crítico do mercado.

DR: A maneira padrão como as empresas de venture capital trabalham é que você compromete capital durante, digamos, um período de investimento de cinco anos e, em seguida, o fundo costuma durar talvez dez anos ou mais?

MA: Quinze. Atualmente, mais ainda. Muitas vezes, a cauda se estende por vinte anos, porque essas empresas demoram muito para se desenvolver.

DR: Alguém que investe em um fundo de venture capital hoje deveria estar tentando obter taxas de retorno de 20% ou mais?

MA: O venture capital de alto nível é 3x líquido de taxas. A esperança é conseguir mais que isso. Esperamos 5x ou mais. Você está ilíquido o tempo todo, então espera ser pago por essa iliquidez. De 20 a 40%, se as coisas correrem bem, é meio que o padrão.

DR: Quais são os conjuntos de habilidades para bons investidores de venture capital? Um alto grau de inteligência? Trabalhar com afinco? Muita sorte? Vestir-se adequadamente? Não usar gravata?

MA: Existe a rota clássica, que é a faculdade de Administração e ser treinado como investidor, talvez trabalhando em um banco de investimentos. Alguns advogados se tornaram investidores de venture capital. Não fiz nada disso. A outra abordagem é ser muito bom em construir e administrar empresas de tecnologia. Ser engenheiro ou gerente de produtos e ajudar os produtos a serem construídos e, em algum momento, tornar-se parte da equipe administrativa ou até se tornar um fundador e, em seguida, usar essas habilidades na área de investimento.

Os investidores de venture capital muito bem-sucedidos, historicamente, são pessoas idiossincráticas com origens muito diferentes. Há gente com origens e experiências muito diferentes.

DR: Qual é o prazer de ser um investidor de venture capital de sucesso? Você gosta de construir uma empresa do zero ou ajudar alguém a construí-la?

MA: Você faz parte da equipe. É incrível quando essas coisas de fato mudam o mundo. A desvantagem é que você não administra as empresas. É obrigado a ser um passageiro, em vez de o piloto.

A vantagem é que fica em posição de ver todas as novidades. Você tem um assento na primeira fila nesse show incrível que é tantas pessoas incríveis tendo tantas novas ideias.

DR: Muita gente acha que as criptomoedas não são reais e não são uma boa categoria de ativos. Mas você investe muito na Coinbase, entre outras coisas relacionadas à cripto. Segundo você, o que há nas criptomoedas que a torna uma proposta de investimento duradoura?

MA: Basicamente, é uma transformação tecnológica. Aconteceu um avanço tecnológico fundamental. É uma área da ciência da computação chamada consenso distribuído. Trata-se da capacidade de muitas pessoas e softwares na internet de criarem relacionamentos de confiança em um ambiente não confiável.

O dinheiro é uma das aplicações da capacidade de se ter consenso distribuído. Há muitas outras coisas que as pessoas vão poder fazer com essa tecnologia. Muitas das pessoas mais inteligentes da ciência da computação estão entrando nesse campo e gerando avanços rápidos. Para nós, parece que é a oitava ou nona mudança fundamental de arquitetura, uma transformação tecnológica revolucionária acontecendo na indústria de tecnologia. Levamos a questão muito a sério por causa disso.

DR: Portanto, sua opinião não é se o Bitcoin é bom ou não ou se vale X ou Y. É que toda a tecnologia subjacente ao Bitcoin vai transformar o mundo?

MA: O Bitcoin é um computador virtual que está espalhado por centenas de milhares de computadores físicos em todo o mundo. É um sistema de processamento de transações que funciona sem nenhum tipo de localização central. É como um mainframe gigantesco distribuído. Ele processa transações e, desse processamento, vem a capacidade de trocar dinheiro. Do processo, vem esse token, o Bitcoin, que é uma representação do valor do sistema subjacente. É um novo tipo de sistema financeiro.

DR: Outra área em que as pessoas estão muito interessadas é a biotecnologia. Você também está fazendo muita coisa nela. Por que está interessado no setor?

MA: Achamos que a biotecnologia e a ciência ou engenharia da computação estão basicamente se fundindo. O que está acontecendo com muitos empreendedores de biotecnologia é que há pessoas que entendem de biologia, mas também de engenharia e software. Elas entendem os dados e a inteligência artificial e estão basicamente reunindo essas disciplinas e construindo um novo tipo de biotecnologia.

A Moderna, aliás, é um ótimo exemplo disso. O motivo pelo qual eles conseguiram desenvolver aquela vacina em dois dias é porque ela é uma vacina de engenharia. Ela foi implementada com um código de computador, que é um jeito completamente novo de desenvolver uma vacina. Estamos vendo muito mais empreendedores de biotecnologia que têm esse tipo de mentalidade centrada na engenharia. Isso combina com o que o Vale do Silício faz bem.

MARC ANDREESSEN

DR: E a computação quântica? É uma área em que você está interessado?

MA: Estamos, sim. Essa é uma estrada mais longa. Mas, no longo prazo, parece muito promissora.

DR: Deixe-me fazer algumas perguntas relâmpago. Qual é o melhor conselho de investimento que você já recebeu?

MA: De Warren Buffett, provavelmente: Coloque todos os ovos em uma cesta e observe essa cesta. Entenda profundamente a natureza da empresa em que você está investindo.

DR: Qual é o erro de investimento mais comum que você observa?

MA: As pessoas leem sobre alguma coisa no jornal, veem na TV e pegam um panfleto sem entender o assunto em profundidade.

DR: Se eu lhe desse 100 mil dólares amanhã, o que faria com esse dinheiro?

MA: Colocaria em um fundo do índice S&P 500. Não faça nenhuma extravagância.

DR: Que erro no mundo dos investimentos você cometeu que, em retrospectiva, gostaria de não ter cometido?

MA: Para a maioria das formas de investimento, os erros são os investimentos nos quais se perde dinheiro. Em nosso mundo, são os investimentos que você não fez.

DR: Se uma pessoa quiser se tornar um investidor de risco, o que você mais gostaria que ela soubesse sobre a arte do investimento de venture capital?

MA: É uma alquimia entre entender as pessoas, entender a tecnologia, entender os mercados. É literalmente uma arte liberal. Abrange todas essas dimensões. Faz sentido tentar compreender a fundo a natureza de como esses novos produtos são criados e como essas empresas são construídas e tentar se aprofundar o máximo possível no fundamento.

MICHAEL MORITZ

Sócio da Sequoia Capital;
autor e ex-jornalista

> "*O prazer do venture capital é provar que o impossível é possível.*"

Nas últimas três décadas, é provável que, no Vale do Silício, a empresa de venture capital que foi bem-sucedida com mais constância seja a Sequoia Capital. Ela fez investimentos prescientes e lucrativos em empresas como Google, Yahoo, Cisco, PayPal, YouTube, Zappos, LinkedIn, Stripe, Zoom e WhatsApp. E esses são apenas os investimentos nos Estados Unidos. Sua filial Sequoia China, a Sequoia Heritage (seu family office) e seu fundo de mercado de capital aberto também tiveram um sucesso extraordinário.

A Sequoia começou em 1972 e foi liderada por muitos anos por seu fundador, Don Valentine. Ela foi bem-sucedida desde o início, mas seu êxito desde meados da década de 1990 gerou níveis de lucro para seus sócios e investidores que nunca poderiam ter sido imaginados nos sonhos mais loucos de qualquer pessoa no início da empresa (ou de qualquer empresa de venture capital).

O sucesso da empresa se deve a muitos indivíduos. (Como diz a frase famosa do presidente Kennedy: "A vitória tem cem pais, e a derrota é órfã.") Porém, além do fundador da empresa, talvez o mais impactante dos sócios da Sequoia tenha sido o principal arquiteto da sua expansão para várias linhas de negócios, Michael Moritz (agora oficialmente Sir Michael Moritz).

MICHAEL MORITZ

Esse papel pode não ter sido facilmente previsto pelo histórico de Michael. Ele cresceu no País de Gales (que não é a terra natal de muitos investidores de venture capital de alto nível), filho de refugiados da Alemanha nazista, e imigrou para os Estados Unidos depois de se formar em Oxford. Embora ele também tenha se formado na Wharton nos Estados Unidos, sua ambição era ser jornalista e autor.

Ele se juntou à equipe da revista *Time* e se tornou especialista em cobrir a emergente indústria de tecnologia no Vale do Silício. Conheceu Steve Jobs muito bem (embora Jobs tenha ficado chateado porque o artigo do Homem do Ano de 1983 sobre ele tenha sido transformado pelos editores da *Time* em uma história sobre a Máquina do Ano, comemorando a existência dos computadores pessoais). Por fim, Michael usou seu conhecimento sobre a Apple para escrever o livro então definitivo sobre a empresa, *The Little Kingdom: The Private Story of Apple Computer*.

Michael ingressou na Sequoia e logo aprendeu sobre o mundo dos investimentos de risco. Além de seu conhecimento do Vale do Silício e de sua mente afiada, ele tinha a habilidade típica de jornalista de chegar ao cerne da essência de uma empresa e articular essa história de forma sucinta e em termos fáceis de entender. Essas são habilidades úteis para convencer seus sócios a apoiarem sua negociação e também para convencer os empreendedores de que ter o seu apoio seria uma vantagem real.

Quando Michael foi, com o tempo, selecionado como sócio-administrador da Sequoia, ele se saiu tão bem nessa função que, em 2006 e 2007, foi reconhecido como o maior investidor de venture capital do mundo pela *Forbes*. Há alguns anos, por motivos de saúde, ele se afastou da função de sócio-administrador, embora ainda esteja ativamente envolvido no processo de investimento da Sequoia. Ele também é bastante envolvido em atividades filantrópicas, em especial na área da baía de São Francisco e em uma área que coincide com meus próprios interesses, a Universidade de Chicago (onde sua esposa estudou).

É verdade que não o conheço bem, mas admiro muito os sucessos que ele teve na Sequoia. E esses triunfos ficavam evidentes para mim ano após ano nos vários comitês de investimento sem fins lucrativos nos quais trabalhei, pois a Sequoia com frequência apresentava retornos impressionantes. Eu o entrevistei virtualmente em 9 de junho de 2021.

DAVID M. RUBENSTEIN (DR): Existem muitas histórias improváveis no Vale do Silício. De todas as que ouvi, a sua é a mais improvável. Você nasceu no País de Gales. É jornalista. Não tem um diploma de Stanford. Não foi executivo de operações. Como foi que saiu do mundo do jornalismo e entrou no mundo do venture capital? Parece algo que não era de se esperar.

MICHAEL MORITZ (MM): Foi pela vontade do fundador da Sequoia, Don Valentine, de seguir rumos que outros não estavam preparados para abordar. Eu me candidatei a cinco empresas de venture capital. As outras quatro me recusaram.

DR: Como foi que você deixou a carreira de jornalista para se tornar investidor de venture capital do Vale do Silício sem fazer as coisas que seriam de se esperar no setor? Como você foi para a Sequoia?

MM: Eu tinha um diploma de história e não um diploma de engenharia elétrica. Tinha sido jornalista. Não tinha trabalhado na Intel. Não tinha administrado nada e, portanto, não era alguém que a maioria das empresas do ramo do venture capital desejava.

Don Valentine achava que as pessoas eram muito limitadas por suas ideias sobre o que gerava investidores de venture capital bem-sucedidos. Ele mostrou várias pessoas que conhecia que não tinham o histórico típico do Vale do Silício, como Arthur Rock, o primeiro investidor da Intel e da Apple. Há muitos exemplos de pessoas no ramo do venture capital com muito conhecimento técnico e operacional que foram fracassos notáveis.

DR: Não conheço muitos judeus do País de Gales.

MM: Meus pais eram refugiados vindos da Alemanha nazista. Meu pai conseguiu um emprego no País de Gales, onde eles acabaram se estabelecendo e morando, e nasci lá.

DR: Já viajei pelo mundo inteiro e conheço a comunidade judaica em muitos lugares diferentes. Existe uma comunidade judaica no País de Gales?

MM: É pequena. Quando eu morava lá (isso foi há muito tempo, e ela diminuiu ainda mais), havia cerca de oitocentas famílias.

DR: Quando estava começando sua carreira nos Estados Unidos, você fez um MBA na Wharton?

MM: Eu não admito isso.

DR: Achei que eu tinha lido sobre isso.

MM: Não, é verdade. Eu tenho um MBA. A melhor coisa da Wharton, para mim, foi ter aulas de inglês com Philip Roth.

DR: Como foi que entrou no jornalismo? Você disse: "Não quero usar meu MBA para nada. Quero ser jornalista"? Apenas entrou para a revista *Time* e fez de tudo para ser promovido?

MM: Eu me interessei pelo jornalismo quando estava em Oxford. Tinha feito as coisas normais que alguém interessado em jornalismo faz. Trabalhei na revista estudantil e a editei. Sempre desejei viver da escrita.

Parte do motivo da minha ida para os Estados Unidos foi que as regras sindicais, na época, restringiam os principais jornais da Grã-Bretanha, como o *Times*, o *Guardian*, o *Daily Telegraph* e o *Financial Times*, de contratarem pessoas sem pós-graduação.

Eu não queria trabalhar no Goldman Sachs nem na McKinsey nem em qualquer outro lugar óbvio, como uma enorme empresa industrial, um escritório de contabilidade nem onde quer que a maioria das pessoas acabava. Eu apenas não tinha nenhum interesse do tipo. Então, não muito diferente de quando me candidatei ao negócio do venture capital, eu tinha escrito para vários jornais e revistas norte-americanas, e a revista *Time* me fez uma oferta. Entrei para a equipe de lá no fim da década de 1970.

DR: Você escreveu um famoso artigo sobre Steve Jobs. Ele não gostou muito, e seu relacionamento com ele acabou. Isso é mentira?

MM: Não, isso é verdade. Acho que nenhum de nós gostou do artigo, mas por motivos diferentes.

Steve ficou legitimamente ofendido por ser um retrato grotesco dele. E eu concordei. Não achei justo. Também achei que a edição feita no artigo em Nova York foi insensível. Pouco depois do ocorrido, eu deixei a *Time*. Essa foi uma grande parte do motivo pelo qual saí.

DR: E aí você escreveu um livro sobre a Apple?

MM: Eu estava trabalhando nisso quando aquele artigo da *Time* saiu. O primeiro livro a ser publicado sobre a Apple foi o meu *The Little Kingdom*. A maioria das pessoas diria que, ao contrário do artigo da *Time*, meu livro é um retrato justo e equilibrado de Steve e dos primeiros anos da Apple.

DR: Você escreve com um ótimo estilo conciso, que é direto e sem muita verborragia. Esse estilo permite que seja rápido no mundo do venture capital? Você acha que sua capacidade de escrever com tanta precisão o ajudou a transmitir o que pensa sobre as empresas, a entender as empresas?

MM: A resposta direta é sim. A questão é ouvir com atenção e se comunicar com clareza e condensar tudo a sua essência bruta, que é algo que se aprende como jornalista. No jornalismo, é comum lidar com o desconhecido. Tem que enfrentar a escuridão e a obscuridade. Você é confrontado com informações imperfeitas e precisa tentar chegar a uma conclusão objetiva que condensa em um artigo. O processo de descobrir um investimento é muito semelhante.

DR: Quando entrou na Sequoia, ainda jovem, você teve um mentor. Você acabou trabalhando em várias negociações que se tornaram muito famosas. Duas das mais famosas são Google e Yahoo. Você encontrou essas negociações? Elas foram até a empresa e você trabalhou nelas? Como foi que acabou nelas?

MM: Como quase tudo na Sequoia, foi resultado de um trabalho em equipe. Com o Yahoo, Doug Leone [sócio sênior da Sequoia que mais tarde se tornou sócio-administrador sênior da empresa] e eu estávamos bisbilhotando para tentar descobrir onde investir na internet. Ligamos para um amigo e fomos visitá-lo, porque estávamos caçando talentos. Estávamos tentando aprender sobre a internet. Ele mencionou que tinha acabado de encontrar um diretório de sites na internet chamado Yahoo (isso foi no fim de 1994 e início de 1995) e que o considerou útil. Isso chamou nossa atenção e pedimos para ser apresentados aos responsáveis. Pouco depois, fui lá e conheci dois caras, Jerry Yang e David Filo, em um trailer em Stanford. Acabamos investindo no Yahoo. Isso abriu nossos olhos para o que era possível na internet.

DR: Ouvi uma história no mundo do venture capital de que você e a Kleiner Perkins investiram 25 milhões de dólares no Google. Eles tinham que conseguir um CEO e, depois de um ou dois anos, quando não conseguiram, vocês pediram o dinheiro de volta. Isso é boato?

MM: É basicamente boato. Hoje as pessoas se esquecem, por causa de tudo que aconteceu desde então, mas o Google, nos primeiros quatorze ou quinze meses posteriores ao investimento, não estava no negócio de buscas que hoje conhecemos. Estava no ramo de licenciamento de buscas, tentando vender sua tecnologia para provedores de internet e para grandes empresas. E tinha queimado muito dinheiro. Portanto, havia uma urgência real em instalar uma administração e ajudá-los. Foi um jeito de aumentar o senso de urgência em torno do recrutamento de administradores. Acho que não existe nenhum investimento no qual a Sequoia tenha pedido o dinheiro de volta.

DR: Muitas pessoas desistiram do Google porque os mecanismos de busca não eram muito bem uma novidade na época. O que foi que você viu nos dois fundadores que valeu o seu investimento?

MM: Muitas pessoas também tinham desistido da Cisco Systems, um investimento que fizemos em 1987, logo depois que entrei na Sequoia. Muita gente rejeitou Elon Musk e a X.com, que se tornou o PayPal. Em grandes áreas de mercado, sempre pensamos que raramente é tarde demais. Com o Google, dava para perceber que a tecnologia era melhor. Ela levava a uma experiência muito melhor para o consumidor. As buscas eram mais precisas. Eram mais rápidas. Tinham todos os atributos para os quais bilhões de consumidores migraram depois.

DR: Quando você está avaliando uma negociação, o que mais analisa? É a administração, a qualidade do empreendedor, a qualidade da ideia?

MM: É um feliz equilíbrio entre as três pernas de um tripé: a qualidade dos fundadores, a oportunidade de mercado e o diferencial do produto.

DR: Suponho que você e a Sequoia analisem cerca de mil negociações por ano e podem acabar decidindo fazer dez ou algo assim, uma porcentagem muito pequena?

MM: Os números têm aumentado com o passar dos anos. O fluxo de negócios hoje deve ser de dezenas de milhares ao longo de um ano, ainda mais por causa da internet e da facilidade de nos enviar planos de negócios e ideias. Fazemos de tudo, desde pequenos investimentos seed de algumas centenas de milhares de dólares até investimentos de growth capital muito maiores. A quantidade de negociações é maior que antes, mas ainda muito pequena, se analisarmos as circunstâncias.

DR: Como é que alguém consegue lhe apresentar uma proposta? Não é possível que você tenha gente suficiente para analisar tudo. Você recorre a indicações de pessoas respeitadas? Como é que alguém consegue entrar no seu radar?

MM: Na verdade, nós avaliamos tudo. Digamos que cada um de nós receba vinte e cinco e-mails por dia de vários empreendedores de todo o mundo. Não demora muito para dar uma olhada e peneirá-los. O mais provável é que não haverá nada específico que desperte interesse.

É verdade que prestamos atenção especial às indicações de pessoas que conhecemos ou com quem fazemos negócios ou se as propostas vierem com um endosso caloroso. Mas encorajamos as pessoas de qualquer lugar, se tiverem uma ideia que considerem digna, a não fazerem cerimônia e nos enviarem.

DR: Quando as pessoas fazem apresentações, você busca as mesmas coisas que acabou de mencionar? Avalia as habilidades delas de apresentar uma ideia? O que você busca quando está cara a cara com elas?

MM: É tentar imaginar: podemos ser acionistas dessa empresa por vinte anos? Sei que parece ridículo, e a maioria das pessoas acha que nunca vai acontecer. Mas essas são as marcas típicas dos nossos grandes investimentos. Podemos ser acionistas por vinte anos se as coisas derem certo? Sabemos que muitas coisas podem dar errado no caminho e que não há nenhuma certeza e que as chances de fracasso são bem altas, ainda mais se o investimento foi feito muito no início... Mas, a cada ano, apenas um ou dois dos melhores investimentos seed serão grandes empresas em 2040.

DR: Quando Mark Zuckerberg estava na faculdade, meu agora genro me contou sobre o Facebook. Ele queria que eu investisse e falei: "Isso não vai dar em nada." Depois eu tinha ações da Amazon no início e as vendi logo. Ou seja, cometi alguns erros. Olho para trás o tempo todo e brigo comigo mesmo. Quando comete um erro de recusar uma coisa e depois ela dá certo, você sente azia ou só passa para a ideia seguinte?

MM: Você aprende. Nós recusamos quando Reed Hastings, da Netflix, veio nos ver em 1998 ou 1999. Talvez por causa do furacão do boom das pontocom, mas eu apenas não tinha entendido o negócio direito. Isso foi quando a Netflix estava no negócio de DVD, não no de streaming. Eu não tinha entendido a dor do cliente em torno da Blockbuster e tudo o mais. Recusamos diversos tipos de empresas, e dá para construir um belo portfólio com os investimentos nos quais nossa avaliação foi a errada. Aprendemos com o passado, mas não ficamos remoendo. O futuro é onde o negócio está.

DR: Vamos supor que você faça uma negociação que, depois de concluída, não pareça ser tão boa. Você diz ao CEO empreendedor: "Isso não está dando certo e você precisa ir embora"? Ou: "Não vamos mais financiar você"? Quanto tempo leva até você perceber que pode ter cometido um erro?

MM: Os erros variam. Eles são maiores no estágio bem inicial da seed, quando há apenas algumas centenas de milhares de dólares em jogo. Cometemos muito menos erros à medida que as somas de capital aumentam, porque há mais dados para processar antes de fazer o investimento. Não estamos dispostos a participar de uma campanha longa que será infrutífera porque a dinâmica do mercado mudou ou porque o produto foi eclipsado por um concorrente. Isso não faz o menor sentido.

Quando isso acontece, digo aos empreendedores: "Olhe, essas são conversas dolorosas, mas você não quer desperdiçar os anos mais preciosos da sua vida se não pudermos buscar coletivamente alguma coisa que nos permita ganhar e na qual você pode prosperar." Mas, se acreditamos que há uma chance de vencer, somos incansáveis nos esforços para tentar apoiar essa empresa e as pessoas que trabalham nela.

Em grande parte, em todos os nossos melhores investimentos, houve tempos lúgubres e sombrios nos quais pensávamos: "O investimento está correndo risco." Mas, como você sabe tão bem quanto eu, é inevitável que ocorra encontros muito dolorosos ou capítulos dolorosos ao longo do caminho para toda empresa de sucesso. Não consigo pensar em um único investimento que fizemos no qual as coisas não deram errado antes de começarem a dar certo.

DR: Quando você tem um comitê de investimentos, a unanimidade é necessária para avançar? Ou um sócio pode dizer: "Sinto muito por você não ter gostado, mas eu vou seguir em frente"? Como funciona?

MM: Tentamos não usar a palavra *comitê*. Tentamos usar a palavra *equipe*. E procuramos manter as equipes de diversas áreas bem pequenas. Mas exigimos unanimidade. Foi frustrante algumas vezes ao longo dos anos, mas no geral funcionou bem.

DR: Suponha que não haja unanimidade, mas um sócio que gosta da negociação pergunta: "Posso investir nela pessoalmente?" Ou isso não é permitido?

MM: Não é permitido.

DR: No geral, no Vale do Silício, os empreendedores que construíram essas empresas tendem a ser homens brancos. Há mais diversidade agora? Ou nunca foram apenas homens brancos construindo o tipo de empresa sobre a qual todos lemos?

MM: Você tem razão em dizer que eram indivíduos predominantemente masculinos e brancos. Quando olhamos para a história do Vale do Silício, isso é verdade, sem dúvida. O negócio de venture capital tem espelhado a sociedade. Vem sendo uma evolução. Se voltarmos ao fim da década de 1930, com David Packard e Bill Hewlett, talvez até meados da década de 1970, o negócio era predominantemente branco e predominantemente masculino. Uma das coisas que fiz muito cedo quando entrei na Sequoia em meados da década de 1980, quando percebi o que estava acontecendo, foi que começamos a focar na comunidade imigrante, pessoas especificamente da Índia, da Europa e também da China. A composição dos nossos investimentos começou a mudar conforme havia um influxo maior de imigrantes de fora da Europa. Havia muitos imigrantes europeus no Vale do Silício, porém também mais imigrantes cujas raízes eram de fora da Europa.

Também na década de 1980, pela primeira vez houve mulheres empreendedoras. Deve ter sido em 1986-1987 que apoiamos a primeira mulher empreendedora como CEO. Acho que apoiamos duas delas naquele período específico. Uma das coisas boas sobre o que aconteceu nos últimos vinte e cinco anos é que temos apoiado um número crescente de mulheres empreendedoras, e isso é um reflexo do aumento da admissão nos departamentos de ciência da computação nas universidades nos últimos vinte anos. Dá para perceber isso na composição da sociedade da empresa. Mudou ao longo dos anos. Tudo começou com dois homens brancos. Agora é muito mais uma sociedade centrada nos imigrantes. E hoje há uma grande composição de ambos os sexos e pessoas negras e latinas.

DR: Suponho que você receba ainda mais currículos que oportunidades de negociação. Como escolhe quem vai contratar? Existe um processo de triagem? Qual é a melhor maneira de entrar na Sequoia como funcionário?

MM: Ter muita vontade.

DR: Basta ter vontade? Você deve receber muitas pessoas que estudam na Faculdade de Administração de Stanford. Não dá para contratar todo mundo. Você procura indivíduos que também foram empreendedores? Gente que foi executivo de operações? Pessoas que são incomuns, talvez excêntricas, mas que têm uma mentalidade diferente sobre como ver as coisas?

MM: Tudo isso que você disse. Porém, o atributo mais importante não é nenhum desses. É só vontade.

DR: O Carlyle fez um investimento anos atrás em uma empresa que era a Expedia da China. Era chamada de Ctrip. Achamos que fôssemos gênios, porque mais do que triplicamos nosso dinheiro, e depois não prestamos muita atenção ao que aconteceu. Um dos fundadores é um cara chamado Neil Shen, e nós o deixamos escapar. Alguma empresa inteligente no Vale do Silício o contratou e o deixou construir o negócio deles na China. Foi por acaso que a Sequoia o encontrou?

MM: Não foi uma questão de acaso de jeito nenhum. Quando as pessoas me perguntam qual é meu investimento preferido, a resposta na ponta da minha língua é sempre a Sequoia, porque esse foi o melhor investimento de todos os tempos. Se olharmos para a Sequoia do início da década de 1990 em comparação com a Sequoia que existia há dez anos e continua até hoje, ela se transformou por completo, não porque éramos gênios, mas porque o mundo ao nosso redor mudou. Reconhecemos que havia grandes oportunidades de negócios fora dos Estados Unidos, pois a tecnologia se espalhou por diversos motivos em diferentes lugares, sendo um deles a China.

E assim, há quase vinte anos, decidimos construir um negócio na China, em uma época em que isso era considerado uma coisa ridícula ou perigosa de se fazer. No processo, descobrimos Neil. Decidimos juntos que íamos abrir um negócio na China. Ao longo dos últimos quinze anos, graças a ele e a muitos outros, essa empresa se tornou uma parte muito importante do nosso negócio como um todo.

No início, foi difícil arrecadar dinheiro de sócios investidores céticos em relação à China. Decidimos desde o início que não íamos franquear o nome Sequoia. Se fosse para colocar nosso nome em alguma coisa, seria algo que nos traria muito orgulho. É óbvio que esse negócio floresceu. Mas é só um dos vários que construímos dentro da Sequoia.

DR: Conversei com Neil sobre isso. Ele me contou que disse a vocês que precisava tomar a decisão final dos investimentos. Não podia ficar consultando um comitê de investimentos no Vale do Silício. O Carlyle basicamente sempre tem um comitê de investimento centralizado de um tipo ou outro. Portanto, embora nossos braços internacionais devam fazer parte de um comitê centralizado de investimentos que, em última análise, consulta a sede nos Estados Unidos, você teve a prudência de não fazer isso.

MM: Sempre achei que essa era uma grande falha na forma como as outras pessoas pensam nisso. Isso me lembra das histórias da Primeira Guerra Mundial, segundo as quais os generais tomavam as decisões em confortáveis salas de jantar a cinquenta quilômetros das linhas de frente. Não funciona. É preciso estar na linha de frente. Seria como pedir à equipe da China que tomasse uma decisão sobre alguma coisa no Vale do Silício. É muito difícil.

Você precisa estar ciente do que não sabe. Nós entendemos bem do negócio de investimentos. Não entendíamos nada sobre as complexidades da China.

DR: Há pouco tempo, você anunciou que está abrindo um escritório na Europa, mas está fazendo isso com seu fundo principal. Não vai fazer o mesmo modelo da China. Não vai ter um fundo europeu separado.

MM: Vários de nós crescemos na Europa, então a Europa sempre foi muito mais confortável para nós do que a China e a Índia e, lembre-se, a maioria das empresas europeias acaba fazendo muitos negócios nos Estados Unidos. Somos muito mais versados na Europa do que quando fomos para a China. Fizemos investimentos lá nos últimos quinze anos ou mais e, por causa do aumento da quantidade de oportunidades, decidimos abrir um escritório em Londres há pouco tempo. Já falávamos em abrir alguma coisa na Europa há vinte anos, mas o mercado nunca tinha sido rico o suficiente. Pouco tempo atrás, ele se tornou rico o suficiente.

DR: Em termos históricos, o modelo de negócios da Sequoia, pelo que entendi, era entrar na rodada da Série A e talvez da Série B de investimentos de risco. Você mencionou que agora faz investimento seed e growth capital. Mas, a princípio, seu modelo de negócios era Série A e Série B?

MM: Na maioria dos casos. As coisas evoluíram. Descobrimos hoje que podemos investir em qualquer estágio, mas nossa atividade preferida é ser o primeiro investidor em um negócio, seja no estágio de seed, de venture capital ou até mesmo de growth. Há uma empresa com a qual estou envolvido há cerca de doze ou treze anos, a Stripe. Nosso primeiro investimento foi como seed. Isso foi doze anos atrás, quando eram cinco ou seis pessoas. Nós investimos, acho, em todas as rodadas da Stripe desde então. Investimos na fase de seed. Investimos na primeira rodada do estágio da Série B. E investimos até bem pouco tempo, quando a avaliação era de cerca de 95 bilhões de dólares.

DR: Incrível. Em termos históricos, as pessoas no Vale do Silício buscavam ganhar dez ou até vinte vezes o que investiram, mas reconheceram que talvez 90% dos negócios não funcionam. Talvez 10% funcionassem.

Ainda se ganha muito dinheiro, porque esses 10% renderiam de dez a vinte vezes o quanto você forneceu. O que você busca em um negócio em termos de múltiplo e patrimônio investido em comparação ao que poderia ter sido anos atrás?

MM: Meu lema é "vinte, vinte". Achamos que podemos investir em uma nova empresa por vinte anos e capitalizar mais de 20% por vinte anos? É simples assim.

DR: O mundo do venture capital, quando você entrou, era um negócio muito bom. As pessoas que dirigiam esse tipo de empresa tinham muito sucesso. Mas elas não estavam na Forbes 400. Agora que os fundadores ou os seniores são multibilionários, isso muda a motivação para trabalhar tanto quanto naquela época?

MM: Isso varia e depende de cada pessoa. Algumas desaceleram e se tornam complacentes e não querem trabalhar tanto, e tudo bem. O estilo de vida que escolhi para mim, no qual me envolvo com mais empresas bem-sucedidas da Sequoia hoje que em toda a minha vida, algumas pessoas talvez considerem uma doença. Acontece que eu gosto disso. Se alguém quiser sair depois de ganhar muito dinheiro, tudo bem, mas não pode ficar na Sequoia. Queremos apenas quem tem vontade. Não importa a idade.

DR: A cultura da sua empresa é aquela na qual todos têm um escritório ou ninguém tem um escritório? Todos se vestem de maneira casual? É uma cultura flexível em comparação ao que se vê na Costa Leste e pessoas como eu, que trabalham com private equity e usam terno e gravata o tempo todo?

MM: As aparências enganam. Você pode visitar qualquer uma das empresas de sucesso do Vale do Silício e ver pessoas andando de sandália e short, mas isso é só aparência. Isso não diz o quanto a empresa é determinada, competitiva ou dinâmica.

Acho que acontece a mesma coisa no negócio de venture capital. Nenhuma empresa de sucesso é um negócio desleixado. E nosso negócio são as empresas bem-sucedidas do Vale do Silício. Sim, o clima melhorou.

Não precisamos usar paletós. Não nos prendemos a formalidades que não significam muito. Só queremos ser eficazes.

DR: Nos primórdios do venture capital, talvez vinte anos atrás, os fundos eram de cerca de 100 milhões de dólares, 200 milhões de dólares. Eram pequenos. Aí o Vale do Silício buscou fundos gigantescos por um tempo. Agora procuram fundos menores. O tamanho dos seus fundos ainda fica abaixo de 1 bilhão de dólares?

MM: Os fundos de venture capital com certeza estão bem abaixo de 1 bilhão.

DR: Quando o pessoal do buyout, o pessoal da private equity, vai levantar um fundo, nós temos que sair e bater de porta em porta. Demora um pouco para levantar fundos. Você levanta seus fundos em um dia, mais ou menos? Basta dizer às pessoas que está disponível e pronto?

MM: Sim. Tentamos avisar às pessoas com antecedência para que não seja uma grande surpresa. Mas as somas de capital que buscamos não são vastas, comparadas ao seu mundo. E já temos um histórico. Portanto, não costuma ser muito complicado quando levantamos um fundo, e agora três dos nossos negócios têm veículos perenes, o que significa que não estamos vinculados à vida útil do fundo.

DR: Se alguém deseja investir dinheiro em venture capital e não consegue entrar nas melhores empresas... digamos, a sua... você recomenda que a pessoa não invista em venture capital? Ou que apenas encontre uma empresa mais nova?

MM: Investir em fundos de venture capital, por causa da natureza tendenciosa do retorno, em geral é uma missão impossível. Esses investidores se dariam muito melhor comprando apenas uma cesta das melhores empresas de tecnologia no mercado de ações.

DR: Como diversas pessoas que tiveram muito sucesso, você agora está envolvido com filantropia. Isso é parte importante da sua vida?

MM: Com certeza. Mas passo a maior parte do meu tempo trabalhando na Sequoia e em investimentos relacionados à Sequoia. A parte filantrópica é muito interessante, mas não é a parte mais substancial da minha vida.

DR: Seus amigos o chamam de Sir Michael?

MM: Eles levam um tiro se fizerem isso.

DR: Você ficou surpreso quando foi nomeado cavaleiro?

MM: Fiquei. Foi até divertido. Eu não estava esperando.

DR: Você deve ser o único no mundo do venture capital do Vale do Silício que foi nomeado cavaleiro.

Hoje parece que tudo que o Vale do Silício toca está virando ouro. Temos lido sobre as grandes negociações. É verdade que as pessoas hoje têm mais sucesso com investimentos de venture capital do que vinte e cinco anos atrás? É uma taxa de acerto mais alta hoje, por algum motivo?

MM: O que as pessoas não percebem é que há muito mais oportunidades e que o nosso mundo se expandiu de uma maneira absurda. Ele se expandiu por dois motivos. Um, houve uma expansão geográfica. "Vale do Silício", hoje, é uma abreviação para investimento em tecnologia em todo o mundo, seja na China, na Índia, no Sudeste Asiático, na América Latina, na Europa ou em qualquer outro lugar. Isso é uma coisa: uma enorme explosão geográfica que mudou toda a dinâmica do mundo dos investimentos em tecnologia.

A segunda coisa é que o mundo da computação mudou demais. Quando você e eu éramos jovens, dava para contar o número de computadores. No início da nossa carreira, imagino que havia menos de um milhão por aí. Hoje, é óbvio, eles estão na casa dos bilhões e por um custo muito baixo. Isso aumentou as oportunidades de mercado disponíveis para nós.

Quando entrei na Sequoia, eram principalmente investimentos em semicondutores e hardware. Nunca imaginamos que seríamos investidores em empresas de serviços financeiros, publicidade, entretenimento, mídia ou varejo. Eram investimentos que pensávamos que estariam muito fora do nosso escopo.

Hoje existem muitos outros lugares onde as empresas de venture capital aparecem. Há muito mais oportunidades de sucesso. Há muito mais investimentos de venture capital sendo feitos em muito mais segmentos da indústria. Mas não sei qual é a taxa de acertos em comparação a trinta anos atrás.

DR: Pessoas como você são as estrelas do rock no mundo do venture capital. Se você vai a um restaurante, as pessoas se aproximam o tempo todo com negociações, oportunidades ou currículos?

MM: San Francisco é um mundo pequeno. De vez em quando, em um restaurante, alguém vem falar comigo. Tenho um amigo que foi treinador do clube de futebol Manchester United. Sempre que caminha pela rua (mesmo estando aposentado há uma década), pedem uma selfie com ele ou um autógrafo. Ele é cercado por uma multidão em todos os lugares por onde passa. Tudo que ele quer é uma caminhada tranquila.

DR: Para se manter familiarizado com as novas tecnologias, novas oportunidades, você lê muito? Ou basta ler os memorandos de investimento? Como é que você se mantém preparado para avaliar negociações e resultados?

MM: Um pouco dos dois. Cobrimos um leque tão vasto de investimentos que é impossível ser especialista em tudo. É necessário entender quais são seus pontos fortes e fracos. Também temos uma equipe que foi montada com muito cuidado. Queremos pessoas que tenham opinião sobre tudo, percebendo que todos nós somos mais fortes em algumas coisas que em outras. Temos pontos fortes complementares, de modo que muitas vezes confiamos nos pareceres de diferentes sócios da Sequoia em áreas específicas do setor em que eles podem ter mais experiência.

DR: No meu mundo, o de private equity, quando uma negociação chega a um comitê de investimentos, o memorando pode ter de cem a duzentas páginas. Digo às pessoas que os preparam que a qualidade da negociação não é proporcional ao tamanho do memorando, mas elas não entendem. Às vezes fazem documentos enormes. Você tem memorandos enormes antes de aprovar as coisas? Ou é um muito curto ou só uma apresentação oral do sócio responsável?

MM: Quanto mais curto o memorando, melhor. Sou muito fã da maneira como conduzem as reuniões na Amazon, sem PowerPoints e com apenas uma descrição de cinco ou seis páginas.

As pessoas tendem a complicar demais as coisas. Para nossos investimentos em estágio inicial, sabemos que qualquer previsão financeira estará errada, só não sabemos até que ponto. Portanto, planilhas enormes são inúteis e sem valor. Mesmo com o investimento da Stripe, que não é, para nossos parâmetros, tão antigo, o memorando original que elaboramos não devia ter mais do que três ou quatro páginas. Se você consegue se expressar com inteligibilidade e tem uma opinião forte, não precisa de muito papel.

DR: Para você, o prazer no que faz é encontrar empresas e ajudá-las a chegar a um estado em que elas se tornem importantes?

MM: O prazer do venture capital é provar que o impossível é possível.

DR: E a maior frustração é perder uma negociação? Ou errar em uma negociação?

MM: Não. Acho que a maior frustração é que as pessoas não entendem que a Sequoia é o investidor de mais longo prazo na face da Terra.

PARTE III
Investimentos de ponta

O mundo dos investimentos sempre tem novas áreas a explorar. A ideia de que alguma coisa "de ponta" vai crescer em valor sempre atrai capital pronto para alcançar um lucro que aparenta ser "descomunal".

Além disso, a quantidade desse capital às vezes pode parecer ilimitada, dada a natureza cada vez mais global do mundo dos investimentos e a facilidade com que o capital pode ser levantado hoje.

Neste livro, não havia espaço suficiente para cobrir todas as novas categorias de investimento de ponta que surgiram nos últimos anos. Mas selecionei grandes investidores para discutir sua área de foco em algumas das áreas mais interessantes (e às vezes controversas) que são comparativamente novas. Elas surgiram e cresceram de forma drástica na última década, mais ou menos (e se tornaram bem proeminentes).

Essas áreas incluem criptomoedas, SPACs (companhias com propósito específico de aquisição), infraestrutura e ESG (ambiental, social, governança). É claro que a infraestrutura (pontes, estradas, aeroportos e túneis, entre muitos outros projetos de grande escala) existe há séculos. Mas só há relativamente pouco tempo essa área (por tradição, sob o domínio do governo em termos de finanças, construção e supervisão) ganhou forte apelo ao investimento do setor privado.

Talvez as criptomoedas sejam a mais falada das novas áreas. Elas se tornaram extremamente valiosas em muitos casos (com certeza em comparação com seu valor subjacente, que em geral é zero) e atraíram investidores, muitas vezes jovens, de todo o mundo, embora a "correção" em meados de 2022 possa reduzir de modo significativo o interesse nelas.

Não investi (ainda) em criptomoedas diretamente. Mas, por meio do meu family office, investi em várias empresas que atendem e oferecem infraestrutura para o mundo das criptomoedas. Portanto, não sou imparcial em relação à principal controvérsia em torno do mundo cripto, ou seja, que muitos dos principais investidores e profissionais de finanças acreditam que a tendência é não haver valor inerente subjacente a essas moedas e, por isso, elas podem não ter valor nenhum.

Minha opinião é que foi despertado tanto interesse no mundo todo que acredito que será muito difícil os governos ocidentais eliminarem ou restringirem de forma mensurável essas moedas. Muitos indivíduos e investidores parecem achar que as moedas emitidas pelo governo estão sendo cada vez mais desvalorizadas e não podem ser prontamente transferíveis entre os países, sem inteligência ou conhecimento do governo, como as criptomoedas. E isso é atraente para muitos indivíduos e investidores. Suspeito que o esforço dos governos dos Estados Unidos e de outros governos da OTAN para apreender ativos dos oligarcas russos durante a guerra Rússia–Ucrânia vai acelerar o apetite dos indivíduos ricos por ativos não rastreáveis. Mas o tempo dirá. O declínio nos valores das criptomoedas em meados de 2022 com certeza gera uma pausa para reflexão e análise renovada. As perdas em criptomoedas para muitos investidores em meados de 2022 podem apagar a chama do cripto por um tempo.

Por motivos muito diferentes (incluindo controvérsia reduzida), acredito que os ESG vão continuar sendo um fator crescente no mundo dos investimentos, e os investidores insensíveis a eles não serão muito bem-sucedidos no futuro.

O Carlyle tem despontado no setor nessa área, com uma líder dinâmica, Meg Starr, supervisionando nossos esforços para garantir que todas as empresas do portfólio estejam implementando sólidos programas e políticas ESG. O único problema é que essa talentosa líder de ESG estava na turma da faculdade da minha filha mais nova. Dá para perceber que se está ficando um pouco velho quando uma colega de turma da sua filha está emergindo como liderança em uma empresa que você fundou várias décadas atrás. Mas esse fenômeno nos mantém jovens... espero.

Criptomoedas

MIKE NOVOGRATZ

Fundador e CEO da Galaxy Digital;
ex-presidente da Fortress Investment Group;
ex-sócio da Goldman Sachs

> *"Temos uma convergência entre o metaverso de coisas construídas no mundo digital e no mundo real que está acontecendo à velocidade da luz conforme as blockchains se tornam cada vez mais importantes."*

Ao longo da última década, uma das áreas de investimento mais voláteis, controversas e (para alguns) geradoras de riqueza envolveu os vários tipos de criptomoedas que foram criadas de maneira virtual e, muitas vezes, anônima. Embora houvesse uma variedade de discussões acadêmicas sobre a potencial simplicidade das moedas digitais, não havia surgido nenhuma viável. Isso mudou em 2009, quando o Bitcoin foi criado por Satoshi Nakamoto, que parece ser um pseudônimo para um ou mais indivíduos cuja identidade ainda estão tentando descobrir.

O Bitcoin é uma moeda que usa uma tecnologia de software descentralizada conhecida como blockchain de modo a registrar a propriedade de maneira inviolável. A blockchain foi desenvolvida em termos de conceito por vários criptógrafos nas décadas de 1980 e 1990, mas seu uso não era generalizado, tampouco vinculado a moedas. Porém, após a Grande Recessão de 2007-2009, com o aumento na desconfiança no governo e na sua forma de moeda, o dinheiro convencional, houve um interesse evidente em encontrar uma moeda que não estivesse vinculada ao governo. Quando surgiu e se consolidou, o Bitcoin desempenhou esse papel.

O que quer que se pense sobre os méritos do Bitcoin ou de outras criptomoedas que foram desenvolvidas depois, parece haver pouca dúvida de que a tecnologia blockchain tem um valor considerável. Como resultado, além das criptomoedas, as empresas focadas nessa tecnologia se tornaram de grande interesse para investidores de venture capital, pois a sua aplicação pode, sem dúvida, facilitar a manutenção de registros. Contudo, se em algum momento os próprios governos de países com grande população autorizarem suas próprias moedas digitais (o que parece bem provável, em um futuro não muito distante), podem muito bem utilizar alguma forma de tecnologia blockchain. (Um "bloco", block, é um grupo de informações codificadas; quando esse grupo tem as informações necessárias e está cheio, outro grupo é criado. Esses grupos de "blocos" se tornam uma "cadeia", chain, conforme mais e mais blocos são criados para conter novas informações.)

Ao contrário das moedas tradicionais do governo, como o dólar ou o euro, o Bitcoin, ou qualquer criptomoeda, não tem apoio governamental nem administração centralizada. Na verdade, o valor por trás da criptomoeda em geral (com algumas exceções) não tem nada de substância ou valor tradicional, e a administração (na verdade, o registro de quem possui um determinado valor da moeda digital) é feita de maneira virtual através de uma blockchain.

Desde a criação do Bitcoin, mais de 19 mil outras criptomoedas foram criadas, representando um valor de mercado total de cerca de 1,2 trilhão de dólares em 1º de junho de 2022. O Bitcoin continua sendo a mais valiosa delas, com um valor de mercado de 565 bilhões de dólares na mesma data. (Esses valores mudam rápido, e é provável que se deva ao fato de que essas criptomoedas atraíram hordas de especuladores que costumam negociar dentro e fora desse mercado e também usam uma boa dose de alavancagem, dando a essas moedas uma volatilidade incomum. Isso ficou bem aparente em maio de 2022, quando as criptomoedas perderam um valor enorme quase da noite para o dia.)

Além da volatilidade das criptomoedas, existem muitas outras preocupações associadas a elas. Seus críticos acham que 1) muitas delas não têm nenhuma substância por trás e, portanto, vão acabar entrando em colapso e prejudicando os investidores; 2) aqueles que investem em criptomoedas costumam ser investidores não profissionais em busca de lucros rápidos e insustentáveis que podem não entender os riscos; 3) o anonimato do cripto em geral ajuda na transferência de riqueza por aqueles que procuram esconder valores que podem ter sido obtidos de forma ilícita (como por meio de uma atividade criminosa, como ransomware); 4) elas desvalorizam as moedas legítimas e, portanto, diminuem a capacidade dos governos de afetar as economias de maneira a beneficiar os cidadãos; e 5) muita eletricidade é usada por aqueles que tentam "minerar" algumas criptomoedas, como o Bitcoin. ("Mineração" é o complicado processo de usar o hardware dos computadores para facilitar o processo de blockchain e ser recompensado com o ganho de Bitcoins na própria conta. Esse processo pode ser complicado e demorado, usando muita energia por causa da eletricidade necessária para alimentar os computadores empregados.)

É evidente que tais preocupações não impediram milhões de investidores de comprar e vender com avidez o enorme número de diferentes criptomoedas existentes no mercado. Eles podem ser atraídos pelo fato de que a mais conhecida dessas criptomoedas, o Bitcoin, subiu de alguns centavos por Bitcoin para valores, às vezes, acima de 60 mil dólares por Bitcoin (embora em diferentes ocasiões tenha perdido metade de seu valor quase da noite para o dia). Quase sem explicação, a volatilidade das criptomoedas parece atrair mais os investidores do que os dissuadir, talvez em parte pela crença de que haverá muito mais volatilidade positiva, uma vez que as criptomoedas se tornaram parte da vida.

Na verdade, muitos investidores sentem que estão no início de uma revolução tecnológica e financeira: a substituição definitiva do papel-moeda pela moeda digital e, em algum momento, a provável coexistência perfeita da moeda digital apoiada por governos com a criptomoeda. Na visão desses defensores, estar no início de uma revolução nesse sentido pode ser bem lucrativo, como descoberto por muitos dos primeiros investidores em computadores pessoais, internet, comércio eletrônico e smartphones.

Quanto a isso, podemos notar que os governos nem sempre emitiram e controlaram moedas. Bancos ou outras instituições financeiras costumavam fazer isso na Europa e nos Estados Unidos nos anos 1700 e 1800, e não havia um árbitro central de valor ou legitimidade. Alguns entusiastas das criptomoedas veem um futuro em que o equivalente pode acontecer. As empresas de tecnologia poderiam muito bem liderar esse esforço descentralizado, como algumas consideraram fazer. (O Facebook abandonou seus esforços para criar uma moeda digital, mas outras empresas de tecnologia podem buscar uma no futuro.)

Um dos defensores mais entusiásticos e visíveis da criptomoeda como uma classe de ativos legítimos e, portanto, como forma válida de obter lucros, foi Mike Novogratz, ex-sócio da Goldman Sachs e presidente da Fortress, a primeira empresa de private equity a abrir o capital. Na Goldman e na Fortress, a especialidade de Mike era trading, muitas vezes em áreas novas e enigmáticas.

Enquanto estava na Fortress, ele ficou intrigado com o Bitcoin, tornou-se um dos primeiros investidores (e agora dizem ser um de seus maiores detentores individuais) e, após sair de lá, fundou e administra como CEO uma empresa de capital aberto, a Galaxy Digital, a fim de buscar investimentos em criptomoedas e empresas e tecnologias relacionadas. A Galaxy Digital investe em moedas digitais e empresas envolvidas em toda a área geral de ativos cripto e tecnologias blockchain. A partir dessa plataforma, e com seus anos de credibilidade como investidor-trader, Mike também se tornou um dos proselitistas mais articulados e em evidência do mundo de cripto.

Ao longo de sua carreira, ele demonstrou muito interesse em lutar contra o senso comum em relação ao que constitui um investimento atraente, sem medo de aventurar-se em águas muitas vezes novas e desconhecidas. Essa garra pode muito bem vir de sua experiência como lutador no ensino médio no estado da Virgínia e como lutador All-Ivy em Princeton. A paixão dele por todo o assunto relacionado a cripto é contagiante e, sem dúvida, foi um dos muitos fatores subjacentes ao crescimento do cripto como um ativo que deve sobreviver e prosperar por algum tempo.

Não trabalhei diretamente com Mike, embora compartilhemos alguns interesses filantrópicos (como os relacionados à importância de preservar e aprimorar a democracia). Eu o entrevistei virtualmente em 20 de dezembro de 2021, antes do grande declínio de maio de 2022 nos valores das criptomoedas.

DAVID M. RUBENSTEIN (DR): Você é um dos principais defensores do valor das criptomoedas dos Estados Unidos, se não do mundo, como forma tanto de transformar as finanças globais quanto de fazer um investimento atraente. Quando foi que chegou a essa conclusão? Suas opiniões se fortaleceram com o tempo?

MIKE NOVOGRATZ (MN): Deparei com o Bitcoin pela primeira vez em 2013 e o considerei um ativo especulativo interessantíssimo. Isso aconteceu logo depois da segunda crise financeira. Tivemos a crise financeira global em 2008, depois as europeias. Os bancos centrais, naquele momento, imprimiam muito dinheiro. Tivemos QE2 [Quantitative Easing 2].* O Bitcoin, a primeira das criptomoedas, a princípio foi projetado como um sistema peer-to-peer de dinheiro digital, o primeiro de todos, ou ouro digital. A inovação dele foi ser a primeira assinatura digital que não se pode falsificar. Até então, no computador só era possível fazer um Ctrl+copiar+colar [o que significava que "hackers" podiam corromper o sistema e impedir que ele fosse infalível].

A inovação que Satoshi [o pseudônimo do criador do Bitcoin] nos deu foi a autenticidade no blockchain. Quando é possível haver autenticidade, isso possibilita ter escassez, e isso me intrigou. Investi nisso como uma aposta especulativa e estava certo. Virei uma personalidade semipública, porque fiz alguns comentários sobre o assunto. Não sabia que a imprensa estava lá. A partir daí, passaram a sempre me perguntar sobre isso.

DR: Por que você acha que tantas figuras bem estabelecidas no mundo financeiro, como Jamie Dimon, têm se mantido negativas por tanto tempo em relação ao valor das criptomoedas? Suponho que as opiniões do establishment do mundo financeiro não sejam um impedimento para você?

MN: Não. Alguns podem perguntar: como é que uma coisa que tem seis anos, oito anos, dez anos, agora treze anos (em outras palavras, o Bitcoin) pode ter valor? O que acho que Jamie Dimon deixou passar, e muitas pessoas mais velhas também, foi que houve um movimento geracional. Os baby boomers estão no comando do país há mais de trinta anos, desde Bill Clinton. Desde então, a relação dívida/PIB [produto interno bruto] passou de 40% para 130%. A desigualdade aumentou. O planeta se tornou menos estável.

Havia um desejo real por parte dos mais jovens, da geração Z, dos millenials, de serem donos de algo próprio. De dizer: "Vocês têm sido péssimos administradores da economia. Está na hora de saírem do palco." Mas nenhum deles vai sair do palco. Os jovens estão olhando para esse sistema calcificado e afirmando: "Podemos reconstruir algo melhor."

---

* QE2 foi o segundo esforço do Federal Reserve para manter as taxas de juros baixas e a economia enérgica durante a Grande Recessão; isso foi alcançado com o Fed comprando quantidades enormes de títulos do governo de prazo mais longo.

A energia do cripto vem da juventude. Percebi isso desde o início, visitando as pessoas que se envolveram nele. Era difícil para os mais velhos entenderem, porque eles não passavam tempo suficiente com os jovens.

DR: Você agora é um dos maiores proprietários de Bitcoin? Ou é difícil saber quem tem quanto e, portanto, é impossível determinar quem mais tem muito?

MN: O interessante sobre o blockchain é que é tudo público. Sabemos o que tem em cada carteira [a conta anônima do proprietário de uma criptomoeda]. E as pessoas movimentam (ou seja, negociam) bastante essas moedas. Como todos os ativos da sociedade, ainda há uma tendência de poucos terem muito mais que muitos. Li uma estatística recente de que 1% das carteiras são donas de 40% dos Bitcoins. Isso é um pouco melhor que no mercado de ações, mas ainda é bem semelhante. Minha empresa tem um bocado de Bitcoins. Também temos um bocado de várias outras criptomoedas, mas não estamos no topo nessas outras.

DR: Você está preocupado que o governo dos Estados Unidos resolva regular as criptomoedas de um jeito que vai, em essência, destruir o valor delas ou tornar o uso mais complicado e desafiador?

MN: Acho que não. Essas comunidades podem se mobilizar com grande rapidez, e são muitos eleitores. O tom já está mudando. Existem 60 milhões de norte-americanos proprietários de criptomoedas. Muitos deles são eleitores que escolhem os candidatos com base em apenas uma questão. Acho que é muito difícil ser muito anticripto como político, agora.

DR: Qual você acha que é o principal motivo pelo qual moedas que não têm valor inerente nem respaldo do governo são tão atraentes para tantas pessoas? É a preocupação com o valor da moeda atual do governo? Ou é a oportunidade de manter sigilo quanto à propriedade?

MN: Veja o que aconteceu na Turquia este ano. A lira turca caiu cerca de 80% ao longo de três anos. Eles têm um péssimo líder, que deixou de lado todas as políticas monetárias e fiscais prudentes para impor sua própria pauta. E, quando se administra mal uma economia, a moeda desvaloriza. As pessoas compraram Bitcoins em mercados emergentes quase como um meio essencial para armazenar seus valores. Elas trabalham muito e estão tentando economizar dinheiro. Mas, quando se desvaloriza uma moeda em 76% em três anos, é muito difícil.

No Ocidente, em lugares como os Estados Unidos e a Europa, o Bitcoin é um boletim de desempenho. É um boletim sobre como o presidente Powell e a [secretária do Tesouro] Janet Yellen estão se saindo. Se eles puderem colocar a economia de volta nos trilhos, reduzir o déficit e estabilizar a inflação, haverá menos necessidade de os indivíduos colocarem dinheiro em ativos tangíveis. Mas, até então, eles estão comprando criptomoedas como uma proteção contra a degradação das moedas fiduciárias.

DR: Faz parte do apelo das criptomoedas para algumas pessoas a dificuldade em rastrear a propriedade e, portanto, o potencial de ser usado para transações ilícitas como ransomware?

MN: Ela é usada, como muitas outras coisas, para fins ilícitos, mas é uma fração pequena dos casos. Virou uma história que deixa as pessoas nervosas e atrai muito do foco, mas a realidade é que não é tão digna de atenção.

DR: O Bitcoin foi a primeira criptomoeda? Quem criou? É surpresa para você que os criadores ainda sejam anônimos? Por que eles prefeririam não pegar parte da sua grande quantidade de Bitcoins e usá-los para outro propósito? Até agora, se não me engano, as carteiras deles estão intocadas.

MN: Satoshi Nakamoto (ele, ela ou eles) o criou e é provável que nunca tivesse esperado que ele se tornasse um ativo multitrilionário. Atualmente, vale pouco menos de um trilhão de dólares. Prevejo que vai ultrapassar 10 trilhões de dólares e substituir o ouro. Meu palpite é que o criador deve ter morrido e, com ele/ela, foram embora as chaves para abrir a carteira contendo seus Bitcoins. Ou isso ou um grupo de pessoas criou o Bitcoin, e um morreu e os outros perderam a outra metade das chaves. O mistério em torno de como o Bitcoin foi criado, quem o criou, confere-lhe uma aura de magia.*

---

* Por causa da forma codificada como o Bitcoin foi criado e do fato de que ninguém jamais provou a propriedade dos Bitcoins inicialmente atribuídos ao(s) criador(es), é possível que o(s) criador(es) tenha(m) morrido ou talvez tenham perdido os meios codificados para reivindicar esses Bitcoins.

Como você cria uma reserva de valor? É uma história. É uma narrativa.

Esse mistério de quem era Satoshi forneceu ao Bitcoin um pouco de sua marca e de seu apelo. Mais uma vez, podíamos pegar a mesma tecnologia, fazer um *fork* [o que significa pegar o código-fonte básico do Bitcoin e usá-lo para criar uma nova criptomoeda], chamá-la de moeda de David Rubenstein e ela valeria alguma coisa, mas grandes chances de muito menos de um trilhão de dólares.

DR: Com esse nome, sem dúvida o valor seria bem menor. O que há no processo de compra ou venda de Bitcoins que pode impactar de forma drástica o uso de eletricidade e, assim, impactar o aquecimento global?

MN: Essa é mais uma história que não é real e merece ser abordada. O consumo total de energia do Bitcoin é de cerca de 0,55% do consumo mundial de energia. Gastamos mais eletricidade em luzes de Natal que nos Bitcoins. O YouTube usa sete vezes mais eletricidade que o Bitcoin. Como isso se tornou uma história, a comunidade do Bitcoin e do cripto tem que falar nela.

Oitenta por cento da nossa mineração é sustentável e verde. O Bitcoin usa um sistema para provar a autenticidade que é gerado por computadores, e os computadores usam muita eletricidade. Conforme a comunidade Bitcoin cresce, os problemas que esses computadores precisam resolver são mais complexos e utilizam mais eletricidade. O Bitcoin vai continuar a usar eletricidade, vai continuar a usar mais eletricidade, porém o número absoluto é muito menor que as pessoas imaginam.

DR: Você conhece a famosa loucura dos bulbos de tulipas na Holanda na década de 1630. Por que essa analogia não é adequada para o Bitcoin?

MN: As criptomoedas não são só o Bitcoin. Eu as dividiria em duas categorias. Existe o Bitcoin, que é o ouro digital. E há o Ethereum e as moedas semelhantes ao Ethereum, que estão de fato construindo uma nova infraestrutura de tecnologia.

Há uma utilidade em criar em cima de um banco de dados compartilhado. Uma blockchain é um banco de dados distribuído e compartilhado globalmente do qual ninguém tem todos os dados. E estamos vendo, com os NFTs [tokens não fungíveis], organizações como a NBA [sigla em inglês para Associação Nacional de Basquete] ganhando 100 milhões de dólares em receita extra porque estão vendendo produtos digitais em uma blockchain.

Acho que, este ano, ver o que aconteceu com os NFTs deixou as pessoas empolgadas, pois viram empresas do mundo real [como empresas de produtos esportivos] entrando no espaço blockchain. Temos uma convergência entre o metaverso de coisas construídas no mundo digital e no mundo real que está acontecendo à velocidade da luz conforme as blockchains se tornam cada vez mais importantes.

DR: Onde foi que você cresceu e o que queria fazer quando era jovem? Suponho que não era relacionado ao Bitcoin.

MN: Eu venho de uma família com pai militar. Morei a maior parte do tempo em Alexandria, Virgínia. Meu pai foi oficial do Exército durante trinta anos e eu era lutador. Eu passava muito tempo livre treinando e lutando.

DR: Você foi uma estrela na luta durante o ensino médio e a estrela do time de luta livre de Princeton, certo?

MN: Eu era um bom lutador no ensino médio e na faculdade. *Estrela* deve ser um exagero.

DR: Mas você não está na Galeria da Fama da Luta Livre ou algo do gênero?

MN: Como falei para meu filho: "Se você ficar rico o suficiente, eles lhe colocam na Galeria da Fama." Faço muito pela comunidade da luta livre. É uma parte importante da minha vida. É um esporte que cria líderes. É um esporte difícil, então eu o apoio.

DR: Por que você escolheu Princeton? E quais eram seus interesses fora da luta livre na faculdade?

MN: Escolhi Princeton em parte porque fui lá visitar e achei o lugar lindo. Foi no mesmo ano em que Brooke Shields estava estudando lá, e a faculdade esteve no filme com Tom Cruise, *Negócio arriscado*, e parecia estar no auge, na época.

Estudei economia. Minha tese foi sobre como a raça afeta o nível de renda disponível. A noção de equidade nos Estados Unidos sempre foi importante para mim. E acho que isso se reflete no meu interesse por criptomoedas: elas estão prontamente disponíveis para todos e não têm vieses inerentes.

DR: Como foi que você se envolveu com o mundo dos investimentos? E como se tornou trader na Goldman Sachs? Qual era a sua especialidade?

MN: A princípio, achei que ia trabalhar em DC e na política. Eu estava conversando com um ex-aluno de Princeton que tinha sido secretário adjunto do Exército e ele comentou: "Você não tem nada a acrescentar em DC aos 24 anos. Então, por que não vai para Wall Street, ganha algum dinheiro e volta quando tiver 40?" Então eu fui. Morei no sofá de um amigo. Consegui um emprego na Goldman porque esbarrei com outro cara que me arrumou uma entrevista. Comecei como vendedor. Mudei para o trading, em parte, porque os traders ganhavam muito mais dinheiro que os vendedores. E ganhar dinheiro era importante para mim, na época.

DR: Como você foi para a Fortress? Qual foi o motivo do sucesso inicial da empresa e da decisão de se tornar a primeira empresa de private equity a abrir o capital?

MN: Um dos meus sócios na Goldman, Pete Briger, e eu decidimos que tentaríamos trabalhar juntos. Ele já conhecia a pessoa que se tornou o terceiro fundador da Fortress, Wes Edens. E todos nós tínhamos a mesma ideia de que um mais um mais um pode ser igual a dez, que dá para se criar um conglomerado de negócios alternativos de gestão de ativos e tentar vender a confiança de que vamos fazer o que dizemos que fazemos. E achávamos que, se juntássemos essas três coisas, haveria diversidade de ganhos e escala para a plataforma e poderíamos abrir o capital. Montamos a Fortress com a ideia de que ela poderia ser a primeira gestora pública de ativos alternativos, e de fato fizemos isso.

DR: Quando deixou a Fortress, foi aí que você começou a ficar sério com a criptomoeda?

MN: Eu tinha comprado criptomoedas na Fortress, e elas subiram e depois voltaram a cair. Quando saí da empresa, visitei um ex-colega de quarto

MIKE NOVOGRATZ

da faculdade, Joe Lubin, em seu escritório no Brooklyn. Ele foi um dos fundadores do projeto Ethereum. Foi então que percebi que um grupo de pessoas estava tramando uma revolução para tumultuar quase todos os setores... para tornar as coisas muito mais igualitárias e transparentes. Sempre vi o cripto como um movimento progressivo, embora muitos libertários a amem. O cripto, em sua essência, vai atrás dos rent-takers. Vai atrás de bancos e seguradoras. Todas as funções comerciais clássicas de rent-taking estão na mira do cripto.

DR: O que seus amigos disseram quando você contou que ia investir nessa área? Ou apenas não contou a ninguém?

MN: Não, eu abri o jogo. Tenho amigos que dizem: "Cara, você devia ter me falado disso", porque todos acham que perderam uma grande oportunidade de investimento. E eu respondia tipo: "Eu estava na TV toda semana falando nisso." No começo, acho que as pessoas estavam confusas e um pouco céticas.

Nós comprávamos a 100 dólares por Bitcoin e o valor ia para 1.000 dólares por Bitcoin. Todos que não compraram por 100 dólares se sentiram mal. E então, quando se comprava por 1.000 dólares e o valor ia para 10 mil dólares, eles se sentiam mal. É um ciclo contínuo de quando é o momento certo para comprar.

DR: Quando foi que você criou a Galaxy Digital? O que ela faz?

MN: Criei a Galaxy Digital [que investe em criptomoedas e empresas que facilitam o mundo das criptomoedas] no início de 2018, pouco antes do colapso do mercado. Eu costumava chamá-la de Goldman Sachs do cripto, depois chamei de Drexel Burnham do cripto, e as pessoas me olhavam com dúvida: "A Drexel não faliu?" Eu respondia: "Sim, mas Mike Milken se tornou alguém que conferia legitimidade, uma pessoa que foi tão central para o desenvolvimento e uso de junk bonds e financiamento de alto rendimento que deu credibilidade a toda a área." Achamos que poderíamos desempenhar esse papel, levar as lições aprendidas da comunidade financeira tradicional para a comunidade cripto e traduzir o que estava acontecendo no cripto para as finanças tradicionais. E é isso que temos feito. Estamos somente tentando conferir legitimidade para as criptomoedas.

DR: É uma empresa de capital aberto e, portanto, há uma quantidade razoável de transparência. Isso é um problema quando se investe em criptomoedas?

MN: Não. Parte do que trouxemos é a ideia de fazer as coisas da maneira certa e convencer as pessoas que cripto é, sim, uma revolução, mas não dá para viver fora do governo. Os governos têm papéis reais a desempenhar na vida das pessoas e vão continuar a existir. Vamos pegar o melhor do cripto e descobrir como integrá-lo à sociedade.

DR: Você estima que o retorno da Galaxy Digital até o momento, investindo em criptomoedas, foi de quanto?

MN: Alto. Tenho bilhões de dólares de patrimônio líquido que ganhei sendo investidor cripto, e é provável que venha de menos de 8 milhões de dólares de investimento.

DR: Por que você não me contou isso naquela época?

MN: Escuto muito essa pergunta.

DR: Você enxerga que seu papel é tanto como investidor quanto como proselitista do cripto?

MN: Sim. Aprendi isso desde cedo com um cara chamado Alex Marcos. Ele tinha doado um Bitcoin para cada aluno do MIT. Estava financiando muitos dos principais desenvolvedores do Bitcoin. Eu falei: "Alex, você é um verdadeiro filantropo nessa área." E ele disse: "Cara, eu tenho um monte de Bitcoin. Quero que a gente construa o melhor ecossistema. Isso é investir no meu ecossistema."

Sempre achei que tenho um papel a desempenhar. Era tentar pegar uma coisa complicada e torná-la simples, para que as pessoas entendessem. Mas tenho Bitcoins suficientes para que o aumento de seu valor fizesse profetizar valer a pena.

DR: Como alguém de fora, entrevistei um investidor lendário chamado Bill Miller, que trabalhava na Legg Mason. Ele comprou muitos Bitcoins, eu acho.

MN: Amo Bill. Ele comprou, sim. E me ensinou uma coisa. Quando eu falava sobre Bitcoins, costumava dizer: "Acho que poderia chegar a esse preço." Bill é o maior investidor da Amazon cujo sobrenome não é Bezos. Ele falou: "Se você usar essa analogia, o Bitcoin vai chegar a 5% do ouro, depois 10% do ouro, depois 30% e depois 80% e depois 150%." E acrescentou: "Você está sempre redefinindo a história, mas é a mesma história." Quando você tem um ativo único (a criptomoeda líder ou a empresa líder de comércio eletrônico), seu valor vai continuar subindo. Então não venda. Foi assim que ele se permitiu ficar na Amazon o tempo todo.

DR: Atualmente, você considera a criptomoeda como uma categoria de ativos, como ações, títulos ou private equity. Isso está correto?

MN: Está. Isso não seria verdade há dois anos. Mas o que vimos é que quase todos os principais hedge funds agora estão participando do cripto. Vimos family offices e canais que falam de finanças começar a investir em criptomoedas. Todas os fundos patrimoniais para faculdades e fundos de pensão estão apenas começando, os fundos soberanos estão apenas começando a investir nelas. Quase todos os principais grupos de investimento estão participando.

DR: Você vê algum jeito de essa categoria de investimento poder ser eliminada pelas forças do mercado ou por sanções do governo?

MN: Não. Acho que o sistema financeiro baseado em blockchain — nós o chamamos de DeFi [finanças descentralizadas, o que significa que não há árbitro central de valor nem administrador] — vai vencer com o tempo, porque ele é melhor. É um produto melhor. Ele liquida negociações atomicamente, o que significa liquidação no mesmo dia. É transparente. Não teríamos tido a crise das hipotecas se tivéssemos todos os balanços patrimoniais do Bear Stearns e do Merrill Lynch on-line. Dá para combinar acima dele, o que significa que dá para construir sobre o que já existe. É uma quantidade incrível de inovação. Acho que é um sistema melhor.

DR: Você se preocupa que, quando ocorrer a próxima grande correção do mercado ou entrarmos em uma recessão, os valores dessas criptomoedas caiam de forma drástica?

MN: Eu não sou irrealista. Todos os preços de ativos no mundo subiram com esse dinheiro realmente barato que vimos. Penso na Tesla o tempo todo. Tenho dois Teslas. Acho que é uma empresa de alto nível. Se você me dissesse que ela valia 400 bilhões de dólares, eu poderia achar que é muito dinheiro, mas ela vale 1 trilhão de dólares.

A avaliação em geral é uma questão para todos nós refletirmos. Se a avaliação de todos os ativos do mundo cair, suponho que os criptoativos também vão cair. Acho que, em relação a outras classes de ativos, o cripto vai ganhar cada vez mais participação no mercado.

DR: É difícil vender uma criptomoeda? Ou é tão fácil quanto vender qualquer título?

MN: Ficou tão fácil quanto vender qualquer título. Costumava ser difícil. Mas agora temos toda a infraestrutura para que esses mercados negociem bilhões de dólares por dia.

DR: Você já pensou em investir em várias empresas que atendem ao setor ou que provavelmente não flutuam em valor do mesmo jeito que uma criptomoeda pode flutuar? Preciso admitir que meu family office liderou uma rodada de investimentos na Paxos, uma empresa que presta serviços do setor cripto. Fomos o principal investidor ao definir os termos para o capital adicional a ser investido por vários investidores. Você conhece a Paxos?

MN: Conheço bem. É uma ótima empresa. Temos investimentos em mais de 150 empresas na área.

Parte da tese era que eu usaria meu próprio dinheiro e depois o dinheiro da empresa para entender o que está acontecendo, pegaria as lições que aprendemos como investidor e as levaria a todos os nossos clientes.

DR: Você está investindo em muitas empresas diferentes, então?

MN: Sim, mais de 150.

DR: Para a pessoa comum, que não é tão rica e experiente quanto você, como recomendaria que ela participasse do investimento em criptomoedas? Existem limites para a quantia que seria de se recomendar a um investidor médio, tratando-se de criptomoedas?

MN: Ainda é um ativo de 80 a 120 vol ou volatilidade, o que, para colocá-lo em outras palavras, para quem não é viciado no mercado, é de cinco a 10 vezes mais risco por dólar que um investimento médio em ações. Para a maioria das pessoas, digo que apliquem 5%. Eu costumava dizer de 2% a 3%, mas acho que há muito menos risco na classe de ativos que antes. Isso parece paradoxal, porque os preços são mais altos. Mas estou muito mais convencido de que esta é agora uma classe de ativos do que antes. Então, eu diria 5% e dividiria assim: um terço de Bitcoins, um terço de Ethereum e um terço de ações da Galaxy.

DR: Você espera que os próximos anos sejam tão atraentes para as criptomoedas e os investidores cripto quanto os últimos anos?

MN: Acho que, em uma base ajustada ao risco, será mais atraente. Em uma base absoluta, é provável que seja difícil ter o tipo de retorno que tivemos.

DR: Você espera que todo o conceito de finanças descentralizadas [DeFi] continue a crescer? Vê essa área, ao contrário das próprias criptomoedas, como atraente e que deve tumultuar as instituições financeiras existentes de maneira significativa?

MN: Sim. Isso provavelmente vai começar em 2023, quando, como gestor de portfólio, você vai começar a pensar: "Estou investindo na ICE [Intercontinental Exchange] de Jeff Sprecher, que é proprietária de várias bolsas de valores em todo o mundo (incluindo na Bolsa de Valores de Nova York), e eles vão começar a perder participação de mercado para uma versão descentralizada de si mesmos." O que está impedindo a adoção em massa do DeFi é a questão KYC/AML [conheça seu cliente/antilavagem de dinheiro].*

---

* Aqueles no mundo dos investimentos que recebem dinheiro de outras pessoas para fins de investimento são obrigados, por leis e regulamentos dos Estados Unidos, a saber de quem é o dinheiro que estão investindo e a tomar precauções para garantir que ele não esteja sendo lavado de maneira a ocultar como o que está sendo investido acabou virando do cliente.

É preciso conhecer seu cliente. Essa exigência vai ser resolvida no campo tecnológico este ano, essa é minha previsão.

DR: E os NFTs como uma classe de ativos? Você também vê isso crescendo?

MN: Existem duas questões básicas com os NFTs. Uma é o metaverso: as pessoas passam cada vez mais tempo em um mundo virtual. Veremos avanços monstruosos em como participamos com NFTs com óculos de RA [realidade aumentada] e mundos de RV [realidade virtual] nas telas. Quando converso com pessoas da minha idade, elas dizem: "Visite o metaverso como um parque de diversões." Quando converso com pessoas da idade dos meus filhos, elas dizem: "Nós vivemos lá."

E por isso os NFTs, em geral, são objetos únicos. Estes, por sua vez, serão cada vez mais valiosos, dentro do metaverso. Então acredito que é um enorme bull market. A Visa me disse que espera que o portador médio do cartão passe de usá-lo 0,9 para 10 vezes ao dia, porque vão comprar produtos digitais. Portanto, o grande impulso da Visa rumo ao cripto e ao metaverso é porque eles acham que você vai ver cada vez mais pessoas comprando camisetas digitais, memorabilia esportiva digital e joias digitais.

DR: Uau.

MN: A Visa é uma empresa de meio trilhão de dólares.

DR: O que vem depois das criptomoedas e NFTs como o próximo novo tipo de categoria de investimento? É melhor estar presente no início dessas novas categorias, se possível, ou esperar até que haja um período de acomodação?

MN: A questão é o ajuste de risco. Passei a vida inteira com a tese de que prefiro parecer tolo do que ser tolo, e por isso investi em muitas coisas que beiravam o extravagante.

Fui precoce nos psicodélicos como mecanismo de cura. Se você foi um investidor psicodélico quatro anos atrás, hoje você se sente inteligente. Com uma base ajustada ao risco, os psicodélicos são um investimento melhor hoje que naquela época. Está bem evidente, para mim, que eles vão passar pelo processo de aprovação do FDA. Vamos usar psicodélicos daqui a três ou quatro anos para curar problemas de saúde mental como depressão e ansiedade. No caso de qualquer portfólio, você deve pegar uma parte e encarar coisas muito arriscadas, mas deve ser uma pequena parte do portfólio.

DR: Quais são as habilidades que acredita que tornam alguém apto a investir em toda a área de cripto e NFTs?

MN: A paixão é uma delas. Sempre digo aos amigos: "Compre Bitcoin, Ethereum, invista em venture capital e deixe por isso mesmo, a menos que isso se torne uma paixão na sua vida." Existe todo um grupo do que eles chamam de cripto degens [apostadores inveterados em criptomoedas que costumam investir sem muito conhecimento detalhado] que passam a vida inteira tentando entender todas as nuances do que está mudando e com que rapidez esse ecossistema está evoluindo. Ele está se transformando, evoluindo mais rápido que qualquer coisa que eu já vi e, portanto, ser um investidor casual é muito perigoso se não for para fazer a aposta macro.

DR: Um histórico de trading mais convencional ajuda a ser investidor nessa área ou não faz diferença?

MN: É uma estranha combinação de macro e venture capital. A história toda é macroeconômica, mas está se tornando uma manobra de tecnologia. Foi a história macro que deu todo o embalo, mas agora estamos de fato reconstruindo a tecnologia.

DR: Para quem quer se tornar profissional investindo nessas áreas, qual preparação você recomendaria, além de ser lutador?

MN: É a mesma que os investidores sempre tiveram. E tenho uma forte opinião quanto a isso. Ouvimos muito frase "a democratização das finanças". Não acredito que todo mundo deveria ser investidor. Quando vou ao médico, quero que ele tenha estudado em uma boa faculdade de medicina, e sempre verifico o diploma na parede para ver qual faculdade foi. Se dou meu dinheiro para alguém investir, quero que essa pessoa tenha estudado o que é preciso para ser um investidor. É aí que contrato uma mistura de pessoas que tiveram três anos de Goldman Sachs ou alguma grande experiência em trading ou venture capital, gente que tem uma verdadeira paixão por isso.

DR: Quando você não está investindo, que outros interesses tem?

MN: Adoro dar festas. Esse é o meu interesse divertido além do mundo profissional. É provável que eu dê mais festas e eventos na minha casa do que qualquer pessoa que você já conheceu. Mas passo muito tempo dedicando-me à reforma da justiça criminal. Essa é uma das pragas da sociedade norte-americana. Metade do meu tempo livre é gasto tentando resolver esse problema.

DR: Algum interesse em fazer parte do governo?

MN: Eu, como macroinvestidor, sou especialista em políticas públicas e política, e nunca descartaria totalmente isso. Tive uma vida pouco convencional em termos de seguir e quebrar regras, e acho mesmo que as pessoas que assumem cargos de liderança eleita devem seguir as regras do país. Sempre disse a mim mesmo que, se eu passar dez anos sem quebrar uma dessas regras, vou pensar em me candidatar. Mas meus filhos sempre brigam comigo por excesso de velocidade quando dirijo.

DR: Você gosta de investir em cripto tanto quanto em qualquer outra coisa que já tenha feito na sua carreira profissional?

MN: Esse é um dos grandes capítulos da minha carreira, ainda mais por causa de toda a energia jovem. É um negócio idealista e com uma missão.

DR: Quantas outras criptomoedas existem agora? Como é que alguém cria uma criptomoeda? Você já criou uma? E pretende fazer isso?

MN: Não criei nenhuma. Escute, a cripto é uma tecnologia incrível para criar comunidades. Essas são comunidades. Se você quiser pensar em um NFT, ele é um token não fungível, o que significa que é um token distinto. Mas os ecossistemas NFT são como criptos. Agora qualquer artista do mundo tem a capacidade de se sustentar, desde que encontre quinhentas ou seiscentas pessoas ao redor do mundo que se conectem à sua arte. Trata-se de uma mudança inacreditável de onde estávamos cinco anos atrás. Existem milhares de criptomoedas. E, se pensar nos NFTs, existem dezenas de milhares. Nem todos servem ao mesmo propósito. É um desserviço chamarmos todos os tokens digitais de criptomoeda. Provavelmente existem dez categorias separadas nos quais eles se encaixam.

DR: Se o governo dos Estados Unidos criar uma moeda digital, isso vai afetar o mundo das criptomoedas de maneira negativa ou positiva?

MN: Muito positiva, supondo que o governo tome a decisão inteligente e permita que empresas privadas administrem a criptomoeda digital dos Estados Unidos, que é a direção que estamos seguindo agora, oposta ao que a China está fazendo. É a mesma infraestrutura de que todos vão precisar. Sua conta bancária se torna uma carteira no seu celular. É a mesma carteira que vai ser proprietária do seu Ethereum, do seu Bitcoin, dos seus ingressos de ópera e dos seus registros de saúde. Com grande certeza, daqui a dez anos, seus registros de saúde serão NFTs.

DR: O governo chinês proibiu as criptomoedas para os cidadãos. Por que eles fizeram isso? E por que isso não afetou o preço do Bitcoin, por exemplo?

MN: O governo chinês acredita muito no controle de seus cidadãos. E Xi Jinping, presidente da China, mais que os últimos líderes, foi explícito e direto ao dizer que vai destruir qualquer coisa que coloque em risco a estabilidade dele ou do Partido Comunista. Eles criaram um cripto centralizado, que é o oposto total do ethos do espírito cripto, porque eles têm informações completas e controle total sobre os gastos das pessoas. A diferença entre uma moeda digital, movimentar dinheiro no Venmo e as criptomoedas é o dinheiro programável. Se Xi quiser cortar o dinheiro dos uigures, ele pode apertar um botão e vai saber direitinho quem são os uigures pelo que eles compram e vendem e onde estão suas transações. Se ele quiser cortar o dinheiro dos gays, ele sabe quem é gay apenas pelas preferências de compra, porque o governo tem total transparência em relação ao que todos compram. Para mim, esse é um mundo distópico totalitário do qual não quero fazer parte. Essa é a desvantagem de um sistema centralizado real. E é isso que eles estão buscando.

SPACs

BETSY COHEN

Presidente da FinTech Masala

> *"Pensar nas coisas de maneira diferente é a chave do sucesso."*

Por tradição, quando empresas privadas com receitas ou lucros crescentes procuram aumentar o patrimônio (para suas necessidades internas ou para benefício de seus investidores existentes), elas abrem o capital da empresa por meio de uma oferta pública inicial (IPO). Para isso, é necessário contratar escritórios de advocacia e bancos de investimento, obter a aprovação de um prospecto da SEC e apresentar a oportunidade de compra de ações durante um "roadshow" com possíveis investidores. Esse processo pode ser caro e demorado, pelo menos seis meses ou mais.

Ao longo dos últimos seis anos, mais ou menos, um processo menos demorado e mais barato se consolidou: uma companhia com propósito específico de aquisição (SPAC) é formada com fundos de investidores; a SPAC apresenta à SEC os documentos para abrir o capital; como a SPAC só tem dinheiro, a liberação da SEC é comparativamente rápida e barata; em seguida, a SPAC compra uma empresa de capital fechado; e essa empresa se torna uma empresa de capital aberto. Em geral, a SPAC recebe dezoito a vinte e quatro meses para encontrar uma empresa real para comprar; os acionistas da SPAC normalmente têm que aprovar a compra; e o criador ou patrocinador da SPAC é recompensado ao receber uma boa quantidade de ações (e também garantias para a compra de ações adicionais em termos favoráveis) na nova empresa de capital aberto.

Conforme esse processo se desenvolvia, os investidores em uma SPAC se beneficiavam se o preço pelo qual as ações da SPAC fossem negociadas aumentasse em relação ao preço pago no começo pelas ações (embora isso não ocorresse com tanta frequência ou no grau esperado pelos seus patrocinadores).

Nos últimos anos, ficou evidente que as SPACs perderam mais que um pouco do seu apelo. Os preços das ações (depois do anúncio da compra da empresa) não subiram de forma consistente, e os investidores ficaram cautelosos com muitos investimentos na área. Na verdade, a maioria das SPACs concluídas depois de 2015 está sendo negociada hoje abaixo do preço inicial típico de 10 dólares por ação.

Neste ponto, não está evidente como o mundo das SPACs vai se desenvolver. Em 2020, 53% das empresas que abriram o capital nos Estados Unidos o fizeram por meio de uma SPAC. Em 2021, esse número aumentou para 59%. Essa porcentagem pode diminuir, mas é provável que as SPACs venham fazer parte do mundo dos investimentos por muitos anos no futuro. Elas oferecem um jeito de uma empresa abrir o capital com muito mais rapidez (e menos custos) que por meio do processo convencional de IPO.

Uma patrocinadora que ganhou dinheiro de forma bem consistente para seus investidores e se tornou líder na criação e investimento em SPACs é Betsy Cohen, uma experiente ex-professora de Direito, advogada e banqueira que se especializou nisso dentro do setor de serviços financeiros.

Sem dúvida, grande parte do sucesso de Betsy se deve ao fato de ela ter uma longa carreira em serviços financeiros e suas transações com SPACs serem focadas no setor de serviços financeiros. Assim, quando ela patrocina uma SPAC, o mercado tende a se sentir bem à vontade, sabendo que a diligência prévia da empresa-alvo foi feita de maneira adequada.

Fiz parte do conselho de diretores da Brookings Institution com Betsy por vários anos e sempre admirei seus insights e sua eloquência. Mas não tinha percebido, até pouco tempo, que ela, além das realizações de suas trajetórias profissionais anteriores, também dominava o mundo das SPACs. Entrevistei-a virtualmente em 2 de setembro de 2021.

DAVID M. RUBENSTEIN (DR): Vou começar com uma pergunta básica. O que exatamente é uma SPAC?

BETSY COHEN (BC): Uma SPAC é uma estrutura jurídica enganosamente simples na qual uma empresa de capital aberto que levantou dinheiro no mercado (fez uma IPO) procura uma empresa de capital fechado com a qual se fundir. Esse é o caminho que a empresa de capital fechado percorre para abrir seu capital. É uma fusão reversa.

DR: E "SPAC" significa o quê?

BC: Em inglês, *special purpose acquisition company*. Ou seja, companhia com propósito específico de aquisição. Isso significa que, ao captar os recursos para capitalizar a SPAC, não foi identificada nenhuma empresa na qual esses recursos serão aplicados. É uma ordem dos investidores para os patrocinadores do fundo encontrarem uma empresa que eles acham que terá bom desempenho nos mercados públicos.

DR: Quando a SPAC foi concebida pela primeira vez?

BC: Eu diria que foi em meados da década de 1990. Ela é uma resposta à necessidade de capital. Nem sempre é o mesmo tipo de empresa que precisa de capital. Então, quando foi pensada, estávamos saindo de uma recessão e havia grandes empresas de capital fechado que precisavam de acesso a um capital que não conseguiam encontrar, a não ser por meio de um veículo público. Este foi o veículo concebido. As SPACs passaram a resolver outras questões de levantamento de capital: nos tempos mais recentes, a identificação da necessidade de capital para empresas que estão crescendo rápido, não apenas na área de fintechs, mas também em ciências da vida, em tecnologia pura. Essas empresas se beneficiam muito de poder acessar esse capital e, mais importante, também de conversar com investidores sobre o que a empresa já realizou e o que pode realizar nos próximos anos.*

DR: Por que elas se tornaram tão populares nos últimos anos?

BC: Havia uma propensão entre os investidores a empresas que estavam crescendo rápido. Essas precisavam de mais que dinheiro de private equity.

---

* Em geral, essas empresas acreditam que há um benefício em abrir o capital, em vez de continuar a depender da rota que costuma ser mais cara do venture capital ou do growth capital. Esse tipo de capital busca retornos mais elevados que os investidores públicos tendem a buscar.

Lamento dizer que precisavam de independência das fontes de financiamento de private equity para crescer e escalonar as empresas. Eles estavam em um ponto de inflexão no crescimento no qual necessitavam ter um capital substancial e talvez em um valuation que refletia onde eles estavam no ciclo de crescimento em oposição a onde poderiam estar vários anos antes.

DR: Você pode explicar como uma SPAC é criada? Quem a organiza? O responsável tem que investir dinheiro? Como um organizador ou patrocinador da SPAC é compensado ou incentivado?

BC: Em geral, antes de 2021 ou no fim de 2020, os patrocinadores eram pessoas que conheciam um campo específico ou se consideravam excelentes operadores por causa de suas experiências anteriores e que desejavam, em nome dos investidores, encontrar uma empresa que exigisse uma mudança de gestão para atingir seu maior potencial. Pessoas que tinham experiência em gerenciamento, como ex-CEOs de grandes ou pequenas empresas, ou apenas eram investidores que organizaram essas empresas. Eles eram os patrocinadores.

No início, o custo de realizar a investigação e a avaliação e de levantar o capital para a IPO eram feitos principalmente pelo patrocinador sozinho. Mas, conforme o campo amadureceu, havia muitos investidores nesse grupo de patrocinadores para contribuir com um fundo para cobrir as despesas, desde o início até o fechamento da transação. Um patrocinador também é pago em ações de fundador. Elas não têm valor no início do processo, porém, se o patrocinador escolher com sabedoria, terão grande valor no final.

DR: Quem são os investidores típicos em uma SPAC? Qual é o atrativo de investir em uma quando se não sabe onde ela vai investir?

BC: É mais ou menos o paralelo de um fundo de private equity, mas em um contexto público. Eles procuram investir com pessoas que acham que vão trabalhar no seu nome e encontrar empresas excelentes que vão dar bons retornos. O elemento adicional que surgiu nessa área foi compensar os primeiros investidores, porque há um tempo entre a captação dos fundos da IPO e a conclusão real da transação, que é o custo de oportunidade, e esse custo de oportunidade foi pago por uma garantia ou um incentivo oferecido aos investidores na SPAC.

DR: Como dizemos nos fundos de private equity, eles estão investindo em blind pools, então os investidores não sabem quem o gestor de private equity vai comprar. Isso também vale para as SPACs. Esses investidores não sabem quem seu patrocinador vai comprar. Mas um dos apelos das SPACs aos investidores em relação aos fundos de private equity é que o capital dos investidores não fica bloqueado por dez anos. Isso está correto?

BC: Noventa dias depois da conclusão de uma transação com uma SPAC, a garantia de comprar mais ações pode ser exercida, permitindo que os patrocinadores e investidores liquidem parte de seu investimento. Existem pessoas que fazem isso. No início, muitos investidores estavam arbitrando esse relacionamento. Tentamos não incluir esses arbitradores na nossa IPO inicial da SPAC, mas sim procurar investidores fundamentalistas que estejam de fato interessados em ser proprietários de uma empresa que possamos identificar.

DR: Quanto tempo um patrocinador da SPAC tem para encontrar uma empresa "comprável" antes que o investidor na SPAC diga: "Não quero dar mais nenhum tempo"? Quanto tempo você tem antes que o dinheiro volte para o investidor?

BC: Dezoito a vinte e quatro meses é o período normal.

DR: Então, nesse intervalo, você, como patrocinadora da SPAC, teria o direito de encontrar uma empresa. Quando a encontra, reúne os investidores e diz: "Vocês aprovam esse investimento? Posso ter sua permissão para avançar?" É assim que funciona?

BC: É. Em algum ponto do *continuum*, o documento público apropriado é apresentado à SEC. Ele transita pela SEC até que a transparência seja considerada adequada. Em seguida, é realizada uma reunião dos detentores de registro da empresa de capital aberto, e há uma votação sobre a continuidade do investimento proposto.

DR: A aprovação tem que ser unânime? Suponha que você não aprove.

BC: Varia de acordo com o estado da incorporação da entidade SPAC. O estado tradicional é Delaware. Lá, 50% dos detentores das ações majoritárias precisam votar e a maioria desses 50% precisa aprovar.

DR: Se a maioria dos investidores na SPAC aprovar, você tem o consentimento para proceder como quiser? Já tem o dinheiro, porque quando alguém investe na sua SPAC, eles lhe dão o dinheiro adiantado. Isso está correto?

BC: Está, e depois é designado um gestor e o dinheiro é investido em instrumentos de caixa ou títulos do Tesouro ou algum equivalente em dinheiro.

DR: Uma parte do mundo das SPACs é meio confusa para alguns investidores. Se você levantar, por exemplo, uma SPAC de 100 milhões de dólares, pode comprar algo por mais de 100 milhões de dólares. Suponha que você queira comprar algo por 200 milhões de dólares. Faltam 100 milhões de dólares. O que acontece? Você parte para ação e levanta dinheiro não de investidores em SPACs, mas de um grupo separado de investidores em PIPEs [investimento privado em ações de capital aberto]. Isso está correto?

BC: Sim e não. Em geral, a SPAC compra uma participação minoritária. Ela não compra 100% da empresa. Um dos pontos importantes para os investidores na SPAC é que os patrocinadores tenham muito cuidado com a gestão existente da empresa que estão comprando, porque essa será a gestão da entidade. Voltando ao seu exemplo, é possível levantar 100 milhões de dólares na SPAC e 100 milhões de dólares no PIPE. Assim, a empresa teria 200 milhões de dólares em capital para usar. Os investidores de uma SPAC fizeram um investimento mais cedo e tendem a obter melhores condições, mas o capital pode ficar preso por dois anos. O investidor de PIPE conhece a empresa-alvo e tem o capital comprometido por um período menor. Mas conhecer a empresa-alvo é atraente para os investidores no PIPE, e eles estão dispostos a abrir mão de algumas vantagens.

DR: Já aconteceu de você levantar em uma SPAC a exata quantia que queria gastar? Em outras palavras, você levantou 100 milhões de dólares porque queria gastar 100 milhões de dólares, ou sempre quis investir mais de 100 milhões de dólares? O PIPE sempre fez parte desse processo ou só recentemente?

BC: Eu diria que, nos últimos cinco anos, ele faz parte do processo. Se eu fosse datar a nova e moderna SPAC, falaria em 2014-2015. No começo, as SPACs levantavam 100% do dinheiro necessário. Conforme as empresas disponíveis para aquisição se tornaram maiores e mais complexas, e suas necessidades se tornaram mais complexas, a inclusão do PIPE lhes possibilitou acesso a mais capital.

DR: Vamos supor que eu seja uma pessoa que tem algum dinheiro para investir. Gosto de você e acho que é uma boa patrocinadora de SPACs, porque é óbvio que se saiu bem no negócio. Qual é a minha motivação para colocar dinheiro em uma SPAC *versus* colocar dinheiro em um PIPE? Existe alguma vantagem por estar na SPAC ou é melhor estar no PIPE?

BC: Depende de cada investidor e do que ele está procurando. O investidor na SPAC pode ter seu dinheiro bloqueado por dois anos, mais ou menos, antes que uma empresa seja identificada. Mas é provável que ele receba garantias para tornar o investimento geral mais atraente e, portanto, melhor que os termos disponíveis para o investidor do mercado público depois que a empresa-alvo é identificada e o mercado das ações precifica essa transação (presume-se que a um preço mais alto que o investidor na SPAC pagou). As garantias para o investidor na SPAC tornam o investimento ainda mais atrativo.

Porém, para um investidor que deseja ter o capital imobilizado por um período menor e gostaria de saber o nome da empresa-alvo antes de se comprometer, o investimento no PIPE terá esses atrativos. Além disso, o investidor no PIPE em geral vai poder vender suas ações na empresa antes do investidor da SPAC.

DR: Por meio do meu family office, investi em PIPEs. O motivo para isso, não é nenhuma surpresa, é que acreditamos que o preço do PIPE é menor do que será quando tudo estiver concluído. Em outras palavras, acho que vai ser bom. As pessoas estão comprando porque acham que a ação vai subir, não porque vai ficar no mesmo preço.

E os nossos amigos da SEC? Eles se envolvem muito no processo de aprovação?

BC: Há dois momentos em que eles se envolvem. O primeiro é quando estão analisando a empresa de cheques em branco como uma empresa de cheques em branco. Aí o envolvimento deles é no nível de conflito de interesses e coisas assim. Além disso, lembre-se de que os detentores dessas ações têm direito a voto na aquisição e têm direito de venda. Essa é uma carga mais leve para a SEC.

O segundo envolvimento da SEC vem com a identificação da empresa. É um processo, não muito diferente do de uma IPO, no qual a SEC se preocupa com a transparência adequada e outras coisas habituais em termos de uma empresa que está abrindo o capital.

DR: Nos últimos meses, parece que às vezes tem sido mais difícil levantar o PIPE do que as pessoas pensavam que seria a princípio. Em alguns casos, me perguntaram se eu gostaria de investir em um PIPE e, enquanto minha equipe e eu estávamos analisando, me disseram que tinham abandonado a negociação porque não conseguiram levantá-lo. Levantar o PIPE hoje é um desafio ou estou analisando as negociações erradas?

BC: Você não está analisando as negociações erradas. Primeiro, é uma questão de fluxo de capital. Segundo, é a percepção dos investidores em termos do rumo que o mercado está tomando para determinada classe de ações. Não acho que uma só conclusão se aplique a todas as SPACs. Ficou evidente para os investidores no PIPE que eles deveriam olhar para o patrocinador e ver: 1) quem é o patrocinador, ou seja, se eles acham que o patrocinador realizou o tipo de diligência prévia adequada para o investimento; 2) se acham que esse setor específico, por haver rodízio de setores nos mercados públicos, está favorável ou desfavorável; e, portanto, 3) como eles acham que as ações serão negociadas no mercado público etc.

DR: Se uma pessoa vai investir em um PIPE, ela faz isso porque supõe que, depois de tudo concluído, o preço da ação vai subir. Os PIPEs apresentam um aumento de 5%, 10%, 15%? Existe um histórico de PIPEs subindo em vez de cair?

BC: Depende muito do patrocinador. Alguns PIPEs sobem. Tivemos a sorte de obter bons retornos nos nossos, mas isso não acontece em todos os setores. É verdade em potencial, em maior medida, em setores do mercado atualmente favoráveis, como a biotecnologia.

DR: Estou falando com você, em grande parte, porque é uma das líderes do mercado das SPACs, talvez a líder. Saiu-se extremamente bem.

Podemos falar sobre como entrou nesse mercado? Você acordou um dia e disse: "Quero entrar no mercado das SPACs" ou aconteceu por acaso?

BC: Fui fundadora e CEO de oito empresas de capital aberto, então sempre tenho uma nova ideia. Uma das empresas que criei foi um banco na internet, The Bancorp. Começou em 2000. Ele facilitou o crescimento do setor de fintechs não bancárias, oferecendo serviços bancários para elas, e vi isso como uma oportunidade. Nos quinze anos em que fui CEO, tive contato com 1.600 fintechs e pude acompanhá-las. Era uma verdadeira placa de Petri ali. Decidi deixar o cargo de CEO no fim de 2014. Mas não sou muito boa em me aposentar. Passei a semana seguinte pensando em como poderia monetizar sobre o conhecimento que adquiri. Como eu poderia usar o conhecimento que tinha para dar o próximo passo e mudar minha visão de fundadora e operadora para investidora? A SPAC, para mim, foi o caminho natural. Resolvi entrar nesse mundo como uma possibilidade, e venho fazendo isso desde o início de 2015.

DR: Você veio da Filadélfia. Estudou lá? Foi treinada no mundo financeiro?

BC: Estudei no Bryn Mawr College, onde não recebi treinamento para o mundo financeiro, depois fui para a Penn Law School. Depois de trabalhar num escritório, dei aulas nas áreas de bancos e seguros (qualquer coisa que tivesse números) e abandonei, porque ensinar não era para mim. Abri um escritório de advocacia com meu marido, que conheci na faculdade de Direito. Praticamos Direito Comercial por alguns anos, mas eu era uma pessoa inquieta. Achei que ia me divertir mais sendo cliente do que advogada. No início da década de 1970, fundamos nosso primeiro ponto de entrada como empreendedores, criando uma empresa de leasing, depois uma empresa de leasing no Brasil, e encontramos lacunas no mercado. Meu trabalho é encontrar lacunas no mercado e tentar preenchê-las. Fiz isso ao longo dos anos seguintes, abrindo bancos e imobiliárias.

DR: Quando você foi para a Faculdade de Direito da Universidade da Pensilvânia, havia muitas mulheres na sua turma?

BC: Havia seis em uma turma de duzentos alunos. Três de nós fazíamos a revista jurídica, então era meio selecionado. Eu era a editora de artigos da revista jurídica.

DR: Em outras palavras, 50% das mulheres estavam na revista jurídica, mas não 50% dos homens?

BC: Isso.

DR: E no mundo dos serviços financeiros? Quando você estava entrando nos serviços financeiros, havia muitas mulheres?

BC: Não havia nenhuma mulher quando comecei. Quando pedi o alvará de um banco tradicional na Pensilvânia em 1973, fui a primeira mulher a solicitar um alvará de banco, provavelmente no país.

DR: De volta ao mundo das SPACs. Agora, quando faz uma SPAC, você tem um conjunto de investidores que normalmente procura e que gostam de você porque ganhou dinheiro para eles? Está sempre procurando novos investidores? Seus investidores na SPAC são diferentes dos seus no PIPE?

BC: A resposta é sim e sim e sim. Procuro investidores fundamentalistas na IPO da SPAC. Tentamos fazer com que 70% deles sejam os interessados em estar na coisa toda durante um período. Muitas vezes, são investidores recorrentes porque ganharam dinheiro conosco. Alguns ganham dinheiro comigo há cinquenta anos, mas estamos sempre em busca de novos investidores. No PIPE, alguns dos negócios que fazemos são mais atraentes para um grupo que para outro. Portanto, talvez sejamos um pouco mais criteriosos em termos de investidores que podemos abordar para uma transação PIPE específica.

DR: Que tipo de taxa de retorno você acha que um investidor na SPAC deve esperar obter ou buscar obter? Eles buscam taxas de retorno de 6%, que são um retorno tradicional de ações? De dois dígitos? Que tipo de retorno eles buscam? E que tipo obtêm de fato?

BC: Não tenho acesso aqui, no momento, às informações do setor como um todo. Se analisarmos o período entre 2015 e 2020, eles obtiveram retornos muito bons, acima de 6%. Ao longo de 2021, é provável que não estivessem obtendo esses retornos, exceto de forma esporádica e com o que são considerados bons patrocinadores.

DR: É de se presumir que um investidor na SPAC e um investidor no PIPE buscam retornos que sejam melhores que os obtidos no índice S&P 500?

BC: Com certeza. Esse é um espectro difícil de alcançar nos últimos dois anos.

DR: Quantas negociações de SPACs você já liderou?

BC: Muitas. Doze.

DR: Você fica apenas no setor de serviços financeiros?

BC: Sim, porque tento fazer o que sei.

DR: Então você já fez uma dúzia. Algumas pessoas investiram em todas as suas SPACs, suponho. Você também investe pessoalmente nelas?

BC: Com certeza.

DR: Se alguém tivesse tido a sorte de investir com você desde o início e tivesse permanecido, teria pelo menos uma taxa de retorno de dois dígitos?

BC: Eu diria que sim. A primeira transação que fizemos com a empresa foi vendida um ano depois com um prêmio de 50%. A segunda está sendo negociada a 90% acima do preço de emissão. Esses são os investimentos maturados daqui.

DR: Algumas pessoas me dizem que acham que o mercado das SPACs se estabilizou e talvez esteja recuando um pouco. Você acha que esse mercado vai estar nesse nível em cinco anos ou mais? Acha que sempre haverá algum tipo de mercado das SPACs?

BC: O mercado das SPACs não é independente, é como o mercado das IPOs. Há momentos em que é bom, para as empresas, emitir ações no mercado de IPOs, e há momentos em que não. Acho que vai acontecer a mesma coisa com o mercado das SPACs. É só mais um caminho para o mercado de ações para empresas que precisam conversar com investidores sobre o que farão nos próximos dois ou três anos, e não sobre o que já realizaram até agora.

DR: Suponho que você faça muita diligência prévia na SPAC. Faz isso pessoalmente? Vai conhecer o CEO da SPAC, entre outras coisas? Durante a pandemia de Covid-19, o que você fez?

BC: Durante a Covid, contamos com o Zoom, em termos de reuniões, e encontramos pessoas do local. Temos uma grande rede que pode fazer a diligência prévia de maneira presencial.

DR: Algum arrependimento sobre qualquer coisa que tenha feito no mercado das SPACs, ou você está muito feliz com tudo? Se tivesse que fazer tudo de novo, estaria nas SPACs?

BC: As empresas, assim como as pessoas, não são lineares em termos de crescimento. É evidente que ficamos mais felizes com umas do que com outras. Mas acreditamos que tomamos boas decisões. Podem não ser 100% perfeitas, mas tomamos boas decisões para empresas de tecnologia financeira diferenciadas que, com o tempo, terão bons retornos.

DR: Assim como eu, você foi para a faculdade de Direito e, também como eu, acabou no mundo dos negócios. Acha que teria se saído melhor se também tivesse um MBA da Wharton? Sempre me pergunto se estaria melhor como advogado.

BC: Realmente acho que não. Uma das coisas que a faculdade de Direito fez por mim foi me dar uma fonte de conhecimento. Como um clínico geral na medicina, a gente vê muitas coisas diferentes. Aprende-se com isso. Acho, e essa é uma visão pessoal, que a faculdade de Administração forma pessoas que se especializam em pensamento de grupo. Elas aprendem um jeito de fazer uma coisa e acham que é esse o caminho. Sou menos fã de faculdades de Administração que algumas pessoas da minha área, porque acredito que pensar sobre as coisas de maneira diferente é a chave do sucesso.

DR: Quando você faz SPACs hoje em dia, existe um concurso de beleza no qual alguém que tem uma empresa privada e está pensando em participar de uma SPAC diz a todos os interessados em ser seu patrocinador, "Venha participar de um concurso de beleza"? Isso acontece?

BC: Mais ainda nos últimos dois a três anos, quando havia mais patrocinadores de SPACs no mercado. Desde que o mercado ficou fraco, é mais difícil fazer isso, porque, para executar uma SPAC de maneira adequada, é preciso um conhecimento profundo dos mercados de capitais. São necessárias muitas habilidades que nem sempre estão presentes em um patrocinador.

Nem sempre você consegue fechar negociações. Já vimos isso. Alguns patrocinadores não fazem a diligência prévia. Há muito mais preocupação com a qualidade do patrocinador hoje que quando o mercado estava agitado, talvez um ano atrás. A ideia de que você realiza um concurso de beleza e a melhor pessoa vence: isso acontece muito menos, hoje.

DR: Quando você faz a diligência prévia, tem toda uma equipe que faz isso?

BC: Sim. Tenho cerca de quinze pessoas na minha organização.

DR: Existe alguma negociação de SPAC da qual você sinta um orgulho especial? Existe alguma negociação que você acha que mostra o tipo de coisa que você é capaz de fazer, que estabeleceu um bom padrão para o mercado das SPACs?

BC: Parece que estamos fazendo isso há muito tempo, mas fechamos a primeira empresa em 2016, e a seguinte em 2018. Eu consideraria essas duas que tiveram a oportunidade de passar por uma série de ciclos de mercado, tiveram a oportunidade de usar o capital que levantamos para elas de maneira eficaz. Como em todo o resto, não é no dia a dia. Um investimento não deve ser analisado todos os dias, mas com o passar do tempo. Essas são as duas que tiveram mais tempo para chegar à maturidade e se saíram muito bem.

DR: Você pode explicar por que alguém ia querer fazer uma negociação de SPAC em vez de uma IPO, já que as IPOs também estão prontamente disponíveis? Qual é a vantagem de fazer uma negociação de SPAC para uma empresa em vez de uma IPO?

BC: Eu discordaria de que as IPOs estão prontamente disponíveis para qualquer um. Elas não estão. Uma SPAC pode ser melhor por causa do tamanho da empresa. Pode ser melhor se a empresa-alvo ainda não tiver escalonada o suficiente para ter um desempenho financeiro anterior que justifique uma IPO. Uma das grandes oportunidades com uma SPAC é ser possível conversar com os investidores sobre o que vai ser realizado nos próximos anos, e não só sobre o que realizou. Isso é um verdadeiro diferencial.

Infraestrutura

ADEBAYO OGUNLESI

Presidente e sócio-administrador
da Global Infrastructure Partners;
ex-vice-presidente executivo e chefe
do banco de investimento global Credit Suisse

> *"A tese, pelo menos na maneira como investimos, é que achamos que podemos fazer um trabalho melhor na administração desses ativos que o governo."*

Uma das classes de ativos de investimento de ponta a se desenvolver nas últimas duas décadas foi, surpreendentemente, a infraestrutura cívica básica. Antes disso, com certeza nos Estados Unidos, a infraestrutura era vista como atribuição do financiamento, da construção e da operação liderada pelo governo. A visão geral, ao menos desde o fim da Segunda Guerra Mundial nos Estados Unidos, era que estradas, pontes, túneis, aeroportos, portos marítimos e similares eram de responsabilidade do governo, pois o setor privado não achava essas áreas gratificantes o suficiente para atrair o interesse dos investidores.

Essa perspectiva começou a mudar no início deste século, depois que vários bancos e investidores australianos (liderados pelo Macquarie Bank) compraram ativos de infraestrutura naquele país e, em certa medida, na Europa e nos Estados Unidos, e obtiveram retornos bem atraentes. Conforme esses resultados se tornaram mais conhecidos, grandes investidores institucionais (em especial os fundos de pensão dos Estados Unidos e do Canadá e os fundos soberanos globais) encontraram um apelo real nessa área.

De fato, a área cresceu de forma tão significativa que agora quase todos os investidores institucionais estão investindo em infraestrutura. E o conceito de infraestrutura se expandiu para incluir projetos de grande escala em energia e água. Hoje, cerca de 1 trilhão de dólares está investido ou comprometido a ser investido em ativos de infraestrutura não listados (não negociados publicamente) administrados por empresas de investimento que se concentram de maneira exclusiva nesse setor ou por empresas de investimento que também investem em outras áreas (como private equity). Em 2000, apenas cerca de 7 bilhões de dólares foram investidos nesses tipos de infraestrutura ou comprometidos com esses tipos de empresas de infraestrutura ou investimento.

O apelo do investimento em infraestrutura se deve a vários fatores: esses tipos de ativos têm durações longas; fluxos de caixa muito previsíveis com volatilidade relativamente pequena; domínios do tipo monopólio em um mercado (quantas estradas com pedágio ou aeroportos haverá em um mercado?); e menores taxas de administração e "carried interest" (participação nos lucros) que a private equity ou o venture capital. O fato de que é evidente que a sociedade se beneficiaria de uma infraestrutura melhor talvez tenha sido um fator para os investidores que investem nos próprios países, porém, a maioria dos investidores nessa categoria parece mais motivada pelos retornos relativamente previsíveis de longo prazo.

Não é de surpreender que bancos, bancos de investimento e empresas de private equity também perceberam o apelo dessa classe de ativos para seus investidores e clientes e começaram a desenvolver fundos ou outros veículos para construir novos ativos de infraestrutura ("projetos greenfield") ou para comprar e reabilitar projetos de infraestrutura existentes ("projetos brownfield"). Sem dúvida, esses fundos, no começo, ainda mais nos Estados Unidos, não acharam projetos greenfield ou brownfield fáceis de garantir e concluir, uma vez que os governos estaduais e locais muitas vezes temiam que os novos investidores suplantassem o governo e os trabalhadores sindicalizados; consideravam o corte de custos uma prioridade, prejudicando a segurança ou outras necessidades públicas essenciais; e tinham menos preocupação com o meio ambiente ou outras prioridades governamentais. Por esses motivos, poderiam levar anos para juntar todas as peças que levariam a identificar, garantir e fechar um investimento em infraestrutura de qualquer tamanho significativo.

Apesar de tais preocupações reais, o apelo do investimento em infraestrutura se tornou aparente nas últimas décadas para investidores em todo o mundo.

O apelo de retornos relativamente previsíveis ao longo de décadas apenas triunfou sobre os vários desafios que essa classe de ativos representa para os investidores.

Percebi o apelo do investimento em infraestrutura, mas também vi seus desafios (inclusive o de encontrar profissionais de investimento experientes) ao tentar construir um negócio de infraestrutura na minha empresa. Meu principal erro, em retrospectiva, foi não tentar recrutar mais cedo Adebayo ("Bayo") Ogunlesi, um brilhante banqueiro de investimentos nascido na Nigéria e formado em Oxford e Harvard, para liderar nosso esforço de infraestrutura.

Eu tinha ouvido falar que Bayo, que conhecia havia muitos anos, estava se preparando para iniciar um novo negócio de infraestrutura, negociando a construção de um com o apoio de seu empregador de longa data, o Credit Suisse (onde tinha sido chefe do banco de investimento e, na época, vice-presidente executivo). Ele me contou que seu esforço, envolvendo grande apoio de capital do Credit Suisse e da General Electric, poderia não vir a acontecer. Se fosse o caso, entraria de novo em contato comigo.

Mas o projeto aconteceu, e o resto é história da infraestrutura. Bayo construiu a maior empresa independente de investimentos em infraestrutura do mundo, a Global Infrastructure Partners (GIP). Ele teve sucesso rápido com investimentos em vários aeroportos de Londres e hoje é a maior empresa independente de investimento em infraestrutura do mundo, agora administrando 81 bilhões de dólares em ativos de infraestrutura e obtendo retornos semelhantes à private equity para seus muitos investidores satisfeitos desde o início da empresa, em 2006. Se ao menos eu tivesse ligado para Bayo alguns meses antes... Entrevistei-o virtualmente em 18 de janeiro de 2021.

DAVID M. RUBENSTEIN (DR): Historicamente, pelo menos nos Estados Unidos, pontes, aeroportos, portos, túneis, estradas e rodovias com pedágio eram considerados domínio do governo federal ou dos governos estaduais e locais. O que mudou para tornar esses tipos de instalações, agora chamadas coletivamente de infraestrutura, o tipo de instalações em que os investidores privados desejam investir?

ADEBAYO OGUNLESI (AO): Em alguns aspectos, os Estados Unidos estão tanto à frente quanto atrás de outros países. A maior parte da infraestrutura do país está, na verdade, em mãos privadas. As telecomunicações, consideradas infraestrutura, são todas de propriedade privada. A geração de eletricidade, com exceção da TVA [a Tennessee Valley Authority] e as concessionárias municipais da Califórnia, por exemplo, é toda de propriedade privada. A única área que continua no setor público é a infraestrutura de transportes: aeroportos, portos e estradas. Os sistemas ferroviários, em especial ferrovias de carga, são todos privados, embora a Amtrak seja quase pública.

O que aconteceu é que, na década de 1980, em parte por motivos ideológicos, em parte também impulsionado pelo capital, vários governos decidiram privatizar seus ativos de infraestrutura. É provável que Margaret Thatcher tenha começado isso pelo Reino Unido. A British Telecom era de propriedade do governo. A British Petroleum era controlada pelo governo. Os aeroportos eram todos de propriedade do governo. Serviços como eletricidade, água, telefonia eram todos de propriedade do governo. Thatcher partiu em uma onda de privatizações, em grande parte por ações em circulação em todas essas empresas. O que ela fez foi possibilitar que todos que moravam no Reino Unido tivessem a oportunidade de comprar ações de qualquer empresa que estivesse sendo privatizada.

É provável que o motivo para Margaret Thatcher fazer isso tenha sido ideológico. Ela achava que o governo do Reino Unido era grande demais. Foi uma reação ao rumo que os sucessivos governos trabalhistas tinham tomado. Em seguida, a Austrália privatizou seus aeroportos. O primeiro-ministro na época fez isso porque achava que essas coisas seriam mais bem administradas por mãos privadas. Desde então, se olharmos ao redor do mundo, os Estados Unidos são um dos poucos lugares no mundo desenvolvido onde os ativos de transportes continuam sendo de propriedade do governo. O aeroporto de Frankfurt é uma empresa de capital aberto. O aeroporto de Zurique é uma empresa de capital aberto. Até o aeroporto de Pequim é uma empresa listada.

Os Estados Unidos são um dos poucos lugares onde todos esses ativos estão em mãos públicas. Isso foi em função da política do governo federal como consequência da Primeira Guerra Mundial e, depois, da Segunda Guerra Mundial. Em suma, o governo transferiu alguns aeródromos militares para proprietários do setor público e também começou a fornecer capital para a modernização dos aeroportos. A condição era que eles deviam ser de propriedade pública. Foi aí que houve a transição para que todos os aeroportos dos Estados Unidos, com exceção de Porto Rico, fossem de propriedade de estados ou municípios, com o Reagan National e Dulles sendo de propriedade do governo federal.

DR: A empresa australiana Macquarie foi uma das primeiras líderes em investir nesses tipos de ativos? A Austrália foi diferente dos Estados Unidos ao permitir que investidores privados investissem em projetos assim décadas atrás?

AO: Acho que a Macquarie foi a primeira administradora real de fundos de infraestrutura que existiu. Eles construíram essa área de atuação. Como já mencionei, o que aconteceu na Austrália foi que eles decidiram privatizar todos os aeroportos. Todos os aeroportos da Austrália hoje estão em mãos do setor privado. O aeroporto de Sydney, que é o maior do país, era uma empresa de capital aberto. A Macquarie abriu o capital e agora estamos no processo de comprá-la, junto a alguns outros investidores. [O negócio foi fechado em março de 2022.]

DR: A tendência, nos últimos anos, tem sido comprar projetos de infraestrutura existentes e operá-los com mais eficiência ou construir novos projetos de maneira mais eficiente?

AO: A resposta é: as duas coisas. Se observarmos as transações que estão sendo feitas nos mercados desenvolvidos, a maioria é de pessoas que compram ativos de infraestrutura existentes de propriedade pública: aeroportos, rodovias com pedágio, portos. Há muita gente comprando ativos de infraestrutura existentes. A tese, pelo menos na maneira como investimos, é que achamos que podemos fazer um trabalho melhor na administração deles que o governo.

Vou dar um exemplo. O aeroporto de Gatwick tem uma única pista, e nós o compramos de um proprietário particular, a mesma empresa que é dona do aeroporto de Heathrow. Gatwick estava fazendo cinquenta movimentos (decolagens ou aterrissagens) por hora. Montamos uma equipe de especialistas em melhoria de negócios na nossa empresa para fazer uma análise. Eles concluíram que poderíamos passar de 50 para 55 movimentos. Eu me lembro da administração de Gatwick dizendo: "Isso é impossível. Já é a pista única mais movimentada em um aeroporto comercial do mundo." Mas, antes da Covid-19, tínhamos chegado a 58 movimentos por hora. Fizemos isso descobrindo qual era a melhor maneira de sequenciar aeronaves em uma pista. É aterrissagem, aterrissagem, decolagem? É decolagem, aterrissagem, depois decolagem, aterrissagem, aterrissagem? Nossa equipe fez algumas simulações e se envolveu com o controle de tráfego aéreo. O resultado líquido é que aumentamos o número de movimentos, o que é bom para as companhias aéreas, porque elas podem operar mais voos nos horários de pico. É bom para os passageiros, porque também podem contar com mais voos nos horários de pico.

São coisas simples assim. Vou dar outro exemplo. Quando compramos Gatwick, eles verificavam cerca de 150 pessoas por hora nas filas da segurança. Em 2019, aumentamos para 600 pessoas por hora. O motivo pelo qual conseguimos fazer isso foi que um dos integrantes da equipe descobriu que um dos maiores impedimentos para a rapidez com que as pessoas passam pela fila da segurança é o tamanho da bandeja de triagem. A máquina que faz a varredura só pode fazer uma quantidade específica de bandejas por segundo. Se você voar para Heathrow ou Gatwick, eles têm bandejas gigantescas que permitem que você coloque tudo que tem em uma bandeja só. Dá para fazer as pessoas passarem pelas filas da segurança com muito mais rapidez. É bom para os passageiros, porque, após essa etapa, eles não ficam estressados. Têm tempo de sobra antes do voo, então gastam dinheiro. Compram coisas na loja duty-free. Compram um café, compram livros. Compram jornais e, óbvio, isso é bom para nós. É bom para todos.

DR: O que há nos investimentos em infraestrutura que os torna tão atraentes para os investidores? É a alta taxa de retorno, a previsibilidade da taxa de retorno ou a duração da taxa de retorno?

AO: São três coisas. Uma é que o investimento adequado em infraestrutura não é correlacionado a outras classes de ativos. Na ausência de um grande deslocamento financeiro, os ativos de infraestrutura se comportam de maneira diferente do mercado de ações, da private equity ou de qualquer outra coisa. Isso é algo de que os investidores gostam.

A segunda é que os rendimentos de caixa são relativamente estáveis. Nos quatro fundos que levantamos, o rendimento médio anual de caixa está entre 10 e 12%. Se você é um fundo de pensão, poder contar com um alto rendimento de caixa, de um ou dois dígitos, ano após ano, é uma coisa boa.

O terceiro motivo pelo qual as pessoas gostam de infraestrutura é que é como qualquer ativo real. Nos últimos quinze anos, ninguém se preocupou com a inflação. Mas, quando esta começa a aparecer, uma das coisas que muitos ativos de infraestrutura fazem é oferecer proteção contra a inflação, porque, em muitos deles, a estrutura da receita é especificamente vinculada à inflação. Então, se a pessoa está preocupada com a inflação, investe em infraestrutura.

DR: O novo projeto de lei de infraestrutura aprovado pelo Congresso dos Estados Unidos vai aumentar ou diminuir a necessidade de investidores privados em infraestrutura?

AO: Os novos gastos nesse projeto de lei são de 550 bilhões de dólares, distribuídos em dez anos. A cada dois anos, a American Society of Civil Engineers (ASCE; Sociedade Americana de Engenheiros Civis) classifica a qualidade da infraestrutura americana. Eles avaliam pontes, sistemas de esgoto, estradas, aeroportos. Acho que a última nota geral foi C–. Se o seu filho aparecesse com um boletim parecido com esse, você o deixaria de castigo e tiraria o iPad e o iPhone porque só havia Ds e C–.

A ASCE estima que a lacuna de financiamento para a infraestrutura dos Estados Unidos chega a trilhões de dólares por ano. Portanto, para ser sincero, qualquer novo dinheiro gasto em infraestrutura no país é bom. Este com certeza é o maior montante que os Estados Unidos autorizaram em um período muito longo. Mas acho que é um pouco irrelevante.

O ponto fundamental e maior é o seguinte. O modelo tradicional de financiamento de infraestrutura é que o setor público faria isso. Porém, o modelo está quebrado e não pode ser consertado. Mesmo antes da pandemia, os governos tinham que gastar dinheiro com defesa, saúde e educação. Em lugares como a Europa, tiveram que gastar também com o envelhecimento da população. Quando se analisa essa panóplia de necessidades, não é surpresa que a infraestrutura nos Estados Unidos esteja no nível do mundo em desenvolvimento. Ao se pegar um avião de Dubai ou Cingapura para Nova York, julgando apenas a qualidade dos aeroportos, pode-se achar que os Estados Unidos são o país em desenvolvimento. É preciso um novo paradigma sobre como financiar a infraestrutura, porque os governos não vão poder arcar com isso. Todos os gastos que tiveram que fazer na pandemia só vão piorar a situação.

Eles vão ter que descobrir maneiras de atrair capital privado, porque há muito capital privado querendo entrar, e o setor privado faz isso melhor. É mais eficiente, é mais eficaz. No longo prazo, essa é a estratégia real que precisa ser implementada.

DR: Quem está investindo em infraestrutura? De onde está vindo o dinheiro?

AO: A maior parte vem de fundos de pensão, fundos soberanos e outros investidores institucionais. Temos mais ou menos quatrocentos investidores diferentes. Pouquíssimos family offices investem conosco. Existem alguns indivíduos com alto patrimônio líquido, mas são muito poucos. A maior parte do dinheiro vem dos mesmos investidores institucionais que investem em private equity. Vocês deviam ficar na sua. Agora vocês estão invadindo a nossa área. O Carlyle está levantando fundos de infraestrutura. A Blackstone fez isso. A KKR fez isso. A Brookfield fez isso. Falando sério agora, achamos que é uma coisa boa que mais gestores de ativos alternativos estejam fazendo isso, dada a magnitude da necessidade.

DR: Somos muito pequenos em comparação a você. O que constitui um investimento em infraestrutura, atualmente? Tem que girar em torno de um projeto que costumava ser um projeto apenas do governo?

AO: É justo dizer que as pessoas estão usando a definição de maneira irresponsável. Pensamos em infraestrutura como um negócio que oferece um serviço crítico ou essencial em uma economia. Não precisa ser de propriedade do governo. Fizemos cerca de quarenta investimentos nos nossos principais fundos. Metade deles foram situações em que procuramos empresas de energia e empresas de transporte com ativos de infraestrutura enterrados em seus portfólios e os compramos ou fizemos parceria com as empresas para sermos proprietários desses ativos.

Por exemplo, a Hess Oil é uma empresa de óleo e gás. Mas é proprietária de uma série de oleodutos, sistemas de coleta e plantas de processamento. Procurei John Hess, o CEO, e falei: "Se me vender uma participação de 50% desse negócio, vou pagar dez ou doze vezes o múltiplo dele e, no dia em que anunciar a transação, o preço das ações vai subir." Isso foi exatamente o que aconteceu, e John e sua empresa têm sido excelentes sócios. Uma das coisas que fizemos na GIP é focar em como podemos pegar ativos de infraestrutura que estão enterrados em empresas maiores e ajudá-las a monetizar.

DR: Os investimentos em infraestrutura sempre envolvem o investidor ter controle para poder efetuar mudanças ou melhorias? Em outras palavras, você faz um investimento passivo em infraestrutura se não puder fazer mudanças?

AO: Gostamos de situações nas quais podemos controlar o ativo e fazer mudanças, porque pensamos que é aí que dá para direcionar coisas como o foco no atendimento ao cliente e na eficiência operacional, melhorando a maneira como eles gastam capital e a disciplina desse capital. Mas também fizemos alguns investimentos nos quais somos, na essência, um investidor passivo. Por exemplo, fizemos uma transação com a Abu Dhabi National Oil Company em que compramos, com um grupo de outros investidores, uma participação nos ativos de infraestrutura de gás deles. Foi feito como leasing; eles continuam a administrar o ativo. Eles nos pagam uma taxa e, depois de vinte anos, a propriedade volta para eles. Quando gostamos do perfil de risco, fazemos isso.

DR: O que é mais fácil: obter aprovações para investimentos em infraestrutura brownfield ou greenfield?

AO: Muito, muito mais fácil para brownfield. Um dos problemas dos Estados Unidos hoje é que obter aprovação para investimentos greenfield é incrivelmente difícil. Eu me lembro de quando Trump era presidente e ele tinha a "Semana da Infraestrutura", com uma longa lista de aprovações que era preciso conseguir para construir alguma coisa nova. É um pesadelo. O governo federal precisa agilizar os processos de aprovações, porque isso está dificultando muito a construção de uma infraestrutura nova e desesperadamente necessária.

DR: Em que partes do mundo é mais difícil fazer esses tipos de investimentos em infraestrutura? O mundo em desenvolvimento, o mundo desenvolvido, os Estados Unidos?

AO: Em certas áreas, os Estados Unidos são os mais difíceis. É quase impossível ser dono de um aeroporto nos Estados Unidos. A FAA (Federal Aviation Administration — Departamento de Aviação Federal) tem um programa-piloto no qual os municípios de um estado e de uma cidade podem privatizar os aeroportos. Esse programa está em operação há vinte e cinco anos ou algo assim. Apenas duas transações significativas foram feitas por meio dele: o aeroporto de Porto Rico e o do condado de Westchester. Isso indica que algo não faz sentido no processo, quando se compara com o sucesso que outros países tiveram.

Nos mercados emergentes, há a preocupação com o risco político. Com o risco cambial. Com todos os outros tipos de problemas. Mas, na

China, eles precisam mesmo de investimento em infraestrutura de terceiros quando têm mais dinheiro do que qualquer outro país? Na verdade, não. Porém, em outros países com maior necessidade de capital de terceiros, sempre há desafios para garantir e operar investimentos em infraestrutura.

DR: A taxa de retorno costuma ser menor que um investimento em private equity ou venture capital ou é a mesma?

AO: Varia. Deve ser menor do que o venture capital, porque este tem um alto risco marginal. No nosso fundo principal, buscamos retornos brutos de 15 a 20%. Nos nossos dois primeiros fundos, que são os mais maturados, entregamos retornos mais altos que isso: na faixa dos 20 e poucos. Os retornos líquidos são de 17, 18, 19%, algo do gênero. A maioria dos gestores de fundos de infraestrutura busca um retorno de mais ou menos 15%, o que é óbvio ser um pouco menor que o da private equity. Mas achamos que nossos retornos são competitivos.

DR: Os sindicatos tendem a se preocupar com o que acontece quando uma instalação construída e operada pelo governo é privatizada? É difícil conseguir investimentos quando há sindicatos envolvidos?

AO: Em geral, é a desculpa que os governos dão, pelo menos nos Estados Unidos, quando não querem se esforçar para privatizar seus ativos. Afirmam: "Eles vão aparecer e demitir todo mundo." Quando compramos o aeroporto de Gatwick, eles tinham menos de 30 milhões de passageiros. Em 2019, aumentamos para quase 50 milhões de passageiros. Ao crescer desse jeito, não se demite ninguém, e sim contrata-se. O Reino Unido é um país tão sindicalizado quanto os Estados Unidos, e nunca tivemos problemas com os sindicatos trabalhistas no aeroporto de Gatwick. Então acho que é um mito que dizem por aí. Mas, se os governos querem de fato proteger empregos, com certeza podem fazer isso nos termos da privatização. Por exemplo, quando compramos um porto na Austrália, uma das exigências explícitas era que não podíamos demitir pessoas, a menos que fosse por aposentadoria ou demissão voluntária. Nós aceitamos. É possível administrar isso.

DR: A concorrência para comprar ou investir em ativos de infraestrutura é maior que há dez ou vinte anos?

AO: Com certeza. Dez anos atrás, é provável que houvesse três gestores de fundos de infraestrutura, talvez quatro, com fundos na faixa de 5 a 10 bilhões de dólares. Hoje, talvez existam dez nessa faixa. Levantamos um que foi de 22 bilhões de dólares. A Brookfield levantou 20 bilhões de dólares. Nos próximos anos, provavelmente haverá meia dúzia de empresas levantando fundos de 20 bilhões de dólares.

DR: Atualmente, a infraestrutura é uma classe de ativos bem reconhecida? Você a vê crescendo? Mais ativos serão privatizados e mais investidores vão querer participar dessa área?

AO: Com certeza é uma classe de ativos reconhecida hoje. Quando levantamos nosso primeiro fundo, muitas das instituições com as quais conversamos não tinham certeza de onde colocá-lo. Algumas o colocam nas categorias de renda fixa. Outras, nas imobiliárias. Agora, quase todas as grandes instituições têm uma classe separada de ativos para a infraestrutura. Pode ser dentro de ativos reais, que incluem imóveis, madeira e coisas desse tipo.

Se vai haver crescimento? A resposta é sim, sem dúvida. São feitas pesquisas anuais sobre onde os investidores querem colocar dinheiro. A infraestrutura é o número um ou o número dois. É sempre uma disputa entre infraestrutura e crédito privado. Lamentavelmente, do seu ponto de vista, a private equity não é mais o número um; o growth capital não é mais o número um. Ou é crédito privado ou infraestrutura. Com a inflação começando a subir, acho que vai crescer ainda mais.

DR: Como pequenos investidores e investidores individuais podem participar disso?

AO: Acho que o único lugar onde eles podem fazer isso, pelo menos por uma questão de estrutura, é a Austrália. É óbvio que eles participam indiretamente através de fundos de pensão e outros gestores de ativos.

DR: Você cresceu na Nigéria dizendo que queria ser investidor em infraestrutura global? Essa era a sua ambição quando criança?

AO: Eu nem saberia dizer o que era um investidor de infraestrutura global quando estava crescendo. Achava que queria ser advogado.

DR: Você cresceu em Lagos?

AO: Cresci em Ibadan, que é uma cidade universitária, mas frequentei um internato em Lagos.

DR: Como foi que você decidiu fazer faculdade em Oxford? O que estudou?

AO: Não era incomum as pessoas irem para a universidade na Inglaterra ou nos Estados Unidos naquela época. Embora houvesse universidades na Nigéria, minha ida para Oxford foi em função de meus pais terem frequentado a universidade na Inglaterra. No ano em que fui, quatro ou cinco alunos do meu internato foram para Oxford. Estudei política, filosofia e economia.

DR: Como você foi para a Faculdade de Direito de Harvard e o que o levou a ir também para a Faculdade de Administração de Harvard?

AO: Decidi que queria ser advogado, mas queria ser advogado corporativo. Passei um tempo nos Estados Unidos e decidi que os melhores advogados corporativos eram, na verdade, os que estudaram nos Estados Unidos. Foi assim que me candidatei para a Faculdade de Direito de Harvard. Na época, não estava explícito que ela admitia no programa JD regular pessoas que não fossem americanas, canadenses ou viessem de uma universidade dos Estados Unidos. Por que eles me deixaram entrar, ainda não sei. Tenho uma teoria. Isso foi em 1975. Acho que Harvard, com sua visão de futuro, achou: "Esse garoto da Nigéria, vamos deixá-lo entrar na faculdade de Direito e ele vai voltar para o país dele e vai ficar rico, e assim vai doar prédios na faculdade de Direito."

Por que fui para a faculdade de Administração? Cresci com aversão a números. Larguei a matemática assim que pude, no internato. Então, quando cheguei à faculdade de Direito, falei: "Talvez eu devesse enfrentar meu medo de números me inscrevendo na faculdade de Administração, e os meus colegas vão acabar sendo CEOs de grandes empresas. Assim vou poder lhes dizer: 'Fui melhor do que você na faculdade de Administração, então precisa me contratar como seu advogado corporativo.'" Eu me inscrevi na faculdade de Administração e no programa conjunto JD–MBA e, como dizem, o resto é história.

DR: Você foi exercer a advocacia no escritório Cravath, Swaine & Moore, onde eu tinha sido sócio de verão. Por que você escolheu a Cravath?

AO: Logo depois da faculdade de Direito, passei dois anos em Washington. Primeiro, trabalhei como escrevente para o juiz Skelly Wright do Tribunal de Apelações dos Estados Unidos no Circuito de DC, depois para o juiz Thurgood Marshall na Suprema Corte.

DR: Isso é bem impressionante. Você ficou impressionado com Thurgood Marshall?

AO: Ainda é o melhor emprego que eu tive. Ele era, claro, um gigante jurídico, um grande contador de histórias, um homem maravilhoso. Era muito divertido.

Voltando à Cravath... Eu achava que queria ensinar Direito corporativo. Pensei: "Devia pelo menos praticar por alguns anos antes de aparecer na escola para ensinar." A Cravath tinha uma reputação muito boa como escritório de advocacia corporativo. Foi por isso que a escolhi.

Ensinei meio período na Faculdade de Direito de Harvard por mais ou menos cinco anos. Depois, ensinei meio período na Faculdade de Direito de Yale e depois na Faculdade de Administração de Yale.

DR: O que levou você a deixar a advocacia e entrar na área de banco de investimentos?

AO: Uma ligação de um dos meus melhores amigos. Nós crescemos juntos, fomos para o internato juntos, fomos para Oxford juntos, e depois ele também foi para Harvard. Mas ele tinha voltado para a Nigéria e, aos 24 ou 25 anos, era assistente especial do ministro do Petróleo e Energia. Um dia, ele me ligou e disse: "O governo nigeriano está procurando consultores para um grande projeto de gás natural liquefeito que desejam fazer. A Cravath vai ser a consultora jurídica. Quem você recomenda como banqueiro de investimentos?" Dei-lhes os nomes de sempre: Goldman, Morgan Stanley, First Boston.

O First Boston foi contratado, e eles descobriram que a Cravath tinha um conflito, porque o parceiro do governo no projeto era a Shell, e a Cravath fazia muita coisa para a Shell. Então eles não puderam participar disso. De alguma forma, o pessoal do First Boston descobriu que o cliente deles tinha um bom amigo que trabalhava na Cravath, então ligaram para a empresa e disseram: "Soubemos que vocês têm um advogado chamado 'Bayo'. Vocês podem perguntar se ele aceita tirar uma licença e passar três meses conosco como consultor?"

Um desfile de gente importante do escritório foi para a minha sala e todos diziam: "Recebemos um pedido do First Boston, um cliente importante. Você já tem um MBA, então as pessoas ficam desconfiadas se você quer mesmo ser advogado ou não. Se fizer isso, quando chegar a hora da virar sócio, não vai ser bom para você." Falei: "Eu vou lá, vou conhecer muito melhor o pessoal do First Boston e, quando voltar, eles vão ser meus clientes."

Cheguei ao First Boston e eles descobriram que eu tinha um MBA. Começaram a fazer campanha: "Você prefere ser banqueiro a ser advogado?" Eu gostaria de dizer que o motivo pelo qual o First Boston foi tão insistente foi porque eles achavam que eu tinha alguma habilidade brilhante. Imagino que a avaliação deles tenha sido: "O melhor amigo do nosso cliente está trabalhando para nós. Vamos ser contratados para a segunda fase do projeto." Eles estavam corretos. Fomos contratados, mas não adiantou. Eles não levaram em conta o risco político na Nigéria.

Três meses depois que comecei, houve um golpe. O governo foi derrubado, o projeto, cancelado e o pessoal do First Boston me disse: "O que você quer fazer?" Respondi: "Quero fazer projetos internacionais." Eles disseram: "Tome aqui um cartão de visita. Tome um cartão de crédito. Por que você não dá a volta ao mundo e vê se consegue fechar contratos para entrarmos em licitações de projetos internacionais?" E foi isso mesmo o que eu fiz.

DR: Por quantos anos você ficou no First Boston?

AO: Fiquei lá por vinte e três anos.

DR: E foi promovido a chefe do banco de investimentos?

AO: Isso mesmo.

DR: Eu me lembro de uma vez que liguei para você e falei que ia iniciar um fundo de infraestrutura no Carlyle, e você disse: "Consegui que o Credit Suisse e a GE concordassem em fazer uma coisa. Se isso não rolar, entro em contato com você." Quem teve a ideia de chamar o Credit Suisse e a General Electric para fazerem isso juntos? Foi você?

AO: Foi. Na época, eu tinha o que considerava o melhor emprego no Credit Suisse (como o First Boston passou a ser conhecido). Era o diretor de clientes. Eu podia sair com os clientes e não tinha responsabilidades administrativas. Foi aí que decidi que queria fazer algo diferente. Então, eu e alguns colegas nos perguntamos: "O que podemos fazer de diferente e que seria agradável? Por que não criamos um negócio de gestão de fundos de infraestrutura?" Procurei o CEO do Credit Suisse e disse: "Quero começar um negócio e quero que você invista 1 bilhão de dólares." Num gesto louvável, ele falou: "Tudo bem". Depois ele quis que fizéssemos isso dentro do Credit Suisse, o que eu não queria. Por sorte, recebemos uma ligação da GE. Jeff Immelt, o CEO, decidiu que queria criar um fundo de infraestrutura. Eu lhe disse: "Vou deixar o Credit Suisse para abrir um fundo e, se você nos der 1 bilhão de dólares, nós incluiremos você." Ele nos deu meio bilhão de dólares e, como era uma joint venture, tinha que ser fora do Credit Suisse. Então foi isso que fizemos.

DR: Em que ano foi isso?

AO: Em 2006.

DR: Agora você administra 100 bilhões de dólares ou mais?

AO: São 81 bilhões de dólares.

DR: Oitenta e um bilhões de dólares. Você é a maior empresa de infraestrutura do mundo?

AO: É provável que a Macquarie ainda seja a maior. Somos a maior empresa independente.

DR: Quantos funcionários você tem agora?

AO: Temos cerca de 350 funcionários, dos quais cerca de 150 são profissionais de investimento. E temos quase quarenta pessoas no que chamamos de Equipe de Melhoria de Negócios. São homens e mulheres que trabalharam em empresas industriais e não são especialistas em infraestrutura. Trabalharam em empresas como GE, BP, Honeywell. Nossa tese, quando criamos o GIP, era que, se pudéssemos aplicar as ferramentas e técnicas industriais aos negócios de infraestrutura, poderíamos obter retornos descomunais, e foi isso que aconteceu.

DR: Você pode dar um exemplo de um de seus investimentos mais conhecidos, do qual realmente se orgulha?

AO: Investimos em Gatwick em 2009. Vendemos uma participação de 50% para uma empresa francesa chamada Vinci em 2019. Ganhamos mais de dez vezes o nosso investimento inicial. Funcionou muito bem.

DR: Você já perdeu dinheiro em alguma coisa?

AO: Temos dois investimentos que não deram em nada. Um deles foi um investimento de aproximadamente 600 milhões de dólares em uma empresa de resíduos industriais no Reino Unido chamada Biffa. O que eles faziam era recolher resíduos industriais, que eram descartados em aterros sanitários. Havia uma transição em andamento na Europa, quando o Reino Unido ainda fazia parte da União Europeia. De acordo com os regulamentos da União Europeia, eles tiveram que parar de descartar lixo em aterros sanitários, então tiveram que substituí-los por energia de usinas de resíduos e usinas de digestão anaeróbica. Nossa tese era que usaríamos esse resíduo industrial como matéria-prima para construir esses dois tipos de fábricas, e foi isso que fizemos. Mas não levamos em conta a crise financeira. Quando ela ocorreu, os dois maiores tipos de clientes que a Biffa tinha eram restaurantes e empresas de construção. Depois da crise financeira, todo aquele suprimento de resíduos evaporou e, por fim, a empresa faliu.

DR: As habilidades necessárias para ser um bom investidor em infraestrutura são diferentes das de um bom investidor em private equity? Quais são os atributos que procura quando está contratando alguém?

AO: É preciso o mesmo conjunto de habilidades de um bom investidor. Primeiro, algum conhecimento específico do setor em que se deseja investir. Por isso, tentamos investir em setores que de fato entendemos. Dois, é necessário ser intelectualmente honesto para reconhecer quais são os riscos de uma transação. Três, há de se entender que o investimento em infraestrutura é diferente da private equity.

Se seus retornos-alvo são TIRs de 15 a 20%, o que significa que você ganha duas ou três vezes o seu dinheiro em um investimento, você não pode se dar ao luxo de fazer um grande investimento que seja um fracasso. Uma das coisas críticas sobre o investimento em infraestrutura é que a pessoa deve se concentrar em se proteger contra as desvantagens. Quando temos reuniões do comitê de investimentos, não gastamos muito tempo analisando as vantagens. Na maioria das vezes, gastamos no caso base e depois no caso das desvantagens, porque a nossa tese é que, se a pessoa subscrever um investimento a 15% e acabar com 12%, não terá grandes problemas.

DR: Você foi banqueiro de investimentos por vinte e três anos. Quais são as habilidades diferentes entre o banco de investimento e a private equity ou o investimento em infraestrutura? Quais habilidades diferentes você precisa usar?

AO: Vou responder indiretamente, dizendo que, quando decidi começar o GIP, fui visitar Henry Kravis [cofundador da KKR] para pedir conselhos. Ele disse: "Vou lhe dar dois conselhos. Um deles você vai aceitar, no outro provavelmente não vai acreditar, mas, daqui a cinco anos, volte para me ver." Então falou: "O primeiro é: lembre-se de que qualquer tolo pode comprar uma empresa, você só precisa pagar mais que o outro. Não é quando compra um negócio que você comemora. É quando o vende com lucro." Tudo bem, eu me lembro de ter pensado. Em seguida, ele continuou: "A segunda coisa que deve entender é que não importa o quanto você é inteligente, o quanto se acha inteligente, nada substitui a experiência no negócio de investimentos."

Eu me lembro de ter pensado, na época: "Levantamos bilhões de dólares para criar essa empresa. Trabalhei como banqueiro com alguns dos investidores mais astutos, com a empresa de energia da Berkshire Hathaway. Isso não pode ser tão difícil."

Cinco anos depois, fui visitar Henry. Falei: "Henry, você estava certo, porque, quando penso em como costumávamos ver os investimentos quando começamos o GIP e como os vemos hoje, é uma diferença entre noite e dia." A diferença é que, no banco de investimentos, você está sempre tentando chegar ao sim. Está sempre tentando aconselhar seu cliente a fazer alguma coisa, comprar um negócio, não comprar um negócio, vender um negócio, não vender um negócio. Essa é uma habilidade muito diferente.

No investimento, você não vai vender. Na verdade, quando contratamos novas pessoas de banco de investimentos, sempre percebemos quem são no primeiro comitê de investimentos, porque são as pessoas que enfatizam tudo que há de bom no investimento. Não perdem tempo pensando no que pode dar errado e são sempre otimistas. Ao passo que os experientes na área dizem: "Aqui está o que pode dar errado. Aqui estão todas as coisas ruins que você precisa saber. Você decide."

DR: Algum arrependimento na sua carreira? Você não se arrepende de não ser professor de Direito, suponho.

AO: Nenhum arrependimento. Eu me diverti em cada coisa que fiz. Não pensei que passaria vinte e três anos em um banco de investimentos. Fiz isso. E me diverti muito. Não pensei que investir seria ainda mais divertido que um banco de investimentos, mas foi, então não me arrependo.

DR: Você tem algum interesse fora da vida profissional? Não pode trabalhar vinte e quatro horas por dia, sete dias por semana. Tem algum hobby ou pratica algum esporte? É um grande atleta ou grande qualquer coisa? Alguma filantropia que lhe interesse?

AO: Na juventude, eu era bem atlético. Jogava hóquei sobre grama. Acho que quase ninguém nos Estados Unidos acredita que os homens jogam hóquei sobre grama. Eu me lembro que, quando cheguei a Harvard, falei que queria jogar hóquei. Eles me informaram: "Ali está a pista de gelo." E eu disse: "Não, quero jogar hóquei sobre grama." E eles: "Onde está a sua saia?" Porque, pelo visto, nos Estados Unidos, apenas mulheres jogam hóquei sobre grama. Depois, pratiquei um esporte ainda menos conhecido, o críquete, que ninguém nos Estados Unidos entende. Então decidi jogar golfe porque achei que seria fácil e descobri que jogar golfe é muito difícil. Adoro ler. Leio por volta de cem livros por ano. Na filantropia, tendemos a focar na educação, dar uma bolsa para estudar em Harvard, Oxford, coisas assim. Mas também estabelecemos uma fundação familiar e estamos envolvendo nossos dois filhos nas atividades para eles descobrirem quais causas querem apoiar com a filantropia.

DR: Seus filhos querem ser investidores em infraestrutura?

AO: Não. Temos dois filhos. Um com 36 e outro com 32. Os dois estão no mundo da música. Então, minha esposa e eu estamos convencidos de que devemos ter cometido um grande crime ou algo assim em uma vida passada.

DR: Você gosta muito de música?

AO: Não em particular. Gosto de música, mas meus filhos gostam muito mais que eu.

DR: Uma última pergunta. Para administrar a maior empresa independente de infraestrutura do mundo, as qualificações são: é preciso ser da Nigéria, ter uma especialização em Direito e um MBA de Harvard e ter sido um banqueiro de investimentos primeiro. Esses são os pré-requisitos, certo?

AO: Não, a única coisa que é necessário é ter sorte, porque levantamos dinheiro em uma época em que as pessoas davam dinheiro para gente sem experiência. Odeio pensar na recepção que teríamos se tentássemos fazer isso hoje. Então: a) você precisa ter sorte e b) precisa se cercar das pessoas mais inteligentes, assim como você fez, David. Eliminar os obstáculos do caminho dessas pessoas. Depois você pega carona no sucesso delas.

ESG [Ambiental, Social e Governança]

DAVID BLOOD

Sócio sênior da Generation Investment Management

> *"Hoje, em muitos lugares do mundo, se a pessoa não considera os fatores ESG, não está cumprindo seu dever fiduciário."*

Durante grande parte da história dos investimentos, o foco principal dos investidores era conseguir a maior taxa de retorno (de forma legal e consistente com as normas). Para ser sincero, havia relativamente pouca ou nenhuma preocupação com os efeitos sobre o meio ambiente, o impacto social geral ou a maneira como os lucros eram obtidos. A preocupação com a diversificação de um conselho, da força de trabalho ou da base de fornecedores também não fazia parte do ecossistema de investimentos (nem dos negócios).

Para alguns, esse tipo de abordagem significava, em essência, que investir não era uma atividade tão socialmente aceitável quanto seria desejável: o capital era aplicado em empresas, indústrias ou áreas geográficas que se opunham a resultados socialmente responsáveis.

Porém, nas últimas décadas e mais ainda nos últimos anos, surgiu uma nova consideração de investimento: a ESG, um acrônimo que, em inglês, significa ambiental, social e governança. Esses três fatores são aqueles nos quais os investidores estão focando cada vez mais. Ambiental: o investimento vai impactar o meio ambiente de uma maneira favorável? Social: o investimento vai abordar de forma adequada questões sociais como equidade, diversidade e inclusão? Governança: o investimento vai ser em uma empresa administrada de forma a refletir todos os interesses das partes interessadas, e não apenas os interesses dos acionistas (ou executivos)?

Quando algumas pessoas na comunidade de investimentos começaram, algumas décadas atrás, a se concentrar em fatores ESG para avaliar a conveniência dos investimentos, elas eram uma pequena minoria. A grande maioria dos investidores ainda queria se concentrar nos critérios tradicionais de lucratividade (e, em última análise, na taxa de retorno). Havia uma visão de que dedicar atenção aos fatores ESG por parte de uma empresa prejudicaria o foco na lucratividade e, portanto, geraria taxas de retorno mais baixas.

Na última década, e em especial nos últimos anos, essa perspectiva tradicional mudou em dois aspectos. Primeiro, os investidores estão muito mais focados nas qualidades ESG dos investimentos por causa de uma preocupação maior com o impacto dos investimentos na sociedade. Em segundo lugar, os investidores acreditam cada vez mais que as empresas com fortes métricas ESG de fato vão superar os investimentos sem essas métricas (em parte porque os clientes estão mais sintonizados com essas preocupações; os funcionários desejáveis estão em igual medida focados em trabalhar nesses locais; e outros investidores talvez estejam mais interessados em apoiar essas empresas).

Esses pontos de vista ainda não são aceitos de modo universal no mundo dos investimentos. E, mesmo entre aqueles que acreditam que os fatores ESG são cada vez mais importantes e relevantes, há alguma resistência ao desejo de alguns defensores muito ardentes de impedir que certas organizações sem fins lucrativos, como endowments universitários, tenham qualquer investimento em empresas de óleo e gás. Também há alguma resistência na comunidade de investimentos quanto a empresas de capital aberto abordarem em detalhes como estão lidando com a mudança climática nas suas operações.

Mas está evidente que o movimento em direção a investimentos relacionados aos fatores ESG se tornou um componente do mundo dos investimentos e deve ganhar cada vez mais importância.

Das empresas de investimento que fazem do ESG a força motriz de todas as suas decisões de investimento, talvez a mais conhecida seja a Generation Investment Management, que foi iniciada em 2004 por sete fundadores, incluindo o ex-vice-presidente Al Gore e o ex-sócio da Goldman

Sachs David Blood (produzindo o apelido inevitável "Blood and Gore", que, traduzindo do inglês, significa sangue e nojeira). Ambientalista convicto e homem que passa boa parte do tempo ao ar livre, Blood liderou o braço de gestão de ativos da Goldman antes de se aposentar em uma idade relativamente jovem, pouco depois de a empresa abrir o capital (apesar das objeções dele).

Desde a sua criação, a Generation estava focada apenas em investir em empresas em que o forte desempenho ESG era uma parte fundamental (no começo, apenas empresas de capital aberto). O capital inicial da Generation veio em especial dos fundadores e de alguns familiares e amigos. Pelos motivos mencionados antes, os investidores externos estavam um pouco céticos de que os retornos seriam tão atraentes.

A visão dos fundadores era que o foco em fatores ESG geraria retornos melhores, superando os índices gerais de mercado. Estavam certos. Desde que a Generation foi criada, o principal fundo Global Equity da empresa superou seu índice de mercado público comparável em cerca de 500 pontos base, uma diferença notável no mundo do desempenho das ações.*

Além disso, os fundadores da empresa continuam determinados a manter a Generation como uma empresa de capital fechado, não sujeita às pressões impostas a uma empresa de capital aberto, pressões essas que às vezes podem colidir com o foco em fatores ESG. Entrevistei David, que já foi meu vizinho em uma região de esqui, por Zoom em 30 de setembro de 2021, quando ele estava na sede da empresa, em Londres.

DAVID M. RUBENSTEIN (DR): Por que os fatores ESG se tornaram uma parte tão importante do mundo dos investimentos nos últimos anos?

DAVID BLOOD (DB): Eles se tornaram cada vez mais populares ao longo dos últimos cinco ou dez anos. Em primeiro lugar, as questões em torno da sustentabilidade se tornaram muito evidentes. As pessoas reconhecem que são tópicos que estão impulsionando economias e, portanto, são importantes. Em segundo lugar, a mecânica e a pesquisa acadêmica sobre o que os fatores ESG de fato significam para as empresas e, por extensão, para os investidores, tornaram-se mais explícitas. O estudo de viabilidade

---

* Dados de 31 de dezembro de 2021, provenientes do MercerInsight, o banco de dados da Mercer Investment Consultants. Os dados são brutos, sem desconto de taxas, desde o início do fundo Global Equity da Generation em 1º de maio de 2005.

da sustentabilidade e o histórico de certos investidores legitimaram o ESG a ponto de deixar de ser uma atividade marginal. Não é mais considerado trocar valor por valores. É considerada uma abordagem muito mais rigorosa de escolher onde investir.

DR: A antiga presunção no mundo dos investimentos era que, se alguém investisse com foco em ESG, teria uma taxa de retorno menor. Isso é um resumo justo do senso comum?

DB: É, é por causa da sensação de que sempre que você limitar suas oportunidades, por extensão, vai aumentar seu desafio de investimento. Este era o senso comum há vinte anos, quando começamos: que os fatores ESG eram relacionados à exclusão. Excluíam-se as companhias de petróleo ou de tabaco ou qualquer outra coisa. Muitas pesquisas em torno disso foram bem categóricas. Ao reduzir seu conjunto de oportunidades, isso vai resultar em uma penalidade.

Mas, com o passar do tempo e a popularização da percepção das pessoas de que os fatores ambientais, sociais e de governança são ferramentas para ajudar a entender o que uma empresa faz e como faz, essa atitude começou a mudar. As pessoas começaram a perceber que os fatores ESG dariam insights diferenciados na compreensão dos negócios e das equipes administrativas.

Ao mesmo tempo, infelizmente, ainda mais nos Estados Unidos, a ideia se tornou uma questão política. Muita gente pensa em sustentabilidade ou ESG como alguém tentando impor valores ao portfólio ou como uma iniciativa de esquerda ou centro-esquerda. Isso se manifesta no ressentimento que observamos nos Estados Unidos.

Tentamos dizer, desde o início: "Não, a estrutura de investimento da qual falamos, que é o investimento de longo prazo, é a melhor prática." A sustentabilidade (definida de forma abrangente para incluir questões como mudança climática, saúde, desigualdade, desafios hídricos, toda uma gama de temas importantes que estão cada vez mais interligados e impulsionando as economias) somada ao ESG são ferramentas ou uma estrutura para ajudá-lo a entender economias, negócios e equipes administrativas e, por fim, aplicar o capital de maneira mais eficaz e ajustada ao risco.

DR: As pessoas agora acreditam que o ESG pode aumentar de fato os retornos? Isso virou senso comum?

DB: Cada vez mais. Quando começamos, havia uma dúvida sobre se era permitido considerar o ESG do ponto de vista do dever fiduciário. Hoje, em muitos lugares do mundo, se a pessoa não considera esses fatores, não está cumprindo seu dever fiduciário. Os investidores querem que o ESG faça parte do que é considerado pontos relevantes na avaliação de um possível investimento. Os investidores não querem que seu investimento prejudique o mundo; querem que ajudem o mundo.

DR: Há pessoas que ainda acreditam que ele não vai aumentar os retornos? Ou hoje é universalmente aceito que a atenção ao ESG vai aumentar os retornos?

DB: É cada vez mais aceito universalmente. Quando Larry Fink diz que sustentabilidade e ESG são mainstream, acho que é mais ou menos verdade.

DR: Por que a atenção ao ESG, na sua opinião, gera melhores retornos? Isso é verdade nos mercados de capital aberto, que têm sido o seu foco principal, ou nos mercados de capital fechado também, nos quais você também está investindo agora?

DB: Estamos investindo em mercados de capital fechado há doze ou treze anos, ou seja, há muito tempo, mas acreditamos que sustentabilidade e ESG são relevantes para todas as classes de ativos. Começamos com os mercados de ações porque é nisso que as pessoas se concentram. Quando você liga a CNBC, vai ouvir sobre os mercados de ações, em especial, em comparação aos mercados de capital fechado ou os mercados de renda fixa. Como o nosso objetivo como empresa é gerar excelentes resultados de investimento e promover a sustentabilidade nos mercados de capitais, queríamos nos concentrar na área mais popular. Mas, sim, sustentabilidade e ESG são importantes para todas as classes de ativos.

DR: Como um investidor mede o desempenho ou registro ESG de uma empresa? Existe uma ferramenta de medição padrão com a qual todos concordam ou, até certo ponto, depende de quem vê? Haverá uma métrica padrão em algum momento, se ainda não houver?

DB: Essa é uma das perguntas mais importantes hoje. A questão ao se tratar da sustentabilidade e do ESG é que, como você mencionou, esses termos muitas vezes são usados e explicados dependendo da perspectiva de quem vê. Isso acaba sendo um desafio, porque o que ESG significa para você ou o que significa para mim pode ser ainda outra coisa para outra pessoa. Nós nos esforçamos muito para ajudar a definir essa estrutura e torná-la explícita, mas existem no momento iniciativas que estão ajudando a incutir um pouco de conformidade na transparência relacionada à sustentabilidade para os investidores. A IFRS [International Financial Reporting Standards Foundation] (Fundação de Normas Internacionais de Relatórios Financeiros) consolidou recentemente os principais esforços de transparência de sustentabilidade com foco no investidor para criar o novo International Sustainability Standards Board (Conselho de Normas Internacionais de Sustentabilidade), que vai funcionar lado a lado e se conectar ao conselho que define os padrões internacionais de contabilidade. Isso vai gerar uma padronização importante para a transparência relacionada à sustentabilidade para os investidores, inclusive dando transparência para a suposição por trás das metas relacionadas à sustentabilidade das empresas, e vai torná-la parte dos relatórios financeiros de propósito geral.

DR: Os três componentes do ESG possuem igual importância ou é mais provável que um indique um valor potencial maior para uma empresa?

DB: Depende de quando você faz essa pergunta. Pensamos nisso de forma consistente em todos os nossos negócios. É verdade que, em algumas empresas, o foco vai ser maior na governança ou nos desafios no meio ambiente ou sociais. Em suma, são todos indicadores de compreensão da qualidade do negócio e da qualidade da gestão. Em certos casos — por exemplo, a transição para zero líquido [emissões de carbono] e a transição energética na qual estamos embarcando —, se o seu negócio é focado nisso, a pegada ambiental e o que você está fazendo para ajudar a transição para o zero líquido será o aspecto mais importante da sua agenda de negócios.

DR: Você pode explicar a diferença entre investir com foco em ESG e "investimento de impacto"?

DB: Essa também é uma pergunta importante, porque é algo que confunde as pessoas. A primeira coisa que mencionaríamos é que todo investimento tem um impacto. Fingir que alguns negócios têm impacto e outros não têm é um pouco equivocado. O que as pessoas tendem a querer dizer com investimento de impacto é que se está trocando impacto por retorno. Há certa concessão. Isso, no fundo, é uma extensão da filantropia.

Sentimos que o impacto é um componente crítico para a alocação de capital e se tornará cada vez mais. Acreditamos que o impacto vai fazer parte do cálculo de risco e retorno daqui em diante. Isso é ainda mais importante enquanto fazemos a transição para o zero líquido.

DR: Vamos falar um pouco sobre como você chegou ao mundo dos investimentos e como chegou a ser cofundador da Generation Investment Management. Sempre se interessou pelo mundo dos investimentos quando jovem?

DB: Estou no ramo de investimentos há vinte e cinco anos e no setor financeiro há quarenta. Fui para o Hamilton College para ser ou professor ou guarda florestal. Eu não sonhava em ser investidor quando era jovem. Sonhava com algo muito diferente. Minha mãe era professora, e tive muitos mentores que eram professores, e era isso que eu queria fazer.

Quando fui para o Hamilton, no segundo ano, eles acabaram com o departamento de educação, então tive que procurar uma especialização. A opção mais próxima da educação era a psicologia, em específico a psicologia infantil, que, como você sabe por administrar empresas, é uma boa disciplina para gerenciar banqueiros e gestores de investimento.

Não consegui emprego como psicólogo, então meu pai disse (isso foi na primavera de 1981): "Olha, você precisa arrumar um emprego e devia se candidatar a bancos, porque eles contratam gente como você." Eu me candidatei a setenta bancos nos Estados Unidos e fui rejeitado por sessenta e nove deles. Consegui um "sim" no Bankers Trust, comecei minha carreira em finanças lá e descobri que era muito bom com números, daí fui para a Faculdade de Administração de Harvard e para a Goldman Sachs. Eu não aspirava a ser um banqueiro de investimentos quando estava no último ano da universidade.

DR: O que você fez na Goldman e o que o levou a sair para fazer outra coisa?

DB: Tive uma carreira meio incomum na Goldman Sachs. Passei por quase todas as áreas da empresa. Comecei em 1985 em banco de investimentos, passei um tempo no pregão de renda fixa, depois um tempo no pregão de ações, fui tesoureiro de lá por um tempo, depois mudei para o negócio de gestão de ativos em 1996. Descobri que gostava do negócio de investimentos, mas o que de fato fiz na Goldman Sachs foi ajudar a construir negócios. Eu me considerava quase um empreendedor.

Também fui um dos sócios que votou para a Goldman Sachs permanecer privada quando eles consideraram abrir o capital e depois o fizeram. Votei assim porque senti que isso mudaria a cultura da empresa e achei que não era uma boa ideia. Então, quando abriram o capital, ficou muito evidente, para mim, que levaria apenas alguns anos para eu sair e fazer alguma coisa diferente, e foi isso que aconteceu. Saí quatro ou cinco anos depois da IPO.

Enquanto eu estava percebendo que ia embora, comecei a pensar no que queria fazer. Falei: "Tenho interesse por justiça social, pela pobreza. Talvez possa conciliar meu interesse em investir com meu interesse na pobreza e no meio ambiente e talvez possamos desenvolver um negócio com base nisso." Eu já tinha me familiarizado com o investimento sustentável graças a um dos meus sócios, Mark Ferguson, que trabalhou comigo na Goldman Sachs. Já fazem quase dezoito anos desde que escrevemos nosso primeiro plano de negócios. Foi em seguida que me encontrei com o vice-presidente Gore em Harvard. Conversamos sobre o que estávamos tentando fazer e ele falou sobre o que estava tentando fazer, e percebemos que, embora seu interesse fosse o meio ambiente e o meu, a pobreza e a justiça social, era tudo a mesma moeda, mas lados diferentes. Foi assim que nos unimos como equipe.

DR: Como foi que você conheceu Al Gore?

DB: Fui apresentado a ele por Phil Murphy, que era meu chefe, na época. Phil agora é governador de Nova Jersey. Al abordou a Goldman Sachs para representá-lo na aquisição de uma empresa chamada Sustainable Asset Management. Uma das pessoas seniores da Sustainable Asset Management, Colin le Duc, foi outro cofundador da Generation. Colin, Mark e eu escrevemos o plano de negócios da Generation, e Phil me pediu para ir a Boston para encontrar com Al e eu fui, porque não é todo dia que você conhece o vice-presidente dos Estados Unidos. Levei nosso plano de negócios, não porque queria convencê-lo. Estava lá para tentar ensinar a ele a diferença entre comprar uma empresa e criar uma. Essa conversa levou à ideia de que talvez devêssemos fazer aquilo juntos. A velha piada de "Blood and Gore" veio com muita facilidade. Foi assim que tudo aconteceu.

DR: Qual era a tese de investimento inicial? Foi difícil levantar dinheiro no início?

DB: Nosso plano de negócios original tinha quatro categorias: ações, private equity, crédito e nossa fundação. Começamos com ações, porque era isso que dois dos nossos sete fundadores conheciam melhor, e eles são ótimos nisso.

Nossa proposta de investimento era investimento de longo prazo, sustentabilidade como impulsionadora de economias e ESG como ferramenta para entender a qualidade dos negócios e da gestão, e foi isso que colocamos para a comunidade de investidores mais ampla. Eu tinha administrado a gestão de ativos do Goldman Sachs, então conhecia muitas pessoas do setor. Começamos a desenvolver nosso negócio.

Criamos nossa empresa em outubro de 2003. Não recebemos dinheiro de terceiros até outubro de 2005. No início, usamos nosso próprio dinheiro, depois ampliamos para investidores institucionais. No mercado de capital aberto, não dá mesmo para reunir interesse até ter um histórico de três anos. Acho que poderíamos ter tido 500 milhões de dólares na marca de três anos, mas nossa marca de três anos foi muito boa. Foi no meio de uma crise financeira global, em que as pessoas se questionavam sobre o longo prazo e a sustentabilidade. Foi isso que levou ao rápido crescimento dos ativos sob nossa gestão.

DR: Quanto está sendo gerenciado agora e como tem sido o desempenho? Foi melhor que um índice padrão do mercado de ações, refletindo o valor da sua abordagem?

DB: As informações públicas dos ativos sob nossa gestão hoje são de 36 bilhões de dólares.

DR: Li que a taxa de retorno, desde que você começou, foi de 12% ou algo do tipo...

DB: Desde a concepção, somos o segundo melhor gestor global de patrimônio do mundo.[*] Competimos contra gestores tradicionais. Também nos saímos bem nos nossos fundos de private equity.

---

[*] Dados de 31 de dezembro de 2021, provenientes do MercerInsight, o banco de dados da Mercer Investment Consultants. Os dados são brutos, sem desconto de taxas, desde o início do fundo Global Equity da Generation em 1º de maio de 2005.

Desde o início, sabíamos que, se não apresentássemos bons resultados de investimento, nossa missão de promover a sustentabilidade seria ignorada. Tínhamos que ser excelentes investidores, e somos pessoas competitivas. Tudo que fazemos é motivado pelo desejo de sermos excelentes em investimentos. Nossa estrutura, nosso compromisso com a sustentabilidade e o ESG, tem a ver com a excelência em investimentos, mas a missão que nos move é promover a sustentabilidade. Um reforça o outro. Sabemos que, se não entregarmos bons resultados de investimento, nossa defesa da sustentabilidade não vai atrair interesse algum.

DR: O que mais lhe surpreendeu na sua empresa conforme ela crescia, atuava e atraía mais gente para o mundo ESG ao longo dos anos?

DB: Duas coisas. A primeira é que, quando fundamos a empresa, eu tinha ajudado a construir cinco ou seis empresas diferentes dentro da Goldman Sachs, então nunca me ocorreu que abrir uma empresa de investimentos seria complicado ou difícil. Nós, coletivamente, os sete fundadores, entramos nisso com muita confiança. Depois de três ou quatro anos, percebemos a sorte que tivemos. Várias coisas aconteceram do nosso jeito, incluindo o desempenho. Até mesmo grandes investidores no mercado de ações podem ter anos difíceis. Isso não aconteceu conosco. Somos um grupo muito mais humilde hoje do que éramos, porque construir negócios, como você mesmo sabe, não é uma coisa simples.

Em segundo lugar, subestimamos a importância da missão. Isso se tornou, em especial com o passar dos anos, o fator mais crítico em termos de como atraímos e retemos pessoas, e também como atraímos e retemos empreendedores e como construímos nossa comunidade de stakeholders mais ampla, inclusive com nossas empresas de capital aberto. A princípio, achávamos que a missão era importante. Nós subestimamos até que ponto ela seria importante.

DR: Ao olhar para esse tipo de foco de investimento, ESG, quais são os critérios que fazem de alguém um bom investidor? É um QI alto, pesquisa intensiva, crença na missão ou uma combinação de tudo isso?

DB: Uma combinação de tudo isso. Ser um investidor forte em sustentabilidade ou ESG não é diferente de ser qualquer tipo de investidor forte. Não vemos a diferença entre o que fazemos e o que você faz.

DR: É mais difícil ou mais fácil investir com foco nos fatores ESG nos mercados de capital aberto ou nos mercados de capital fechado?

DB: É mais difícil identificar o impacto nos mercados de capital aberto que nos de capital fechado, porque os negócios de capital fechado, em especial na fase de crescimento em que investimos, costumam ser focados em um setor ou objetivo específico. No mercado de capital aberto, as empresas são muito maiores e podem ter múltiplos objetivos de negócio. No entanto, acreditamos que é possível investir de forma eficaz nos mercados de capital aberto, o que temos feito durante todos esses anos, e também nos mercados de capital fechado. Quando se busca obter o máximo impacto, os mercados de capital fechado são um bom lugar.

DR: Para alguém que deseja investir nessa área, você recomenda investir em fundos em vez de tentar investir apenas em ESG? Quais critérios devem ser usados para determinar se um fundo não é bom apenas para investir, mas também para aplicar os princípios ESG?

DB: O problema do "greenwashing" é muito importante, em especial para investidores de varejo, mas também para alguns investidores institucionais. Várias empresas estão reivindicando a sustentabilidade e o ESG como credenciais ou como uma abordagem, e há muitos exemplos de que isso não é verdade. Infelizmente, isso está provocando muita confusão no mercado. A SEC está analisando isso. A Comissão Europeia também. É uma questão que vai ter que ser abordada.

Em última análise, entender a sustentabilidade e o ESG é difícil. Não é uma checklist. O motivo pelo qual achamos que ser um gestor qualitativo e um gestor concentrado é uma abordagem melhor é que isso nos permite dedicar mais tempo a entender os negócios e compreender a sustentabilidade e os fatores ESG deles. Os dois são necessários. Ser um excelente investidor em sustentabilidade e ESG significa ser um excelente investidor e também capaz de demonstrar tanto o rigor do seu trabalho em sustentabilidade e ESG quanto os resultados dos seus investimentos.

DR: O que é greenwashing, para quem não conhece o termo?

DB: Significa que você está, na verdade, afirmando ser sustentável ou comprometido com os fatores ESG, mas é apenas um rótulo, e não uma ação.

DR: Que tipo de retorno excessivo você acha que se deve esperar razoavelmente ao investir com foco ESG em ações públicas? Alguém deveria esperar obter 100 pontos base, 200 pontos base, 300 pontos base sobre um tipo de empresa com ações não relacionadas ao ESG ou não há um jeito de medir qual seria o retorno excedente?

DB: É difícil medir o que pode ser um retorno excessivo, e há muitos exemplos de gestores de sustentabilidade ou ESG com baixo desempenho. Articulamos a questão de maneira um pouco diferente: "Qual é a sua expectativa de retorno nos mercados de ações?" Não reconhecemos nem aceitamos que exista uma diferença entre investimento em sustentabilidade e ESG e investimento convencional. Achamos que é tudo a mesma coisa. Na verdade, diríamos, em qualquer um dos comitês de investimentos dos quais participo, que, se você não considera ESG e sustentabilidade, está cometendo um erro.

DR: Vocês também fazem investimentos relacionados a ESG na área de dívida pública?

DB: Não. Decidimos parar depois do nosso primeiro fundo, em especial porque, para fazer negócios de dívida corretamente, é preciso ser uma empresa muito maior, e gostamos de ter cerca de 125 pessoas.

DR: O que aprendeu com todo esse processo? Em retrospectiva, faria alguma coisa diferente na sua empresa?

DB: Achamos que somos muito sortudos. Várias coisas positivas aconteceram conosco e, portanto, somos um grupo mais humilde por conta delas. Sentimos que estávamos no lugar certo e na hora certa em termos de pensar em sustentabilidade e ESG. Tivemos a sorte de estar em uma posição de promover essa filosofia.

DR: É fácil recrutar funcionários com foco nos fatores ESG?

DB: É fácil para nós. Procuramos pessoas que tenham a paixão e o rigor de um investidor tradicional, mas que tenham a paixão e a compreensão da importância da sustentabilidade e do ESG. Costumo dizer: "Se não acredita que sustentabilidade e ESG lhe farão um investidor melhor, não venha para cá", porque é nisso que acreditamos. Achamos que lhe torna um investidor melhor. Achamos relativamente fácil encontrar pessoas ótimas que tenham essa filosofia. Se estivéssemos tentando contratar um milhão de pessoas, poderia ser mais complicado. Mas não se provou ser um desafio.

DR: Muitas vezes, quando bons investidores ganham algum dinheiro, eles se envolvem em filantropia. Existe alguma área específica de filantropia que seja atraente para você?

DB: A Generation Foundation foi estabelecida quando criamos a empresa. Cinco por cento dos lucros distribuíveis dos sócios da Generation vão para a fundação. Ela se concentra tanto na questão do aprofundamento da desigualdade da sociedade quanto na transição relacionada ao carbono para o zero líquido. Sou copresidente do World Resources Institute (Instituto de Recursos Mundiais). Fui um dos fundadores da Social Finance [uma organização sem fins lucrativos focada em obter recursos do setor privado para enfrentar desafios sociais e ambientais], então a conservação, o meio ambiente e a pobreza são fatores críticos com os quais me preocupo profundamente. É coerente com a Generation, e nossos sócios costumam se envolver muito em outras atividades filantrópicas. No ano passado, 97% dos funcionários da Generation participaram de uma forma ou de outra em atividades filantrópicas.

DR: Algum interesse fora do universo profissional, hobby ou esporte que consumam seu tempo ou atenção?

DB: Minha família, com certeza, e eu adoro esportes. Sou muito fã do Green Bay Packers e do Detroit Tigers. Isso toma parte considerável do meu tempo e às vezes pode resultar em frustração.

DR: Como você acha que o investimento em ESG deve mudar no futuro?

DB: Devemos melhorar a definição de sustentabilidade e ESG. Devemos buscar uma compreensão maior de como fazer relatórios de sustentabilidade, tanto entendendo as empresas quanto o impacto do portfólio. Precisamos elevar os padrões do que significa usar sustentabilidade e ESG. Isso remonta à pergunta sobre greenwashing.

Há um sentimento de que o investimento sustentável é sempre uma vitória. Não é. Muitas vezes, há compensações. O desafio é que ele não se presta apenas a um exercício de marcar um checklist. É mais complicado que isso. Teremos que buscar uma maior compreensão, padrões melhores e mais rigor em termos de como pensamos sustentabilidade e fatores ESG.

DR: Você teve algum modelo no mundo focado em fatores ESG?

DB: O homem que me vem à mente se chama John Elkington. Ele fundou uma série de iniciativas de sustentabilidade. É um empreendedor em série. Sua empresa mais recente se chama Volans. Eu diria que ele é o decano da sustentabilidade. A Generation está bem ciente de que, quando começamos, dezoito anos atrás, provavelmente havia uma dezena de outros fundadores do movimento da sustentabilidade que começaram muito antes de nós e que merecem muito crédito. Chegamos cedo, e há pioneiros ainda mais antigos pelos quais temos grande admiração.

AGRADECIMENTOS

Assim como nos meus livros anteriores, este é o resultado de muitas pessoas colaborando umas com as outras e comigo, e eu gostaria de reconhecer sua dedicação e valiosas contribuições. Sem seus esforços, é evidente que este livro não teria sido possível.

Para começar, todos com quem conversei merecem minha gratidão e meu reconhecimento por terem aceitado ser entrevistados e por, mais tarde, terem revisado e aprovado a transcrição. Para o livro, entrevistei uma boa quantidade de indivíduos que, no fim, não puderam ser incluídos aqui devido à limitação do espaço. No entanto, os insights dessas outras entrevistas foram absolutamente inestimáveis para me permitir entender melhor o campo da especialização dessas pessoas em investimentos. Consegui incluir várias dessas entrevistas na versão em áudio deste livro e agradeço aos entrevistados que concordaram em participar desse formato.

Como nas minhas publicações anteriores, a Simon & Schuster não poderia ter me ajudado mais na trajetória do livro desde o conceito até o produto final. Em especial, gostaria de agradecer ao apoio e interesse contínuo de Jonathan Karp, o CEO da Simon & Schuster, e Dana Canedy, a vice-presidente sênior e publisher da Simon & Schuster. E, como nos meus livros anteriores, eu não poderia ter um editor melhor, mais solidário e encorajador do que Stuart Roberts. As habilidades de edição de Stuart são de altíssimo nível. Seus esforços foram reforçados pela edição igualmente habilidosa de Stephanie Frerich, que sucedeu a Stuart como editora principal.

Meu relacionamento com a Simon & Schuster foi possibilitado pelo advogado preferido de Washington e meu colega na faculdade de Direito por mais de quatro décadas, Bob Barnett. Ele tem muitos clientes mais importantes que eu, mas sempre me deu acesso imediato à sua experiência e opiniões, pelo que sou muito grato.

Esta obra também não poderia ter sido produzida sem os esforços incansáveis de Jennifer Howard, que também trabalhou comigo nos livros anteriores. Ela foi, como sempre, incansável ao revisar as transcrições das entrevistas e tentar ajudar a editá-las para criar um texto legível e interessante. Suas sugestões sobre como fazer as entrevistas funcionarem melhor para o leitor foram inestimáveis.

Meus funcionários pessoais dedicados e antigos também merecem muito crédito por manterem esse empreendimento nos trilhos. A principal delas é minha renomada chefe de gabinete há mais de trinta anos, MaryPat Decker, que me incentivou a continuar com esta publicação e garantiu que as entrevistas necessárias fossem marcadas pessoal ou virtualmente (e remarcadas, como foi necessário com frequência). Laura Boring e Amanda Mangum, que trabalham comigo respectivamente há dezessete e oito anos, foram indispensáveis na preparação dos textos das introduções e, de resto, fizeram tudo que puderam para que os processos de redação e preparação do livro transcorressem sem problemas (ao mesmo tempo que executavam suas muitas outras responsabilidades).

Também sou grato a Trenton Pfister, meu incansável assistente de pesquisa, por trabalhar para confirmar a enorme quantidade de fatos contidos nas minhas apresentações e entrevistas.

Muitas dessas entrevistas foram, por necessidade, realizadas virtualmente, e eu não poderia ter um consultor de tecnologia mais eficiente que Mandeep Singh Sandhu. Tudo que teve que ser gravado sob sua supervisão foi feito de maneira impecável. Sem falhas técnicas e sem problemas, o que com certeza não teria acontecido se eu tivesse sido responsável pelos aspectos técnicos das entrevistas. Por sorte, minha equipe nunca permitiu que isso ocorresse.

Embora a maioria das entrevistas aqui presentes tenha ocorrido especificamente para este livro, algumas fizeram parte de um programa de televisão que apresento na Bloomberg TV, *Bloomberg Wealth with David Rubenstein*. Por sua ajuda em tornar essas entrevistas possíveis, e por sua assistência com as transcrições, tenho uma dívida com a produtora extremamente talentosa e eficiente do programa, Kelly Belknap. Também sou grato pelo apoio de Mike Bloomberg e Al Mayers, o executivo da Bloomberg que supervisiona a programação de rádio e televisão.

Eu me formei como advogado e era novo no mundo dos investimentos quando ajudei a fundar The Carlyle Group em 1987. Aprendi muito sobre o assunto ao longo dos anos e tentei oferecer um pouco dessas lições neste livro. Porém, muito do que aprendi vem dos meus cofundadores, Bill Conway e Dan D'Aniello, que merecem a maior parte do crédito por ajudar a transformar o Carlyle em uma das maiores e mais bem-sucedidas empresas de investimento global do mundo. É evidente

AGRADECIMENTOS

que também aprendi muito sobre investimentos com uma quantidade considerável de outros profissionais que trabalharam ou ainda trabalham no Carlyle (sobretudo Ed Mathias, que ajudou a levantar o capital do Carlyle), mas devo gratidão especial aos meus cofundadores. Sem eles, talvez eu tivesse que voltar a exercer a advocacia, o que não teria sido bom para mim nem para os meus ex-clientes.

Também aprendi muito sobre investimentos observando as atividades do meu family office, a Declaration Capital, que investe em áreas em geral não exploradas pelo Carlyle. Brian Frank lidera essa empresa e fez um excelente trabalho desenvolvendo-a nos últimos cinco anos, e sou grato a ele por me ajudar a aprender sobre tais investimentos.

Também me beneficiei por servir nos comitês de investimento do Institute for Advanced Study (Instituto de Estudos Avançados), do Memorial Sloan Kettering Cancer Center (Centro de Câncer Memorial Sloan Kettering), do Smithsonian Institution (Instituto Smithsonian) e da National Gallery of Art (Galeria Nacional de Artes), e agradeço pela experiência educacional que me foi oferecida pelos profissionais dedicados dessas organizações. Ao servir no conselho de administração da Duke University, da Universidade de Chicago e da Johns Hopkins University e como membro da Harvard Corporation, também descobri muito sobre o mundo dos investimentos, embora minhas responsabilidades não incluíssem ser membro direto do comitê de investimentos.

Por fim, quero agradecer a Josh Lerner, um verdadeiro especialista em investimentos privados e a Jacob H. Schiff, professor de Investment Banking na Faculdade de Administração de Harvard, por sua revisão da precisão de partes desta obra.

Todos os rendimentos de direitos autorais do livro serão doados ao Johns Hopkins Children's Center, ao Children's National Hospital em Washington e ao Boston Children's Hospital.

Sem dúvida haverá aqui alguns erros ou enganos. Como autor, mereço a culpa por qualquer coisa que não esteja correta neste livro. Trabalhei muito para garantir que todos os fatos e declarações fossem verificados, mas erros ocorrem e podem ser creditados a mim.

ÍNDICE REMISSIVO

100 Women in Finance, 1665

Abelson, Alan, 59
Abrams, David, 198
Abu Dhabi National Oil Company, 390
ações, 13, 36, 37, 73, 126, 162, 204, 206, 214, 236
blue chip, 57, 73
  large caps e de growth, 143-144
  públicas, 53, 163-164
  "valor", 68, 192, 195
  venda a descoberto de, 187, 196, 201

Adams, Stacy, 74
Adelphia, 296
administração, 24, 25
mudanças na, 83, 261-262, 290, 292, 294, 297, 301, 335, 370
administradores de riqueza, 36, 72, 118, 122-138, 163-164
  seleção e avaliação de, 145-146, 163-167, 172, 174, 176, 183-184
Afro Sheen, 73
Afro-americanos, 71-73, 75, 79, 85
  veja também pessoas racializadas
Agência de Segurança Nacional, 231
ajuda financeira, 154, 160, 161, 167
alavancagem, 50-51, 93, 99, 102, 170, 183, 188, 197, 205-206, 219, 241, 259, 264, 271, 272, 275, 289, 295, 298, 308, 310, 350
Alquimia das finanças, A (Soros), 222
Aldila, 261
alfabetização financeira, 46
Am I Being Too Subtle? (Zell), 109, 119
Amazon, 10, 20, 337, 345, 361
American Brands, 261
American Society of Civil Engineers (ASCE), 388
análise de crédito, 178-179
Análise de investimentos (Graham), 190
analistas de ações, 58-59
Andreessen Horowitz, 311, 312
Andreessen, Marc, 311-329
AngelList, 326
AOL, 312, 324
Apple, 20, 331, 332, 334
aquisições, *veja* fusões e aquisições
Arábia Saudita, 56, 261n
arbitragem de risco, 95, 241, 242, 241-252

arbitragem, 95, 239, 241, 250-252, 371
Ariel Investments, 71-73, 76-81, 84-85
armazéns, 99
arrependimentos, 120, 166, 209, 283, 289, 336, 379, 401
Ásia, 15, 100-101, 132, 296, 299, 344
ataques terroristas de 11 de setembro, 94
atenção aos detalhes, 20, 195
ativos de aposentadoria, 45-46, 51, 138
ativos depreciados, 11, 12, 163, 188, 197, 289-310
ativos ilíquidos, 152, 164, 183, 327
ativos reais, 144, 293, 392
Atlas, Marty, 144
Austrália, 81, 385-386, 391, 392
autoconfiança, 16, 42, 110, 117
Ax, Jim, 234

Baker, James A. III, 24
Banco da Inglaterra, 214
Bancorp, The, 376
bancos de investimento, banqueiros de investimento, 73, 90, 178, 201, 251, 269, 271, 278, 283, 327, 383-384, 395-402, 409
banda larga de comunicação por satélite, 55-56
Bankers Trust, 124, 407
Barbarians at the Gate (Burrough e Helyar), 272
Barclays, 42, 43, 150
Barnes & Noble, 10
Baron Capital, 53-54, 60, 69
Baron, Ron, 53-69
Barron's, 59
Baruch, Bernard, 121
Baupost Group, The, 12, 189, 199
Bear Stearns, 135, 251, 298, 303, 361
Berkshire Hathaway, 11, 198, 398
Bernard, Marcel, 281
Bezos, Jeff, 10, 311, 361
Biffa, 397
biotecnologia, 115, 168, 184, 321, 328, 375
Bitcoin, 134, 213, 250, 328, 349-357, 359-361, 365, 367
BlackRock, 37-51
Blackstone, 12, 41, 42, 89-102, 104, 109, 114-115, 281, 298, 389
Blood, David, 403-413
Bloomberg Wealth (programa de TV), 55, 91, 170, 313
Blue Meridian, 226
Bobrinskoy, Charlie, 81
bolha das pontocom, 42, 92, 103, 159, 280, 296, 337

bolhas, 74, 92, 107, 159, 242, 249, 296
Bolsa de Valores Americana, 70, 74, 144
Bolsa de Valores de Nova York, 57, 363
Boston Consulting Group, 251
Bowdoin College, fundo patrimonial de, 152, 153-155, 158-162, 163, 165, 167, 216-217, 226
Bowdoin, James, III, 161
Bravo Family Foundation, 287
Bravo, Orlando, 273-288
Bridgewater Associates, 200-202, 206-209
Brin, Sergey, 311
British Petroleum, 385
British Telecom, 385
Broad, Eli, 301, 303
Brookfield Asset Management, 293, 389, 392
Brookings Institution, 369
Brown, Peter, 236
Buffett, Warren, 11, 20, 24-25, 227, 47, 54, 68, 74, 83, 186, 190, 195, 197, 198, 201, 203n, 218, 221, 223, 329
Bundesbank, 217
Business Intelligence Advisors (BIA), 81
buyouts alavancados, 256, 263, 271, 289-290, 301, 304
  buyouts, 12, 15, 19, 24, 25, 29, 163, 187-188, 259n, 267, 271, 273, 285-286
  ativos depreciados e, 289-290, 295-297, 302, 305
  diligência prévia e, 24, 264-265
  mudanças em, 263, 268-269, 285
  taxas de retorno em, 26, 289

Cabot, Paul, 151, 162
CalPERS, 114
Cambridge Associates, 152, 158
Canada, Geoff, 226
capital "em risco", 289
capitalismo, 20
Carlyle Group, The, 14, 15, 22, 54, 61, 111, 113, 140, 256-257, 262, 263-264, 265-266, 268, 281, 298, 312, 339, 340, 348, 389, 416-417
Carnegie Corporation, 168, 170, 179
Carter, Jimmy, 9, 248
Central Park Conservancy, 241
CEOs, 25, 72, 260, 271
Charter Communications, 300
Chemical Bank, 178
Chern, Shiing-Shen, 229-230
Chern-Simons, 233
Chicago Board Options Exchange (CBOE), 145
Chicago Sun-Times, 87
Chicago Tribune, 87, 116, 300
China, 96, 104, 162, 203, 211-212, 299, 308, 316, 330, 338-341, 344, 367, 391
Chrysler, 261
cibersegurança, 265, 273, 284

Cisco Systems, 330, 335
Citadel Communications, 261
Clark Art Institute, 155
Clark, Halliday, 179
Clark, James, 312, 323
classificações de dívidas, 80, 296
Cohen, Betsy, 368-381
Cohn, Marjorie B. "Jerry", 154
Coinbase, 26, 313, 314, 315, 327
Columbia Investment Management Company, 169-170, 174
comércio eletrônico, 98, 99, 192, 351, 360
commodities, 67, 70, 74, 143, 181, 202, 205-207, 220, 227, 233, 235
Community Health Systems, 261
competitividade, 85, 144, 145, 158, 161, 179, 263, 275, 411
comportamento organizacional, 125
composição, 127, 137, 219, 236-237, 241
computadores quânticos, 232, 328
concorrência, 24, 32, 35, 42, 63, 70, 79, 123, 151, 179, 191, 213, 289, 241, 259, 263, 265, 268, 285, 297, 299, 317, 393
confiança, 45, 50, 62
conjuntos de oportunidades, 143, 146, 149, 165, 296, 307, 406
consciente de si, 145
consenso distribuído, 327
consolidação, *versus* crescimento, 43
Continental Bank, 79
contrarianismo, 18, 74, 82, 83, 85, 191, 185, 198, 209, 226, 306, 352, 380
Conway, Bill, 15
Cook, Tim, 316
cooperação, 33
Cornelius, Don, 73
correção tecnológica de meados de 2022, 26, 313
Council on Foreign Relations (Conselho de Relações Exteriores), 38, 241
Cravath, Swaine & Moore, 394, 395
Credit Suisse, 384, 395-396
crédito particular, 143, 163, 188, 243-244, 247, 393, 410
crédito privado, 143, 163, 188, 243-244, 393
criação de valor, 25, 27, 89, 116, 146, 182, 183, 187, 260, 263-269, 271-272, 275, 280, 282
criptomoedas, 13-14, 45, 66, 70,134, 181, 185, 192, 212-213, 225, 249, 254, 312-314, 315, 327, 328, 348, 351-366
veja também criptomoedas específicas
crise de poupança e empréstimo (S&L), 89, 295
Ctrip, 339
culpa, 34, 41, 99, 117
cultura, 45, 48, 50, 195, 209, 274, 284, 286, 342
Cummings, Tilden, 79

ÍNDICE REMISSIVO

curiosidade, 81, 144, 145, 147, 160, 168, 262, 268

D'Aniello, Dan, 15
dados demográficos, 54
dados, 24, 30, 191, 196, 228, 235, 266, 328, 339, 354, *403n*
Daily Pennsylvanian, 92
Dalio, Ray, 200-213
Datatel, 281
decifrar códigos, 231
Declaration Capital, 22, 140
dedução SALT (impostos estaduais e locais), 104
Defense Department (Departamento de Defesa dos Estados Unidos), 231
deflação, 50, 164
DEI (diversidade, equidade e inclusão), 13, 46, 75, 86, 147, 176, 185-186, 265, 269, 337, 403
democracia, filantropia e, 190, 199, 350
demonstração de lucros e perdas (P&L), 166, 282
Deng, Xiaoping, 212
Department 56, 261
Department of Labor (Departamento do Trabalho dos Estados Unidos), 188
derivativos, 144, 192
desafios da cadeia de suprimentos, 181, 309
Desbravando a gestão de portfólios (Swensen), 153, 157
deslocamentos, 142, 197, 296, 388
diferença de riqueza, 85, 182, 353
diligência prévia, 23, 73, 114, 157, 159, 164, 165, 191, 376, 379
  para buyouts, 24, 259, *261n*, 265
  venture capital e, 24, 345-346
Dimon, Jamie, 123, 125, 353
dinheiro (caixa), 35, 36, *118n*, 127, 156, 161, 165, 171, 176, 189, 193, 236, 237, 248, 294, 367, 369-370, 388
diversificação, 28, 126, 128, 134, 136, 143, 181, 184, 207
dívida:
  investimentos em, 37, 182, 289, 290, 414
  júnior, 290, 299-300
  no setor imobiliário, 99
  sênior, *266n*, 290, 299
  subordinada, 261, 299
  títulos lastreados em hipotecas comerciais (CMBS), 93
dividendos, 54, 60, 73-74
divórcio, 122, *233n*
Dogecoin, 133
Dole, Bob, 260
Dominick & Dominick, 206
Dow Jones, 83
Drelles, Speros, 222
Drexel Burnham Lambert, 242, 359
Druckenmiller, Fiona, 226
Druckenmiller, Stan, 158-159, 164, 214-225

Drysdale Securities, 221
Duke University Board of Trustees (Conselho de Administração da Duke University), 293
Duke, Annie, 87
Duquesne Capital Management, 214, 215, 219, 221-222

Eastman Kodak, 58
EBITDA (lucro antes de juros, impostos, depreciação e amortização), 75, *262-263n*
Ebony, 72
economia compartilhada, 107
Edens, Wes, 358
educação em artes liberais, 168, 286
efeitos de recência, viés de recência, 81, 102
Elkington, John, 414
emoções, 88, 126, 131, 134, *194n*, 226, 306
empresas de buyouts, 15, 19, 255-257, *260n*, 263-264, 280, 297, 305
empresas de tecnologia, 20, 108, 298, 311-315, 320
Enron, 296
Environmental Defense Fund (Fundo de Defesa Ambiental), 226
equipes, importância de, 25, 80, 956, 100, 145, 148-149, 189, 195, 266, 268, 297, 338, 344, 381-382
Equity Office Properties (EOP), 90, 94, 96, 108-109, 114
Erdoes, Mary Callahan, 12, 122-138
erros:
  admitindo, 18, 25, 29, 34, 215
  comuns, 50-51, 69, 185, 253, 329
  corrigindo e aprendendo com, 83, 99, 166, 191, 207-208, 209, 336-337
  de gestão, 24
  investidores de sucesso e, 18, 41-42, 46, 107, 117, 145, 280, 308-309
  investindo diretamente e, 29

Escritório de Patentes dos Estados Unidos, 58
escritórios de fundos patrimoniais, 85
Estados Unidos, 10, 35-36, 348, 382
  China e, 211
  dívida e déficit de, 133, 181-182, 202, 212, 224, 249, 353, 355
  infraestrutura em, 381, 383-384, 387, 389
  regra padrão fiduciária em, 47
estagflação, 213
estratégias de investimento quantitativo, 13, 228-229, 317
ETFs (fundos negociados em bolsa), 30, 37, 42, 125
Ethereum, 356, 359, 363, 365, 367
ética profissional de investidores de sucesso, 18, 23, 62, 141, 226, 263, 269

Europa, 15, 132, 218, 299, 338, 341, 344, 351, 353, 355, 382, 388, 397, 411
  investimento imobiliário na, 89, 96, 100-101, 104
"exuberância irracional", 61

Facebook, 9, 317, 324, 336, 351
Fagan, Betty, 179
falência, 289-292, 294, 296, 298-307
family offices, 22, 35, 131, 139-140, 147, 148, 247, 268, 330, 347, 360, 376, 389
Fannie Mae, 40
Farnsworth, Philo, 322
fatores ambientais, investimentos e, 14, 46, 51, 148, 224, 353, 356, 383
  veja também investimentos em ESG
fatores de governança:
  investimento e, 14, 46, 309, 366, 395
  veja também investimentos em ESG
FDIC (Federal Deposit Insurance Corporation), 296
Federal Reserve Bank of New York, 123, 141
Federal Reserve, Estados Unidos, 93, 169, 205, 207, 209, 213, 220, 223, 224, 245, 247-248, 251, 310, *356n*
Ferguson, Mark, 408
fiduciários, 47, 136, 148, 405
filantropia:
  patriótica, 130
  gerentes de patrimônio e, 122, 139
  investidores de sucesso e, 19, 21 120, 140, 190,198-199, 203, 204, 210, 215, 226, 229, 237, 240, 273, 286, 331, 343, 350, 401, 408, 413-414
Filo, David, 334
finanças comportamentais, 82, 86
finanças descentralizadas (DeFi), 361, 362, 365
Financial Times, 87, 164, 217
Fink, Larry, 37-52, 405
fintech, 369, 374-375
First Boston, 38, 39-40, 41-42, 45, 394-396
Fitzpatrick, Dawn, 139-150
flexibilidade, 45, 76, 86, 319
fluxo de caixa, 23, 56, 75, 100, 197, 289, 305, 383
Fogg Art Museum, 154
fome, 339, 342
Forbes, 108, 311, 3311
Ford, Gerald, 9
Forstmann Little, 256-261, 263-264
Forstmann, Ted, 257, 259, 261, 263
Fortress Investment Group, 352, 358
Franklin, Benjamin, 161
Freddie Mac, 40
Fundação Ford, 162, 170, 178, 179
fundos 401(k), 30, 76
fundo nas Bermudas, *233n*, 234
fundos de longo prazo, 285

fundos de pensão, 35, 125, 137, 188, 269, 361, 382, 389, 392
fundos de private equity, 85
fundos indexados, 30, 52, 61, 63, 85, 201, 329
fundos long-only, 142, 143, 200-201
fundos mútuos, 30, 42, 50, 51, 53-54, 60, 63, 72, 76, 85-86, 125, 200, 201
fundos patrimoniais:
  fundação, 170, 173, 175-176, 229
  impostos sobre, 161, 175
  universidade, 35, 36, 149, 151-152, 158-164, 167, 169-171, 173-177, 180, 182-183, 360, 404
fundos soberanos, 125, *269n*, 361, 382, 389
furacão Maria, 287
fusões e aquisições, 42, 43, 44, 49, 91, 92, 116, 188, 240-241, 251-252, 261, 264, 284, 368
  veja também buyouts; SPACs
fusões reversas, 370

Galaxy Digital, 352, 359-360, 363
Gates, Bill, *203n*, 311
Gates, Melinda French, *203n*
General Development, 59
General Dynamics, 261
General Electric, 384, 395
General Instruments, 261
Generation Investment Management, 401-413
gestão de ativos, 37, 42, 43, 123, 125, 141-142, 158, 166, 167, 358, 404, 409, 410
Getty Museum, 156
GI Bill, 151
Gibson Greeting Cards, 14
Girls Who Invest, 165-166
Giving Pledge, 203, 228, 238
Global Infrastructure Partners (GIP), 382, 384, 389, 396-398
globalização, 15, 45, 52, 99, 108, 136, 168, 204-205, 209, 212-213, 262, 263, 265, 308, 346, 351, 359
Goldman Sachs, 39, 243, 251, 333, 349, 352, 358-359, 366, 402-403, 407-410
Google, 20, 317, 330, 334-335
Gore, Al, 402-403, 408-409
Graham, Benjamin, 190, 192, 13, 197
Grande Depressão, 83
Grande Recessão de 2007–2009, 71, 78, 83, 91, 94, 133-135, 240, 249, 251, 291, 295, 298, 349, 361, 397, 410
Grant, Adam, 87
Grant, Jim, 197
Gray, Jon, 12, 90-107, 109
Gray, Mindy, 92
Great Bridge Shopping Center, 93
Greenspan, Alan, 61, 94
greenwashing,411, 414

ÍNDICE REMISSIVO

growth capital, 14, 23, 26-27, 139, 188, 319-320, 336, *370n*
Gruss Partners, 251
guerra Rússia–Ucrânia, 348
Gulfstream Aerospace, 257, 260-262

habilidades de escrita, 160, 168
habilidades interpessoais, 263, 270
hábitos de leitura de investidores de sucesso, 17-18, 32, 118, 164, 189, 199, 224-225, 345, 401
Hamilton, Alexander, 186
Harlem Children's Zone, 226
Harvard Corporation, 22
Hastings, Reed, 316, 337
hedge funds, 12, 76, 125, 140, 142, 143, 152, 157, 158, 159, 163, 167, 189, 198, 200-204, 207, 215, 227, 240-242, *243n*, 294, 361
Hess Oil, 389
Hess, John, 389
Hewlett, Bill, 338
Hewlett-Packard, 312, 324
Hingorani, Seema, 165
hipotecas, subprime, crise financeira e, 13, 41, 239-240
Hobson, Mellody, 71, 78
honestidade intelectual, 190, 262, 400
Horbach, Sandra, 256-271
Horowitz, Ben, 311-324
Hospital Infantil de Boston, 190
hotéis Hilton, 91, 95-97
hotel e cassino Cosmopolitan, 99
Hughes, Howard, 133
humildade, 33, 76, 116, 145, 209, 262, 270, 319, 412, 414

Icahn, Carl, 223
imigrantes, 104, 110, 277, 338-339
Immelt, Jeff, 396
imóveis, 13, 15, 28, 36, 37, 38, 39-40, 88-108, 109, 112-116, 139, 152, 164, 195, 392
  alavancagem e dívida em, 99, 102, 113
  com valor agregado, 36, 99
  comerciais, 90, 93, 96, 98, 99, 102, 106, 115
  investimento "oportunista" em, 36, 89, 97
  REITs (fundos de investimento imobiliário), 105, 106, 114-115
  residenciais, 40, 89, 90, 107-108, 253-254
  sinais de alerta para, 103
  veja também títulos lastreados em hipotecas; hipotecas
impostos, 30, 51, 122, 161, 173, 237
Independence Bank, 73
Índia, 91, 299, 316, 338, 341
índice PE, 42
índice Russell 2500, 70
índice Standard & Poor's 500, 77, 103, 106, 298, 329
ineficiências, 74, 77, 158, 163-164, 228, 235, 277, 295
inflação, 18, 35, 50, 59, 66, 103, 162, 164, 168, 172, 181, 207, 213, 216, 223, 244-249, 251, 310, 355, 388, 393
  hedge funds contra, 164, 181, 246-247, 354, 393
informações, compartilhamento de, 50
infraestrutura, 13-14, 15, 224, 284-285, 346, 382-403
Inglaterra, *veja* Reino Unido
iniciativas de Direitos Humanos, 149
instinto, intuição, 25, 114, 228
instituições, investimentos e, 125, 382-383
Institute for Advanced Study (Instituto de Estudos Avançados), 22, 228
Institute for Defense Analyses (Instituto de Análises de Defesa), 231, 236
integridade, 62
Intel, 322, 332
inteligência, de investidores de sucesso, 17, 62, 119, 226, 269
Intercontinental Exchange (ICE), 363
International Financial Reporting Standards Foundation (IFRS), 406
International Sustainability Standards Board (ISSB) (Conselho de Normas Internacionais de Sustentabilidade), 406
investidor inteligente, O (Graham), 193, 197
investidores anjos, 311, 312, 319, 324-326
investidores:
  características de, bem-sucedidos, 12, 16-19, 119, 145, 222, 252-253, 262-263, 269, 286, 306, 327, 341, 364, 381, 399, 412
  individuais, conselhos para, 28-30, 64, 69, 83-84, 107, 108, 118, 125-126, 137, 185, 198, 326, 329, 343, 362, 371-372, 393, 413
  profissionais, conselhos para, 107, 137, 184-185, 238, 253, 286, 329, 400-401
investimento de alta convicção, 43, 105, 166, 218, 223
investimento de valor, 71-77, 83, 189-199, 306-307
investimento privado em ações públicas (PIPE), 373
investimento:
  ativo *versus* passivo, 43
  carreiras em, 19, 30-33, 51-52, 67-68, 85, 101, 117, 121, 138, 149, 176-177, 204, 209, 219, 254, 262, 263, 268-269, 310, 327, 345
  como um jogo, 18, 85, 203, 204, 215, 219, 309
  de baixo para cima, 193, 219
  democratização do, 45
  indiretos, 31
  institucional *versus* individual, 46
  macro, 204, 209, 214-215, 220, 365
  regras e perspectivas do autor sobre, 22-34, 131
  valor social dos, 21, 204, 276
investimentos alternativos, 13, 163, 170, 173, 180, 182, 191-192, 358, 389

veja também buyouts; hedge funds; venture capital
investimentos assimétricos, 241, 243-244, 250-252
investimentos convencionais, 13, 36, 170, 413
    veja também títulos; renda fixa; ações públicas; imóveis; ações
investimentos da Série A, 314, 340
investimentos de longo prazo, 46, 47, 60, 65, 82, 173, 177, 189, 196, 301, 410
investimentos de ponta, 13-14, 347-348
    veja também criptomoedas; ESG; infraestrutura; SPACs
investimentos em ESG (ambiental, social, governança), 13-14, 20, 23, 46, 48, 106, 147-148, 165, 184, 265, 271, 272, 275, 285, 345-346, 356, 403-414
IPOs, 26, 42, 46, 62, 97, 164, 267, 270, 311, 313, 319, 367-390, 34, 380, 381, 383, 409
iShares ETF, 43-44

J.P. Morgan, 12, 122, 123, 124, 127, 130-131, 134-136, 189
Jackson, Maynard, 75
Janney Montgomery Scott, 59
Jannotta, Ned, 79
Jarrett, Valerie, 80
Jet, 72
Jobs, Steve, 311, 331, 333
Joel, Billy, 55, 65
John, Elton, 55, 65
Johns Manville, 304
Johnson Products, 73
Johnson Publishing, 72
Johnson, George, 72-73
Johnson, John, 72
Jones, Alfred W., 200, 201
Jones, Paul Tudor, 247

Kahneman, Daniel, 81, 194, 198
Karsh, Bruce, 289-310
Karsh, Martha Lubin, 302
Kaufman and Broad, 303
KB Homes, 303
Kennedy, Anthony M., 303
Keynes, John Maynard, 163
Kissinger, Henry, 260
Klarman, Seth, 12, 156-157, 164, 189-199
Kleiner Perkins, 335
Kohlberg Kravis Roberts (KKR), 298, 389, 398
Kravis, Henry, 398
Krens, Tom, 155-156
Kuwait Investment Authority, 269n

latinos, 85, 276-277
    veja também pessoas racializadas
Laufer, Henry, 235

le Duc, Colin, 408
Lefèvre, Edwin, 144
Legg Mason, 360
Lehman Brothers, 93, 96, 298, 307
leis KYC/AML (conheça seu cliente/antilavagem de dinheiro), 263
Leisher, William R., 155
Leonardo da Vinci, 160
Leone, Doug, 334
levantamento de recursos, 15, 71, 80, 113, 205, 248, 251, 260, 272, 284, 287, 342, 368, 373
Levy, Gustave, 251
Lew, Kim, 153, 169-186
Lewis, Michael, 197
"LifePath Paycheck", 51
LinkedIn, 312, 324, 330
Lipper, 76
liquidação, 291, 300
liquidez, 31, 45, 50-51, 103, 110, 129, 133, 135, 148, 161, 163, 175, 199, 201, 214-215, 220, 244, 249, 254
Little Kingdom, The (Moritz), 331, 334
Little, Brian, 256
Lockheed and Martin, 56
Lone Pine Capital, 163
Long-Term Capital Management, 295-296
Los Angeles County Museum of Art, 153
Los Angeles Times, 300
Lotus, 18
Loucos Anos Vinte, 74
Lowenstein, Roger, 197
Lubin, Joe, 359
lucro por ação, vendas *versus*, 68
Lurie, Robert, 112, 115

M&A, *veja* fusões e aquisições
Macquarie Bank, 382, 386, 396
Malkiel, Burton, 74, 83
Marcos, Alex, 360
margem de segurança, 81, 193-194, 195
Margin of Safety (Klarman), 157, 190, 193, 197
Marks, Howard, 292-293, 301-302, 304, 306
Marriott, 93
Marshall, Thurgood, 394
matemática, 124, 229-231, 232, 23-237, 394
McCartney, Paul, 55, 65
McDonald & Company, 58
McDonald's, 72, 88
meditação transcendental, 211
Memorial Sloan Kettering Cancer Center (Centro de Câncer Memorial Sloan Kettering), 22, 216, 226, 417
mensalidade, 162, 170, 175
mentalidade de rebanho, 185
mentores, 33, 72, 152, 158, 166, 179, 204, 216, 221, 222, 256, 257, 268, 288, 334, 409

ÍNDICE REMISSIVO

mercado imobiliário, 95-96, 103, 239, 241, 254
mercados de capitais globais, 44, 52
mercados:
　anomalias nos, 235
　eficiente, 74
Mercer, Bob, 236
Merrill Lynch, 42, 43, 206, 222, 361
metaverso, 357, 364
MetLife, 43
método de estudo de caso, 205
Metropolitan Opera House, 54
Microsoft, 20
Midler, Bette, 55
Milken, Mike, 359
Miller, Bill, 360
modelos, 66-67, 72-73, 75, 119, 256-257, 414
Moderna, 20, 321, 328
modéstia, 91
moeda, 66, 180, 182, 212-213, 214, 221, 233-234, 236, 295-296, 349, 351, 354, 366, 391
　libra britânica, 214, 215, 217-218
　veja também criptomoedas
moedas estáveis, 180
Moen Faucets, 261
Money Masters, The (Train), 74
Money of the Mind (Grant), 197
Moneyball: O homem que mudou o jogo (Lewis), 197
Morgan Stanley, 256, 258, 279, 394
Moritz, Michael, 12, 16, 330-346
Morningstar, 76, 77
motivação, 119
motocicletas, 120
mulheres como investidoras profissionais, 123, 125, 136, 144-145, 163, 165-166, 171, 180, 185-186, 256-257, 265, 269-270, 337, 379
múltiplos de capital investido (MOIC), 294, 295, 297, 307
Munger, Charlie, 198
Murphy, Phil, 408
Musk, Elon, 54, 55-56, 311, 335

Nakamoto, Satoshi, 349, 355
Namath, Joe, 9
National Gallery of Art (Galeria Nacional de Artes), 22, 153, 155-156, 168, 170
National Science Foundation (Fundação Nacional de Ciências), 323
navegador Mosaic, 317, 323
Netflix, 337
Netscape, 311-312, 317, 323, 324, 325
networking, 33, 86, 180, 280, 319, 324-325
New York Times Magazine, 231
New York Times, 87
Newsweek, 231

New-York Historical Society (Sociedade Histórica de Nova York), 155
Nexstar Media Group, 300
NFTs (tokens não fungíveis), 180, 356-357, 364-367
Nigéria, 384, 392-395, 400
Novogratz, Mike, 349-367
Noyce, Robert, 322

O'Connor & Associates, 141, 144
O'Melveney & Myers, 302-303
Oaktree Capital Management, 292-293, 299, 301, 304-309
Obama, Barack, 72
Ogunlesi, Adebayo, 382-400
Opsware, 312, 324
Oracle, 18
ordens stop/loss, 224
Ossorio, Joe, 221
ouro, 67, 74, 213, 246-247, 353, 356

Packard, David, 338
Page, Larry, 311
paixão, 32, 79, 203, 225, 228, 255, 352, 365, 413
Palace of Fine Arts, 155
pandemia da Covid-19, 46-47, 169, *261n*, 267, 269, 284, 380
　efeitos financeiros da, 76, 83, 107, 133-135, 162, 181, 192, 195, 247-248, 299-300, 309-310, 316
　transformação tecnológica e, 313, 315, 320
　vacina para, 20, 320, 328
Pânico de 1857, *40n*
parceria, 41, 42, 316
participação nos lucros, 311, 382-383
Passeio aleatório por Wall Street: Um guia clássico e abrangente para investir com sucesso (Malkiel), 74
Patient Investor, The (boletim informativo), 80
patrimônio público, 35, 37, 42, 68, 143, 151-152, 170, 180, 214, 372, 378, 407, 409, 413
patrimônio, 64, 162-163 ,164, 170, 179, 181, 195, 197, 220, 236, 264, 289-291, 294, 296-302, 335-336, 354, 358, 360, 409
Patterson, Nick, 236
Paulson & Co., 251
Paulson, John, 12, 240-255
Paxos, 362
Pennsylvania Investment Alliance, 144
pensamento crítico, 160, 169
pensamento independente, 79, 145, 196, 209
Pense de novo (Grant), 87
pessimismo máximo, 74
pessoas racializadas, 71-73, 75-76, 79, 85, 170, 179-180, 186, 339
Peterson, Peter G., 42, 92, 93
PIB (Produto Interno Bruto), 249, 353

Pittsburgh National Bank, 215, 216, 220, 221-222
plano 529, 76, 125
planos de benefício definido, 51
planos de contribuição definida, 51
plataforma de tecnologia Aladdin, 45
pobreza, 211, 215, 409-410
Polaroid, 58
pontos de base, 40n, 50, 53, 62
Porter, Michael, 191
Porto Rico, 273-274, 276-277, 279, 287-288
Powell, Colin, 260
Powell, Jerome, 225, 355
Prêmio Albert Einstein, 212–13
Prêmio Oswald Veblen de Geometria, 230
preservação de capital, 144
Price, Michael, 156
Princípios (Dalio), 202
Princípios para a ordem mundial em transformação (Dalio), 200
Pritzker, Jay, 119
private equity, 16, 25, 37, 54, 63, 75-76, 84, 89-90, 91, 94, 124, 126, 138, 140, 143, 152, 157, 158, 163, 176, 180, 183, 195, 225, 267, 276-280, 28, 297, 299, 310, 342-345, 351, 360, 369-371, 383-384, 387-392, 399-400, 410, 411
produtos estruturados, 193, 194
projeções por modelos de computador, 25, 53, 60, 208, 231, 235
Proofpoint, 282
propriedades, 132, 139
proteção contra perdas, 191, 198, 201, 298
Prudential Capital, 178
psicodélicos, 364-365
psicologia, 191, 192, 196, 407

Quantitative Easing 2 (QE2), 353
questões políticas, investimento e, 51, 62, 133-134, 184, 214, 347, 383, 406

Rápido e devagar: Duas formas de pensar (Kahneman), 197
Reagan, Ronald, 9
RealPage, 285
recessões, 24, 133-134
 veja também Grande Recessão de 2007–2009
reconhecimento de padrões, 166, 168, 191, 263
reestruturação, 290-294, 300
reflexividade, 149
regra padrão fiduciária, 49
Reino Unido, 10, 101, 385, 391, 397
relacionamentos com clientes, 43, 47, 86, 153, 180, 260, 283, 284, 301, 304, 307, 316, 319, 327
Reminiscências de um especulador da bolsa (Lefèvre), 144

Renaissance Technologies, 227, 234-238
renda fixa, 35, 37, 41n, 151, 161, 163-164, 172, 174-175, 247, 248, 392, 407, 409
requisitos marginais, 205
resiliência, 209
Resolution Trust Corporation (RTC), 296
restrições de capacidade, 146, 182
RIAs (consultores de investimento registrados), 65
Riordan & McKinzie, 303
Riordan, Richard, 303
risco:
 das criptomoedas, 181, 249-250, 254, 289
 de investimentos alternativos, 188
 diligência prévia e, 24, 184-185
 gestão de, 21, 38-39, 45, 46-47, 121, 160, 184-185, 196, 207, 390, 400, 401
 investidores de sucesso e, 18, 119, 185
 investimento direto e, 28, 29
 recompensa *versus*, 131, 243, 244, 408
 tolerância, 184, 185
 venture capital e, 187
RJR Nabisco, 272
Rock, Arthur, 332
Rockefeller, Nelson D., 232
Rogers, John W. Jr., 12, 71-88
Rogers, Victoria, 80
Rolls-Royce, 262
Roosevelt, Franklin D., 67
Ross, Steve, 157
Roth, Philip, 333
Roth, Steve, 94
Roux, David, 18
Rubin, Bob, 251
Ruído: Uma falha no julgamento humano (Kahneman, Sibony e Sunstein), 194, 197
Rumsfeld, Don, 260

Samsung Electronics, 296
Schlosstein, Ralph, 38
Schwarzman, Stephen A., 42, 92, 93
SEC (Securities and Exchange Commission) (Comissão de Valores Mobiliários), 62, 368, 372, 374-375, 411
securitização, 40n, 41n
seguir tendências, 86, 140, 149, 189, 214-215, 234
seguradoras, 44, 91, 141, 179, 241, 289, 302, 358, 376
Seinfeld, Jerry, 65
senso comum, 17, 226, 352, 406
senso de humor, 119
Sequoia Capital, 12, 160, 317, 330-346
serviços com valor agregado, 23, 27, 89, 187
Shell, 394
Shen, Neil, 339
Shiller, Bob, 157

ÍNDICE REMISSIVO

Shultz, George, 260
Shuman, Ellen, 158-179
Sibony, Olivier, 194
Silicon Graphics, 312, 323
Silver Lake, 18
Simon, Bill, 14
Simons Foundation, 238
Simons, Jim, 12, 18, 227-239
Simons, Marilyn, 238
sindicatos, 333, 383, 392
Smith, Randy, 303
Smithsonian Institution, 22
Social Finance, 413
sócios investidores, 261, 265, 284, 306
software corporativo, 272, 273-274, 280-282
software, 192, 270, 272-273, 281-285, 289, 323, 349
Soros Fund Management (SFM), 142, 147-149, 214
Soros Quantum Fund, 214, 215, 217
Soros, George, 140-142, 143, 147, 148, 215, 217, 218, 220, 222-225, 247
sorte, investimento e, 23, 90, 179, 193, 238, 402
Soul Train (programa de TV), 73
South Sea Bubble, 74
SpaceX, 54, 55, 64
SPACs (companhia com propósito específico de aquisição), 13, 225, 249, 347, 368-380
Sprague, John, 259
spread (diferença nas taxas de juros), 40, 250-251, 252
spreads de compra/venda, 51
Sprecher, Jeff, 363
Stanadyne, 261
Starr, Meg, 348
startups, 289, 311-312, 318, 321
State Street Research, 43
Stein Roe & Farnham, 124
Stein, Herb, 321
Strauss, Bob, 260
Streisand, Barbra, 55, 65
Stripe, 313, 320, 330, 341, 345
Strumpf, Linda, 179
Stuyvesant Town, 104
SunAmerica, 303
Sunstein, Cass, 194
superdiversificação, 148
Sustainable Asset Management, 408
sustentabilidade, 46-47, 176, 265, 405-408, 410-414
swaps de inadimplência de crédito, 244
Swensen, David, 152, 153, 156, 159, 162

Tabell, Tony, 59
taxas de juros, 35, *40n*, 46, 93, 99, 129analistas institucionais, 60
taxas de retorno, 16, 25-26, 45, 162, 251, 294-295, 299, *370n*, 379
absoluto, 46, 158, 362
ajustado ao risco, 46, 47
ajustado por impostos, 46
alfa, 46
"bom demais para ser verdade", 26, 130, 137
de ações *versus* títulos, 37
de fundos indexados, 64
e inflação, 173
em buyouts, 26, 289
em SPACs, 379
em venture capital, 26, 326-327
ESG e, 403-405, 411, 413
expectativas realistas para, 25, 26, 27, 129
longo prazo, 46
para fundos patrimoniais universitários, 172, 176
para infraestrutura, 384, 387, 391-392
taxa interna de retorno (TIR), 294-295, 301, 307, 400
veja também taxa interna de retorno (TIR)
taxas máximas, *118n*
taxas, 30, 64, 84, *261n*
Taylor, Maxwell, 231-232
tecnologia blockchain, 68, 134, 168, 180, 225, 275-276, 313, 349-354, 356-357
tecnologia, 18, 26, 279, 313
desenvolvimentos em, 24, 168, 191, 285, 313, 356
investimentos de risco em, 26, 343, 369
Templeton, John, 74
tendências de mercado, 86, 140
Tesla, 54, 55-56, 64, 362
testamentos, 132-133
Thaler, Dick, 81
Thatcher, Margaret, 385
Thoma Bravo, 272, 288
Thoma Cressey, 279
Thoma, Carl, 273, 280, 281
Time, 331, 333-334
títulos lastreados em hipotecas, 40-41, 47, 94, 242-245, 249
títulos, 13, 42, 126, 162, 164, 196, 198, 204, 241, 310
corporativos, 35, 242
governamentais, 35, 36
negociação, 39-41
Tesouro dos Estados Unidos, 40, 41, 234-235, 249-252
tolerância de rebaixamento, 147, 148
Topps, 261
Train, John, 74
transferência de riqueza, 131
transporte de granéis sólidos, 309
Treasury Department (Departamento do Tesouro dos Estados Unidos), 15, 248-249, 356
Tribune Media Company, 300-301
Trump, Donald, 390
Trust Company of the West (TCW), 293, 295, 299, 301-302, 304-306

Turquia, 354
Twitter, 312, 324

Uber, 319
UBS Asset Management, 141
ULA (United Launch Alliance), 56
Ultra Sheen, 73
Union Square, 26
Universidade de Harvard, fundos patrimoniais da, 151, 152, 162
Universidade de Yale, fundos patrimoniais da, 151, 152, 164, 180
Universidade Rockefeller, fundos patrimoniais da, 153, 161, 167

Vale do Silício, 279, 31, 312-317, 322-325, 328, 330-332, 338-344
Valentine, Don, 330, 332
Vasiliou, Basil, 304
veículos para fins especiais (SPVs), 285
venda a descoberto, 65-66, 187, 196, 200, 239-241, 249-250
vendas estratégicas, 268
vendas, lucro por ação *versus*, 68
venture capital, 13, 28, 139, 142, 152, 158, 159, 160, 163, 164-165, 187, 234, 261*n*, 303, 311-329, 330-345, 349, 364, 365, 370*n*, 383
    diligência prévia e, 24, 345
    investimentos da Série A e, 314, 339-340
    taxa de sucesso do, 26, 314
    taxas de retorno no, 25-26
    viés de confirmação, 81, 147
Viking Global Investors, 163
Vinci, 397
Visa, 364
Volans, 414
Volcker, Paul, 207, 251
Volent, Paula, 16, 152-168, 170
Vornado, 94
Vought, 262

Wall Street Journal, 87, 164, 247
Wall Street Transcript, 59
Warsh, Kevin, 168
Washington, Harold, 75
William Blair, 73, 79
World Resources Institute (Instituto de Recursos Mundiais), 413
WorldCom, 296
Wright, Skelly, 394

Xi, Jinping, 367
XO Communications, 261

Yahoo, 330, 334

Yang, Jerry, 334
Yankee (títulos), 296
Yankee Candle, 261
Yellen, Janet, 355

Zell, Sam, 94, 108-109, 115-117
ZoomInfo, 271
Zuckerberg, Mark, 9, 311, 317, 336

- intrinseca.com.br
- @intrinseca
- editoraintrinseca
- @intrinseca
- @editoraintrinseca
- editoraintrinseca

1ª edição	junho de 2023
impressão	bartira
papel de miolo	pólen natural 70g/m²
papel de capa	cartão supremo alta alvura 250g/m²
tipografia	transit511